Os trechos de poesia foram traduzidos
por **J. Herculano Pires.**
Cada coleção anual traz o *fac-símile* do frontispício do primeiro número da edição original francesa correspondente ao ano.

4ª edição
Do 6º ao 8º milheiro
2.000 exemplares
Outubro/2024

Capa
Éclat! Comunicação Ltda

Projeto gráfico e diagramação
Juliana Mollinari

Tradução do francês
Julio Abreu Filho

Revisão, inclusive da tradução
João Sergio Boschiroli

Assistente editorial
Ana Maria Rael Gambarini

Coordenação Editorial
Ronaldo A. Sperdutti

Impressão
Lis gráfica

O produto da venda desta obra é destinado à manutenção das atividades assistenciais da Sociedade Espírita Boa Nova, de Catanduva, SP.

1ª edição: Dezembro de 2017 - 2.000 exemplares

REVISTA ESPÍRITA

JORNAL

DE ESTUDOS PSICOLÓGICOS

Contendo:

O relato das manifestações materiais ou inteligentes dos Espíritos, aparições, evocações etc., bem como todas as notícias relativas ao Espiritismo. – O ensino dos Espíritos sobre as coisas do mundo visível e do invisível; sobre as ciências, a moral, a imortalidade da alma, a natureza do homem e o seu futuro. – A história do Espiritismo na Antiguidade; suas relações com o magnetismo e com o sonambulismo; a explicação das lendas e das crenças populares, da mitologia de todos os povos etc.

FUNDADA POR

ALLAN KARDEC

Todo efeito tem uma causa. Todo efeito inteligente tem uma causa inteligente. O poder da causa inteligente está na razão da grandeza do efeito.

SÉTIMO ANO – 1864

Tradução do francês
por JULIO ABREU FILHO

Revisada e rigorosamente conferida
com o texto original pela
EQUIPE REVISORA EDICEL

REVISADA, INCLUSIVE A TRADUÇÃO, POR
JOÃO SERGIO BOSCHIROLI

Dados Internacionais de Catalogação na Publicação (CIP)
(Câmara Brasileira do Livro, SP, Brasil)

Kardec, Allan, 1804-1869.
Revista Espírita : jornal de estudos psicológicos, ano VII : 1864 / publicada sob a direção de Allan Kardec ; tradução do francês Julio Abreu Filho. -- Catanduva, SP : EDICEL, 2017.
Título original: Revue Espirite : journal D'Etudes psychologiques

ISBN 978-85-92793-27-2

1. Espiritismo 2. Kardec, Allan, 1804-1869
3. Revista Espírita de Allan Kardec I. Título.

16-04745 CDD-133.901

Índices para catálogo sistemático:

1. Artigos espíritas : Filosofia espírita 133.901
2. Doutrina espírita : Artigos 133.901

REVISTA ESPÍRITA

JORNAL DE ESTUDOS PSICOLÓGICOS

SÉTIMO ANO – 1864

EDICEL®

Editora Cultural Espírita Edicel
Instituto Beneficente Boa Nova
Entidade coligada à Sociedade Espírita Boa Nova
Av. Porto Ferreira, 1.031 | Parque Iracema
Catanduva/SP | CEP 15809-020
www.boanova.net | boanova@boanova.net
17.3531-4444 | 17 99257.5523

REVISTA ESPÍRITA

JORNAL DE ESTUDOS PSICOLÓGICOS

ANO VII	JANEIRO DE 1864	VOL. 1

AOS ASSINANTES DA REVISTA ESPÍRITA

A época de renovação das assinaturas da *Revista* é, para muitos de nossos leitores, cujo número este ano aumentou em notável proporção, ocasião para testemunhar seu devotamento à causa e, a nosso respeito, testemunhar sentimentos que nos tocam vivamente. As cartas que contêm essas expressões são muito numerosas para que nos seja possível responder a cada uma em particular.

Assim, nós lhes dirigimos, coletivamente, os nossos agradecimentos sinceros pelas coisas obsequiosas que nos dizem e pelos votos que fazem por nós e pelo futuro do Espiritismo. Nossa conduta passada lhes é um penhor de que não desertaremos de nossa tarefa, por mais pesada que seja e que sempre nos encontrarão na vanguarda, em plena atividade. Até hoje suas preces foram ouvidas, razão por que os convidamos a agradecer aos bons Espíritos que nos assistem e nos secundam da mais evidente maneira, afastando os obstáculos que poderiam entravar nossa marcha e nos mostrando cada vez mais claramente o objetivo que devemos atingir.

Muito tempo estivemos mais ou menos só, mas eis que novos lutadores entram na liça, de todos os lados, trabalhando com o ardor, a perseverança e a abnegação que dá a fé, na defesa e na propagação de nossa santa doutrina, sem desanimar pelos obstáculos e sem temer a perseguição. Assim a sua maioria viu a má vontade dobrar-se ante a sua firmeza. Que recebam, aqui, nossas sinceras felicitações, em nome de todos os espíritas atuais e futuros na memória dos quais certamente viverão. Em breve eles terão a satisfação de ver numerosos imitadores marchando em suas pegadas, porque uma vez dado o impulso, não mais se deterá. Em breve, também, ver-se-ão sustentados por homens de autoridade que corajosamente tomarão nas mãos a causa do Espiritismo, que é a do progresso e do bem-estar material e moral da Humanidade.

Saudação cordial e fraterna a todos os nossos irmãos espíritas de todos os países.

ALLAN KARDEC

ESTADO DO ESPIRITISMO EM 1863

O ano que passou não foi mais fecundo que os anteriores, para o Espiritismo, mas se distingue por vários traços particulares. Mais que todos os outros, ele foi marcado pela violência de certos ataques, sinal característico cuja dimensão a ninguém escapou. Todos disseram: Se eles se encolerizam, é porque têm medo; se têm medo é porque algo há de sério.

Como hoje está bem constatado que essas agressões fizeram progredir o Espiritismo, em vez de detê-lo, naturalmente ver-se-ão diminuir os ataques forçados, mas não se deve dormir sobre esta calma aparente, nem crer que os inimigos do Espiritismo logo vão disto tirar partido. Então é necessário nos persuadirmos que a luta não está terminada, mas haverá uma mudança tática. Eis por que dizemos aos espíritas que estejam constantemente atentos sobre o que se passa em seu redor e se lembrem do que dissemos no número de dezembro último, sobre o período da luta, da guerra surda e dos conflitos; que, assim, não se admirem se o inimigo se infiltra em suas fileiras; que Deus o permite, para experimentar a fé, a coragem, a perseverança dos verdadeiros servidores. De agora em diante, seu objetivo será procurar todos os meios possíveis de comprometer o Espiritismo, a fim de desacreditá-lo; de impelir os grupos, sob a aparência de zelo e sob o pretexto de que é preciso ir avante; a se ocuparem de coisas estranhas ao objeto da doutrina; a tratarem de questões políticas ou de outras de natureza a provocar discussões irritantes e a semear a divisão, tudo para ter pretextos de pedir o seu fechamento. A moderação dos espíritas é o que mais causa admiração e mais contraria os seus adversários. Eles tentarão tudo para afastá-los dela, inclusive a provocação, mas os espíritas saberão desviar essas manobras por sua prudência, como já o fizeram em várias ocasiões, e não cairão nas armadilhas que lhe prepararem; aliás, eles verão os instigadores se embaraçarem em suas próprias teias, pois é impossível que, mais cedo ou mais tarde, não ponham as unhas de fora. Este será um momento mais difícil de passar do que o da guerra aberta, no qual se vê o inimigo face a face, no entanto, quanto mais dura a prova, maior o triunfo.

Aliás, esta campanha teve um imenso resultado, o de provar a impotência das armas dirigidas contra o Espiritismo. Os homens mais capazes do partido contrário entraram na liça; todos os recursos da argumentação foram empregados e, não tendo sofrido o Espiritismo, cada um ficou convencido de que não se lhe podia opor nenhuma razão peremptória, e a maior prova da falta de boas razões é que eles recorreram ao triste e ignóbil expediente da calúnia. Mas em vão quiseram fazer com que o Espiritismo dissesse o contrário do que diz, pois a doutrina aí está, escrita em termos tão claros que desafiam toda falsa interpretação, razão pela qual o odioso da calúnia recai sobre os que a empregam e os convence de sua impotência. Eis aí um fato considerável no ano findo, e se só tivéssemos obtido esse resultado, deveríamos estar satisfeitos, mas outros há não menos positivos.

O ano de 1863 foi marcado sobretudo pelo aumento do número de grupos e sociedades formadas numa porção de localidades onde não os havia ainda, tanto na França quanto no estrangeiro, sinal evidente do aumento do número de adeptos e da difusão da doutrina. Paris, que havia ficado na retaguarda, cede ao impulso geral e começa a mover-se. Todos os dias veem-se novos grupos particulares se formando, com objetivo eminentemente sério e em excelentes condições.

A sociedade que presidimos vê com alegria multiplicarem-se em seu redor os rebentos vivazes, capazes de espalhar a boa semente. Os grupos particulares, quando bem dirigidos, são muito úteis à iniciação de novos adeptos. Em razão da extensão de suas relações, a sociedade principal, como centro de convergência dos grupos de todas as partes do mundo, não pode nem deve ocupar-se senão do desenvolvimento da ciência e das questões gerais, que lhe absorvem todo o tempo. Assim, deve forçosamente abster-se de tudo quanto seja elementar e pessoal. Os grupos particulares vêm, assim, preencher a lacuna que ela forçosamente deixa na prática, e por isso ela encoraja e secunda com seus conselhos e com seu apoio moral as pessoas que se dedicam a essa obra de propagação.

Se por alguns instantes foi possível um certo receio quanto aos efeitos de algumas dissidências na maneira de encarar o Espiritismo, o número sempre crescente das Sociedades que em todos os países se colocam espontaneamente sob o patrocínio da de Paris e erguem a sua bandeira é um fato que dissipa completamente esse receio.

É notório que a doutrina do *Livro dos Espíritos* é hoje o ponto de convergência da imensa maioria dos adeptos. A máxima *Fora da caridade não há salvação* reuniu todos os que veem o lado moral do Espiritismo, porque não há duas maneiras de interpretá-lo, e ela satisfaz a todas as aspirações.

Desde a constituição do Espiritismo em corpo de doutrina, já caíram muitos sistemas isolados, e os poucos traços que ainda deixam não têm influência na opinião geral. As bases sólidas em que ele se apoia triunfarão sem dificuldade das divisões que seus adversários não deixarão de suscitar, porque eles não contam com Espíritos que protegem a sua obra, e se servem de seus próprios inimigos para garantirem o sucesso.

Teria sido sem precedentes o estabelecimento de uma doutrina sem dissidências, e se de alguma coisa nos podemos admirar, é de se ver, em relação ao Espiritismo, a unidade formar-se tão prontamente.

Seja como for, o Espiritismo ainda não penetrou em toda parte e em muitos lugares é apenas conhecido de nome. Os raros adeptos aí encontrados atribuem esse fato a duas causas: primeiro, ao caráter das populações muito absorvidas pelos interesses materiais; depois, à ausência de pregações contrárias. Eis por que apelam com todas as veras por sermões do gênero dos que foram pregados alhures, ou de alguma manifestação brilhante de hostilidade, que chame a atenção e desperte a curiosidade. Mas, que eles tenham paciência. Como é preciso que todos lá cheguem, os Espíritos saberão muito bem como suprir essa necessidade através de outros meios.

Mas o traço mais característico do ano de 1863 foi o movimento que se produziu na opinião, no que concerne à Doutrina Espírita.

Fica-se surpreendido com a facilidade com que o princípio é aceito por pessoas que até há pouco tê-lo-iam repelido e levado ao ridículo.

As resistências – e falamos das que não são sistemáticas e interessadas – diminuem sensivelmente. Citam-se vários escritores de boa-fé que combateram violentamente o Espiritismo, e que hoje, dominados por seu meio social, sem se confessarem vencidos, renunciam a uma luta considerada inútil. É que a necessidade de uma transformação moral se faz sentir mais e mais. A ruína do velho mundo é iminente, porque as ideias que ele preconiza não mais estão à altura a que chegou a Humanidade inteligente. Tudo parece a ele conduzir, mas, por outro lado, se reconhecem vagamente novos horizontes; sente-se que há necessidade de algo de melhor do que aquilo que existe e busca-se inutilmente no mundo atual. Alguma coisa circula no ar como uma corrente elétrica precursora, e todos esperam, mas todos dizem para si mesmos que não é a Humanidade que deve retroceder.

Outro fato não menos significativo que muitos notaram, e que é consequência do atual estado de ânimo, é o prodigioso número de escritos, sérios ou ligeiros, feitos fora, e provavelmente sem o conhecimento do Espiritismo, nos quais se encontram pensamentos espíritas. O princípio da pluralidade das existências, sobretudo, tem uma tendência a entrar na opinião das massas e na filosofia moderna. Muitos pensadores a isto são conduzidos pela lógica dos fatos e em pouco essa crença tornar-se-á popular. Evidentemente, são os precursores da adoção do Espiritismo, cujas vias assim são preparadas e cujo caminho é plainado. Estas ideias são todas semeadas de diversos lados, em escritos que caem nas mãos de todos, tornando cada vez mais fácil a sua aceitação.

O estado do Espiritismo em 1863 pode, pois, assim resumir-se: Ataques violentos; multiplicação de escritos pró e contra; movimento nas ideias; notável expansão da doutrina, mas sem sinais exteriores de natureza a produzir uma sensação geral; as raízes se estendem, crescem os rebentos, esperando que a árvore desenvolva os seus ramos. Ainda não chegou o momento da sua maturidade.

Entre as publicações que no ano passado vieram participar da luta e concorrer para a defesa do Espiritismo, colocamos em primeira linha *la Ruche*, de Bordéus e *la Vérité*, de Lyon, cujos redatores merecem o reconhecimento e o encorajamento de todos os verdadeiros espíritas pela perseverança, devotamento e desinteresse de que deram provas. No centro espírita mais numeroso da França, e talvez do mundo inteiro, *la Vérité* veio postar-se como um atleta temível, por seus artigos de uma lógica tal que não deixam margem à crítica.

O Espiritismo terá em breve – assim nos fazem esperar – um novo e importante órgão na Itália que, como os seus mais velhos da França, marchará de comum acordo com os grandes princípios da doutrina.

MÉDIUNS CURADORES

Um oficial de caçadores, espírita de longa data, e um dos numerosos exemplos de reformas morais que o Espiritismo pode operar, nos transmite estes detalhes:

"Caro mestre,

"Aproveitamos as longas horas de inverno para nos entregarmos com ardor ao desenvolvimento de nossas faculdades mediúnicas. A tríade do 4º regimento de caçadores, sempre unida, sempre viva, inspira-se em seus deveres, e ensaia novos esforços. Sem dúvida desejais conhecer o objeto de nossos trabalhos, a fim de saber se o campo que cultivamos não é estéril. Podereis julgá-lo pelos detalhes seguintes:

"De alguns meses para cá, nossos trabalhos têm por objeto o estudo dos fluidos. Esse estudo desenvolveu em nós a mediunidade curadora, de forma que agora a aplicamos com sucesso. Há alguns dias, uma simples emissão fluídica de cinco minutos, com minha mão, bastou para tirar uma nevralgia violenta.

"Há vinte anos a Sra. P... estava afetada por uma hiperestesia aguda ou exagerada sensibilidade da pele, moléstia que há quinze anos a retinha em seu quarto. Ela mora numa pequena cidade vizinha, e tendo ouvido falar de nosso grupo espírita, veio buscar alívio junto de nós. Ao cabo de trinta e cinco dias ela voltou para casa completamente curada. Durante esse tempo ela recebeu diariamente um quarto de hora de emissão fluídica, com o concurso de nossos guias espirituais.

"Ao mesmo tempo estendíamos os nossos cuidados a um epiléptico, afetado por esse mal há vinte e sete anos. As crises se repetiam quase todas as noites, durante as quais sua mãe passava longas horas à sua cabeceira. Trinta e cinco dias bastaram para essa cura importante, e como ficou feliz aquela mãe, levando seu filho radicalmente curado! Nós nos revezávamos os três de oito em oito dias. Para a emissão do fluido, ora colocávamos a mão no vazio do estômago do doente, ora sobre a nuca, na raiz do pescoço. Cada dia o doente podia constatar alguma melhora. Nós mesmos, após a evocação e durante o recolhimento, sentíamos o fluido exterior nos invadir, passar em nós e escapar-se dos dedos estirados e do braço distendido para o corpo do paciente que tratávamos.

"Neste momento estamos prestando atendimento a um segundo epiléptico. Desta vez a moléstia talvez seja mais rebelde, por ser hereditária. O pai deixou nos quatro filhos o germe dessa afecção. Enfim, com a ajuda de Deus e dos bons Espíritos, esperamos reduzi-la nos quatro.

"Caro mestre, reclamamos o socorro de vossas preces e das preces dos irmãos de Paris. Esse auxílio será para nós um encorajamento e um estimulante para os nossos esforços. Depois, vossos bons Espíritos podem vir em nosso auxílio, tornar o tratamento mais salutar e abreviar a sua duração.

"Não aceitamos como recompensa, como podeis imaginar, e ela deve ser suficiente, senão a satisfação de ter feito nosso dever e de ter obedecido ao impulso dos bons Espíritos. O verdadeiro amor ao próximo traz consigo uma alegria sem mescla e deixa em nós algo de luminoso, que encanta e eleva a alma. Assim procuramos, tanto quanto nos permitem nossas imperfeições, nos compenetrarmos dos deveres do verdadeiro espírita, que não devem ser senão a aplicação dos preceitos evangélicos.

"O Sr. G... de L.... deve trazer-nos seu cunhado, que um Espírito malévolo subjuga há dois anos. Nosso guia espiritual Lamennais nos encarrega do tratamento dessa rebelde obsessão. Deus nos daria também o poder de expulsar os demônios? Se assim fosse, teríamos que nos humilhar ante tão grande favor, em vez de nos orgulharmos. Quanto maior ainda não seria para nós a obrigação de nos melhorarmos, para testemunhar-lhe nosso reconhecimento e para não perdermos dons tão preciosos?"

Lida esta carta tão interessante na Sociedade Espírita de Paris, na sessão de 18 de dezembro de 1863, um dos nossos bons médiuns obteve espontaneamente as duas comunicações seguintes:

"Existindo no homem a vontade em diferentes graus de desenvolvimento, em todas as épocas, ela tanto serviu para curar quanto para aliviar. É lamentável sermos forçados a constatar que ela também foi fonte de muitos males, mas isto é uma das consequências do abuso que muitas vezes as pessoas têm feito de seu livre-arbítrio.

"A vontade tanto desenvolve o fluido animal quanto o espiritual, porque, como todos sabeis agora, há vários gêneros de magnetismo, em cujo número estão o magnetismo animal e o magnetismo espiritual que, conforme a ocorrência, pode pedir apoio ao primeiro. Um outro gênero de magnetismo, muito mais poderoso ainda, é a prece que uma alma pura e desinteressada dirige a Deus.

"A vontade muitas vezes foi mal compreendida. Em geral o que magnetiza não pensa senão em desdobrar sua força fluídica, em derramar seu próprio fluido sobre o paciente submetido a seus cuidados, sem se preocupar se há ou não uma Providência interessada no caso tanto ou mais que ele. Agindo sozinho, ele não pode obter senão o que sua força sozinha pode produzir, ao passo que nossos médiuns curadores começam por elevar sua alma a Deus e por reconhecer que por si mesmos nada podem. Eles fazem, por isto mesmo, um ato de humildade, de abnegação, e então, confessando-se fracos por si mesmos, Deus, em sua solicitude, lhes envia poderosos socorros que o primeiro não pode obter, porque ele se julga suficiente para o empreendimento. Deus sempre recompensa a humildade sincera, elevando-a, ao passo que rebaixa o orgulho. Esse socorro que ele envia, são os bons Espíritos que vêm penetrar o médium com seu fluido benéfico, que este transmite ao doente. Também é por isto que o magnetismo empregado pelos médiuns curadores é tão potente e produz essas curas qualificadas de miraculosas, e que são devidas simplesmente à natureza do fluido derramado sobre o médium. Enquanto o magnetizador ordinário se esgota, por vezes em vão, a fazer passes, o médium curador infiltra um fluido regenerador pela simples imposição das mãos, graças ao concurso dos bons Espíritos. No entanto, esse concurso só é concedido à fé sincera e à pureza de intenção."

MESMER

(Médium, Sr. Albert)

"Uma palavra sobre os médiuns curadores, dos quais acabais de falar. Eles estão todos nas mais louváveis disposições; eles têm a fé que transporta montanhas, o desinteresse que purifica os atos da vida e a humildade que os santifica.

"Que eles perseverem na obra de beneficência que empreenderam; que se lembrem bem que aquele que pratica as leis sagradas que o Espiritismo ensina, aproxima-se constantemente do Criador. Que, ao empregarem sua faculdade, a prece, que é a vontade mais forte, seja sempre seu guia, seu ponto de apoio.

"Em toda sua existência, o Cristo vos deu a mais irrefutável prova da mais firme vontade, mas era a vontade do bem e não a do orgulho. Quando, por vezes, ele dizia eu quero, essa palavra estava cheia de unção. Seus apóstolos, que o cercavam, sentiam abrir-se seus corações a esta palavra santa.

"A doçura constante do Cristo, sua submissão à vontade de seu Pai, sua perfeita abnegação, são os mais belos modelos de vontade que se pode propor como exemplo."

PAULO, apóstolo

(*Médium: Sr. Albert*)

Algumas explicações facilmente darão a compreender o que se passa nesta circunstância. Sabe-se que o fluido magnético ordinário pode dar a certas substâncias propriedades particulares ativas. Neste caso, ele age de certo modo como agente químico, modificando o estado molecular dos corpos. Não há, pois, nada de extraordinário no fato de ele ter a capacidade de modificar o estado de certos órgãos, mas compreende-se igualmente que sua ação, mais ou menos salutar, deve depender de sua qualidade, daí as expressões "bom ou mau fluido; fluido agradável ou penoso."

Na ação magnética propriamente dita, é o fluido pessoal do magnetizador que é transmitido, e sabe-se que esse fluido, que não é senão o perispírito, participa sempre, mais ou menos, das qualidades materiais do corpo, ao mesmo tempo que sofre a influência moral do Espírito. É, pois, impossível que o fluido próprio de um encarnado seja de uma pureza absoluta, razão pela qual sua ação curativa é lenta, por vezes nula, outras vezes até nociva, porque ele pode transmitir ao doente princípios mórbidos.

Considerando-se que um fluido é suficientemente abundante e enérgico para produzir efeitos instantâneos de sono, de catalepsia, de atração ou de repulsão, absolutamente não se segue que ele tenha as necessárias qualidades para curar. É a força que derruba, mas não o bálsamo que suaviza e restaura. Dessa forma, há Espíritos desencarnados de ordem inferior cujo fluido pode até mesmo ser muito maléfico, o que os espíritas a cada passo têm ocasião de constatar.

Somente nos Espíritos superiores o fluido perispiritual está despojado de todas as impurezas da matéria; está, de certo modo, *quintessenciado*; sua ação, por conseguinte, deve ser mais salutar e mais pronta: é o fluido benfazejo por excelência. Como ele não pode ser encontrado entre os encarnados, nem entre os desencarnados vulgares, então é preciso pedi-lo aos Espíritos elevados, como se vai procurar em terras distantes os remédios que se não encontram na própria.

O médium curador emite pouco de seu próprio fluido. Ele sente a corrente do fluido estranho que o penetra e para a qual serve de *condutor*. É com esse fluido que ele magnetiza, e aí está o que caracteriza o magnetismo espiritual e o distingue do magnetismo animal: um vem do homem, o outro, dos Espíritos. Como se vê, aí nada existe de maravilhoso, mas um fenômeno resultante de uma lei da Natureza que não era conhecida.

Para curar pela terapêutica ordinária não bastam os primeiros medicamentos que surgem. São necessários medicamentos puros, não avariados ou adulterados, e convenientemente preparados. Pela mesma razão, para curar pela ação fluídica, os fluidos mais depurados são os mais saudáveis. Como esses fluidos benéficos são uma propriedade dos Espíritos superiores, então é o concurso deles que é preciso obter, por isso a prece e a invocação são necessárias. Mas para orar, e sobretudo para orar com fervor, é preciso ter fé. Para que a prece seja escutada, é preciso que seja feita com *humildade* e ditada por um real sentimento de *benevolência e de caridade*. Ora, não há verdadeira caridade sem devotamento, nem devotamento sem desinteresse. Sem estas condições, o magnetizador, privado da assistência dos bons Espíritos, fica reduzido às suas próprias forças, por vezes insuficientes, ao passo que com o concurso deles, elas podem ser centuplicadas em poder e em eficácia. Entretanto, não há licor, por mais puro que seja, que não se altere ao passar por um vaso impuro. Assim acontece com o fluido dos Espíritos superiores, ao passar pelos encarnados. Daí, para os médiuns nos quais se revela essa preciosa faculdade, e que querem vê-la crescer e não se perder, a necessidade de trabalhar por seu melhoramento moral.

Entre o magnetizador e o médium curador há, pois, uma diferença capital, porque o primeiro magnetiza com seu próprio fluido, e o segundo com o fluido depurado dos Espíritos. Daí se segue que os Espíritos dão seu concurso a quem querem e quando querem; que podem recusá-lo e, consequentemente, tirar a faculdade daquele que dela abusasse ou a desviasse de seu fim humanitário e caridoso para dela fazer comércio.

Quando Jesus disse aos apóstolos: *"Ide! Expulsai os demônios, curai os doentes"*, ele acrescentou: "*Dai de graça o que de graça recebestes*."

Os médiuns curadores tendem a multiplicar-se, como anunciaram os Espíritos, e isto com o objetivo de propagar o Espiritismo, pela impressão que esta nova ordem de fenômenos não pode deixar de produzir nas massas, porque não há quem não ligue para sua saúde, mesmo os mais incrédulos. Assim, pois, quando virem que é possível obter com a intervenção dos Espíritos o que a Ciência não pode dar, hão de convir que há uma força fora do nosso mundo. Dessa forma, a Ciência será conduzida a sair da via exclusivamente material em que permaneceu até hoje. Quando os magnetizadores antiespiritualistas ou antiespíritas virem que existe um magnetismo mais poderoso que o seu, eles serão forçados a remontar à verdadeira causa.

Contudo, importa premunir-se contra o charlatanismo, que não deixará de tentar explorar em proveito próprio esta nova faculdade. Há para isto um meio simples, o de lembrar-se que não há charlatanismo desinteressado, e que o desinteresse absoluto, material e moral, é a melhor garantia de sinceridade. Se há uma faculdade dada por Deus com esse objetivo santo, sem a menor dúvida é esta, porque ela exige imperiosamente o concurso dos Espíritos superiores, e esse concurso não pode ser adquirido pelo charlatanismo. É para que se fique bem conscientizado quanto à natureza toda especial desta faculdade que a descrevemos com alguns detalhes.

Conquanto tenhamos podido constatar-lhe a existência por fatos autênticos, muitos dos quais passados aos nossos olhos, pode-se dizer que ela ainda é rara, e que só existe parcialmente nos médiuns que a possuem, quer por não terem todas as qualidades requeridas para sua posse em toda a plenitude, quer por estar ela ainda em seu começo. É por isto que até hoje os fatos não tiveram muita repercussão, no entanto, não tardarão a tomar desenvolvimentos de natureza a chamar a atenção geral. Daqui a poucos anos ela se revelará nalgumas pessoas predestinadas para isto, com uma força que triunfará de muitas obstinações, mas estes não são os únicos fatos que o futuro nos reserva, e pelos quais Deus confundirá os orgulhosos e os convencerá de sua impotência. Os médiuns curadores são um dos mil meios providenciais para atingir este objetivo e apressar o triunfo do Espiritismo.

Compreende-se facilmente que esta qualificação não pode ser dada aos médiuns escreventes que recebem receitas médicas de certos Espíritos.

Não encaramos a mediunidade curadora senão do ponto de vista fenomênico e como meio de propagação, mas não como recurso habitual. Num próximo artigo trataremos de sua possível aliança com a medicina e com o magnetismo ordinários.

UM CASO DE POSSESSÃO

SENHORITA JÚLIA

(2º ARTIGO. VER O Nº DE DEZEMBRO DE 1863)

No artigo anterior descrevemos a triste situação dessa moça e as circunstâncias que provavam uma verdadeira possessão. Sentimo-nos felizes ao confirmar o que dissemos a respeito de sua cura, hoje completa.

Depois de liberta de seu Espírito obsessor, os violentos abalos que ela havia sofrido por mais de seis meses a haviam levado a grave perturbação da saúde. Agora ela está inteiramente recuperada, mas não saiu do estado sonambúlico, o que não a impede de ocupar-se de suas atividades habituais.

Vamos expor as circunstâncias dessa cura.

Várias pessoas tinham tentado magnetizá-la, mas sem muito sucesso, salvo leve e passageira melhora no estado patológico. Quanto ao Espírito, era cada vez mais tenaz, e as crises haviam atingido um grau de violência dos mais inquietantes. Ali teria sido necessário um magnetizador nas condições indicadas no artigo acima para os médiuns curadores, isto é, penetrando a doente com um fluido bastante puro para *eliminar* o fluido do mau Espírito. Se há um gênero de mediunidade que exige uma superioridade moral, é sem contradita o caso de obsessão, pois é preciso ter a faculdade de impor sua autoridade ao Espírito.

Os casos de possessão, segundo o que é anunciado, devem multiplicar-se com grande energia daqui a algum tempo, para que fique bem demonstrada a impotência dos meios empregados até agora para combatê-los.

Até mesmo uma circunstância da qual não podemos ainda falar, mas que tem uma certa analogia com o que se passou ao tempo do Cristo, contribuirá para desenvolver essa espécie de epidemia demoníaca. Não é de duvidar que surgirão médiuns especiais com o poder de expulsar os maus Espíritos, como os apóstolos tinham o de expulsar os demônios, seja por que Deus sempre põe o remédio ao lado do mal, seja para dar aos incrédulos uma nova prova da existência dos Espíritos.

Para a senhorita Júlia, como em todos os casos análogos, o magnetismo simples, por mais enérgico que fosse, era, assim, insuficiente. Era preciso agir simultaneamente sobre o Espírito obsessor, para dominá-lo, e sobre o moral da doente, perturbado por todos esses abalos. O mal físico era apenas consecutivo; era um efeito e não a causa. Assim, havia que tratar-se a causa antes do efeito. Destruído o mal moral, o mal físico deveria desaparecer por si mesmo. Mas para isto é preciso identificar-se com a causa; estudar com o maior cuidado e em todas as suas nuanças o curso das ideias, para lhe imprimir tal ou qual direção mais favorável, porque os sintomas variam conforme o grau de inteligência do paciente, o caráter do Espírito e os motivos da obsessão, motivos cuja origem remonta quase sempre a existências anteriores.

O insucesso do magnetismo com a senhorinha Júlia levou várias pessoas a tentar. Entre essas pessoas estava um jovem dotado de grande força fluídica, mas que infelizmente não tinha qualquer experiência e, sobretudo, os conhecimentos necessários em casos semelhantes. Ele se atribuía um poder absoluto sobre os Espíritos inferiores que, segundo ele, não podiam resistir à sua vontade. Tal pretensão, levada ao excesso e baseada em sua força pessoal e não na assistência dos bons Espíritos, deveria atrair-lhe mais de um insucesso. Só isto deveria ter bastado para mostrar aos amigos da jovem que a ele faltava a primeira das qualidades requeridas para ser um socorro eficaz. Mas o que, acima de tudo, deveria tê-los esclarecido, é que sobre os Espíritos em geral tinha ele uma opinião inteiramente falsa. Segundo ele, os Espíritos superiores têm uma natureza fluídica por demais etérea para poderem vir à Terra comunicar-se com os homens e assisti-los, pois isto só seria possível aos Espíritos inferiores, em razão de sua natureza mais grosseira. Mesmo nos momentos de crise, ele cometia o grave erro de sustentar diante da doente essa opinião, que não passa da doutrina da comunicação exclusiva dos demônios. Com esta maneira de ver, ele não devia contar senão consigo mesmo, e não podia invocar a única assistência que poderia ajudá-lo, assistência da qual, é verdade, ele julgava poder prescindir.

A consequência mais prejudicial era para a doente, que ele desencorajava, tirando-lhe a esperança da assistência dos bons Espíritos. No estado de enfraquecimento em que estava seu cérebro, tal crença, que dava todo poder ao Espírito obsessor, poderia tornar-se fatal para a sua razão, podendo mesmo matá-la. Assim, ela repetia sem cessar, nos momentos de crise: "Louca... louca... ele me deixará louca... completamente louca... eu ainda não estou, mas ficarei."

Falando de seu magnetizador, ela pintava perfeitamente sua ação, dizendo: "Ele me dá a força do corpo, mas não a força do espírito." Esta expressão era profundamente significativa, contudo, ninguém lhe dava importância.

Quando vimos a senhorita Júlia, o mal estava no apogeu e a crise a que assistimos foi uma das mais violentas. Foi precisamente no momento em que procurávamos levantar-lhe o moral; em que tentávamos inculcar-lhe o pensamento de que ela podia dominar esse mau Espírito com a assistência dos bons e de seu anjo de guarda, cujo apoio era preciso invocar. Foi nesse momento, dizíamos, que o jovem magnetizador, que estava presente, por uma circunstância sem dúvida providencial, veio, sem qualquer provocação, afirmar e desenvolver sua teoria, destruindo por um lado o que fazíamos por outro. Tivemos que lhe expor com energia que ele praticava uma ação má e que assumia a terrível responsabilidade da razão e da vida dessa moça infeliz.

Um fato dos mais singulares, que todos tinham observado, mas ninguém lhe deduzira as consequências, se produzia na magnetização. Quando era feita durante a luta com o mau Espírito, ele *sozinho* absorvia todo o fluido, que lhe dava mais força, enquanto a doente enfraquecia e sucumbia aos seus ataques. Deve-se levar em conta que ela estava sempre em estado de sonambulismo; consequentemente, ela via o que se passava, e foi ela mesma que deu essa explicação. Eles não viram nesse fato senão uma malícia do Espírito, e contentaram-se em abster-se de magnetizar nesses momentos e ficar assistindo a festa.

Com o conhecimento da natureza dos fluidos, é fácil dar-se conta desse fenômeno. É evidente, para começar, que absorvendo o fluido para aumentar sua própria força em detrimento da doente, o Espírito queria convencer o magnetizador da inutilidade de sua pretensão. Se havia malícia de sua parte, era contra o magnetizador, pois ele se servia da mesma arma com a qual o outro pretendia vencê-lo. Pode-se dizer que lhe tomava o bastão das mãos. Era não menos evidente que sua facilidade de apropriar-se do fluido do magnetizador denotava uma afinidade entre esse fluido e o seu próprio, ao passo que fluidos de natureza contrária se teriam repelido, como água e óleo. Só esse fato basta para demonstrar que havia outras condições a preencher. É, pois, um erro dos mais graves e, podemos dizer, dos mais funestos, não ver na ação magnética mais que simples emissão fluídica, sem levar em conta a qualidade íntima dos fluidos. Na maioria dos casos, o sucesso repousa inteiramente nessas qualidades, como na terapêutica depende da qualidade do medicamento. Não seria demais chamar a atenção para este ponto capital, demonstrado, ao mesmo tempo, pela lógica e pela experiência.

Para combater a influência da doutrina do magnetizador, que já havia influenciado as ideias da doente, dissemos a ela:

– Minha filha, tenha confiança em Deus! Olhe em sua volta. Você não vê bons Espíritos?

– É verdade, disse ela, vejo Espíritos luminosos, que Fredegunda não ousa encarar.

– Então! São eles que a protegem e não permitirão que o mau Espírito vença. Implore a sua assistência; ore com fervor; ore sobretudo por Fredegunda.

– Oh! Por ela jamais poderei.

– Cuidado! Veja que a estas palavras os bons Espíritos se afastam. Se você quer sua proteção, é preciso merecê-la por seus bons sentimentos, esforçando-se sobretudo para ser melhor que sua inimiga. Como você quer que eles a protejam, se não for melhor que ela? Pense que em outras existências você também teve censuras a se fazer, e o que lhe acontece é uma expiação. Se você quer que ela cesse, terá que se melhorar, e para provar suas boas intenções, você terá que começar mostrando-se boa e caridosa para com seus inimigos. A própria Fredegunda será tocada, e talvez você faça o arrependimento penetrar seu coração. Reflita.

– Eu o farei.

– Faça-o agora mesmo, e diga comigo: "Meu Deus, eu perdoo a Fredegunda o mal que me fez; aceito-o como uma prova e uma expiação que mereci. Perdoai minhas próprias faltas, como eu perdoo as dela. E vós, bons Espíritos que me cercais, abri o seu coração a melhores sentimentos e dai-me a força que me falta.

– Você promete orar por ela todos os dias?

– Prometo.

– Está bem. Por meu lado, vou cuidar de você e dela. Tenha confiança.

– Oh! Obrigada. Algo me diz que isto em breve vai acabar.

Tendo levado este fato ao conhecimento da Sociedade, foram dadas, a respeito, as seguintes instruções:

"O assunto de que vos ocupais comoveu os próprios bons Espíritos que, por sua vez, querem vir em auxílio dessa moça com seus conselhos. Com efeito, ela apresenta um caso de obsessão muito grave, e entre os que vistes e vereis ainda, pode-se pôr este entre os mais importantes, mais sérios, e sobretudo mais interessantes, pelas particularidades instrutivas já apresentadas e pelas novidades que ainda oferecerá.

"Como já vos disse, esses casos de obsessão renovar-se-ão frequentemente, e fornecerão dois assuntos distintos e de utilidade, primeiro para vós, depois para os que as sofrerem.

"Primeiro para vós, porque assim como vários eclesiásticos contribuíram poderosamente para divulgar o Espiritismo entre os que lhe eram completamente estranhos, assim esses obsedados, cujo número tornar-se-á bastante importante para que deles se ocupem de maneira não superficial, mas larga e profunda, abrirão bem as portas da Ciência para que a filosofia espírita possa com eles nela penetrar e ocupar entre a gente de ciência e os médicos de todos os sistemas, o lugar a que ela tem direito.

"Depois para eles, porque no estado de Espírito, antes de encarnar-se entre vós, eles aceitaram essa luta que lhes proporciona a possessão que sofrem, em vista de seu adiantamento, e essa luta, acreditai, faz sofrer cruelmente seu próprio Espírito que, quando seu corpo, de certo modo, não é mais seu, têm a perfeita consciência do que se passa. Conforme tiverem suportado essa prova, cuja duração lhes podereis abreviar poderosamente por vossas preces, eles terão progredido mais ou menos. Porque, tende certeza disto, malgrado essa possessão, sempre momentânea, eles guardam suficiente consciência de si mesmos para discernir a causa e a natureza de sua obsessão.

"Para esta de que vos ocupais, é necessário um conselho. As magnetizações que lhe faz suportar o Espírito encarnado de que falastes lhe são funestas sob todos os aspectos. Aquele Espírito é sistemático. E que sistema! Aquele que não reporta todas as suas ações à maior glória de Deus e que se envaidece das faculdades que lhe foram concedidas, será sempre confundido. Os presunçosos serão rebaixados, às vezes neste mundo, infalivelmente no outro.

"Tratai, portanto, meu caro Kardec, de conseguir que essas magnetizações cessem imediatamente, ou os mais graves inconvenientes resultarão de sua continuação, não só para a moça, mas ainda para o imprudente que pensa ter às suas ordens todos os Espíritos das trevas e comandá-los como chefe.

"Eu vos afirmo que vereis esses casos de obsessão e de possessão se desenvolverem durante um certo tempo, porque eles são úteis ao progresso da Ciência e do Espiritismo. É por aí que os médicos e os sábios enfim abrirão os olhos e compreenderão que há moléstias cujas causas não estão na matéria, e que não devem ser tratadas pela matéria. Esses casos de possessão vão igualmente abrir horizontes totalmente novos ao magnetismo, e fazer com que ele dê um grande passo para a frente, pelo estudo dos fluidos, até aqui tão imperfeito. Ajudado por esses novos conhecimentos e por sua aliança com o Espiritismo, ele obterá grandes coisas.

"Infelizmente, no magnetismo, como na medicina, durante muito tempo ainda, haverá homens que julgarão nada terem a aprender.

"Essas obsessões frequentes terão, também, um lado muito bom, pelo fato de que estando penetrado pela prece e pela força moral, pode-se fazê-las cessar e pode-se adquirir o direito de expulsar os maus Espíritos e, pelo melhoramento de sua conduta, cada um procurará adquirir esse direito, que o Espírito de Verdade, que dirige este globo, conferirá quando for merecido.

"Tende fé e confiança em Deus, que não permite que se sofra inutilmente e sem motivo"

HAHNEMANN
(Médium: Sr. Albert)

"Serei breve. Será muito fácil curar essa infeliz possessa. Os meios estavam implicitamente contidos nas reflexões há pouco emitidas por Allan Kardec. Não só é necessária uma ação material e moral, mas ainda uma ação puramente espiritual.

"Para o Espírito encarnado que se acha, como Júlia, em estado de possessão, é necessário um magnetizador experimentado e perfeitamente convicto da verdade espírita. É necessário que ele seja, além disso, de uma moralidade irreprochável e sem presunção. Mas, para agir sobre o Espírito obsessor, é necessária a ação não menos enérgica de um bom Espírito desencarnado. Assim, pois, dupla ação: terrena e extraterrena; encarnado sobre encarnado; desencarnado sobre desencarnado; eis a lei. Se até agora tal ação não foi realizada, foi justamente para vos trazer ao estudo e à experimentação dessa interessante questão. É por isto que Júlia não se livrou mais cedo. Ela devia servir aos vossos estudos.

"Isto vos demonstra o que deveis fazer de agora em diante, nos casos de possessão manifesta. É indispensável chamar em vossa ajuda o concurso de um Espírito elevado, gozando ao mesmo tempo de força moral e fluídica, como, por exemplo, o excelente cura d'Ars, e sabeis que podeis contar com a assistência desse digno e Santo Vianney. Além disso, nosso concurso será dado a todos os que nos chamarem em seu auxílio, com pureza de coração e fé verdadeira.

"Resumindo: Quando magnetizarem Júlia, será preciso começar pela fervorosa evocação do cura d'Ars e de outros bons Espíritos que se comunicam habitualmente entre vós, pedindo-lhes que ajam contra os maus Espíritos que perseguem essa moça, os quais fugirão ante as falanges luminosas. Também é preciso não esquecer que a prece coletiva tem uma força muito grande, quando feita por certo número de pessoas agindo em sintonia, com uma fé viva e um ardente desejo de aliviar."

ERASTO

Médium: Sr. d'Ambel

Estas instruções foram seguidas. Vários membros da Sociedade se entenderam para agir pela prece nas condições desejadas. Um ponto essencial era levar o Espírito obsessor a emendar-se, o que necessariamente deveria facilitar a cura. Foi o que se fez, evocando-o e lhe dando conselhos. Ele prometeu não mais atormentar a senhorita Júlia, e manteve a palavra. Um dos nossos colegas foi especialmente encarregado por seu guia espiritual, de sua educação moral, com o que ficou satisfeito. Hoje esse Espírito trabalha seriamente em sua melhora e pede uma nova encarnação para expiar e reparar suas faltas.

A importância do ensinamento que decorre deste fato e das observações a que deu lugar, não escapará a ninguém, e cada um poderá aí colher úteis instruções sobre a ocorrência.

Uma observação essencial que o caso permitiu constatar, e que se compreende sem esforço, é a influência do meio. É evidente que se o meio secunda pela unidade de vistas, de intenção e de ação, o doente se acha numa espécie de atmosfera homogênea de fluidos benéficos, o que deve necessariamente facilitar e apressar o sucesso. Mas se houver desacordo, oposição; se cada um quiser agir à sua maneira, resultarão repelões, correntes contrárias que forçosamente paralisarão e por vezes anularão os esforços tentados para a cura. Os eflúvios fluídicos, que constituem a atmosfera moral, se forem maus, são tão funestos a certos indivíduos quanto as exalações das regiões pantanosas.

CONVERSAS DE ALÉM-TÚMULO

FREDEGUNDA

Damos a seguir as duas evocações do Espírito de Fredegunda, feitas na Sociedade, com um mês de intervalo, e que formam o complemento dos dois precedentes artigos sobre a possessão da senhorita Júlia.

O Espírito não se manifestou com sinais de violência, mas escrevia com grande dificuldade e fatigava extremamente o médium, que até ficou indisposto e cujas faculdades pareciam, de certo modo, paralisadas. Na previsão desse resultado, tínhamos tido o cuidado de não confiar essa evocação a um médium muito delicado.

Em outra circunstância, interrogado a respeito de Fredegunda, um outro Espírito disse que há muito tempo ela procurava reencarnar-se, mas que isso não lhe havia sido permitido, porque seu objetivo ainda não era melhorar-se, mas, ao contrário, ter mais facilidade para fazer o mal, auxiliado por um corpo material. Essa disposição deveria tornar sobremaneira difícil a sua conversão, no entanto não foi tão difícil quanto se esperava, graças, sem dúvida, ao concurso benevolente de todas as pessoas que participaram dos trabalhos, e talvez também porque já era chegado o momento em que esse Espírito deveria entrar na via do arrependimento.

(16 DE OUTUBRO DE 1863 – MÉDIUM: SR. LEYMARIE)

1. Evocação.

– Não sou Fredegunda. Que quereis de mim?

2. – Então, quem sois?

– Um Espírito que sofre.

3. – Desde que sofreis, deveis desejar não mais sofrer. Nós vos assistiremos, pois lamentamos todos os que sofrem neste mundo e no outro. Mas é necessário que nos acompanheis, e para isto é preciso que oreis.

– Agradeço-vos, mas não posso orar.

4. – Nós vamos orar, e isto vos ajudará. Tende confiança na bondade de Deus, que perdoa sempre àquele que se arrepende.

– Eu acredito. Orai, orai. Talvez eu possa converter-me.

5. – Mas não basta que oremos. É preciso que também oreis.

– Eu quis orar e não pude. Agora vou tentar com o vosso auxílio.

6. – Dizei conosco: Meu Deus, perdoai-me, pois pequei. Arrependo-me do mal que fiz.

– Di-lo-ei depois.

7. – Isto não basta. É preciso escrever.

– Meu... (Aqui o Espírito não consegue escrever a palavra *Deus*. Só após muito encorajamento ele consegue terminar a frase, de maneira irregular e pouco legível.)

8. – Não se deve dizer isto *pro forma*. É preciso pensar e tomar a resolução de não mais fazer o mal e vereis que logo sereis aliviada.

– Eu vou orar.

9. – Como orastes sinceramente, não experimentais melhora?

– Oh! Sim!

10. – Agora dai-nos alguns detalhes sobre a vossa vida e as causas do vosso encarniçamento contra Júlia!

– Mais tarde... direi... mas não posso hoje.

11. – Prometeis deixar Júlia sossegada? O mal que lhe fazeis cai sobre vós e aumenta o vosso sofrimento.

– Sim, mas sou levada por outros Espíritos piores que eu.

12. – Esta é uma desculpa ruim, que dais para vos escusardes. Em todo caso, deveis ter uma vontade, e com os recursos da vontade sempre se pode resistir às más sugestões.

– Se eu tivesse tido vontade não sofreria. Sou castigada porque não soube resistir.

13. – Entretanto, demonstrastes muita vontade para atormentar Júlia. Como acabais de tomar boas resoluções, nós aconselhamos a nelas persistirdes, e pediremos aos bons Espíritos que vos ajudem.

OBSERVAÇÃO: Durante esta evocação, outro médium recebeu de seu guia uma comunicação contendo, entre outras coisas, o seguinte: “Não vos inquieteis com as recusas que notais nas respostas desse Espírito. Sua ideia fixa de reencarnar-se lhe faz repelir toda solidariedade com o passado, se bem que suporta bem pouco os efeitos disso. Ela é o Espírito que foi evocado, mas nem consigo mesma quer concordar.”

(13 DE NOVEMBRO DE 1863)

14. – Evocação.

– Estou pronta para responder.

15. – Persististes na boa resolução em que estáveis da última vez?

– Sim.

16. – Como vos achais?

– Muito bem, porque orei, estou bem calma e muito mais feliz.

17. – Com efeito, sabemos que Júlia não foi mais atormentada. Como podeis comunicar-vos mais facilmente, quereis dizer por que vos encarniçáveis contra ela?

– Eu estava esquecida há séculos e desejava que a maldição que cobre o meu nome cessasse um pouco, a fim de que uma prece, uma única, me viesse consolar. Eu oro, eu creio em Deus; agora posso pronunciar o seu nome, e certamente isto é mais do que eu podia esperar do benefício que me concedeis.

OBSERVAÇÃO: No intervalo das duas comunicações, o Espírito era chamado todos os dias pelo nosso colega que ficou encarregado de instruí-la. Um fato positivo é que, a partir desse momento, a senhorita Júlia deixou de ser atormentada.

18. – É muito duvidoso que apenas o desejo de obter uma prece tenha sido o móvel que vos levava a atormentar aquela moça. Sem dúvida buscais ainda um paliativo para os vossos erros. Em todo caso, era uma forma ruim de atrair a compaixão dos homens.

– Contudo, se eu não tivesse atormentado tanto a Júlia, não teríeis pensado em mim e eu não teria saído do miserável estado em que languescia. Disso resultou uma instrução para vós e um grande bem para mim, pois me abristes os olhos.

19. – (*Ao guia do médium*). Foi mesmo Fredegunda que deu esta resposta?

– Sim, foi ela, um pouco auxiliada, é verdade, porque se humilhou. Mas este Espírito é muito mais adiantado em inteligência do que pensais; falta-lhe o progresso moral, no qual a ajudais a dar os primeiros passos. Ela não vos disse que Júlia tirará grande proveito do que se passou para o seu avanço pessoal.

20. – (*A Fredegunda.*) A senhorita Júlia vivia em vosso tempo? Poderíeis dizer quem era ela?

– Sim. Era uma do meu séquito, chamada Hildegarde. Uma alma sofredora e resignada, que fez a minha vontade. Ela suportou o tormento de seus serviços muito humildes e muito complacentes a meu respeito.

21. – Desejais uma nova encarnação?

– Sim, desejo. Ó meu Deus! Sofri mil torturas, e se mereci uma pena muito justa, ah! é tempo para que eu possa, com a ajuda de vossas preces, começar uma existência melhor, a fim de me lavar das antigas sujeiras. Deus é justo. Orai por mim. Até hoje eu tinha desconhecido toda a extensão de minha pena. Eu tinha o olhar velado e como que uma vertigem, mas agora vejo, compreendo, desejo o perdão do Senhor juntamente com o das minhas vítimas. Meu Deus! Como é suave o perdão!

22. – Dizei-nos algo de Brunehaut!

– Brunehaut!... Este nome me dá vertigem... Ela é o grande erro de minha vida e senti o meu velho ódio despertar ao ouvir o seu nome!... Mas meu Deus me perdoará, e de agora em diante poderei escrever esse nome sem estremecer. Mais feliz do que eu, ela reencarnou pela segunda vez, desempenhando um papel que desejo: o de uma irmã de caridade.

23. – Ficamos felizes com a vossa mudança. Nós vos encorajaremos e sustentaremos com nossas preces.

– Obrigada! Obrigada, bons Espíritos! Deus vos pagará.

OBSERVAÇÃO: Um fato característico dos maus Espíritos é a impossibilidade em que muitas vezes se acham de escrever ou pronunciar o nome de Deus. Isto denota, sem dúvida, uma natureza má, mas, ao mesmo tempo, um fundo de medo e de respeito que não sentem os Espíritos hipócritas, aparentemente menos maus. Longe de recuar ante o nome de Deus, estes últimos dele se servem afrontosamente, para captar a confiança. Eles são infinitamente mais perversos e mais perigosos que os Espíritos francamente maus. É nessa classe que se encontra a maioria dos Espíritos fascinadores, dos quais é muito mais difícil desembaraçar-se do que dos outros, porque é do próprio Espírito que eles se apoderam, com o auxílio de uma falsa demonstração de saber, de virtude ou de religião, ao passo que os outros só se apoderam do corpo. Um Espírito que, como o de Fredegunda, recua ante o nome de Deus, está mais próximo de sua conversão do que aqueles que se cobrem com a máscara do bem. Dá-se o mesmo entre os homens, onde encontrais estas duas categorias de Espíritos encarnados.

INAUGURAÇÃO DE VÁRIOS GRUPOS E SOCIEDADES ESPÍRITAS

As reuniões espíritas que surgem são tão numerosas que nos seria impossível citar todas as boas palavras ditas a respeito, testemunhando os sentimentos suscitados pela doutrina. O novo grupo que acaba de constituir-se na Ilha de Oléron é tanto mais digno de simpatia quanto o Espiritismo foi, nessas regiões, objeto de muito viva oposição. Transcrevemos uma das alocuções feitas na circunstância, para provar como os espíritas respondem aos adversários.

DISCURSO DO PRESIDENTE DA SOCIEDADE ESPÍRITA DE MARENNES

"Senhores e caros irmãos espíritas de Oléron,

"A extensão que diariamente toma o Espiritismo em nossa região é a mais evidente prova da impotência dos ataques de que ele é objeto. É como diz o Sr. Allan Kardec: 'De duas, uma: ou é um erro, ou uma verdade. Se é um erro, cairá por si mesmo, como todas as utopias, que têm existência efêmera, e morrem por falta da única base sólida que pode dar a vida; se é uma dessas grandes verdades que, por vontade de Deus, devem classificar-se na história do mundo e marcar uma era do progresso da Humanidade, nada deteria a sua marcha.

"Aqui está a experiência para mostrar em qual dessas duas categorias ele deve ser colocado. A facilidade com que é aceito pelas massas, digamos mais: a felicidade, a consolação, a coragem contra a adversidade que se adquire nesta crença, a incrível rapidez de sua propagação, não são marca de uma ideia sem valor. O mais excêntrico sistema pode fazer seita e agrupar em seu derredor alguns partidários, mas, como uma árvore sem raízes, se desfolha rapidamente e morre sem produzir rebentos. É assim com o Espiritismo? Não, vós o sabeis tão bem quanto eu. Desde seu aparecimento, ele não cessou de crescer, malgrado os ataques de que foi objeto, e hoje fincou sua bandeira em todos os pontos do globo; seus partidários se contam aos milhões, e se levarmos em consideração o caminho feito em dez anos, através dos inúmeros obstáculos semeados em sua rota, pode-se julgar o que será daqui a dez anos, tanto mais quanto mais se aplainam os obstáculos, à medida que ele avança e que aumenta o número de seus adeptos. Assim, pode-se dizer, com o Sr. Allan Kardec, que o Espiritismo é hoje um fato consumado. A árvore criou raízes. Só lhe resta desenvolver-se, e tudo concorre para lhe ser favorável, porque, malgrado as borrascas, o vento está a favor do Espiritismo. Seria preciso ser cego para não o reconhecer.

"Uma circunstância que contribuiu poderosamente para o seu desenvolvimento é que ele não é exclusivo de nenhuma religião. Sua divisa: *Fora da caridade não há salvação* pertence a todas; é, ao mesmo tempo, a bandeira da tolerância, da união e da fraternidade, em torno da qual todos podem ligar-se, sem renunciar à sua crença particular. Começa-se a compreender que é um penhor de segurança para a Sociedade.

"Quanto a mim, caros irmãos, vou mais longe e penso que concordareis comigo quando digo que quando todos os povos tiverem inscrito em sua bandeira: *Fora da caridade não há salvação*, a paz do mundo será garantida e todos os povos viverão como irmãos. Será apenas um belo sonho? Não, senhores, é a promessa feita pelo Cristo, e estamos nos dias de sua realização.

"Que somos nós, nós outros, no grande movimento que se opera? Somos obscuros obreiros, que levamos a nossa pedra ao edifício, mas quando milhões de obreiros tiverem levado milhões de pedras, o edifício estará concluído. Trabalhemos, pois, com zelo e perseverança, sem nos desencorajarmos com a pequenez do sulco que abrimos, pois inúmeros sulcos se traçam em redor de nós.

"Permiti-me uma comparação material, que corresponde a este pensamento:

"No começo das estradas de ferro, cada pequena localidade queria ter o seu ramal. Cada um desses ramais pouco era em si mesmo, mas quando todos fossem interligados teríamos essa imensa rede que hoje cobre o mundo e derruba as barreiras dos povos.

"As estradas de ferro derrubaram as barreiras materiais. A palavra de ordem *Fora da caridade não há salvação* fará caírem as barreiras morais. Ela fará, acima de tudo, cessar o antagonismo religioso, causa de tantos ódios e de sangrentos conflitos, porque então, judeus, católicos, protestantes e muçulmanos estender-se-ão as mãos adorando, cada um à sua maneira, o único Deus de misericórdia e de paz que é o mesmo para todos.

"Como vedes, senhores e caros irmãos, o objetivo é grande. Restar-nos-ia examinar a organização de nossa pequena esfera, para transformá-la numa engrenagem útil ao conjunto. Para tanto, nossa tarefa é facilitada pelas instruções encontradas nas obras do nosso chefe venerando, e que, pode-se dizer, se tornaram as obras clássicas da doutrina. Seguindo-as pontualmente, estamos certos de não nos transviarmos numa falsa rota, porque essas instruções são o fruto da experiência. Assim, que cada um medite nessas obras cuidadosamente, e aí encontraremos tudo quanto nos é necessário. Aliás, tenho certeza que o apoio e os conselhos do mestre jamais nos faltarão.

"A nenhum de nós é permitido esquecer que se a esperança e a fé reentrarem na maioria dos corações; se muitos dentre nós fomos arrancados do materialismo e da incredulidade, devemo-lo a seu zelo e a sua coragem perseverante que nem as calúnias, nem as diatribes, nem os ataques de toda sorte abalaram. Ele foi o primeiro que soube compreender o imenso alcance do Espiritismo, e desde então tudo sacrificou para lhe espalhar os benefícios entre os seus irmãos na Terra. Digamo-lo: evidentemente ele foi escolhido para esse grande apostolado, pois é impossível desconhecer que cumpre entre nós uma missão moralizadora. Eu vos proponho, senhores, votar-lhe os agradecimentos que todos os verdadeiros e sinceros espíritas lhe devem. Ao mesmo tempo, peçamos a Deus que continue a sustentá-lo nesse empreendimento que somente ele tem condições de fazer frutificar em sua plenitude.

"Ainda algumas palavras, senhores, sobre o caráter desta reunião. A máxima que nos serve de guia é de natureza a tranquilizar aqueles a quem o nome do Espiritismo poderia afugentar. Com efeito, que se pode temer de pessoas que fazem do princípio da caridade para com todos, amigos e inimigos, a sua regra de conduta? E este princípio para nós é tão sério, que dele fazemos a condição expressa de nossa salvação. Não é o melhor penhor que possamos dar de nossas intenções pacíficas? Quem poderia ver com maus olhos, mesmo entre os que não compartilham de nossas crenças, pessoas que não pregam senão a tolerância, a união e a concórdia, e cujo único objetivo é o de reconduzir a Deus os que dele se afastam e de combater o materialismo e a incredulidade que invadem a Sociedade e a ameaçam em seus fundamentos?

"Dirijamo-nos, pois, aos que não creem, pois o campo da colheita é bastante vasto, como disse o Sr. Allan Kardec. Em virtude do princípio de caridade que nos serve de guia, guardemo-nos de perturbar qualquer consciência; acolhamos como irmãos os que vêm a nós, e não procuremos contrariar ninguém em sua fé religiosa. Não vimos erguer altar contra altar, mas levantar um onde não existe nenhum. Os que acharem bons os nossos princípios, adotá-los-ão. Os que os acharem maus, deixá-los-ão de lado, e nem por isso os consideraremos menos como irmãos. Se nos atirarem pedras, pediremos a Deus que lhes perdoe a falta de caridade e que lhes lembre o Evangelho e o exemplo de Jesus Cristo, Nosso Senhor, que orava por seus carrascos.

"Assim, pois, caros irmãos, oremos a fim de que Deus se digne estender sobre nós a sua misericórdia e nos perdoe as nossas faltas, como nós perdoarmos aos que nos querem mal. Digamos todos, do fundo do coração:

"Senhor Deus Todo-Poderoso, que ledes no íntimo das almas e vedes a pureza de nossas intenções, dignai-vos sustentar-nos em nossa obra e protegei o nosso chefe. Dai-nos a força de suportar com coragem e resignação, e como provas para a nossa Fé e nossa perseverança, as misérias que a malevolência poderia suscitar-nos. Fazei que, a exemplo dos primeiros mártires cristãos, estejamos prontos para todos os sacrifícios, para vos provar a nossa submissão à vossa santa vontade. Aliás, que são os sacrifícios dos bens deste mundo quando se tem, como devem tê-lo todos os espíritas sinceros, a certeza dos bens imperecíveis da vida futura! Fazei, Senhor, que as preocupações da vida terrena não nos desviem do caminho santo por onde nos conduzistes, e dignai-vos enviar-nos bons Espíritos para nos manterem no caminho do bem. Que a caridade, que é a vossa e a nossa lei, nos torne indulgentes para com as faltas dos nossos irmãos. Que ela abafe em nós todo sentimento de orgulho, de ódio, de inveja e de ciúme, e nos torne bons e benevolentes para com todos, a fim de que preguemos tanto pelo exemplo quanto pela palavra."

Os delegados de diversos grupos da circunvizinhança se tinham reunido, nessa ocasião, aos seus novos irmãos em crença. Vários outros discursos foram pronunciados, todos testemunhando um perfeito entendimento do verdadeiro espírito do Espiritismo. Lamentamos que a carência de espaço não nos permita citá-los, assim como uma notável comunicação obtida na sessão e assinada por *François-Nicolas Madeleine*, que traça em termos simples e tocantes os deveres do verdadeiro espírita.

Em Lyon acaba de constituir-se um novo grupo em condições especiais que merecem ser assinaladas, como encorajamento e bom exemplo. Esse grupo tem um duplo objetivo: a instrução e a beneficência. Relativamente à instrução, ele se propõe consagrar uma parte menor que a geralmente destinada às comunicações mediúnicas, mas dedicar, em contrapartida, uma parte mais longa às instruções orais, visando desenvolver e explicar os princípios do Espiritismo. Relativamente à beneficência, a nova sociedade se propõe vir em auxílio às pessoas necessitadas, por meio de dádivas *in natura* de objetos usuais, tais como roupa branca, vestimenta etc. Além do que ela puder recolher, as senhoras que dela fazem parte dão o seu contributo de trabalho pessoal na confecção de roupas, e por visitas domiciliares aos pobres doentes.

Um dos membros dessa sociedade nos escreve a respeito:

"Graças ao zelo da Sra. G..., em breve Lyon contará com mais uma reunião espírita. Alcançará ela o objetivo a que se propõe? O futuro decidirá. Se ela ainda é pouco numerosa, pelo menos conta com elementos devotados, cheios de fé e de caridade. Podemos fracassar no empreendimento, mas, aos menos, as intenções são boas. Para nós, bastará que a Sociedade de Paris, sob cuja égide nos colocamos, nos aprove e nos ajude com seus conselhos, para que perseveremos, ajudados por seu apoio moral."

Este apoio jamais faltará a toda obra fundada no verdadeiro espírito do Espiritismo, e que tenha por objetivo a realização do bem. A Sociedade de Paris sempre se sente feliz ao ver a doutrina produzir bons frutos. Ela não declinará de toda a solidariedade senão em relação a grupos ou sociedades que, desconhecendo o princípio de caridade e de fraternidade, sem o qual não há verdadeiros espíritas, vissem as outras reuniões com maus olhos, lhes atirassem pedras ou procurassem denegri-las, sob um pretexto qualquer.

A caridade e a fraternidade se reconhecem pelas obras, e não pelas palavras. É uma medida de apreciação que não pode enganar senão aqueles que são cegos em relação a seu próprio mérito, mas não em relação a terceiros desinteressados. É a pedra de toque pela qual se reconhece a sinceridade de sentimentos. Em Espiritismo, quando se fala de caridade, sabe-se que não se fala apenas daquela que dá, mas também, e sobretudo, daquela que esquece e perdoa; que é benevolente e indulgente; que repudia todo sentimento de ciúme e rancor.

Toda reunião espírita que não se fundar sobre o princípio da verdadeira caridade, será mais prejudicial que útil à causa, porque tenderá a dividir, em vez de unir. Além do mais, ela conterá em si mesma o seu elemento destruidor.

Nossas simpatias pessoais serão sempre conquistadas por todos que provarem, por seus atos, o bom espírito que os anima, porque os bons Espíritos não podem inspirar senão o bem.

No próximo número falaremos de novas sociedades espíritas de Bruxelas, de Turim e de Esmirna, que igualmente se colocam sob o patrocínio da Sociedade de Paris.

PERGUNTAS E PROBLEMAS

PROGRESSO NAS PRIMEIRAS ENCARNAÇÕES

Pergunta. Duas almas criadas simples e ignorantes não conhecem o bem nem o mal ao virem à Terra. Se, nessa primeira existência, uma segue o caminho do bem e a outra o do mal, como, de certo modo, é o acaso que as conduz, elas não merecem castigo nem recompensa. Essa primeira viagem terrestre não deve ter servido senão para dar a cada uma delas a consciência de sua existência, consciência que antes não tinham.

Para ser lógico, seria preciso admitir que os castigos e as recompensas não começariam a ser infringidos ou concedidos senão a partir da segunda encarnação, quando os Espíritos já sabem distinguir o bem do mal, experiência que lhes faltava quando de sua criação, mas que adquiriam por meio da primeira encarnação. Tal opinião tem fundamento?

Resposta. Posto a pergunta já esteja resolvida pela Doutrina Espírita, vamos responder, para instrução de todos.

Ignoramos absolutamente em que condições se dão as primeiras encarnações da alma, porque é um dos princípios das coisas que estão nos segredos de Deus. Apenas sabemos que são criadas simples e ignorantes, tendo todas, assim, o mesmo ponto de partida, o que é conforme à justiça. O que também sabemos é que o livre-arbítrio só se desenvolve pouco a pouco, e após numerosas evoluções na vida corpórea. Não é, pois, nem após a primeira nem após a segunda encarnação que a alma tem consciência bastante nítida de si mesma para ser responsável por seus atos. Pode ser que só aconteça após a centésima ou talvez após a milésima. Dá-se o mesmo com a criança, que não goza da plenitude de suas faculdades nem um nem dois dias após o nascimento, mas depois de anos. Além disto, quando a alma goza do livre-arbítrio, a responsabilidade cresce em razão do desenvolvimento de sua inteligência. É assim, por exemplo, que um selvagem que come os seus semelhantes é menos castigado que o homem civilizado que comete uma simples injustiça. Sem dúvida os nossos selvagens estão muito atrasados em relação a nós, contudo, já estão bem longe de seu ponto de partida.

Durante longos períodos, a alma encarnada é submetida à influência exclusiva do instinto de conservação. Pouco a pouco esses instintos se transformam em instintos inteligentes, ou melhor, se equilibram com a inteligência, e só mais tarde, e *sempre gradativamente*, a inteligência domina os instintos. Só então é que começa a séria responsabilidade.

Além disso, o autor da pergunta comete dois erros graves. O primeiro é o de admitir que o acaso decide do bom ou do mau caminho que o Espírito segue em seu princípio. Se houvesse acaso ou fatalidade, toda responsabilidade seria injusta. Como dissemos, o Espírito fica num estado inconsciente durante numerosas encarnações; a luz da inteligência só se faz pouco a pouco e a responsabilidade real só começa quando o Espírito age livremente e com conhecimento de causa.

O segundo erro é o de admitir que as primeiras encarnações humanas ocorram na Terra. A Terra foi, mas não é mais um mundo primitivo. Os mais atrasados seres humanos que se encontram na face da Terra já se despojaram dos primeiros cueiros da encarnação, e nossos selvagens estão em progresso, comparativamente ao que eram antes que seu

Espírito viesse encarnar neste globo. Julgue-se agora o número de existências necessárias a esses selvagens para transporem todos os degraus que os separam da mais adiantada civilização. Todos esses degraus intermediários se acham na Terra *sem solução de continuidade*, e podem ser seguidos observando-se as nuanças que distinguem os vários povos. Só o começo e o fim aí não se encontram, e o começo se perde, para nós, nas profundezas do passado, que não nos é dado penetrar. Aliás, isto pouco importa, pois tal conhecimento nada significaria para nós em termos de evolução.

Nós não somos perfeitos, eis o que é positivo. Sabemos que nossas imperfeições são o único obstáculo à nossa felicidade futura. Estudemos, pois, a fim de nos aperfeiçoarmos.

No ponto em que estamos, a inteligência está bastante desenvolvida para permitir ao homem julgar criteriosamente o bem e o mal, e é também neste ponto que a sua responsabilidade é mais seriamente empenhada, porque não mais se pode dizer o que dizia Jesus: "Perdoai-lhes, Senhor, pois não sabem o que fazem."

VARIEDADES

FONTENELLE E OS ESPÍRITOS BATEDORES

Devemos à gentileza do Sr. Flammarion a informação acerca de uma carta que lhe foi dirigida e que contém a seguinte passagem:

Provavelmente vos imaginais, caro senhor, ser o primeiro astrônomo que se tenha ocupado de Espiritismo. Desenganai-vos. Há um século e meio Fontenelle fazia tiptologia com a senhorita Letard, médium. Divertindo-me esta manhã a folhear um velho manual epistolar publicado por Philipon de la Madeleine, há cinquenta anos, encontrei uma carta da senhorita de Launai, que foi mais tarde Madame de Staël, dirigida pela duquesa do Maine ao secretário da Academia de Ciências, relativamente a uma aventura, da qual eis o resumo:

Em 1713, uma moça chamada Letard pretendia comunicar-se com os Espíritos, tal como Sócrates com o seu demônio. O Sr. Fontenelle foi ver essa moça, e como na conversa ele deixava transparecer dúvidas sobre essa espécie de charlatanismo, a Sra. de Maine, que não duvidava, encarregou a senhorita de Launai de lhe escrever a respeito disso.

PHILIPON DE LA MADELEINE

Sobre o fato encontra-se esta nota numa edição das obras escolhidas de Fontenelle, publicadas em Londres em 1761.

Uma jovem, chamada senhorita Letard, no começo do século, excitou a curiosidade do público por um suposto prodígio. Todos aí acorriam, e o Sr. Fontenelle, aconselhado pelo duque de Orléans, também foi ver a maravilha. É a respeito disso que a senhorita de Launai lhe havia escrito. Eis a carta:

"A aventura da senhorita Letard faz menos barulho, senhor, que o testemunho que destes. Admiram-se, e talvez com alguma razão, que o destruidor dos oráculos; que aquele que derrubou o tripé das sibilas, se tenha ajoelhado ante a senhorita Letard. Qual! dizem os críticos. Este homem que pôs bem a claro as fraudes feitas a mil léguas de distância e mais de dois mil anos antes dele, não pôde descobrir uma astúcia tramada aos seus olhos! Os finórios pretendem que, como bom pirrônico, achando tudo incerto, vós achais tudo possível. Por outro lado, os devotos parecem muito edificados com as homenagens que prestastes ao diabo. Eles esperam que isto vá mais longe. Por mim, senhor, suspendo o julgamento até ser mais bem esclarecida."

Resposta do Sr. Fontenelle:

"Terei a honra, senhorita, de vos responder a mesma coisa que respondi a um de meus amigos, que me escreveu de Marly, no dia seguinte ao em que estive em casa do *Espírito*. Eu mandei dizer-lhe que tinha ouvido ruídos, cuja mecânica não conhecia, mas que, para decidir, seria necessário um exame mais exato do que aquele que eu havia feito, e repeti-lo. Não mudei de linguagem, mas porque não concluí absolutamente que era um artifício, acusaram-me de crer que fosse um duende, e como o público não se detém em tão belo caminho, a mim atribuíram o que eu não havia dito. Não há grande mal nisso. Se erraram atribuindo-me declarações que não fiz, fizeram-me a honra de chamar a atenção sobre mim, e uma coisa compensa a outra. Eu não imaginei que o fato de ter desacreditado as velhas profetizas de Delfos fosse um estímulo para destruir uma jovem viva e da qual só se tinha falado bem. Se, entretanto, acham que faltei ao meu dever, de outra vez terei um tom mais impiedoso e mais filosófico. Há muito censuram minha pouca severidade. É preciso que eu seja mesmo incorrigível, pois que a idade, a experiência e as injustiças do mundo nada fazem. Eis, senhorita, tudo quanto vos posso dizer sobre o *Espírito* que me atraiu com uma carta que eu suspeitava de boa vontade ter sido ditada, porque, enfim, eu não estou longe de crer nisto. Assim, quando me vier um demônio familiar, eu vo-lo direi com mais graça e num tom mais engenhoso, mas não mais sinceramente que sou etc."

OBSERVAÇÃO: Como se vê, Fontenelle não se pronuncia pró nem contra, mas limita-se a constatar o fato. Era a prudência, que falta à maioria dos negadores de nossa época, que cortam aquilo que nem mesmo se deram ao trabalho de observar, com o risco de mais tarde receberem o desmentido da experiência. Entretanto, é evidente que ele se inclina pela afirmativa, coisa notável para um homem da sua posição e no século do cepticismo por excelência. Longe de acusar a senhorita Letard de charlatanismo, ele reconhece que dela só falavam bem. Talvez ele estivesse mais convencido do que deixava transparecer e fosse detido apenas por medo do ridículo, tão poderoso naquela época. Contudo, era preciso que estivesse muito abalado para não dizer claramente que era uma charlatanice. Ora, sobre este ponto sua opinião é importante. Afastada a questão de charlatanismo, torna-se evidente que a senhorita Letard era médium espontânea do gênero das irmãs Fox.

SANTO ATANÁSIO, ESPÍRITA SEM O SABER

A passagem seguinte, tirada de Santo Atanásio, patriarca de Alexandria, um dos pais da Igreja Grega, parece ter sido escrita sob a inspiração das ideias espíritas de hoje.

"A alma não morre, mas o corpo morre quando ela dele se afasta. A alma é para si mesma seu próprio motor; o movimento da alma é a vida. Mesmo quando prisioneira do corpo e como que a ele ligada, ela não se limita às suas estreitas proporções e aí não se encerra, mas, muitas vezes, quando o corpo jaz imóvel e como que inanimado, ela fica desperta por sua própria virtude; *e, saindo da matéria, posto que a ela ainda ligada*, ela concebe e contempla existências além do globo terrestre; ela vê os santos desprendidos do envoltório dos corpos; ela vê os anjos e a eles sobe, na liberdade de sua pura inocência.

"Inteiramente separada do corpo, e quando a Deus aprouver tirar-lhe a cadeia que ele lhe impõe, não terá ela, eu vos pergunto, uma visão muito mais clara de sua natureza imortal? Se hoje mesmo, e nos entraves da carne, ela já vive *uma vida completamente exterior*, viverá muito mais após a morte do corpo, graças a Deus que, por seu Verbo, a fez assim. Ela compreende, ela abarca em si as ideias de eternidade, as ideias de infinito, porque é imortal. Da mesma forma que o corpo, que é mortal, só percebe o material e perecível, a alma, que vê e medita sobre as coisas imortais, é necessariamente imortal e viverá sempre, porque os pensamentos e as imagens de imortalidade jamais a deixam e nela são como um foco vivo, que assegura e alimenta a sua imortalidade."

(*Sanct. Athan. Oper.*, tomo I, pág. 32. – VILLEMAIN, *Quadro da eloquência cristã no século* IV).

Com efeito, não está aí um quadro exato da radiação exterior da alma durante a vida corporal, e de sua emancipação no sono, no êxtase, no sonambulismo e na catalepsia? O Espiritismo diz exatamente a mesma coisa, e o prova pela experiência.

Com as ideias esparsas contidas na Bíblia, nos Evangelhos, nos Apóstolos e nos Pais da Igreja, sem falar dos escritores profanos, pode-se constituir toda a Doutrina Espírita moderna.

Os comentários feitos a esses escritos, geralmente o foram de um ponto de vista exclusivo e com ideias preconcebidas, e muitos neles não viram senão o que queriam ver, ou lhes faltava a chave necessária para ver outra coisa. Hoje, no entanto, o

Espiritismo é a chave que dá o verdadeiro sentido das passagens mal compreendidas.

Até o presente, esses fragmentos são recolhidos parcialmente, mas dia virá em que homens de paciência e de saber, e cuja autoridade não poderá ser ignorada, farão desse estudo o objeto de um trabalho especial e completo que projetará luz sobre todas essas questões, e ante a evidência claramente demonstrada, será forçoso render-se.

Acreditamos poder dizer que esse trabalho considerável será obra de membros eminentes da Igreja, que receberão esta missão, porque compreenderão que a religião deve ser progressiva como a Humanidade, sob pena de ser superada, porque há ideias retrógradas em religião como em política. Em tal caso, não avançar é recuar.

Os incrédulos surgem precisamente porque a religião colocou-se fora do movimento científico e progressivo. Ela faz mais, porque declara que esse movimento é obra do demônio, e sempre o combateu. Disso resultou que a Ciência, repelida pela religião, por sua vez repeliu a religião. Daí resulta um antagonismo que não cessará senão quando a religião compreender que não só deve marchar com o progresso, mas ser um elemento do progresso. Todo mundo acreditará em Deus quando ela não o apresentar em contradição com as leis da Natureza, que são obra sua.

EXTRATO DA *OPINIÃO NACIONAL*

Num artigo político muito sério sobre a Polônia, assinado por Bonneau e publicado na *Opinion Nationale* de 10 de novembro de 1863, lê-se a seguinte passagem:

"Que Francisco José evoque a sombra de sua avó; que peça conselho a Maria Tereza, alma sofredora perseguida pelo remorso da Polônia desmembrada, e a luz far-se-á de repente aos seus olhos."

Estas palavras dispensam comentários. Tínhamos razão de dizer, mais acima, que a ideia espírita manifesta-se por toda parte. As pessoas são arrastadas para ela, e em breve ela transbordará.

UM ESPÍRITO BATEDOR NO SÉCULO XVI

Lê-se na *Histoire de Saint Martial*[1], apóstolo das Gálias e notadamente da Aquitânia e do Limousin, pelo Rev. Pe. Bonaventure de Saint-Amable, carmelita descalço, 3ª parte, pág. 752:

"No ano de 1518, no mês de dezembro, em casa de Pierre Juge, negociante de Limoges, um Espírito, durante quinze dias, fazia grande barulho, batendo nas portas e nas tábuas do assoalho e mudando os utensílios de um lugar para outro. Vários religiosos ali foram dizer missa e velar à noite, com círios acesos e água benta, sem que ele se tivesse decidido a falar.

"Um rapaz de dezesseis anos, natural de Ussel, que servia àquele negociante, confessou que aquele Espírito o havia molestado muitas vezes, em sua casa e em vários outros lugares, e acrescentou que um seu parente, que o tinha feito herdeiro, havia morrido na guerra e tinha aparecido muitas vezes a diversos de seus parentes e havia batido em sua irmã, que faleceu três dias depois. Tendo o dito negociante Juge despedido o rapaz, todo esse barulho cessou."

Evidentemente o jovem era médium inconsciente, de efeitos físicos, como sempre os houve. O conhecimento das leis que regem as relações do mundo visível com o mundo invisível faz com que todos esses fatos supostamente maravilhosos entrem no domínio das leis naturais.

ALLAN KARDEC

[1] História de São Marcial, não traduzida para a nossa língua. N. do T.

REVISTA ESPÍRITA

JORNAL DE ESTUDOS PSICOLÓGICOS

ANO VII	FEVEREIRO DE 1864	VOL. 2

O SR. HOME EM ROMA

Vários jornais reproduziram o artigo seguinte:

"O incidente da semana, escrevem de Roma ao *Times*, é a ordem dada ao Sr. Home, o célebre médium, de deixar a cidade pontifical em três dias.

"Convidado a apresentar-se à polícia romana, o Sr. Home passou por um interrogatório formal. Perguntaram-lhe quanto tempo pretendia passar em Roma; se se tinha dado às práticas espíritas depois de sua conversão ao Catolicismo etc., etc. Eis algumas das palavras trocadas na ocasião, tais quais o próprio Sr. Home registrou em suas notas particulares, que fornece muito facilmente, ao que parece.

"– Depois de vossa conversão ao Catolicismo, exercestes o poder de médium?

"– Nem depois nem antes exerci tal poder, porque, como não depende de minha vontade, não posso dizer que o exerço.

"– Considerais esse poder como um dom da Natureza?

"– Eu o considero como um dom de Deus.

"– Que religião ensinam os espíritas?

"– Isto depende.

"– Que fazeis para que eles venham?

"Respondi que nada fazia. Mas no mesmo instante batidas repetidas e distintas foram ouvidas na mesa onde escrevia o meu investigador.

"– Mas também fazeis as mesas se moverem? perguntou ele.

"No mesmo instante a mesa se pôs em movimento.

"Pouco tocado por esses prodígios, o chefe de polícia convidou o mágico a deixar Roma em três dias. Abrigando-se, como era seu direito, sob a proteção das leis internacionais, o Sr. Home relatou a coisa ao cônsul da Inglaterra, que obteve do Sr. Mateucci que o célebre médium não fosse incomodado e pudesse continuar sua estada em Roma, tendo em vista que ele pensava abster-se, durante esse tempo, de qualquer comunicação com o mundo espiritual. Coisa espantosa! O Sr. Home acedeu a esta condição e assinou o compromisso que lhe exigiam. Como pôde ele comprometer-se a não usar um poder cujo exercício independe de sua vontade? É o que não procuraremos penetrar."

Não sabemos até que ponto esta história é exata, em todos os seus detalhes, mas uma carta escrita há pouco tempo pelo Sr. Home a uma senhora nossa conhecida parece confirmar o fato principal. Quanto aos golpes vibrados na ocasião, julgamos que se pode, sem receio, contá-los entre as facécias a que nos habituaram os jornais pouco preocupados em aprofundar as coisas do outro mundo.

Com efeito, o Sr. Home neste momento está em Roma, e o motivo é muito honroso para ele para que não o digamos, levando em consideração que os jornais julgaram que deveriam aproveitar a ocasião para ridicularizá-lo.

O Sr. Home não é rico e não teme dizer que precisa buscar no trabalho uma suplementação dos recursos de que necessita para suprir suas necessidades. Ele pensou encontrar a solução no talento natural para a escultura, e foi para se aperfeiçoar nessa arte que ele foi a Roma.

Com a notável faculdade mediúnica que possui, ele poderia ser rico, muito rico mesmo, se tivesse querido explorá-la. A mediocridade de sua posição é a melhor resposta ao epíteto de hábil charlatão que lhe lançaram ao rosto. Mas ele sabe que essa faculdade lhe foi dada com um fim providencial, no interesse de uma causa santa, e julgaria cometer um sacrilégio se a convertesse em profissão. Ele tem, no mais alto grau, o sentimento dos deveres que ela lhe impõe para não compreender que os Espíritos se manifestam pela vontade de Deus para reconduzir os homens à fé na vida futura, e não para exibir num espetáculo de curiosidades, em concorrência com os escamoteadores, nem para servir à cupidez dos que pretendessem explorá-la.

Aliás, ele também sabe que os Espíritos não estão às ordens nem aos caprichos de ninguém, e menos ainda de quem quer que quisesse *exibir* seus atos e gestos a tanto por sessão. Não há um só médium no mundo que possa garantir a produção de um fenômeno espírita num dado momento, de onde é forçoso concluir-se que a pretensão contrária é prova de absoluta ignorância dos mais elementares princípios da ciência. Então, toda suposição é permitida, porque se os Espíritos não respondem ao chamado, ou não fazem *coisas suficientemente admiráveis* para satisfazer aos curiosos e sustentar a reputação do médium, é mesmo necessário achar um meio de dá-las aos espectadores em troca de seu dinheiro, se não quiser devolvê-lo.

Nunca nos cansamos de repetir que a melhor garantia de sinceridade é o desinteresse absoluto. Um médium é sempre forte quando pode responder aos que suspeitassem de sua boa-fé: "Quanto pagastes para vir aqui?"

Ainda uma vez: A mediunidade séria não pode ser e jamais será uma profissão, não só porque seria moralmente desacreditada, mas porque repousa sobre uma faculdade essencialmente móvel, fugidia e variável, que nenhum dos que a possuem hoje está certo de possuí-la amanhã. Só os charlatões estão sempre seguros de si mesmos.

Outra coisa é um talento adquirido pelo estudo e pelo trabalho que, por isto mesmo, é uma propriedade, da qual, naturalmente, é permitido tirar partido. A mediunidade não está neste caso. Explorá-la é dispor de uma coisa da qual realmente não se é dono; é desviá-la de seu objetivo providencial. E tem mais: Não é de *si próprio* que se dispõe, é dos Espíritos, das almas dos mortos, cujo concurso é posto a prêmio. Este pensamento repugna instintivamente. Eis por que em todos os centros sérios, onde se ocupam do Espiritismo santamente, religiosamente, como em Lyon, em Bordéus e em tantos outros lugares, os médiuns exploradores seriam completamente desconsiderados.

Assim, que aquele que não tem de que viver procure alhures os recursos e, se preciso, só consagre à mediunidade o tempo que materialmente puder dar. Os Espíritos levarão em conta o seu devotamento e os seus sacrifícios, ao passo que punem, mais cedo ou mais tarde, os que esperam dela fazer uma escada, seja pela retirada da faculdade, pelo afastamento dos bons Espíritos, pelas mistificações comprometedoras, ou por meios ainda mais desagradáveis, como o prova a experiência.

O Sr. Home sabe muito bem que perderia a assistência de seus Espíritos protetores se abusasse de sua faculdade. Sua primeira punição seria a perda da estima e da consideração de famílias honradas onde é recebido como amigo e onde não mais seria chamado senão na mesma condição das pessoas que vão fazer representações a domicílio. Quando de sua primeira estada em Paris, sabemos que certos círculos lhe fizeram ofertas muito vantajosas para dar sessões e que ele sempre recusou. Todos os que o conhecem e compreendem os verdadeiros interesses do Espiritismo aplaudirão a resolução que hoje toma. De nossa parte, somos gratos pelo bom exemplo que ele dá.

Se insistimos de novo na questão do desinteresse dos médiuns, é que temos razões para crer que a mediunidade *fictícia e abusiva* é um dos meios que os inimigos do Espiritismo pretendem empregar visando desacreditá-lo e apresentá-lo como obra do charlatanismo. É necessário, pois, que todos os que levam a peito a causa da doutrina se mantenham atentos, a fim de desmascarar as manobras fraudulentas, quando as houver, e mostrar que o Espiritismo verdadeiro nada tem de comum com as paródias que dele poderiam fazer, e que ele repudia tudo quanto se afaste do princípio moralizador, que é a sua essência.

O artigo acima transcrito oferece vários outros aspectos à observação. O autor acredita que deve qualificar o Sr. Home de mágico. Tudo aí é muito inocente, no entanto, um pouco adiante ele diz: "O *mui* célebre médium", expressão usada em relação a indivíduos que adquiriram uma triste celebridade.

Onde estão, pois, as falhas e os crimes do Sr. Home? É uma injúria gratuita, não só a ele, mas também a todas as pessoas respeitáveis e altamente colocadas que o recebem e que assim parecem patrocinar um homem mal-afamado.

A última frase do artigo é mais curiosa, porque encerra uma dessas contradições flagrantes com que, aliás, os nossos adversários pouco se inquietam. O autor admira-se de que o Sr. Home tenha consentido no compromisso que lhe impunham e pergunta como pôde ele prometer não usar de um poder independente de sua vontade. Se ele quisesse sabê-lo, nós o remeteríamos ao estudo dos fenômenos espíritas, de suas causas e de seu modo de produção, e ele saberia como o Sr. Home pôde assumir um compromisso que, aliás, nada tem a ver com as manifestações que ele obtém na intimidade, ainda que sob os ferrolhos da inquisição. Mas parece que o autor não liga tanto, pois acrescenta: "É o que não procuraremos penetrar." Por estas palavras ele insidiosamente dá a entender que tais fenômenos não passam de charlatanice.

Contudo, a medida tomada pelo governo pontifício prova que este teme as manifestações ostensivas. Ora, não se temem prestidigitações. Esse mesmo governo interditaria os que se dizem físicos e que imitam essas manifestações? Certamente não, porque em Roma permitem muitas outras coisas menos evangélicas. Por que, então, interditá-las ao Sr. Home? Por que querer expulsá-lo do país se não passa de um mágico? Dirão que é no interesse da religião. Seja. Mas, então, é ela tão frágil que pode ser tão facilmente comprometida? Em Roma, como alhures, os escamoteadores executam, com mais ou menos habilidade, o golpe da garrafa encantada, na qual a água se transforma em todas as espécies de vinhos, e o do chapéu mágico, no qual se multiplicam pães e outros objetos. Entretanto não receiam que isto desacredite os milagres de Jesus Cristo, pois se sabe que não passam de imitações. Se temem o Sr. Home, é que há de sua parte algo de sério, e não de passes de mágica.

Tal é a consequência que disso tirará qualquer pessoa que refletir um pouco. Não entrará na cabeça de ninguém sensato que um governo, que uma corte soberana composta de homens que, a bem da verdade, não passam por tolos, se apavore diante de um mito. Certamente não seremos o único a fazer esta reflexão, e os jornais que se apressaram em divulgar o incidente, visando ridicularizá-lo, muito naturalmente vão provocá-la, de sorte que o resultado, como o de tudo o que já foi feito para matar o Espiritismo, será o de popularizar a ideia. Assim, um fato aparentemente insignificante terá, inevitavelmente, consequências mais sérias do que tinham pensado. Não duvidamos que ele tenha sido suscitado para apressar a eclosão do Espiritismo na Itália, onde já conta com numerosos representantes, mesmo entre o clero. Também não duvidamos que a cúria de Roma não se torne, mais cedo ou mais tarde, e sem o querer, um dos principais instrumentos de propagação da doutrina nesse país, porque está determinado que seus próprios adversários deverão servir à sua propagação, por todos os meios de que se utilização para destruí-la. Cego, portanto, é aquele que não vê nisto o dedo da Providência. Sem contradita, este será um dos mais consideráveis fatos da história do Espiritismo; um dos que melhor atestam seu poder e sua origem.

PRIMEIRAS LIÇÕES DE MORAL DA INFÂNCIA

De todas as chagas morais da Sociedade, parece que o egoísmo é a mais difícil de desarraigar. Com efeito, ela o é tanto mais quanto mais é alimentada pelos próprios hábitos da educação. Parece que se toma a tarefa de excitar, desde o berço, certas paixões que mais tarde tornam-se uma segunda natureza. E admiram-se dos vícios da Sociedade, quando as crianças o sugam com o leite. Eis um exemplo que, como cada um pode julgar, pertence mais à regra do que à exceção.

Numa família de nosso conhecimento há uma menina de quatro a cinco anos, de uma inteligência rara, mas que tem os pequenos defeitos das crianças mimadas, isto é, é um pouco caprichosa, chorona, teimosa, e nem sempre agradece quando lhe dão qualquer coisa, o que os pais cuidam bem de corrigir, porque fora esses defeitos, segundo eles, ela tem *um coração de ouro*, expressão consagrada. Vejamos como eles se conduzem para lhe tirar essas pequenas manchas e conservar o ouro em sua pureza.

Um dia trouxeram um doce à criança e, como de costume, lhe disseram: "Tu o comerás se fores boazinha." Primeira lição de gulodice. Quantas vezes, à mesa, não dizem a uma criança que não comerá tal petisco se chorar. "Faze isto, ou faze aquilo", dizem, "e terás creme" ou qualquer outra coisa que lhe apeteça, e a criança se constrange, não pela razão, mas em vista de satisfazer a um desejo sensual que aguilhoam.

É ainda muito pior quando lhe dizem, o que não é menos frequente, que darão o seu pedaço a uma outra. Aqui já não é só a gulodice que está em jogo, é a inveja. A criança fará o que lhe dizem, não só para ter, mas para que a outra não tenha. Querem dar-lhe uma lição de generosidade? Então lhe dizem: "Dá esta fruta ou este brinquedo a fulaninho." Se ela recusa, não deixam de acrescentar, para nela estimular um bom sentimento: "Eu te darei um outro", de modo que a criança não se decide a ser generosa senão quando está certa de nada perder.

Certo dia testemunhamos um fato bem característico neste gênero. Era uma criança de cerca de dois anos e meio, a quem tinham feito semelhante ameaça, acrescentando: "Nós o daremos ao teu irmãozinho, e tu ficarás sem nada." Para tornar a lição mais sensível, puseram o pedaço no prato do irmãozinho, que levou a coisa a sério e comeu a porção. À vista disso, o outro ficou vermelho e não era preciso ser nem o pai nem a mãe para ver o relâmpago de cólera e de ódio que partiu de seus olhos. A semente estava lançada: poderia produzir bom grão?

Voltemos à menina, da qual falamos. Como ela não se deu conta da ameaça, sabendo por experiência que raramente a cumpriam, desta vez foram mais firmes, pois compreenderam que era necessário dominar esse pequeno caráter, e não esperar que com a idade ela adquirisse um mau hábito. Diziam que é preciso formar cedo as crianças, máxima muito sábia e, para a pôr em prática, eis o que fizeram: "Eu te prometo, disse a mãe, que se não obedeceres, amanhã cedo darei o teu bolo à primeira menina pobre que passar." Dito e feito. Desta vez queriam manter a promessa e dar-lhe uma *boa* lição. Assim, no dia seguinte, de manhã, tendo visto uma pequena mendiga na rua, fizeram-na entrar e obrigaram a filha a tomá-la pela mão e ela mesma lhe dar o seu bolo. Então elogiaram a sua docilidade. Moral da história: A filha disse: "Se eu soubesse disto teria me apressado em comer o bolo ontem." E todos aplaudiram esta resposta espirituosa. Com efeito, a criança tinha recebido uma forte lição, mas de puro egoísmo, da qual não deixará de aproveitar-se uma outra vez, pois agora sabe quanto custa a generosidade forçada. Resta saber que frutos dará mais tarde esta semente quando, com mais idade, a criança fizer a aplicação dessa moral em coisas mais sérias que um bolo.

Sabe-se todos os pensamentos que este único fato pode ter feito germinar nessa cabecinha? Depois disto, como querem que uma criança não seja egoísta quando, em vez de nela despertar o prazer de dar e de lhe representar a felicidade de quem recebe, impõem-lhe um sacrifício como punição? Não é inspirar aversão ao ato de dar e àqueles que necessitam?

Outro hábito, igualmente frequente, é o de castigar a criança mandando-a comer na cozinha com os criados. A punição está menos na exclusão da mesa do que na humilhação de ir para a mesa dos serviçais. Assim se acha inoculado, desde a mais tenra idade, o vírus da sensualidade, do egoísmo, do orgulho, do desprezo aos inferiores, das paixões, numa palavra, que com razão são consideradas como as chagas da Humanidade.

É preciso ser dotado de uma natureza excepcionalmente boa para resistir a tais influências, produzidas na idade mais impressionável, na qual não podem encontrar o contrapeso nem da vontade nem da experiência. Assim, por pouco que aí se ache o germe das más paixões, o que é o caso mais ordinário, dada a natureza da maioria dos Espíritos que se encarnam na Terra, ele não pode deixar de desenvolver-se sob tais influências, ao passo que seria preciso observar-lhe os menores traços para reprimi-los.

A falta, sem dúvida, é dos pais, mas é preciso dizer que muitas vezes estes pecam mais por ignorância do que por má vontade. Em muitos há, incontestavelmente, uma culposa despreocupação, mas em muitos outros a intenção é boa, no entanto, é o remédio que nada vale, ou que é mal aplicado.

Sendo os primeiros médicos da alma de seus filhos, os pais deveriam ser instruídos, não só de seus deveres, mas dos meios de cumpri-los. Não basta ao médico saber que deve procurar curar, é preciso saber como agir. Ora, para os pais, onde estão os meios de instruir-se nesta parte tão importante de sua tarefa? Hoje dá-se muita instrução à mulher; fazem-na passar por exames rigorosos, mas algum dia foi exigido da mãe que soubesse como fazer para formar o moral de seu filho? Ensinam-lhe receitas caseiras, mas foi iniciada aos mil e um segredos de governar os jovens corações?

Os pais, portanto, são abandonados sem guia à sua iniciativa. É por isto que tantas vezes seguem caminhos errados. Assim recolhem, nos erros dos filhos já crescidos, o fruto amargo de sua inexperiência ou de uma ternura mal compreendida, e a Sociedade inteira lhes recebe o contragolpe.

Considerando-se que o egoísmo e o orgulho são reconhecidamente a fonte da maioria das misérias humanas; que enquanto eles reinarem na Terra não se pode esperar nem paz, nem caridade nem fraternidade, então é preciso atacá-los no estado de embrião, sem esperar que fiquem vivazes.

Pode o Espiritismo remediar esse mal? Sem dúvida nenhuma, e não hesitamos em dizer que ele é o único suficientemente poderoso para fazê-lo cessar, pelo novo ponto de vista com o qual ele permite perceber a missão e a responsabilidade dos pais; dando a conhecer a fonte das qualidades inatas, boas ou más; mostrando a ação que se pode exercer sobre os Espíritos encarnados e desencarnados; dando a fé inquebrantável que sanciona os deveres; enfim, moralizando os próprios pais. Ele já prova sua eficácia pela maneira mais racional empregada na educação das crianças nas famílias verdadeiramente espíritas. Os novos horizontes que o Espiritismo abre, fazem ver as coisas de outra maneira. Sendo o seu objetivo o progresso moral da Humanidade, ele forçosamente deverá iluminar o grave problema da educação moral, primeira fonte da moralização das massas. Um dia compreender-se-á que este ramo da educação tem seus princípios, suas regras, como a educação intelectual, numa palavra, que é uma verdadeira ciência. Talvez um dia, também, será imposta a toda mãe de família a obrigação de possuir esses conhecimentos, como se impõe ao advogado a de conhecer o Direito.

UM DRAMA ÍNTIMO

APRECIAÇÃO MORAL

O *Monde Illustré* de 7 de fevereiro de 1863 conta o drama de família seguinte, que comoveu, a justo título, a sociedade de Florença. O autor assim começa a sua narração:

"Eis a história. *Ele* era um velho de setenta e dois anos; *ela*, uma jovem de vinte. Ele a havia esposado há três anos... Não vos revolteis! O velho conde, originário de Viterbo, era absolutamente sem família, o que é muito estranho para um milionário! Amália não era sem família, mas era sem milhões! Para compensar as coisas, quase a tendo visto nascer, sabendo-a de bom coração e de um espírito encantador, ele tinha dito à mãe: 'Deixa-me paternalmente casar com Amália. Durante alguns anos ela cuidará de mim e depois...'

"Fez-se o casamento. Amália compreende os seus deveres; cerca o velho dos mais assíduos cuidados e lhe sacrifica todos os prazeres de sua idade. Tendo o conde ficado cego e semiparalítico, ela passava as mais longas horas do dia a lhe fazer companhia, a fazer leitura, a lhe contar tudo o que podia distraí-lo e encantá-lo. 'Como sois boa, minha cara filha!' exclamava ele muitas vezes, tomando-lhe as mãos e atraindo-a para depor sobre sua fronte o casto e doce beijo do enternecimento e do reconhecimento.

"Um dia, entretanto, ele percebe que Amália se afasta de sua pessoa; que, posto sempre assídua e cheia de solicitude, ela parece temer sentar-se a seus pés. Uma suspeita atravessa seu espírito. Uma noite, quando ela fazia a leitura, ele lhe toma o braço, a atrai, enlaça-lhe a cintura e então, soltando um grito terrível, cai esgotado de emoção e de cólera aos pés da jovem! Amália perde a cabeça; lança-se para a escada, atinge o andar superior, precipita-se pela janela e cai estatelada. O velho sobreviveu apenas seis horas a essa catástrofe!"

Perguntarão que relação pode ter esta história com o Espiritismo? Vê-se aí a intervenção de alguns espíritos brincalhões? – Essas relações estão nas deduções que o Espiritismo ensina a tirar das coisas aparentemente mais vulgares da vida. Quando o céptico ou o indiferente não vê num fato senão um motivo para a ironia, ou passa ao lado sem notar, o espírita o observa e dele tira uma instrução, remontando às causas providenciais, sondando-lhes as consequências para a vida porvindoura, conforme os exemplos que as relações de Além-Túmulo lhe oferecem, da justiça de Deus.

No fato acima relatado, em vez de simples e agradável anedota entre *ele*, o velho, e ela, a jovem, o Espiritismo vê duas vítimas. Ora, como o interesse pelos infelizes não termina no sólio da vida presente, mas os segue na vida futura, na qual acredita, ele pergunta se aí não há um duplo castigo para uma dupla falta, e se ambos não foram punidos por onde pecaram. Ele vê um suicídio, e como sabe que esse crime é sempre punido, ele se pergunta qual o grau de responsabilidade em que incorre o que o cometeu.

Vós que pensais que o Espiritismo só se ocupa de duendes, de aparições fantásticas, de mesas girantes e de Espíritos batedores, se vos désseis ao trabalho de estudá-lo, saberíeis que ele toca em todas as questões morais. Esses Espíritos que vos parecem tão risíveis, e que, entretanto, não passam de almas dos homens, dão a quem observa as suas manifestações a prova de que ele próprio é Espírito, momentaneamente ligado a um corpo. Ele vê na morte não o fim da vida, mas a porta da prisão que se abre ao prisioneiro para restituí-lo à liberdade. Aprende que as vicissitudes da vida corpórea são as consequências de suas próprias imperfeições, isto é, das expiações pelo passado e pelo presente, e provações para o futuro. Daí ele é naturalmente conduzido a não ver o cego acaso nos acontecimentos, mas a mão da Providência. Para ele a justa sentença: *A cada um segundo as suas obras* não só acha a sua aplicação apenas no Além-Túmulo, mas também na Terra. Eis por que tudo o que se passa em redor de si tem seu valor, sua razão de ser. Ele tudo estuda para disso tirar proveito e regular sua conduta com vistas ao futuro, que para ele é uma realidade demonstrada. Remontando às causas das desgraças que o afligem, aprende a não mais acusar a sorte ou a fatalidade, mas a si mesmo.

Não tendo esta digressão outro objetivo senão mostrar que o Espiritismo se ocupa de algo mais que de Espíritos batedores, voltemos ao nosso assunto. Considerando-se que o fato foi tornado público, é permitido apreciá-lo, tanto mais quanto não designamos ninguém nominalmente.

Se se examinar a coisa do ponto de vista puramente mundano, a maior parte das pessoas não verá nele senão a consequência muito natural de uma união desproporcional, e atirarão no velho a pedra do ridículo como oração fúnebre. Outros acusarão de ingratidão a jovem senhora que traiu a confiança do homem generoso que queria enriquecê-la. No entanto, ela tem para o espírita um lado mais sério, porque o espírita aí busca um ensinamento.

Perguntar-nos-emos, então, se na ação do velho não havia mais egoísmo que generosidade ao vincular uma moça quase criança à sua caducidade, pelos laços indissolúveis que podiam conduzi-la à idade em que se deve antes pensar no descanso do que em gozar do mundo; se impondo-lhe esse duro sacrifício, não era fazê-la pagar bem caro a fortuna que lhe prometera. Não há verdadeira generosidade sem desinteresse. Quanto à jovem, ela não podia aceitar esses laços senão com a perspectiva de vê-los quebrados em breve, pois nenhum motivo de afeição a ligava ao velho. Havia, pois, cálculo de ambos os lados, e esse cálculo foi frustrado. Deus não permitiu que nem um nem o outro o aproveitassem. A um infringiu a desilusão, ao outro a vergonha, que os mataram a ambos.

Resta a responsabilidade do suicídio, que jamais fica impune, mas que muitas vezes encontra circunstâncias atenuantes. A mãe da jovem, para encorajá-la a aceitá-lo, havia dito: “Com esta grande fortuna farás a felicidade do homem pobre que amares. Enquanto esperas, honra e respeita, durante o que lhe resta de vida, esse grande coração que quis fazer-te sua herdeira." Era tomá-la pelo lado sensível, mas, para gozar dos benefícios desse grande coração, que teria sido muito maior se a tivesse dotado sem interesse, seria preciso especular sobre a duração de sua vida. A moça errou ao ceder, mas a mãe errou mais em excitá-la, e é ela que incorrerá na maior parte da responsabilidade do suicídio da filha.

É assim que aquele que se mata para escapar à miséria é culpado pela falta de coragem e de resignação, mas muito mais culpado ainda é aquele que é a causa primeira desse ato de desespero. Eis o que o Espiritismo ensina, pelos exemplos que põe sob os olhos daqueles que estudam o mundo invisível.

Quanto à mãe, sua punição começa nesta vida, a princípio pela morte horrível da filha, cuja imagem talvez venha persegui-la e enchê-la de remorsos, depois pela inutilidade, para ela, do sacrifício que ela provocou, porque tendo falecido o marido seis horas depois de sua mulher, toda a sua fortuna vai para os colaterais afastados, e ela nenhum proveito terá.

Os jornais estão cheios de casos de todo gênero, louváveis ou censuráveis, que podem oferecer, como este que acabamos de relatar, assunto para estudos morais sérios. É para os espíritas uma mina inesgotável de observações e instruções. O Espiritismo lhes dá os meios de aí descobrirem o que se passa desapercebido para os indiferentes e ainda mais para o céptico, que geralmente aí não vê senão o fato mais ou menos picante, sem lhe procurar nem as causas nem as consequências. Para os grupos, é um elemento fecundo de trabalho, no qual os Espíritos protetores não deixarão de ajudar, dando a sua apreciação.

O ESPIRITISMO NAS PRISÕES

Na *Revista* de novembro de 1863, publicamos uma carta de um condenado detido numa penitenciária, como prova da influência moralizadora do Espiritismo. A carta abaixo transcrita, de um condenado em outra prisão, é um exemplo dessa poderosa influência. É de 27 de dezembro de 1863. Transcrevemo-la textualmente, quanto ao estilo. Corrigimos apenas os erros ortográficos.

"Senhor,

"Há poucos dias, quando me falaram pela primeira vez de Espiritismo e de revelação de Além-Túmulo, eu ri e disse que isto não era possível. Eu falava como um ignorante, que sou. Alguns dias depois tiveram a bondade de me confiar, em minha horrível posição em que me acho agora, vosso bom e excelente *Livro dos Espíritos*. A princípio li algumas páginas com incredulidade, não querendo, ou melhor, não crendo nessa ciência. Enfim, pouco a pouco e sem me aperceber, por ele tomei gosto; depois levei a coisa a sério; depois li pela segunda vez o vosso livro, mas então com um outro espírito, isto é, com calma e com toda a pouca inteligência que Deus me deu.

"Senti então despertar essa velha fé que minha mãe me tinha posto no coração e que dormitava há longo tempo. Senti o desejo de me esclarecer sobre o Espiritismo. A partir desse momento tive um pensamento muito decidido, o de tomar conhecimento, aprender, ver e depois julgar. Pus-me à obra com toda a crença que se pode ter e que é preciso ter em Deus e em seu poder. Eu desejava ver a verdade. Orei com fervor e comecei as experiências.

"As primeiras foram nulas, sem resultado algum, mas não me desencorajei. Perseverei em minhas experiências e, palavra, redobrei minhas preces, que talvez não fossem bastante fervorosas e mergulhei no trabalho com toda a convicção de uma alma crente e que espera.

"Ao cabo de algumas noites, pois só posso fazer as experiências à noite, senti, por cerca de dez minutos, frêmitos nas pontas dos dedos e uma leve sensação no braço, como se tivesse sentido correr um riachinho de água morna, que parava no punho. Eu estava então bem recolhido, todo atenção e cheio de fé. Meu lápis traçou algumas linhas perfeitamente legíveis, mas não bastante corretas para não crer que estivesse sob o peso de uma alucinação. Esperei então com paciência a noite seguinte para recomeçar as experiências, e dessa vez agradeci a Deus, de todo o coração, pois tinha obtido mais do que ousava esperar.

"Desde então, de duas em duas noites, entretenho-me com os Espíritos que são bastante bons para responder ao meu apelo e, em menos de dez minutos, respondem sempre com caridade. Escrevo meia página ou páginas inteiras que minha inteligência não poderia fazer sozinha, porque, às vezes, são tratados filosófico-religiosos em que jamais pensei nem pus em prática; porque dizia-me, aos primeiros resultados: Não serás joguete de uma alucinação ou da tua vontade? E a reflexão e o exame me provavam que eu estava bem longe dessa inteligência que havia traçado aquelas linhas. Eu baixava a cabeça, cria e não podia ir contra a evidência, a menos que estivesse inteiramente louco.

"Remeti duas ou três dessas comunicações à pessoa que tinha feito a caridade de me confiar o vosso bom livro, para que ela sancionasse se estou certo. Venho pedir-vos, senhor, vós que sois a alma do Espiritismo, que tenhais a bondade de me permitir vos envie o que obtiver de sério em minhas conversas de Além-Túmulo, se, todavia, achardes bom. Se isto for de vosso agrado, vos enviarei as conversas mantidas com Verger, aquele que feriu o arcebispo de Paris. Para bem me assegurar de que o manifestante era ele mesmo, evoquei São Luís, que me respondeu afirmativamente, bem como outro Espírito no qual tenho muita confiança etc..."

As consequências morais deste fato se deduzem por si mesmas. Eis um homem que tinha abjurado toda crença e que, ferido pela lei, se acha confundido com o rebotalho da Sociedade. Esse homem, no meio do pântano moral, voltou à fé. Ele vê o abismo em que caiu; ele se arrepende; ele ora e, digamo-lo, ah! ele ora com mais fervor que muita gente que exibe devoção. Para isto bastou a leitura de um livro onde encontrou elementos de fé que a sua razão pôde admitir, que reanimaram as suas esperanças e lhe fizeram compreender o futuro. Além disso, o que é digno de nota, é que a princípio leu com prevenção e sua incredulidade só foi vencida pelo ascendente da lógica.

Se tais resultados são produzidos por uma simples leitura, feita, por assim dizer, às ocultas, o que seria se a ela se pudesse juntar a influência das exortações verbais! É bem certo que, na disposição de espírito em que hoje se encontram, esses dois homens (ver o fato relatado no número de novembro último), não apenas não terão, durante sua detenção, qualquer conduta reprovável, mas entrarão no mundo com a resolução de aí viverem honestamente.

Considerando-se que estes dois culpados puderam ser reconduzidos ao bem pela fé que acharam no Espiritismo, é evidente que se eles tivessem tido essa fé previamente, não teriam cometido o mal. A Sociedade é, pois, interessada na propagação de uma doutrina de tão grande poder moralizador. É o que se começa a compreender.

Outra consequência a tirar do fato relatado é que os Espíritos não são detidos pelos ferrolhos, e que vão até o fundo das prisões levar suas consolações. Assim, não está no poder de ninguém impedir que eles se manifestem de uma ou de outra maneira. Se não for pela escrita, será pela audição. Eles enfrentam todas as proibições, riem-se de todas as interdições, transpõem todos os cordões sanitários. Que barreira podem, então, lhes opor os inimigos do Espiritismo?

VARIEDADES

CURA DE UMA OBSESSÃO

O Sr. Dombre, presidente da Sociedade Espírita de Marmande, manda-nos o seguinte:

"Com o auxílio dos bons Espíritos, em cinco dias livramos de uma obsessão muito violenta e muito perigosa, uma jovem de treze anos, do poder de um mau Espírito, desde 8 de maio último. Diariamente, às cinco da tarde, sem faltar um só dia, ela tinha crises terríveis, de causar piedade. Essa menina mora em bairro distante, e os parentes, que consideravam a doença como epilepsia, não falavam mais nisso. Entretanto, um dos nossos, que mora na vizinhança, foi disso informado, e uma observação mais atenta dos fatos permitiu-lhe facilmente reconhecer a verdadeira causa. Seguindo o conselho dos nossos guias espirituais, imediatamente nos pusemos à obra. A 11 deste mês, às 8 horas da noite, em nossas reuniões, começamos por evocar o Espírito, moralizá-lo, orar pelo obsessor e pela vítima e exercitar sobre ela uma magnetização mental. As reuniões eram feitas todas as noites, e na sexta-feira, dia 15, a menina sofreu a última crise. Só lhe resta a fraqueza da convalescença, consequência de tão longos e tão violentos abalos, e que se manifesta pela tristeza, pela languidez e pelas lágrimas, como nos havia sido anunciado. Pelas comunicações dos bons Espíritos, diariamente éramos informados das várias fases da moléstia.

"Essa cura, que noutros tempos uns teriam considerado como um milagre, e outros como um caso de feitiçaria, pelo que, de acordo com a opinião, teríamos sido santificados ou queimados, produziu uma certa sensação na cidade."

Felicitamos os nossos irmãos de Marmande pelo resultado que obtiveram no caso e somos felizes de ver que aproveitaram os conselhos contidos na *Revista*, por ocasião de casos análogos relatados ultimamente. Assim, eles puderam convencer-se da força da ação coletiva, quando dirigida por uma fé sincera e uma ardente caridade.

MANIFESTAÇÕES DE POITIERS

O *Journal de la Vienne* de 21 de janeiro conta o fato seguinte, que outros jornais reproduziram:

"Há cinco ou seis dias, na cidade de Poitiers, se passa um fato de tal modo extraordinário, que se tornou tema de conversas e dos mais estranhos comentários. Todas as noites, a partir das seis horas, ruídos singulares são ouvidos numa casa da Rue Neuve-Saint-Paul, habitada pela senhorita de O..., irmã do Sr. Conde de O... Segundo nos informaram, esses ruídos fazem o efeito de disparos de artilharia. Violentos golpes parecem ser dados nas portas e nos postigos. A princípio pensaram que fossem causados por brincadeiras de garotos e de vizinhos mal-intencionados. Foi organizada uma vigilância das mais ativas. Ante a queixa da senhorita de O..., a polícia tomou as mais minuciosas medidas. Agentes foram postos no interior e no exterior da casa. Nada obstante, produziram-se as explosões e sabemos, de boa fonte, que o Sr. M..., brigadeiro, durante a penúltima noite, foi tomado por uma tal comoção da qual ainda hoje não se dá conta.

"Nossa cidade inteira se preocupa com esse inexplicável mistério. Até o presente, os inquéritos feitos pela polícia não conduziram a nenhum resultado. Cada um procura a chave do enigma. Algumas pessoas iniciadas no estudo do Espiritismo pretendem que Espíritos batedores são os autores dessas manifestações, às quais não seria estranho um famoso médium, que, no entanto, não mora no bairro. Outros lembram que outrora existia um cemitério na Rua Neuve-Saint-Paul, e é desnecessário dizer a que conjecturas se entregam a esse respeito.

"De todas essas explicações não sabemos qual é a mais razoável. Resta que a opinião está muito abalada com o caso, e ontem à noite, considerável multidão se havia reunido sob as janelas da casa de O..., pelo que a autoridade teve que requerer um piquete do 10º regimento de caçadores, para evacuar a rua. No momento em que escrevemos, a polícia e a guarda ocupam a casa."

O relato desses fatos nos foi enviado por vários correspondentes particulares. Posto nada tenham de mais estranho que os fatos constatados de manifestações ocorridas em diversas épocas e estejam nos limites do possível, convém suspender o julgamento até mais ampla constatação, não do fato, mas da causa, pois é necessário guardar-se de levar à conta dos Espíritos tudo aquilo que se não compreende. Também é preciso desconfiar das manobras dos inimigos do Espiritismo, e das armadilhas que podem lançar para tentar levá-lo ao ridículo pela grande credulidade de seus adeptos.

Vemos com satisfação que os espíritas de Poitiers, nisto seguindo os conselhos contidos no *Livro dos Médiuns* e as advertências que fizemos na *Revista*, até segunda ordem se mantêm numa prudente reserva. Se for uma manifestação, ela será provada pela total ausência de causa material; se for uma palhaçada, os autores, sem querer, terão contribuído, como já o fizeram tantas vezes, para despertar a atenção dos indiferentes e provocar o estudo do Espiritismo. Quando fatos análogos se multiplicarem por todos os lados, como é anunciado, e quando inutilmente procurarem a causa neste mundo, terão que convir que está no outro. Em todo caso, os espíritas provam sua sabedoria e sua moderação. É a melhor resposta a dar aos adversários.

DISSERTAÇÕES ESPÍRITAS

NECESSIDADE DA ENCARNAÇÃO

(SOCIEDADE ESPÍRITA DE SENS)
(MÉDIUM: SR. PERCHERON)

Deus quis que o Espírito do homem fosse ligado à matéria para sofrer as vicissitudes do corpo com o qual se identifica a ponto de ter a ilusão e de tomá-lo por si mesmo, quando não passa de sua prisão passageira. É como se um prisioneiro se confundisse com as paredes de sua cela.

Os materialistas são muito cegos por não se aperceberem de seu erro, pois se quisessem refletir um pouco seriamente, veriam que não é pela matéria de seu corpo que se podem manifestar; veriam que, considerando-se que a matéria desse corpo se renova continuamente, como a água de um rio, não é senão pelo Espírito que podem saber que são sempre eles próprios.

Suponhamos que o corpo de um homem que pesasse sessenta quilos assimile, para a reparação de suas forças, um quilo de nova substância por dia, para substituir a mesma quantidade de antigas moléculas de que se separa e que realizaram o papel que lhes tocava na composição de seus órgãos. Ao cabo de sessenta dias a matéria desse corpo achar-se-ia, então, renovada. Nesta suposição, cujos números podem ser contestados, mas verdadeira em princípio, a matéria do corpo renovar-se-ia seis vezes por ano. O corpo de um homem de vinte anos, assim, já se teria renovado cem vezes; aos quarenta, duzentas e quarenta vezes; aos oitenta, quatrocentas e oitenta vezes. Mas o vosso Espírito ter-se-á renovado? Não, pois tendes consciência de que sois sempre vós mesmos. É, pois, o vosso Espírito que constitui o vosso *eu*, e por intermédio do qual vós vos afirmais, e não o vosso corpo, que não passa de matéria efêmera e mutável.

Os materialistas e panteístas dizem que as moléculas desagregadas depois da morte do corpo retornam todas à massa comum de seus elementos primitivos, e o mesmo se dá com a alma, isto é, com o ser que pensa em vós. Mas que sabem eles disso? Há uma massa comum de substância que pensa? Eles jamais o demonstraram, e é o que deveriam ter feito antes de afirmar. Da parte deles, portanto, não passa de uma hipótese. Ora, considerando-se que durante a vida do corpo as moléculas se desagreguem várias centenas de vezes, ficando o Espírito sempre o mesmo, conservando a consciência de sua individualidade, não é mais lógico admitir que a natureza do Espírito não é de se desagregar? Por que então se dissolveria após a morte do corpo e não antes?

Após esta digressão dirigida aos materialistas, volto ao meu assunto. Se Deus quis que as criaturas espíritas fossem momentaneamente unidas à matéria é, repito, para fazê-las sentir e, por assim dizer, sofrer as necessidades que a matéria exige de seus corpos para sua conservação. Dessas necessidades nascem as vicissitudes que vos fazem sentir o sofrimento e compreender a comiseração que deveis ter por vossos irmãos na mesma posição. Esse estado transitório é, pois, necessário à progressão do vosso Espírito, que sem isto ficaria estagnado.

As necessidades que o corpo vos faz experimentar estimulam o vosso Espírito e o forçam a procurar os meios de provê-las, e desse trabalho forçado nasce o desenvolvimento do pensamento. Constrangido a presidir os movimentos do corpo para dirigi-los visando a sua conservação, o Espírito é conduzido ao trabalho material e daí ao trabalho intelectual, necessários um ao outro e um pelo outro, pois a realização das concepções do Espírito exige o trabalho do corpo, e este não pode ser feito senão sob a direção e o impulso do Espírito. Tendo assim o Espírito adquirido o hábito de trabalhar, constrangido pelas necessidades do corpo, o trabalho, por sua vez, se lhe torna uma necessidade, e, quando desprendido de seus laços, ele não precisa pensar na matéria, mas pensa em trabalhar-se a si mesmo, para o seu adiantamento.

Agora compreendeis a necessidade para o vosso Espírito de ser ligado à matéria durante uma parte de sua existência, para não ficar estacionário.

Teu pai, PERCHERON
assistido pelo Espírito PASCAL

OBSERVAÇÃO: A estas observações, perfeitamente justas, acrescentaremos que, trabalhando para si mesmo, o Espírito encarnado trabalha para o melhoramento do mundo em que ele habita. Assim, ele ajuda em sua transformação e no seu progresso material, que estão nos desígnios de Deus, de que ele é o instrumento inteligente. Na sua sabedoria previdente, quis a Providência que tudo se encadeasse na Natureza; que todos, homens e coisas, fossem solidários. Depois, quando o Espírito tiver realizado a sua tarefa, quando estiver suficientemente adiantado, gozará dos frutos de suas obras.

ESTUDOS SOBRE A REENCARNAÇÃO

(Revista Espírita de fevereiro de 1864)

(SOCIEDADE ESPÍRITA DE PARIS – MÉDIUM: SRTA. A.C.)

I

Limites da reencarnação

A reencarnação é necessária enquanto a matéria domina o Espírito. Mas, a partir do momento em que o Espírito encarnado chegou a dominar a matéria e a anular os efeitos de sua reação sobre o moral, a reencarnação não tem mais nenhuma utilidade nem razão de ser. Com efeito, o corpo é necessário ao Espírito para o trabalho progressivo até que, tendo chegado a manejar esse instrumento à vontade, a lhe imprimir a sua vontade, o trabalho está concluído. Então lhe é necessário outro campo para a sua marcha, para o seu adiantamento no rumo do infinito. É-lhe necessário outro círculo de estudos, onde a matéria grosseira das esferas inferiores seja desconhecida. Tendo depurado e experimentado suas sensações na Terra ou em globos análogos, ele está maduro para a vida espiritual e seus estudos. Tendo-se elevado acima de todas as sensações corporais, não mais tem nenhum desses desejos ou necessidades inerentes à corporeidade: é Espírito e vive pelas sensações espirituais, que são infinitamente mais deliciosas do que as mais agradáveis sensações corporais.

II

A reencarnação e as aspirações do homem

As aspirações da alma arrastam à sua realização, e essa realização é conseguida na reencarnação, enquanto o Espírito está no trabalho material. Explico-me. Tomemos o Espírito em seu início na carreira humana. Estúpido e bruto, ele sente, contudo, a centelha divina em si, pois adora um Deus que ele materializa conforme a sua materialidade. Nesse ser ainda vizinho do animal há uma aspiração instintiva, quase inconsciente, para um estado menos inferior. Ele começa por desejar satisfazer seus apetites materiais e inveja os que vê num estado melhor que o seu. Assim, numa encarnação seguinte, escolhe, ele mesmo, ou antes, é *arrastado* a um corpo mais aperfeiçoado, e sempre, em cada uma de suas existências, deseja um melhoramento material. Jamais se sentindo satisfeito, quer subir sempre, porque a aspiração à felicidade é a grande alavanca do progresso.

À medida que suas sensações corporais se tornam maiores, mais requintadas, suas sensações espirituais também despertam e crescem. Então começa o trabalho moral, e a depuração da alma se une à aspiração do corpo para chegar ao estado superior.

Esse estado de igualdade de aspirações materiais e espirituais não é de longa duração, porque em breve o Espírito eleva-se acima da matéria, e suas sensações não mais podem ser por ela satisfeitas. Ele necessita mais; precisa de coisa melhor; mas aí, tendo o corpo sido levado à sua perfeição sensitiva, não pode acompanhar o Espírito, que agora o domina e dele se destaca cada vez mais, como de um instrumento inútil. Ele direciona todos os seus desejos, todas as suas aspirações para um estado superior; sente que as aspirações materiais que lhe eram um motivo de felicidade em suas satisfações, não são mais que um aborrecimento, uma degradação, uma triste necessidade da qual ele aspira libertar-se para gozar, sem entraves, de todas as venturas espirituais que pressente.

III

Ação dos fluidos na reencarnação

Sendo os fluidos os agentes que põem em movimento o nosso aparelho corporal, também são eles os elementos de nossas aspirações, pois há fluidos corpóreos e fluidos espirituais, tendendo todos a elevar-se e unir-se a fluidos da mesma natureza. Esses fluidos compõem o corpo espiritual do Espírito que, no estado de encarnado, age por meio deles sobre a máquina humana que ele é encarregado de aperfeiçoar, pois tudo é trabalho, na Criação, e tudo concorre para o avanço geral.

O Espírito tem o seu livre-arbítrio e procura sempre o que lhe é agradável e o satisfaz. Se for um Espírito inferior e material, ele busca suas satisfações na materialidade, e então dará um impulso aos fluidos materiais, que dominarão, mas tenderão sempre a crescer e elevar-se materialmente. Assim, as aspirações desse encarnado serão materiais e, depois de voltar ao estado de Espírito, buscará nova encarnação, em que satisfará às suas necessidades e desejos materiais, porque, notai que a aspiração corporal não pode pedir, como realização, senão nova corporeidade, ao passo que a aspiração espiritual só se liga às sensações do Espírito. Isto ser-lhe-á solicitado por seus fluidos, que ele deixou que se materializassem, e como no ato da reencarnação os fluidos agem para atrair o Espírito ao corpo que foi formado, havendo, assim, atração e união dos fluidos, a reencarnação se opera em condições que darão satisfação às aspirações de sua existência precedente.

Há fluidos espirituais como fluidos materiais, se estes dominarem. Entretanto, quando o espiritual conquistou a ascendência sobre o material, o Espírito, que julga de modo diferente, escolhe ou é atraído por simpatias diferentes. Como ele necessita de depuração, e esta só é alcançada pelo trabalho, as encarnações escolhidas lhe são mais penosas porque, depois de haver dado supremacia à matéria e a seus fluidos, ele deve constrangê-la, lutar com ela e dominá-la. Daí essas existências tão dolorosas que muitas vezes parecem tão injustamente infringidas a Espíritos bons e inteligentes. Esses fazem sua última etapa corporal e entram, ao sair deste mundo, nas esferas superiores, onde suas aspirações *superiores* encontrarão a sua realização.

IV

As afeições terrenas e a reencarnação

O dogma da reencarnação *indefinida* encontra oposições no coração do encarnado que ama, porque, em presença dessa infinidade de existências, produzindo laços em cada uma delas, ele se pergunta com espanto em que se tornam as afeições particulares, e se elas não se fundem num único amor geral, o que destruiria a persistência da afeição individual. Ele se pergunta se essa afeição individual não é apenas um meio de adiantamento, e então o desânimo desliza em sua alma, porque a verdadeira afeição experimenta a necessidade de um amor eterno, sentindo que ela não se cansará jamais de amar. O pensamento desses milhares de afeições idênticas lhe parece uma impossibilidade, mesmo admitindo faculdades maiores para o amor.

O encarnado que estuda seriamente o Espiritismo, sem ideia preconcebida por um sistema em detrimento de outro, sente-se arrastado para a reencarnação, pela justiça que decorre do progresso e do avanço do Espírito a cada nova existência. No entanto, quando o estuda do ponto de vista de suas afeições do coração, ele duvida e se espanta, malgrado seu. Não podendo pôr de acordo esses dois sentimentos, ele se diz que aí ainda há um véu a levantar, e seu pensamento em trabalho atrai as luzes dos Espíritos para pôr em concordância seu coração e sua razão.

Eu já disse que a encarnação cessa quando é anulada a materialidade. Mostrei como o progresso material a princípio tinha requintado as sensações corporais do Espírito encarnado; como o progresso espiritual, vindo a seguir, havia contrabalançado a influência da matéria e depois a tinha subordinado à sua vontade e que, chegada a esse grau de domínio espiritual, a corporeidade não tinha mais razão de ser, pois o trabalho estava realizado.

Examinemos agora a questão da afeição sob os aspectos material e espiritual.

Para começar, o que é a afeição, o amor? Ainda a atração fluídica, atraindo dois seres, um para outro, unindo-os no mesmo sentimento. Essa atração pode ser de duas naturezas diferentes, pois os fluidos são de duas naturezas. Mas para que a afeição persista eternamente, é preciso que ela seja espiritual e desinteressada; são precisos a abnegação, o devotamento, e que nenhum sentimento pessoal seja o móvel desse arrastamento simpático. Desde que nesse sentimento haja *personalidade*, há *materialidade*. Ora, nenhuma afeição material persiste no domínio do Espírito. Assim, toda afeição apenas resultante do instinto animal ou do egoísmo se destrói com a morte terrestre. Assim, quantos seres que se dizem amados são esquecidos após pouco tempo de separação! Vós os amastes por vós e não por eles, que não vivem mais, pois os esquecestes e substituístes. Procurastes consolo no esquecimento, eles se vos tornaram indiferentes, porque não tendes mais amor.

Contemplai a Humanidade e vede quão poucas afeições verdadeiras existem na Terra! Assim, não se deve admirar tanto a multiplicidade das afeições aí contraídas. As afeições verdadeiras são em minoria relativa, mas elas existem, e as que são reais persistem e se perpetuam sob todas as formas, primeiro na Terra, persistindo depois, no estado de Espírito, numa amizade ou num amor inalterável, que cresce continuamente, elevando-se mais e mais.

Vamos estudar esta verdadeira afeição: a *afeição espiritual*.

A afeição espiritual tem por base a afinidade fluídica espiritual que, atuando *só*, determina a simpatia. Quando assim é, é a alma que ama a alma, e essa afeição só toma força pela manifestação dos sentimentos da alma. Dois Espíritos unidos espiritualmente se buscam e tendem sempre a aproximar-se. Seus fluidos são atrativos. Se eles estiverem num mesmo globo, serão impelidos um para o outro. Se forem separados pela morte terrena, seus pensamentos unir-se-ão na lembrança, e a reunião far-se-á na liberdade do sono, e quando soar a hora da reencarnação para um deles, ele procurará aproximar-se de seu amigo, entrando no que constitui a sua filiação material, e o fará com tanto mais facilidade quanto seus fluidos *perispirituais materiais* encontrarem afinidades na matéria corporal dos encarnados que deram à luz o novo ser. Daí um novo acréscimo de afeição, uma nova manifestação do amor. Tal Espírito amigo, que vos amou como pai, vos amará como filho, como irmão ou como amigo, e cada um desses laços aumentará de encarnação em encarnação, e se perpetuará de maneira inalterável quando, realizado o vosso trabalho, viverdes a vida de Espírito.

Mas esta verdadeira afeição não é comum na Terra, e a matéria vem retardá-la, anular-lhe os efeitos, conforme ela domine o Espírito. A verdadeira amizade, o verdadeiro amor, sendo espiritual, tudo quanto se refere à matéria não é de sua natureza e em nada concorre para a identificação espiritual. A afinidade persiste, mas fica em estado latente até que, com o predomínio do fluido espiritual, de novo se efetue o progresso simpático.

Resumindo, a afeição espiritual é a única resistente no domínio do Espírito. Na Terra e nas esferas do trabalho corporal, ela concorre para o avanço moral do Espírito encarnado que, sob a influência simpática, realiza milagres de abnegação e de devotamento pelos seres amados. Aqui, nas moradas celestes, ela é a satisfação completa de todas as aspirações e a maior felicidade que o Espírito pode desfrutar.

V

O progresso entravado pela reencarnação indefinida.

Até aqui a reencarnação tem sido considerada muito prolongada. Não se pensou que esse prolongamento da corporeidade, ainda que cada vez menos material, acarretava, entretanto, necessidades que deveriam entravar o avanço do Espírito. Com efeito, admitindo-se a persistência da geração nos mundos superiores, atribuem-se ao Espírito encarnado necessidades corporais; dão-se-lhe deveres e ocupações ainda materiais que o prendem e detêm o impulso dos estudos espirituais. Qual a necessidade desses entraves? Não pode o Espírito desfrutar da felicidade do amor sem sofrer as enfermidades corporais? Mesmo na Terra, esse sentimento existe por si mesmo, independente da parte material do nosso ser. Por mais raros que sejam, há exemplos suficientes para provar que ele deve ser sentido com mais frequência entre os seres mais espiritualizados.

A reencarnação determina a união dos corpos. O *amor puro* determina apenas a união das almas. Os Espíritos se unem segundo suas afeições iniciadas em mundos inferiores, e trabalham juntos por seu progresso espiritual. Eles têm uma organização fluídica completamente diferente da que era consequência de seu aparelho corporal, e seus trabalhos se exercem sobre os fluidos e não sobre os objetos materiais. Eles vão às esferas que, elas sim, já completaram seu período material; às esferas nas quais o trabalho humano determinou a desmaterialização e que, chegadas ao apogeu de seu aperfeiçoamento, também passaram por uma transformação superior que as coloca em condições de experimentar outras modificações, mas num sentido inteiramente fluídico.

Agora compreendeis a imensa força do fluido, força que não podeis senão constatar, mas que não vedes nem apalpais.

Num estado menos pesado que aquele em que estais, tereis outros meios de ver, de tocar, de trabalhar esse fluido, que é o grande agente da vida universal.

Por que, então, ainda teria o Espírito necessidade de entrar num corpo para um trabalho que está fora das apreciações corporais? Dir-me-eis que esse corpo estará em relação com os novos trabalhos que o Espírito deverá realizar, mas, considerando-se que esses trabalhos serão inteiramente fluídicos e espirituais nas esferas superiores, por que lhe dar o embaraço das necessidades corporais? Portanto, como eu disse, a reencarnação sempre determina *geração e alimentação*, isto é, necessidades da matéria a satisfazer e, por outro lado, entraves para o Espírito.

Compreendei que o Espírito deve ser livre em seu voo rumo ao Infinito; compreendei que, tendo saído dos cueiros da matéria, ele deseja, como a criança, caminhar e correr sem ser detido pelas andadeiras infantis, e que essas *primeiras* necessidades da *primeira* educação da criança são supérfluas para a criança crescida e insuportáveis para o adolescente.

Não desejeis, pois, ficar na infância. Olhai-vos como alunos que fazem os últimos estudos e se dispõem a entrar no mundo, a nele ter o seu status e a começar trabalhos de outro gênero, que seus estudos preliminares terão facilitado.

O Espiritismo é a alavanca que elevará de um salto ao estado espiritual todo o encarnado que, querendo bem compreendê-lo e colocá-lo em prática, tratará de dominar a matéria, de tornar-se seu senhor, de aniquilá-la. Todo Espírito de boa vontade pode conquistar o estado de passar, ao deixar este mundo, para o estado espiritual sem retorno terrestre. Apenas é preciso fé ou *vontade ativa*. O Espiritismo a dá a *todos* os que o quiserem compreender em seu sentido moralizador.

Um Espírito protetor do médium.

OBSERVAÇÃO: Esta comunicação não tem outra assinatura além daquela consignada acima, o que prova que não é necessário ter tido um nome célebre na Terra para ditar boas coisas.

Pode-se notar a analogia entre a comunicação de Sens, dada acima, e a primeira parte desta; esta última é, certamente, mais desenvolvida, mas a ideia fundamental sobre a necessidade da reencarnação é a mesma. Citamos ambas para mostrar que os grandes princípios da doutrina são ensinados de diversos lados e que é assim que se constituirá e se consolidará a unidade do Espiritismo. Essa concordância é o melhor critério da verdade. Ora, é de notar que as teorias excêntricas e sistemáticas ditadas por Espíritos pseudossábios são sempre circunscritas a um círculo estreito e individual, razão pela qual nenhuma prevaleceu. É também por isso que não há por que temê-las, pois só têm uma existência efêmera, que se apaga como uma fraca lâmpada ante a clara luz do dia.

Quanto à última comunicação, seria supérfluo ressaltar seu alto alcance, como fundo e como forma. Ela pode ser assim resumida:

Considerada do ponto de vista do progresso, a vida do Espírito apresenta três períodos principais, a saber:

1º – O *período material*, no qual a influência da matéria domina a do Espírito. É o estado dos homens dados às paixões brutais e carnais, à sensualidade; cujas aspirações são exclusivamente terrenas, ligadas aos bens temporais, ou refratárias às ideias espirituais.

2º – *O período de equilíbrio*, no qual as influências da matéria e do Espírito se exercem simultaneamente; no qual, posto submetido às necessidades materiais, o homem pressente e compreende o estado espiritual; em que trabalha para sair do estado corporal.

Nesses dois períodos, o Espírito está sujeito à reencarnação, que se realiza nos mundos inferiores e médios.

3º – *O período espiritual*, no qual, tendo dominado completamente a matéria, o Espírito não mais necessita da encarnação nem do trabalho material. Seu trabalho é inteiramente espiritual. É o estado dos Espíritos nos mundos superiores.

A facilidade com que certas pessoas aceitam as ideias espíritas, das quais parece que elas têm a intuição, indica que elas pertencem ao segundo período; mas entre este e os outros há muitos graus, que o Espírito transpõe tanto mais rapidamente quanto mais próximo estiver do período espiritual. É assim que, de um mundo material como a Terra, pode ir habitar um mundo superior, como Júpiter, se seu avanço moral e espiritual for suficiente para dispensá-lo da passagem pelos graus intermediários. Depende, pois, do homem deixar a Terra sem retorno, como mundo de expiação e prova para ele, ou de aí só voltar em missão.

NOTÍCIAS BIBLIOGRÁFICAS

REVISTA ESPÍRITA DE ANTUÉRPIA

Sob este título, novo órgão do Espiritismo acaba de surgir em Antuérpia, a partir de 1º de janeiro de 1864. Sabe-se que a Doutrina Espírita fez rápidos progressos nessa cidade, onde se formaram numerosas reuniões, compostas de homens eminentes pelo saber e pela posição social. Em Bruxelas, por mais tempo refratária, a ideia nova também ganha terreno, como noutras cidades da Bélgica. Uma sociedade espírita formada recentemente, pediu-nos aceitássemos a presidência de honra. Vê-se qual o caminho que pretende seguir.

O primeiro número da nova *Revista* contém um apelo aos espíritas de Antuérpia; dois artigos de fundo, um sobre os *adversários do Espiritismo*, outro sobre o *Espiritismo e a loucura* e um certo número de comunicações mediúnicas, algumas das quais na língua flamenga, tudo, temos a satisfação de dizer, em perfeita conformidade com os pontos de vista e os princípios da Sociedade de Paris. Essa publicação não pode deixar de ser acolhida favoravelmente num país onde as ideias novas têm uma tendência manifesta a se propagarem, se, como esperamos, se mantiver à altura da ciência, condição essencial do sucesso.

O Espiritismo cresce e vê, diariamente, novos horizontes se abrirem à sua frente. Ele aprofunda as questões que apenas tinha feito aflorar, em sua origem. Conformando-se com o desenvolvimento das ideias, por toda parte, em suas instruções, os Espíritos têm seguido esse movimento ascensional. Ao lado das produções mediúnicas de hoje, as de outrora são pálidas e quase pueris, posto então fossem julgadas magníficas. Há entre elas a diferença do ensino dado a estudantes e a adultos. É que, à medida que o homem cresce, sua inteligência, como o seu corpo, requer alimento mais substancial. Toda publicação espírita, periódica ou não, que ficasse para trás do movimento, necessariamente encontraria pouca simpatia, e seria ilusão supor agora os leitores se interessarem por coisas elementares ou medíocres. Por melhor que seja a intenção, toda recomendação seria impotente para lhes dar vida, se não a têm por si mesmas.

Há para publicações deste gênero outra condição de sucesso, ainda mais importante, a de marchar com a opinião da maioria. Na origem das manifestações espíritas, as ideias, ainda não fixadas pela experiência, deram lugar a muitas opiniões divergentes que caíram ante observações mais completas, ou que só contam com raros representantes.

Sabe-se a que bandeira e a que princípios está hoje ligada a imensa maioria dos espíritas do mundo inteiro. Tornar-se eco de opiniões retardatárias ou seguir um caminho errado, é condenar-se previamente ao isolamento e ao abandono. Os que o fizerem de boa-fé são lamentáveis; os que agirem premeditadamente, com a intenção de pôr travas nas rodas e semear a divisão, só colherão vergonha. Nem uns nem outros podem ser encorajados pelos que sabem de cor os verdadeiros interesses do Espiritismo. Quanto a nós, pessoalmente, e à Sociedade de Paris, nossas simpatias e nosso apoio moral são conquistados por antecipação, como se sabe, por todas as publicações, como por todas as reuniões úteis à causa que defendemos.

RECONHECEMO-NOS NO CÉU

(PELO REV. PE. BLOT, DA COMPANHIA DE JESUS)[1]

Um dos nossos correspondentes, o Dr. C..., assinala-nos este livrinho, e escreve o seguinte:

"Desde algum tempo, palavras que me abstenho de qualificar, como cristão e espírita, têm sido pronunciadas muitas vezes por homens que têm a missão de falar às criaturas sobre caridade e misericórdia. Para vos aliviar das penosas impressões que elas vos devem ter causado, como a todo verdadeiro cristão,

[1]Paris, 1863. 1 vol. pequeno in-18º – Preço 1 franco, na livraria Poussielgue-Rusand, Rua Cassette, nº 27.

permiti-me que vos fale de um volumezinho do Rev. Pe. Blot. Não acredito que ele seja espírita, mas encontrei em sua obra o que, no Espiritismo, leva a amar a Deus e esperar em sua misericórdia, bem como diversas passagens que muito se aproximam do que ensinam os Espíritos."

Nele destacamos as passagens seguintes, que confirmam a opinião do nosso correspondente:

"No Século VII, o Papa São Gregório, o Grande, depois de haver contado que um religioso, ao morrer, vira os profetas aparecerem diante dele, e os designou pelos nomes, acrescentava: 'Este exemplo nos faz compreender claramente como será grande o conhecimento que teremos uns dos outros na vida incorruptível do Céu, pois esse religioso, ainda numa carne corruptível, reconheceu os santos profetas que jamais tinha visto.'

"Os santos se veem uns aos outros, como o exigem a unidade do reino e a unidade da cidade onde vivem, em companhia do próprio Deus. Eles revelam espontaneamente uns aos outros os seus pensamentos e afeições, como as pessoas da mesma casa que são unidas por um sincero amor. Entre os seus concidadãos do Céu, conhecem até os que não conheceram aqui embaixo, e o conhecimento das belas ações os leva a um conhecimento mais completo dos que as realizaram. (Berti, *De theologicis disciplinis*).

"Perdestes um filho ou uma filha? Recebei as consolações que um Patriarca de Constantinopla dirigia a um pai desolado. Esse patriarca não pode mais ser contado entre os grandes homens nem entre os santos: É Fócio, o autor do cisma cruel que separa o Oriente e o Ocidente, mas suas palavras apenas provam que, sobre este ponto, os gregos pensam como os latinos. Ei-las: 'Se vossa filha vos aparecesse; se, pondo as suas mãos nas vossas e sua fronte feliz em vossa fronte ela vos falasse, não seria a descrição do Céu que ela vos faria?' Depois ela acrescentaria: 'Por que vos afligir, ó meu pai? Eu estou no paraíso, onde a felicidade não tem limites. Vireis um dia com minha querida mãe, e então constatareis que eu não disse demais deste lugar de delícias, pois a realidade ultrapassa as minhas palavras.'"

Os bons Espíritos podem, assim, manifestar-se, ser vistos,

tocar os vivos, falar-lhes, descrever sua própria situação, vir consolar e fortalecer os que eles amaram. Se podem falar e tomar a mão, por que não poderiam fazer escrever? Diz o Pe. Blot: "Sobre este ponto, os gregos pensam como os latinos." Por que, então, hoje os latinos dizem que esse poder só é dado aos demônios para enganar os homens?

A passagem seguinte é ainda mais explícita:

"Numa de suas homilias sobre São Mateus, dizia São João Crisóstomo a cada um de seus ouvintes: 'Desejais ver aquele que a morte levou? Levai a mesma vida que ele no caminho da virtude, e em breve fruireis essa santa visão. Mas quereis vê-lo aqui mesmo? Ora! O que vo-lo impede? Isto vos é permitido e é fácil vê-lo, se fordes prudentes, porque a esperança dos bens futuros é mais clara que a própria vista.'"

O homem carnal não pode ver o que é puramente espiritual. Se, pois, pode ver os Espíritos, é que eles têm uma parte material acessível aos nossos sentidos. É o envoltório fluídico, que o Espiritismo designa sob o nome de perispírito.

Após uma citação de Dante sobre o estado dos bem-aventurados, acrescenta o Pe. Blot:

"Eis, pois, o princípio de solução para as objeções: No Céu, *que é menos um lugar do que um estado*, tudo é luz, tudo é amor."

Assim, o Céu não é um lugar circunscrito. É o estado das almas felizes. Em toda parte onde elas forem felizes, elas estarão no Céu, isto é, para elas tudo é luz, amor e inteligência. É o que dizem os Espíritos.

Fénelon, por ocasião da morte do Duque de Beauvilliers, seu amigo, escreveu à duquesa: "Não, só os sentidos e a imaginação perderam seu objetivo. Aquele que não mais podemos ver está conosco mais do que nunca. Encontramo-lo sem cessar em nosso centro comum. Ele aí nos vê e nos proporciona verdadeiro socorro. Aí conhece melhor que nós as nossas enfermidades, ele que não mais tem as suas; e pede os remédios necessários à nossa cura. Para mim, que estava privado de vê-lo há tantos anos, eu lhe falo e lhe abro o meu coração."

Fénelon escrevia também à viúva do Duque de Chevreuse:

"Unamo-nos de coração àquele a quem lamentamos. Ele não se afastou de nós ao tornar-se invisível. Ele nos vê, ele nos ama, ele é tocado por nossas necessidades. Chegado felizmente ao porto, ele ora por nós que ainda estamos expostos ao naufrágio. Diz-nos com uma voz secreta: 'Apressai-vos para virdes ao nosso encontro.' Os puros Espíritos veem, entendem, amam sempre os verdadeiros amigos no seu centro comum. Sua amizade é imortal como sua fonte. Os incrédulos só amam a si mesmos. Eles deveriam desesperar-se por perderem os amigos para sempre. No entanto, a amizade divina transforma a sociedade visível numa sociedade de pura fé. Ela chora, mas chorando, consola-se pela esperança de juntar-se a seus amigos no país da verdade e no seio do próprio amor."

Para justificar o título de seu livro: *Reconhecemo-nos no Céu*, o Pe. Blot cita grande número de passagens de escritores sacros, de aparições e de manifestações diversas que provam a reunião, após a morte, daqueles que se amaram; as relações existentes entre os mortos e os vivos; o auxílio que se prestam *mutuamente* pela prece e pela inspiração. Em nenhuma parte fala da separação eterna, consequência da danação eterna, nem de diabos, nem do inferno. Ele mostra, ao contrário, as almas mais sofredoras libertadas pela força do arrependimento e da prece, e pela misericórdia de Deus.

Se o Pe. Blot lançasse anátema contra o Espiritismo, seria lançá-lo contra o seu próprio livro e contra todos os santos cujo testemunho ele invoca. Seja qual for sua opinião a esse respeito, nos dirão que se houvessem pregado sempre nesse sentido, haveria menos incrédulos.

A LENDA DO HOMEM ETERNO

(PELO SR. ARMAND DURANTIN)[2]

O Espiritismo conquistou seu status entre as crenças. Se

[2] Um volume in-12. Preço: 3 francos. Livraria Dentu e Livraria Central, Boulevard des Italiens, nº 24.

para alguns escritores ele ainda é motivo de pilhérias, nota-se que entre aqueles que outrora o punham a ridículo, a pilhéria baixou de tom, ante o ascendente da opinião das massas, e se limita a citar, sem comentários, ou com restrições mais cuidadas, os fatos que a ele se referem.

Outros, sem nele crer positivamente, e mesmo sem conhecê-lo a fundo, julgam a ideia muito importante para nela buscar assunto para trabalhos de imaginação ou de fantasia. Tal é, ao que nos parece, o caso da obra de que falamos. É um simples romance, baseado na crença espírita apresentada do ponto de vista sério, mas do qual podemos reprochar alguns erros, sem dúvida provindos de um estudo incompleto da matéria.

O autor, que quer bordar uma ação de fantasia sobre um assunto histórico, deve, antes de tudo, bem penetrar-se da verdade do fato, a fim de não margear a história.

Assim deverão fazer todos os escritores que quiserem tirar proveito da ideia espírita, seja para não serem acusados de ignorância daquilo de que falam, seja para conquistar a simpatia dos adeptos, hoje bastante numerosos para pesar na balança da opinião e concorrer para o sucesso de toda obra que, direta ou indiretamente, diz respeito às suas crenças.

Feita esta reserva do ponto de vista da perfeita ortodoxia, a obra em apreço não será menos lida com muito interesse pelos partidários, como pelos adversários do Espiritismo e agradecemos ao autor a graciosa homenagem que nos fez de seu livro, chamado a popularizar a ideia nova. Citaremos as passagens seguintes, que tratam mais especialmente da doutrina.

"À época em que o Sr. Boursonne (um dos principais personagens do romance) tinha perdido a esposa, uma doutrina mística se espalhava surdamente, lentamente, e se propagava na sombra. Ela contava ainda com poucos adeptos, mas não aspirava nada menos que substituir os vários cultos cristãos. Falta-lhe ainda, para tornar-se uma religião poderosa, apenas a perseguição.

"Essa religião é a do Espiritismo, tão eloquentemente exposta pelo Sr. Allan Kardec, em sua notável obra *O Livro dos Espíritos.* Um de seus mais convictos adeptos era o Conde de Boursonne.

"Não acrescentarei senão algumas palavras sobre essa doutrina, para dar aos incrédulos a compreender que o poder misterioso do conde era inteiramente natural.

"Os espíritas reconhecem Deus e a imortalidade da alma. Eles creem que a Terra é para eles um lugar de transição e de provação. Segundo eles, a alma é inicialmente colocada por Deus num planeta de ordem inferior. Aí ela fica encerrada num corpo mais ou menos grosseiro, até ficar bastante depurada para emigrar para um mundo superior. É assim que, após longas migrações e numerosas provações, as almas chegam, enfim, à perfeição, sendo então admitidas no seio de Deus. Depende, pois, do homem, abreviar suas peregrinações e chegar mais rapidamente junto ao Senhor, melhorando-se rapidamente.

"É uma crença do Espiritismo, crença tocante, que as almas mais perfeitas podem comunicar-se com os Espíritos. Assim, segundo os espíritas, podemos conversar com os seres amados que perdemos, se nossa alma for bastante aperfeiçoada para ouvi-los e saber fazer-se escutar.

"São, pois, as almas melhoradas, os homens mais perfeitos entre nós, que podem servir de intermediários entre o vulgo e os Espíritos. Esses agentes, tão ridicularizados pelo cepticismo quanto admirados e invejados pelos crentes, chamam-se, em linguagem espírita, *médiuns*.

"Explicado isto, uma vez por todas, notemos de passagem que a Doutrina Espírita, a esta hora, conta seus adeptos por milhares, sobretudo nas grandes cidades, e que o Conde de Boursonne era um dos médiuns mais potentes."

Aqui há um primeiro erro grave. Se fosse preciso ser perfeito para comunicar-se com os Espíritos, muito poucos teriam esse privilégio. Os Espíritos se manifestam mesmo àqueles que muito deixam a desejar, precisamente para motivá-los, por seus conselhos, a melhorar-se, conforme estas palavras do Cristo: "Não são os que têm saúde que precisam do médico." A mediunidade é uma faculdade que depende do organismo mais ou menos desenvolvido, conforme os indivíduos, mas que pode ser dada ao mais indigno como ao mais digno, sujeitando-se, o primeiro, a ser punido, se dela não tira proveito ou se dela abusa.

A superioridade moral do médium lhe assegura a simpatia dos bons Espíritos e o torna apto a receber instruções de ordem mais elevada, mas a facilidade de comunicar-se com os seres do mundo invisível, quer diretamente, quer por terceiros, é dada a cada um, visando o seu avanço. Eis o que o autor teria sabido se tivesse feito um estudo mais profundo da ciência espírita.

"A Ciência moderna provou que tudo se encadeia. Assim, na ordem material, entre o infusório, último dos animais, e o homem, que é a sua expressão mais elevada, existe uma cadeia de criaturas, melhoradas sucessivamente, como o provam superabundantemente as descobertas dos geólogos. Ora, os espíritas se perguntaram por que não existiria a mesma harmonia no mundo espiritual; se perguntaram por que uma lacuna entre Deus e o homem, como o Sr. Le Verrier se perguntou como podia faltar um planeta em dado lugar no céu, em vista das leis harmoniosas que regem o nosso mundo incompreensível e ainda desconhecido.

"Guiado pelo mesmo raciocínio que conduziu o eminente diretor do Observatório de Paris à sua maravilhosa dedução, foi que os espíritas chegaram a reconhecer seres imateriais entre o homem e Deus, antes de haverem tido a prova palpável, adquirida mais tarde."

Há aqui, igualmente, outro erro capital. O Espiritismo foi conduzido às suas teorias pela observação dos fatos e não por um sistema preconcebido. O raciocínio de que fala o autor era racional, sem dúvida, mas não foi assim que as coisas se passaram.

Os espíritas concluíram pela existência dos Espíritos porque os Espíritos se manifestaram *espontaneamente*. Eles indicaram a lei que rege as relações entre o mundo visível e o mundo invisível, porque observaram essas relações. Eles admitiram a hierarquia progressiva dos Espíritos porque os Espíritos se lhes mostraram em todos os graus de adiantamento. Eles adotaram o princípio da pluralidade das existências não só porque os Espíritos lho ensinaram, mas porque esse princípio resulta, como lei da Natureza, da observação dos fatos que temos sob os olhos.

Em resumo, o Espiritismo nada admitiu a título de hipótese prévia. Tudo, na sua doutrina, é resultado da experiência. Eis tudo o que temos repetido muitas vezes em nossas obras.

Julgamos útil publicar o seguinte aviso, para conhecimento

das pessoas a quem possa interessar:

Ao receber qualquer carta, o primeiro cuidado é ver a assinatura. Na ausência de assinatura ou de designação suficiente, a carta vai para a cesta, sem ser lida, mesmo que traga a menção: *Um dos vossos assinantes*; *um espírita etc*. Estes últimos, tendo menos razões que quaisquer outros para se manterem incógnitos em relação a nós, por isso mesmo tornam suspeita a origem de suas cartas, razão pela qual nem mesmo delas tomamos conhecimento, já que a correspondência autêntica é muito numerosa e suficiente para absorver a atenção. A pessoa encarregada de fazer a sua triagem tem instrução formal de rejeitar sem exame toda carta nas condições a que nos referimos.

ALLAN KARDEC

REVISTA ESPÍRITA

JORNAL DE ESTUDOS PSICOLÓGICOS

ANO VII	MARÇO DE 1864	VOL. 3

DA PERFEIÇÃO DOS SERES CRIADOS

Por vezes pergunta-se se Deus não teria podido criar os Espíritos perfeitos, para lhes poupar o mal e todas as suas consequências.

Sem dúvida Deus teria podido, pois é todo-poderoso. Se não o fez, é que, em sua suprema sabedoria, julgou mais útil que fosse de outro modo. Não cabe aos homens perscrutar seus desígnios, e menos ainda julgar e condenar suas obras.

Considerando-se que não pode admitir Deus sem o infinito das perfeições, sem a soberana bondade e a soberana justiça, que tem sob os olhos, incessantemente, provas de sua solicitude pelas suas criaturas, o homem deve pensar que essa solicitude não podia ter falhado na criação dos Espíritos.

O homem, na Terra, é como a criança, cuja visão limitada não vai além do estreito círculo do presente, e não pode julgar da utilidade de certas coisas. Ele deve, pois, inclinar-se ante o que ainda está além do seu alcance. Contudo, tendo-lhe Deus dado a inteligência para se guiar, não lhe é defeso procurar compreender, parando humildemente no limite que não pode transpor.

Sobre todas as coisas mantidas no segredo de Deus, o homem não pode estabelecer senão sistemas mais ou menos prováveis. Para julgar qual desses sistemas mais se aproxima da verdade, há um critério seguro, que são os atributos essenciais da Divindade. Toda teoria, toda doutrina filosófica ou religiosa que tendesse a destruir a mínima parte de um só desses atributos pecaria pela base e seria, por isto mesmo, manchada de erro, de onde se segue que o sistema mais verdadeiro será aquele que melhor se acomodar com esses atributos.

Sendo Deus todo sabedoria e todo bondade, não poderia ter criado o mal como contrapeso do bem. Se ele tivesse feito do mal uma lei necessária, teria voluntariamente enfraquecido o poder do bem, porque aquilo que é mal não pode senão alterar e não fortalecer o que é bem.

Deus estabeleceu leis que são inteiramente justas e boas. O homem seria perfeitamente feliz se as observasse escrupulosamente, mas a menor infração dessas leis causa uma perturbação cujo contragolpe ele experimenta, e daí resultam todas as suas vicissitudes. É, pois, ele próprio, a causa do mal, por sua desobediência às leis de Deus. Deus o criou livre de escolher seu caminho. Aquele que tomou o mau caminho o fez por sua vontade, e não pode acusar senão a si próprio pelas consequências para si decorrentes. Pelo destino da Terra, só vemos os Espíritos dessa categoria, e isto fez com que se acreditasse na necessidade do mal. Se pudéssemos abraçar o conjunto dos mundos, veríamos que os Espíritos que ficaram no bom caminho percorrem as diversas fases de sua existência em condições completamente diversas e que, desde que o mal não é geral, não poderia ser indispensável. Mas resta ainda a questão de saber por que Deus não criou os Espíritos perfeitos. Esta questão é análoga a esta outra: Por que a criança não nasce completamente desenvolvida, com todas as aptidões, toda a experiência e todos os conhecimentos da idade viril?

Há uma lei geral que rege todos os seres da criação, animados e inanimados. É a lei do progresso. Os Espíritos são a ela submetidos pela força das coisas, sem o que a exceção teria perturbado a harmonia geral, e Deus quis dar-nos um exemplo abreviado na progressão da infância. Porém, não existindo o mal como uma necessidade na ordem das coisas, pois ele só existe em função dos Espíritos prevaricadores, a lei do progresso absolutamente não obriga os homens a passar por essa fieira para chegar ao bem. Ela não os força senão a passar pelo estado de inferioridade intelectual ou, por outras palavras, pela infância espiritual.

Criados simples e ignorantes, e por isso mesmo imperfeitos, ou melhor, *incompletos*, devem adquirir por si mesmos e por sua própria atividade, a ciência e a experiência que de início não podem ter.

Se Deus os tivesse criado perfeitos, deveria tê-los dotado, desde o instante de sua criação, com a universalidade dos conhecimentos. Ele os teria isentado de todo trabalho intelectual, mas, ao mesmo tempo, lhes teria tirado toda a atividade, que devem desenvolver para adquiri-los, e pela qual concorrem, como encarnados e desencarnados, ao aperfeiçoamento material dos mundos, trabalho que não cabe mais aos Espíritos superiores, encarregados somente de dirigir o aperfeiçoamento moral. Por sua própria inferioridade, eles se tornam uma engrenagem essencial à obra geral da criação.

Por outro lado, se Deus os tivesse criado infalíveis, isto é, isentos da possibilidade de fazer o mal, eles fatalmente teriam sido impelidos ao bem, como mecanismos bem montados que fazem automaticamente obras de precisão. Mas, então, não mais livre-arbítrio e, por consequência, não mais independência. Eles ter-se-iam assemelhado a esses homens que nascem com a fortuna feita e se julgam dispensados de fazer qualquer coisa. Submetendo-os à lei do progresso facultativo, quis Deus que tivessem o mérito de suas obras, para ter direito à recompensa e desfrutar a satisfação de haverem conquistado por si mesmos sua posição.

Sem a lei universal do progresso aplicada a todos os seres, deveria haver uma ordem de coisas completamente diferente a ser estabelecida. Sem dúvida, Deus tinha essa possibilidade, mas por que não o fez? Teria sido melhor de outro modo? Assim, ter-se-ia enganado! Ora, se Deus pôde enganar-se, é que ele não é perfeito, e se não é perfeito, não é Deus. Desde que não se pode concebê-lo sem a perfeição infinita, há que concluir-se que o que ele fez é o melhor. Se ainda não estamos aptos a compreender os seus motivos, certamente podê-lo-emos mais tarde, num estado mais adiantado. Enquanto esperamos, se não pudermos sondar as causas, poderemos observar os efeitos e reconhecer que tudo no universo é regido por leis harmônicas, cuja sabedoria e admirável previdência confundem o nosso entendimento. Muito presunçoso, pois, seria aquele que pretendesse que Deus deveria ter regulado o mundo de outra maneira, pois isto significaria que, em seu lugar, teria feito melhor. Tais são os Espíritos cujo orgulho e ingratidão Deus castiga, relegando-os a mundos inferiores, de onde só sairão quando, curvando a cabeça sob a mão que os fere, reconhecerem o seu poder. Deus não lhes impõe esse reconhecimento. Ele quer que o reconhecimento seja voluntário e fruto de suas observações, razão por que os deixa livres e espera que, vencidos pelo próprio mal que a si atraem, voltem para ele.

A isto respondem: "Compreende-se que Deus não tenha criado os Espíritos perfeitos, mas se julgou a propósito submetê-los todos à lei do progresso, não teria podido, pelo menos, criá-los felizes, sem submetê-los todos às misérias da vida? A rigor, compreende-se o sofrimento para o homem, pois ele pode ter desmerecido, mas os animais também sofrem; entredevoram-se; os grandes comem os pequenos. Há alguns cuja vida não passa de longo martírio. Como nós, têm eles o livre-arbítrio, e desmereceram?"

Tal é, ainda, a objeção por vezes feita e à qual os argumentos acima podem servir de resposta. Não obstante, acrescentaremos algumas considerações.

Sobre o primeiro ponto, diremos que a felicidade completa é resultado da perfeição. Considerando-se que as vicissitudes são o produto da imperfeição, criar os Espíritos perfeitamente felizes fora criá-los perfeitos.

A questão dos animais exige alguns desenvolvimentos. Eles têm um princípio inteligente, isto é incontestável. De que natureza é esse princípio? Que relações tem ele com o do homem? É estacionário em cada espécie, ou progressivo ao passar de uma a outra espécie? Qual é, para ele, o limite do progresso? Ele caminha paralelamente com o homem, ou é o mesmo princípio que se elabora e ensaia a vida nas espécies inferiores, para receber, mais tarde, novas faculdades e sofrer a transformação humana? Estas são outras tantas questões até hoje insolúveis, e se o véu que cobre esse mistério ainda não foi levantado pelos Espíritos, é que isto teria sido prematuro, pois o homem ainda não está maduro para receber toda a luz. É verdade que vários Espíritos deram teorias a respeito, mas nenhuma tem um caráter bastante autêntico para ser aceita como verdade definitiva. Assim, até nova ordem, elas não podem ser consideradas senão como sistemas individuais. Só a concordância lhes pode dar a consagração, pois nisto está o único e verdadeiro controle do ensino dos Espíritos. Eis por que estamos longe de aceitar como verdades irrefutáveis tudo quanto eles ensinam individualmente. Um princípio, seja qual for, para nós só adquire autenticidade pela universalidade do ensinamento, isto é, por instruções idênticas dadas em todos os lugares por médiuns estranhos uns aos outros sem sofrer as mesmas influências, notoriamente isentos de obsessões e assistidos por Espíritos bons e esclarecidos. Por Espíritos esclarecidos deve entender-se os que provam sua superioridade pela sua elevação de pensamento e pelo alto alcance de seus ensinos, jamais se contradizendo e jamais dizendo nada que a lógica mais rigorosa não possa admitir. Assim é que foram controladas as diversas partes da doutrina, formulada no *Livro dos Espíritos* e no *Livro dos Médiuns*. Tal não é ainda o caso da questão dos animais, e é por isso que ainda não a resolvemos. Até a constatação mais séria, não se devem aceitar teorias que possam ser dadas a respeito, senão com reservas, e esperar sua confirmação ou sua negação.

Em geral, nunca seria demasiada a prudência em face a teorias novas, sobre as quais poderíamos ter ilusões. Assim, quantas vimos, desde a origem do Espiritismo, que, publicadas prematuramente, apenas tiveram vida efêmera! Assim será com todas as que apenas tiverem caráter individual e não tiverem passado pelo controle da concordância.

Em nossa posição, recebendo as comunicações de cerca de mil centros espíritas sérios disseminados em diversos pontos do globo, estamos em condições de ver os princípios sobre os quais houve concordância. Foi essa observação que nos guiou até hoje e nos guiará igualmente nos novos campos que o Espiritismo é chamado a explorar. É assim que, desde algum tempo, observamos, nas comunicações vindas de vários lados, quer da França, quer do estrangeiro, uma tendência a entrar numa via nova, através de revelações de uma natureza toda especial.

Essas revelações, muitas vezes em palavras veladas, passaram despercebidas por muitos dos que as receberam, e muitos outros se supuseram os únicos a recebê-las. Consideradas isoladamente, para nós não teriam valor, mas a sua coincidência lhes dá alta importância, que terá de ser julgada mais tarde, quando chegar o momento de levá-las à luz da publicidade.

Sem essa concordância, quem poderia estar seguro de estar com a verdade? A razão, a lógica, o raciocínio, sem dúvida, são os primeiros meios de controle a serem usados. Em muitos casos, isto basta, mas quando se trata de um princípio importante, da emissão de uma ideia nova, seria presunção crer-se infalível na apreciação das coisas. É este, ademais, um dos caracteres distintivos da revelação nova, o de ser feita em toda parte ao mesmo tempo. Assim acontece com as diversas partes da doutrina. Aí está a experiência para provar que todas as teorias aventurosas por Espíritos sistemáticos e pseudossábios sempre foram isoladas e localizadas. Nenhuma delas tornou-se geral e suportou o controle da concordância. Várias, mesmo, caíram no ridículo, prova evidente de que não estavam certas. O controle universal é uma garantia para a futura unidade da doutrina.

Esta digressão afastou-nos um pouco do assunto, mas era útil, para dar a conhecer nossa maneira de proceder no caso de teorias novas concernentes ao Espiritismo, que está longe de haver dado sua última palavra sobre todas as coisas. Jamais as emitimos antes que tenham recebido a sanção de que acabamos de falar, razão pela qual algumas pessoas um tanto impacientes se admiram do nosso silêncio em certos casos. Como sabemos que cada coisa virá a seu tempo, não cedemos a nenhuma pressão, venha de onde vier, pois sabemos a sorte dos que querem ir muito depressa e têm em si mesmos e em suas próprias luzes uma confiança muito grande. Não queremos colher o fruto antes de sua maturação, mas podemos ter certeza de que, quando estiver maduro, não o deixaremos cair.

Estabelecido este ponto, pouco nos resta a dizer sobre a questão proposta, embora o ponto capital ainda não possa ser resolvido.

É incontestável que os animais sofrem, mas é racional imputar esses sofrimentos à imprevidência do Criador ou a uma falta de bondade de sua parte pelo fato de a causa escapar à nossa inteligência, assim como a utilidade dos deveres e da disciplina escapa ao escolar? Ao lado desse mal aparente não se vê brilhar a sua solicitude pelas mais ínfimas de suas criaturas? Não são os animais providos de meios de conservação adequados ao meio onde devem viver? Não se vê que a sua pelagem desenvolve-se mais ou menos, conforme o clima? Seu aparelho de nutrição, suas armas ofensivas e defensivas proporcionais aos obstáculos a vencer e aos inimigos a combater? Em presença destes fatos tão multiplicados, cujas consequências só escapam ao olho do materialista, está bem fundamentado aquele que disser que não há Providência para eles? Não, por certo, posto nossa visão seja muito limitada para julgar a lei do conjunto. Nosso ponto de vista, restrito ao pequeno círculo que nos envolve, só nos deixa ver irregularidades aparentes, mas quando nos elevamos, pelo pensamento, acima do horizonte terreno, essas irregularidades se apagam ante a harmonia geral.

O que mais choca, nesta observação localizada, é a destruição dos seres, uns pelos outros. Considerando-se que Deus prova a sua sabedoria e a sua bondade em tudo o que podemos compreender, é forçoso admitir que a mesma sabedoria presida o que não compreendemos. Aliás, não costumamos maximizar a importância dessa destruição senão pela que atribuímos à matéria, sempre por força do estreito ponto de vista em que o homem se coloca.

Definitivamente, só o envoltório se destrói, ao passo que o princípio inteligente não é aniquilado. O Espírito é tão indiferente à perda de seu corpo quanto o homem à de sua roupa. Essa destruição dos envoltórios temporários é necessária à formação e à manutenção dos novos envoltórios que se constituem com os mesmos elementos, mas o princípio inteligente não é atingido, quer nos animais, quer no homem.

Resta o sofrimento que por vezes a destruição desse envoltório acarreta. O Espiritismo nos ensina e nos prova que o sofrimento, no homem, é útil ao seu avanço moral. Quem nos diz que aquele que os animais suportam não tem também sua utilidade; que ele não é, na sua esfera e conforme uma certa ordem de coisas, uma causa de progresso? É certo que isto não passa de hipótese, mas ao menos se apoia nos atributos de Deus: a justiça e a bondade, enquanto as outras são a sua negação.

Tendo sido debatida, em sessão da Sociedade Espírita de Paris, a questão da criação dos seres perfeitos, o Espírito Erasto ditou, a respeito, a comunicação adiante transcrita.

SOBRE A NÃO PERFEIÇÃO DOS SERES CRIADOS

(SOCIEDADE ESPÍRITA DE PARIS, 5 DE FEVEREIRO DE 1864)

(MÉDIUM: SR. D'AMBEL)

Por que não criou Deus todos os seres perfeitos? Em virtude mesmo da lei do progresso. É fácil compreender a economia desta lei. Aquele que marcha está no movimento, isto é, na lei da atividade humana; aquele que não progride, que em essência se acha estacionário, incontestavelmente não pertence à gradação ou à hierarquia humanitária. Explico-me. O homem que nasce numa posição mais ou menos elevada, acha em sua situação nativa um dado estado de ser. Ora! Ele está certo de que se sua vida inteira decorresse nessa situação, sem que ele lhe tivesse trazido modificações por sua ação ou pela de outrem, ele declararia que a sua existência é monótona, aborrecida, fatigante, numa palavra, insuportável. Acrescento que ele teria perfeita razão, visto que o bem só é bem relativamente ao que lhe é inferior. Isto é tão certo que se puserdes o homem num paraíso terrestre, num paraíso onde não se progride mais, em dado tempo ele achará a existência insustentável e aquela morada um impiedoso inferno. Daí resulta, de maneira absoluta, que a lei imutável dos mundos é o progresso ou o movimento para a frente, isto é, que todo Espírito que é criado está inevitavelmente submetido a essa grande e sublime lei da vida. Consequentemente, assim é a própria lei humana.

Só existe um ser perfeito, e não pode existir senão um: Deus! Ora, pedir ao Ser Supremo a criação de Espíritos perfeitos, seria pedir-lhe que criasse algo de semelhante e igual a si. Emitir semelhante proposição, não é condená-la previamente? Ó homens! Por que perguntar sempre qual a razão de ser de certas questões insolúveis ou acima do entendimento humano? Lembrai-vos sempre que só Deus pode ficar e viver na sua imobilidade gigantesca. Ele é o supremo senhor de todas as coisas, o alfa e o ômega de toda a vida.

Ah! Crede-me, filhos, jamais busqueis levantar o véu que cobre esse grandioso mistério, que os maiores Espíritos da criação não abordam sem tremor.

Quanto a mim, humilde pioneiro da iniciação, tudo o que vos posso afirmar é que a imobilidade é um dos atributos de Deus, ou do Criador, e que o homem, e tudo o que é criado, têm como atributo a mobilidade.

Compreendei, se o puderdes, ou esperai a hora de uma explicação mais inteligível, isto é, mais ao alcance do vosso entendimento.

Não trato senão desta parte da questão, pois vos quis provar apenas que não tinha ficado alheio à vossa discussão. Sobre todo o resto, reporto-me ao que foi dito, pois todos me pareceram da mesma opinião. Em breve falarei dos outros casos que foram assinalados (os casos de Poitiers).

ERASTO

UMA MÉDIUM PINTORA CEGA

Um de nossos correspondentes de Maine-et-Loire, o Dr. C..., transmite-nos este fato:

"Eis um curioso exemplo da faculdade mediúnica aplicada ao desenho, que se manifestou vários anos antes que fosse conhecido o Espiritismo e mesmo antes das mesas girantes.

"Há três semanas, estando em Bressuire, eu explicava o Espiritismo e as relações dos homens com o mundo invisível a um advogado de meus amigos, que lhe ignorava o á-bê-cê. Ora, eis o que ele me contou como tendo grande relação com o que lhe dizia:

"Em 1849, disse ele, fui com um amigo visitar a aldeia de Saint-Laurent-sur-Sèvres e seus dois conventos, um de homens, outro de mulheres. Fomos recebidos da mais cordial maneira pelo Padre Dallain, superior do primeiro, e que tinha autoridade também sobre o segundo.

"Depois de ter percorrido os dois conventos, disse-nos ele:

"– Agora, senhores, quero mostrar-vos uma das coisas mais curiosas do convento das senhoras.

"Mandou trazer um álbum, onde admiramos, com efeito, aquarelas de grande perfeição. Eram flores, paisagens e marinhas. Então ele nos disse:

"– Estes desenhos tão bem reunidos foram *feitos* por uma de nossas jovens religiosas que é cega.

"E eis o que ele nos contou de um lindo ramo de rosas, com um botão azul:

"– Há algum tempo, em presença do Sr. Marquês de La Rochejaquelein e de vários outros visitantes, chamei a religiosa cega e pedi que ela se pusesse a uma mesa para desenhar alguma coisa. Trouxeram as tintas, deram-lhe papel, lápis, pincéis, e ela imediatamente começou o ramo que vedes. Durante o trabalho, várias vezes colocaram um corpo opaco, ora um papelão, ora uma prancheta entre os seus olhos e o papel, mas o pincel continuou a trabalhar com a mesma calma e a mesma regularidade. À observação de que o ramo estava um pouco fino, ela disse: 'Está bem! Vou fazer sair um botão do vazio deste ramo.' Enquanto ela trabalhava nessa correção, substituíram o carmim de que se servia pelo azul. Ela não percebeu a mudança, e é por isso que vedes um botão azul.

"O Padre Dallain era tão notável por seus conhecimentos e sua grande inteligência quanto por sua elevada piedade. Não encontrei ninguém que me tivesse inspirado mais simpatia e veneração."

Em nossa opinião, o fato não prova, de modo evidente, uma ação mediúnica. Pela linguagem da jovem cega, é certo que ela via, do contrário não teria dito: "Vou fazer sair um botão do vazio deste ramo." Mas o que não é menos certo é que ela não via pelos olhos, desde que continuava o trabalho a despeito do obstáculo que punham à sua frente. Ela agia com conhecimento de causa, e não maquinalmente, como um médium. Assim, parece evidente que ela era dirigida pela *segunda vista*. Ela via pelos olhos da alma, abstração feita dos olhos do corpo. Talvez ela mesma estivesse, de forma permanente, num estado de sonambulismo desperto.

Fenômenos análogos foram observados muitas vezes, mas contentavam-se em achá-los surpreendentes. A causa não podia ser descoberta, tendo em vista que, ligando-se essencialmente à alma, era preciso, em primeiro lugar, reconhecer a existência da alma. Entretanto, mesmo que fosse admitido, esse ponto ainda não bastava, pois faltava o conhecimento das propriedades da alma e das leis que regem suas relações com a matéria.

Revelando-nos a existência do perispírito, o Espiritismo nos deu a conhecer, se assim se pode dizer, a fisiologia dos Espíritos. Dessa forma, ele nos deu a chave de uma porção de fenômenos incompreendidos e, em falta de melhores razões, qualificados por uns de *sobrenaturais* e por outros de *bizarrias da Natureza*.

Pode a Natureza ter bizarrias? Não, porque bizarrias são caprichos. Ora, sendo a Natureza obra de Deus, Deus não pode ter caprichos, sem o que, nada seria estável no Universo. Se há uma regra sem exceção, deve ser, certamente, a que rege as obras do Criador. As exceções seriam a destruição da harmonia universal. Todos os fenômenos se ligam a uma lei geral, e uma coisa só nos parece bizarra porque observamos um único ponto, ao passo que, se considerarmos o conjunto, reconheceremos que a irregularidade daquele ponto é apenas aparente e depende de nosso limitado ponto de vista.

Isto posto, diremos que o fenômeno de que se trata não é maravilhoso nem excepcional. É o que trataremos de explicar.

No estado atual dos nossos conhecimentos, não podemos conceber a alma sem seu envoltório fluídico, perispiritual. O princípio inteligente escapa completamente à nossa análise. Só o conhecemos por suas manifestações, que se dão com o auxílio do perispírito. É pelo perispírito que a alma age, percebe e transmite. Desprendida do envoltório corporal, a alma ou Espírito ainda é um ser complexo.

De acordo com a experiência, ensina-nos a teoria que a visão da alma, assim como todas as outras percepções, é um atributo do ser inteiro. No corpo, ela é circunscrita ao órgão da visão, por isso é-lhe preciso o concurso da luz, e tudo o que se acha no trajeto do raio luminoso o intercepta. Não é assim com o Espírito, para o qual não há obscuridade nem corpos opacos.

A seguinte comparação pode ajudar a compreender esta diferença. A céu aberto, o homem recebe a luz por todos os lados; mergulhado no fluido luminoso, o horizonte visual se estende por toda a volta. Se ele estiver encerrado numa caixa na qual foi feita uma pequena abertura, em sua volta tudo estará na obscuridade, salvo o ponto por onde lhe chega o raio luminoso. A visão do Espírito encarnado está neste último caso. A do Espírito desencarnado está no primeiro. Esta comparação é justa quanto ao efeito, mas não o é quanto à causa, porque a fonte da luz não é a mesma para o homem e para o Espírito ou, melhor dizendo, não é a mesma luz que lhes dá a faculdade de ver.

Assim, a cega de que se trata via pela alma e não pelos olhos. Eis por que o anteparo colocado diante do desenho não a perturbava mais do que aos olhos de um vidente ante os quais tivessem posto um cristal transparente. É também por isto que ela tanto podia desenhar de noite quanto de dia. Radiando em torno dela e tudo penetrando, o fluído perispiritual trazia a imagem, não sobre a retina, mas à sua alma. Nesse estado, a visão abarca tudo? Não. Ela pode ser geral ou especial, conforme a vontade do Espírito; pode ser limitada ao ponto onde ele concentra a sua atenção.

Mas então, irão perguntar, por que não se apercebeu ela da substituição da cor? Primeiramente, pode ser que a atenção voltada para o lugar onde ela queria pôr a flor a tenha desviado da cor. Além disto, é preciso considerar que a visão da alma não se opera pelo mesmo mecanismo que a visão corporal, e que assim há efeitos de que não nos poderíamos dar conta. Depois, ainda é preciso notar que *nossas* cores são produzidas pela refração da *nossa* luz. Ora, sendo as propriedades do perispírito diferentes das dos nossos fluidos ambientes, é provável que a refração aí não produza os mesmos efeitos; que para o Espírito as cores não tenham as mesmas causas que para o encarnado. Assim, ela podia, pelo pensamento, ver róseo o que nos parecia azul. Sabe-se que o fenômeno da substituição das cores é muito frequente na visão ordinária. O fato principal é o da visão bem constatada sem o concurso dos órgãos da visão.

Como se vê, esse fato não implica a ação mediúnica, mas, também, não exclui, em certos casos, a assistência de um Espírito estranho. Essa jovem podia, pois, ser ou não ser médium, o que um estudo mais atento poderia ter revelado.

Uma pessoa cega gozando dessa faculdade era precioso objeto de observação. Mas para tanto teria sido necessário conhecer a fundo a teoria da alma, a do perispírito e, por consequência, o sonambulismo e o Espiritismo. Naquela época não se conheciam essas coisas, e mesmo hoje não seria nos meios onde as consideram como diabólicas que poderiam entregar-se a esses estudos. Também não é naqueles onde se nega a existência da alma que o mesmo pode ser feito.

Dia virá, certamente, em que reconhecerão que há uma *física espiritual*, como começam a reconhecer a existência da *medicina espiritual*!

VARIEDADES

UMA TENTAÇÃO

Conhecemos pessoalmente uma senhora, médium, dotada de notável faculdade tiptológica. Ela obtém facilmente e, o que é mais raro, quase constantemente, coisas de precisão, como nome de lugares e de pessoas em diversas línguas; datas e fatos particulares, em presença dos quais mais de uma vez a incredulidade foi confundida.

Essa senhora, inteiramente devotada à causa do Espiritismo, consagra todo o tempo disponível ao exercício de sua faculdade, com o objetivo de propaganda, e isto com um desinteresse tanto mais louvável quanto a sua posição de fortuna está mais perto da mediocridade. Como o Espiritismo é para ela uma coisa séria, ela sempre inicia com uma prece dita com o maior recolhimento, para solicitar a ajuda dos bons Espíritos e pedir a Deus que afaste os maus. Ela termina assim: "Se eu for tentada a abusar, seja no que for, da faculdade que a Deus aprouve conceder-se, peço-lhe que *ma retire*, em vez de permitir que ela seja desviada de seu objetivo providencial."

Um dia, um rico estrangeiro – de quem colhemos o fato – foi procurar essa senhora para lhe pedir que desse uma comunicação. Ele não tinha a menor noção do Espiritismo e ainda menos de crença. Pondo sua carteira sobre a mesa, disse-lhe: "Senhora, eis aqui dez mil francos que vos dou, se disserdes o nome da pessoa em quem estou pensando." Isto basta para mostrar o nível de conhecimento que ele tinha da doutrina. Aquela senhora lhe fez observar, nesse particular, o que todo espírita verdadeiro faria em semelhante caso. Não obstante, ela tentou e nada obteve. Ora, logo depois da partida desse senhor, ela recebeu, para outras pessoas, comunicações muito mais difíceis e complicadas do que aquela que ele lhe havia pedido.

Este fato deveria ser, para esse senhor, conforme lhe dissemos, uma prova da sinceridade e da boa-fé da médium, porque os charlatães sempre têm recursos à sua disposição, quando se trata de ganhar dinheiro. Mas disso se deduzem vários outros ensinamentos de outra gravidade. Os Espíritos quiseram provar-lhe que não é com dinheiro que os fazem falar quando não querem; além disso, provaram que se não tinham respondido à pergunta, não era por impossibilidade da parte deles, porquanto depois disseram coisas mais difíceis a pessoas que nada ofereciam. A lição era maior ainda para o médium; era lhe demonstrar sua absoluta impotência sem o concurso deles e lhe ensinar a humildade, porque, se os Espíritos tivessem estado às suas ordens, se tivesse bastado a vontade dele para fazê-los falar, era o caso de exercer o seu poder agora ou jamais.

Está aí uma prova manifesta do apoio ao que dissemos na *Revista* de fevereiro último, a propósito do Sr. Home, sobre a impossibilidade em que se acham os médiuns de contar com uma faculdade que lhes pode faltar no momento em que ela lhes seria necessária.

Aquele que possui um talento e que o explora está sempre certo de tê-lo à sua disposição, porque é inerente à sua pessoa, mas a mediunidade não é um talento; não existe senão pelo concurso de terceiros. Se esses terceiros se recusam, não há mais mediunidade. A aptidão pode subsistir, mas o seu exercício é anulado. Um médium sem a assistência dos Espíritos é como um violinista sem violino.

O senhor em questão admirou-se que, tendo vindo para se convencer, os Espíritos a isso não se tivessem prestado. A isto lhe respondemos que se ele pode ser convencido, sê-lo-á por outros meios, que nada lhe custarão. Os Espíritos não quiseram que ele pudesse dizer que tinha sido convencido a peso de ouro, porque se o dinheiro fosse necessário para convencer-se, como fariam os que não podem pagar?

É para que a crença possa penetrar nos mais humildes redutos que a mediunidade não é um privilégio. Ela se acha em toda parte, a fim de que todos, pobres e ricos, possam ter a consolação de comunicar-se com os parentes e amigos do Além-Túmulo.

Os Espíritos não quiseram que ele fosse convencido dessa maneira, porque o brilho que ele a isso tivesse dado teria falseado sua própria opinião e a de seus amigos quanto ao caráter essencialmente moral e religioso do Espiritismo. Eles não o quiseram no interesse do médium e dos médiuns em geral, cuja cupidez esse resultado teria superexcitado, porque eles se teriam dito que se haviam obtido êxito nessa circunstância, o mesmo aconteceria em outras.

Essa não foi a primeira vez que ofertas semelhantes foram feitas; que prêmios são oferecidos, mas sempre sem sucesso, tendo em vista que os Espíritos não se põem ao serviço e não se entregam a quem paga melhor.

Se essa senhora tivesse tido êxito, teria aceitado ou recusado? Ignoramos, porque dez mil francos são muito sedutores, sobretudo em certas posições. Em todo caso, a tentação foi grande. E quem sabe se a recusa não teria sido seguida de um pesar, que teria atenuado o mérito do feito?

Notemos que na sua prece, ela pede a Deus que lhe retire sua faculdade em vez de permitir que ela seja tentada a desviá-la de seu objetivo providencial. Então! Sua prece foi ouvida; a mediunidade lhe foi retirada para esse caso especial, a fim de lhe poupar o perigo da tentação e todas as consequências lamentáveis que a teriam seguido, primeiro para ela própria, e ainda pelo mau efeito que isto teria produzido.

Mas não é só contra a cupidez que os médiuns devem pôr-se em guarda. Como os há em todas as camadas da Sociedade, a maioria deles está acima dessa tentação. Entretanto, há um perigo muito maior ainda, pois a ele todos estão expostos: é o orgulho, que põe a perder tão grande número. É contra esse escolho que as mais belas faculdades muitas vezes vêm quebrar-se. O desinteresse material não tem proveito se não for acompanhado pelo mais completo desinteresse moral. Humildade, devotamento, desinteresse e abnegação são as qualidades do médium amado pelos bons Espíritos.

MANIFESTAÇÕES DE POITIERS

Os fatos noticiados em nosso último número, sobre os quais havíamos adiado a nossa opinião, parecem definitivamente assentados como fenômenos espíritas. Um exame atento das circunstâncias de detalhes não permite confundi-los com atos de malevolência ou de brincadeira. Parece difícil que gente mal-intencionada pudesse escapar à atividade da vigilância exercida pela autoridade, e sobretudo que possa agir no exato momento em que são vigiados, sob o olhar dos que os buscam e aos quais certamente não falta vontade de descobri-los.

Tinham feito exorcismos, mas depois de alguns dias de suspensão, os barulhos recomeçaram com outro caráter. Eis o que a propósito diz o *Journal de la Vienne*, em seus números de 17 e 18 de fevereiro:

"Recordamo-nos que em janeiro último, fazendo a sua solene aparição em Poitiers, os Espíritos batedores estabeleceram-se na Rua Saint-Paul, na casa situada perto da antiga igreja designada por esse nome, mas sua demora entre nós tinha sido de curta duração e tinha-se o direito de pensar que tudo estava acabado, quando, anteontem, os ruídos que tão fortemente haviam agitado a população se reproduziram com nova intensidade.

"Assim, os diabos negros voltaram à casa da senhorita de O... Apenas não são mais Espíritos batedores, mas atiradores, fazendo detonações formidáveis. Celebraremos sua festa no dia de Santa Bárbara, padroeira dos artilheiros. Sempre há aqueles que anseiam pelo recomeço das procissões de curiosos, e que a polícia interrogue todos os ecos para se guiar através do nevoeiro do outro mundo.

"Contudo, é de esperar que desta vez se descubram os autores dessas mistificações de mau gosto, e que a justiça saiba bem provar aos exploradores da credulidade humana que os melhores Espíritos não são os que fazem mais barulho, mas os que sabem calar ou que só falam quando necessário."

A. PIOGEARD

"Voltamos sempre à Rua Saint-Paul, sem poder penetrar o *mistério infernal*.

"Quando interrogamos alguém que passeia com ar preocupado diante da casa da senhorita de O..., a resposta invariável é: 'De minha parte nada ouvi, mas alguém me disse que as detonações eram muito fortes.' Isto não deixa de ser embaraçoso para a solução do problema.

"Contudo, é certo que os Espíritos possuem algumas peças de artilharia e mesmo de bem grosso calibre, porque o barulho resultante tem uma certa violência e dizem que se assemelha ao produzido por pequenas bombas.

"Mas de onde vêm? Impossível até agora determinar a sua direção. Eles não vêm do subsolo, desde que tiros de pistola dados no porão não se ouvem no primeiro andar.

"É, pois, nas regiões superiores que é preciso esforçar-se para apanhá-los, contudo, todos os processos indicados pela ciência ou pela experiência para atingir esse resultado resultaram impotentes.

"Seria necessário, então, concluir que os Espíritos possam impunemente atirar nos pardais e perturbar o repouso dos cidadãos sem que seja possível atingi-los? Esta solução seria muito rigorosa. Com efeito, por certos processos, ou em virtude de alguns acidentes de percurso, podem produzir-se efeitos que à primeira vista surpreendem, mas dos quais se admiram, mais tarde, por não haverem compreendido seu mecanismo elementar. São sempre as coisas mais simples que escapam à apreciação do homem.

"É forçoso crer, portanto, que se esses atiradores do outro mundo neste momento têm ao seu lado os que se riem, eles estão longe de ser inatingíveis.

"Os mistificadores podem ficar persuadidos de que os mistificados terão a sua vez."

A. PIOGEARD

Parece-nos que o Sr. Piogeard se debate singularmente contra a evidência. Dir-se-ia que, malgrado seu, uma dúvida desliza em seu pensamento; que ele teme uma solução contrária às suas ideias; numa palavra, ele nos dá a impressão dessas pessoas que, recebendo uma má notícia, exclamam: "Não, não! Isto não é possível. Não quero acreditar nisto!" Eles fecham os olhos para não ver, a fim de poderem afirmar que nada viram.

Por um dos parágrafos acima ele parece lançar dúvidas sobre a própria realidade dos ruídos, porque, em sua opinião, todos aqueles a quem interrogam dizem nada ter ouvido. Se ninguém tinha ouvido, não compreendemos por que tanto rumor, pois não haveria nem mal-intencionados nem Espíritos.

Num terceiro artigo, sem assinatura, e que o jornal diz que deve ser o último, ele dá, enfim, a solução desse problema. Se os interessados não a julgarem concludente, será sua falta e não dele.

"Há algum tempo, em cada correio recebemos cartas, quer de nossos assinantes, quer de pessoas estranhas ao departamento, nas quais nos pedem explicações circunstanciadas sobre as cenas das quais a casa de O... é o teatro. Dissemos tudo quanto sabíamos; repetimos em nossa publicação tudo quanto se diz em Poitiers a esse respeito. Considerando-se que nossas explicações não pareceram completas, eis, pela última vez, nossa resposta às perguntas que nos são dirigidas:

"É perfeitamente certo que *ruídos singulares* são ouvidos todas as noites, das seis à meia noite, na Rua Saint-Paul, na casa de O... Esses ruídos se parecem com os produzidos por descargas sucessivas de um fuzil de dois canos. Eles abalam as portas, as janelas e as paredes. Não se percebe luz nem fumaça, e nenhum cheiro é sentido. Os fatos foram constados pelas pessoas mais dignas de fé em nossa cidade, por inquéritos da polícia e da guarda civil, a pedido da família do Sr. Conde de O...

"Existe em Poitiers uma associação de espiritistas, mas, a despeito da opinião do Sr. D..., que nos escreve de Marselha, não passou pela cabeça de nenhum dos nossos concidadãos, muito espirituosos para isso, que os espiritistas estivessem de alguma forma envolvidos na *aparição dos fenômenos*. O Sr. H. de Orange, acredita em causas físicas, em gases que se desprendem de um antigo cemitério sobre o qual teria sido construída a casa de O... A casa de O... foi construída sobre a rocha, e não existe nenhum subterrâneo a ela conducente.

"Por nosso lado, pensamos que os fatos estranhos e ainda não explicados que há mais de um mês perturbam o repouso de uma família respeitável não ficarão para sempre na condição de mistério. Cremos numa artimanha muito engenhosa, e esperamos ver em breve os fantasmas da Rua Saint-Paul entrando na polícia correcional."

A JOVEM OBSEDADA DE MARMANDE

(CONTINUAÇÃO)

No número precedente, relatamos a notável cura obtida por meio da prece, pelos espíritas de Marmande, de uma jovem obsedada dessa cidade. Uma carta posterior confirma o resultado dessa cura, hoje completa. O rosto da moça, alterado por oito meses de torturas, retomou a frescura, a boa disposição e a serenidade.

Seja qual for a opinião que professemos; seja qual for a ideia que se faz do Espiritismo, qualquer pessoa animada de sincero amor ao próximo deve ter-se alegrado de ver a tranquilidade voltar a essa família, e o contentamento substituir a aflição. É lamentável que o senhor cura da paróquia tenha preferido não associar-se a esse sentimento, e que essa circunstância lhe tenha fornecido o texto de um sermão pouco evangélico, numa de suas pregações. Suas palavras, ditas em público, são do domínio da publicidade. Se ele se tivesse limitado a uma crítica leal da doutrina, do seu ponto de vista, disso não falaríamos, mas julgamo-nos na obrigação de responder aos ataques dirigidos contra pessoas muito respeitáveis, tratando-as de saltimbancos, a propósito do fato acima.

Disse ele: "Assim, o primeiro *engraxate que aparecer* poderá, então, se for médium, evocar um membro de uma família honrada, quando ninguém na família poderá fazê-lo? Não acrediteis nesses absurdos, meus irmãos. Isto é trampolinice, é besteira. De fato, que vedes nessas reuniões? Carpinteiros, marceneiros, que sei mais?... Algumas pessoas me perguntaram se eu tinha contribuído para a cura da moça. 'Não, respondi-lhes eu, não entrei nisto absolutamente; eu não sou médico.'"

Aos parentes ele dizia: "Não vejo nisso senão uma afecção orgânica da alçada da medicina", acrescentando que se tivesse julgado que as preces pudessem operar algum alívio, as teria feito desde muito tempo.

Se o senhor cura não crê na eficácia das preces em casos semelhantes, fez bem em não fazê-las. Disso pode-se concluir que, como homem consciencioso, se os pais lhe tivessem vindo pedir missas pela cura da sua filha, ele teria recusado o pagamento, porque, aceitando-o, teria recebido o pagamento por uma coisa que considerava sem valor.

Os espíritas creem na eficácia das preces pelos doentes e nas obsessões. Eles oraram, curaram e nada pediram em troca; ainda mais, se os pais estivessem necessitados, eles teriam ajudado.

Diz ele: "São charlatães e palhaços."

Desde quando ele viu charlatães trabalharem de graça? Fizeram a doente usar amuletos? Fizeram sinais cabalísticos? Pronunciaram palavras sacramentais? Ligaram a essas palavras uma virtude eficaz? Não, porque o Espiritismo condena toda prática supersticiosa. Eles oraram com fervor, em comunhão de pensamentos. Essas preces eram palhaçadas? Aparentemente não, porquanto se elas obtiveram sucesso é porque foram ouvidas.

Que o senhor cura trate o Espiritismo e as evocações de absurdos e besteiras, é direito seu, se tal é sua opinião, e ninguém tem nada com isto. Mas quando, para denegrir as reuniões espíritas, diz que aí só se veem carpinteiros, marceneiros etc., não é apresentar essas profissões como degradantes e os que as exercem como gente aviltada? Então esqueceis, senhor cura, que Jesus era carpinteiro e que seus apóstolos eram todos pobres artífices ou pescadores? Será evangélico lançar do alto do púlpito o desdém sobre a classe dos trabalhadores, que Jesus quis honrar, nascendo entre eles? Compreendestes o alcance de vossas palavras quando dissestes: "O primeiro engraxate que aparecer poderá, então, se for médium, evocar um membro de uma família honrada?" Então desprezais esse pobre engraxate, quando limpa os vossos sapatos? Por quê? Porque sua posição é humilde, não achais que seja digno de evocar a alma de um nobre personagem? Então temeis que essa alma se suje quando, para ela se erguerem ao céu mãos enegrecidas pelo trabalho? Então credes que Deus faça diferença entre a alma do rico e a do pobre? Não disse Jesus: Amai ao vosso próximo como a vós mesmos? Ora, amar ao próximo como a si mesmo é não fazer qualquer diferença entre si mesmo e o próximo; é a consideração do princípio: Todos os homens são irmãos, porque são filhos de Deus. Recebe Deus com mais distinção a alma do grande que a do pequeno? A do homem a quem fazeis um *serviço* pomposo, pago largamente, que a do infeliz ao qual não dedicais senão as mais curtas preces? Falais do ponto de vista exclusivamente mundano e esqueceis que Jesus disse: "Meu reino não é deste mundo; lá não existem as distinções da Terra; lá os últimos serão os primeiros, e os primeiros serão os últimos?" Quando ele disse: "Há várias moradas na casa de meu pai", significa que há uma para o rico e outra para o proletário? Uma para o senhor e outra para o servo? Não, mas que há uma para o humilde e outra para o orgulhoso, porque ele disse: "Que aquele que quiser ser o primeiro no Céu seja o servo de seus irmãos na Terra." Então cabe a esses a quem vos apraz chamar de profanos vos lembrar o Evangelho?

Senhor cura, em qualquer circunstância, tais palavras seriam pouco caridosas, sobretudo no templo do Senhor, onde só deveriam ser pregadas palavras de paz e de união entre todos os membros da grande família. No estado atual da Sociedade, são uma inabilidade, porque semeiam o fermento do antagonismo. Compreenderíamos se tivésseis dito tais palavras numa época em que os servos, habituados a dobrar a cerviz, se julgavam uma raça inferior, porque lho haviam dito, mas na França de hoje, em que todo homem honesto tem direito de levantar a cabeça, quer seja plebeu, quer patrício, é um anacronismo.

Se, como é provável, havia no auditório carpinteiros, marceneiros e engraxates, eles devem ter sido mediocremente tocados por esse discurso. Quanto aos espíritas, sabemos que pediram a Deus que perdoasse ao orador as suas palavras imprudentes, porque eles mesmos perdoaram ao que lhes dizia *Racca*. É o conselho que damos a todos os irmãos.

RESUMO DA PASTORAL DO SR. BISPO DE ESTRASBURGO

Citamos pura e simplesmente a passagem dessa pastoral concernente ao Espiritismo, sem comentários nem reflexões. Dando sua opinião a respeito, do ponto de vista teológico, o senhor bispo está no seu direito, e considerando-se que só ataca a coisa e não as pessoas, nada temos a dizer. Só haveria que discutir sua teoria, o que já foi feito tantas vezes, sendo supérfluo repetir-se, tanto mais quando não encontramos novos argumentos. Pomo-la aos olhos dos leitores a fim de que todos possam dela tomar conhecimento e tirar proveito como melhor entenderem.

"O demônio oculta-se de todas as formas possíveis, para eternizar sua conspiração contra Deus e os homens, para continuar sua obra de sedução. No paraíso ele se disfarçou em serpente. Se preciso, ou se isto puder contribuir para a realização de seus projetos, transformar-se-á em anjo de luz, como o provam mil e um exemplos consignados na história.

"Em época mais recente, o demônio chegou a retirar do arsenal do inferno armas puídas pelo tempo e cobertas de ferrugem, de que se havia servido nas mais remotas eras, mas particularmente no segundo e terceiro séculos, para combater o Cristianismo.

"As mesas girantes, os Espíritos batedores, as evocações etc., são outros tantos artifícios, e Deus os permite para castigo dos homens ímpios, curiosos e levianos.

"Se os maus gênios, como asseguram as santas Escrituras, enchem o ar, unem-se aos homens em seus corpos e suas almas (vede o livro de Job e muitas outras passagens da Escritura), se podem fazer falar um pau, uma pedra, uma serpente, cabras, uma jumenta; se, perto do lago de Genesaré recebem, a seu pedido, permissão de entrar em animais imundos, também lhes é possível falar por meio das mesas; escrever com o pé de uma mesa ou de uma cadeira; adotar a linguagem e imitar a voz dos mortos e ausentes; contar coisas desconhecidas e que nos parecem impossíveis, mas que, como Espíritos, eles podem ver e ouvir. Contudo, infelizes dos insensatos, ociosos, imprevidentes e criminosamente indiscretos que fazem um passatempo dessas palhaçadas diabólicas e que nem temem recorrer a meios supersticiosos e proibidos para chegarem ao conhecimento do futuro e outros mistérios que o demônio ignora ou só conhece imperfeitamente!

"Quem ama o perigo perecerá no perigo. Quem brinca com serpentes venenosas não escapará de suas presas assassinas. Quem se precipita nas chamas será reduzido a cinzas. Quem busca a sociedade dos mentirosos e dos velhacos, necessariamente tornar-se-á sua vítima.

"É um comércio com os anjos maus, ao qual os profetas do Velho Testamento dão um nome que não se leva de bom grado a um púlpito cristão.

"Quando se fazem essas evocações, o Espírito maligno bem poderá dizer, para começar, uma ou outra verdade, e falar conforme o desejo dos curiosos, a fim de lhes ganhar confiança. Mas as pessoas, ansiosas por desvendar mistérios, são seduzidas, deslumbradas. Então aproximam de seus lábios a taça envenenada; saciam-nas com toda sorte de mentiras e de impiedades; despojam-nas de todos os princípios cristãos, de todos os sentimentos piedosos.

"Feliz do que se apercebe a tempo que caiu em mãos diabólicas e pode, com o auxílio de Deus, repelir os laços com que ia ser carregado!..."

Enquanto os antagonistas ficarem no terreno da discussão teológica, instamos os nossos irmãos que queiram escutar nossas recomendações a abster-se de qualquer recriminação, porque a liberdade de opinião tanto deve haver para eles quanto para nós.

O Espiritismo não se impõe, aceita-se. Ele dá as suas razões e não acha ruim que as combatam, desde que com armas leais, e cabe ao senso público pronunciar-se. Se ele repousa na verdade, triunfará, a despeito de tudo. Se seus argumentos são falsos, a violência não os tornará melhores.

O Espiritismo não quer ser crido sob palavra; quer o livre exame; sua propaganda se faz dizendo: Vede o pró e o contra; julgai o que melhor satisfaz o vosso julgamento, o que responde melhor às vossas esperanças e aspirações, o que mais vos toca o coração, e decidi-vos com conhecimento de causa.

Censurando nos adversários a inconveniência de seu discurso e de seu personalismo, os espíritas não devem incorrer na mesma falta. A moderação fez a sua força, e nós os adjuramos a não fugir disto. Em nome dos princípios espíritas e no interesse da causa, abdicamos de toda solidariedade com qualquer polêmica agressiva e inconveniente, venha ela de onde vier.

Ao lado de alguns fatos lamentáveis, como o de Marmande, nós poderíamos citar um bom número de caráter totalmente diverso, se não temêssemos provocar desagrado aos seus autores, razão pela qual só o fazemos com a maior reserva.

Uma senhora de nosso conhecimento, boa médium e, como o marido, fervorosa espírita, estava, há seis meses, à beira da morte. Ela bebia na crença e na fé no futuro uma consoladora resignação nesse momento supremo, que via chegar sem medo. A seu pedido, o cura da paróquia, velho respeitável, veio administrar-lhe os sacramentos.

– Sabeis, lhe disse ela, que somos espíritas. Apesar disto dar-me-eis os sacramentos da Igreja?

– Por que não? respondeu o bom cura. Essa crença vos consola. Ela vos torna a ambos piedosos e caridosos. Não vejo mal nisso. Eu conheço o *Livro dos Espíritos*. Não vos direi que ele me tenha convencido em todos os pontos, mas ele contém a moral que todo cristão deve seguir, e não vos censuro por ler. Apenas, se há bons Espíritos, também existem os maus. É contra esses que vos deveis guardar. São esses que deveis procurar distinguir. Por outro lado, minha filha, vede que a verdadeira religião consiste na prece de coração e na prática das boas obras. Vós tendes fé em Deus; vós orais com fervor; vós assistis ao próximo quanto podeis, então, eu posso dar-vos a absolvição.

UMA RAINHA MÉDIUM

Não teríamos tomado a iniciativa do fato seguinte, mas não há motivo para nos abstermos, considerando-se que ele foi reproduzido em vários jornais, entre outros a *Opinion Natianale* e o *Siècle* de 22 de fevereiro de 1864, conforme o *Bulletin Diplomatique*.

"Uma carta remetida por pessoa bem informada revela que, recentemente, num conselho privado, onde estava sendo discutida a questão dinamarquesa, a rainha (Vitória) declarou que nada faria sem consultar o *príncipe Alberto*[1]. Com efeito, depois de ter-se recolhido por alguns instantes em seu gabinete, voltou dizendo que o príncipe se pronunciava contra a guerra. Esse fato, e *outros semelhantes* transpiraram e deram origem à ideia de que seria oportuno estabelecer uma regência."

Tínhamos razão ao escrever que o Espiritismo tem adeptos até nos degraus dos tronos. Poderíamos ter dito: até nos tronos. Vê-se, porém, que os próprios soberanos não escapam à qualificação dada aos que acreditam nas comunicações de Além-Túmulo. Tratados como loucos, os espíritas devem consolar-se por estarem em tão boa companhia. O contágio, portanto, é muito grande, pois sobe tanto!

Entre os príncipes estrangeiros sabemos de bom número que têm esta suposta fraqueza, pois alguns participam da Sociedade Espírita de Paris. Como querem que a ideia não penetre na Sociedade inteira, quando parte de todos os degraus da escala?

Por aí o senhor cura de Marmande pode ver que não há médiuns só entre engraxates.

O *Journal de Poitiers*, que relata o mesmo caso, o acompanha desta reflexão: "Cair assim no domínio dos Espíritos não é abandonar o domínio da realidade, o único que tem direito de conduzir o mundo?"

Até certo ponto, concordamos com a opinião do jornal, mas de outro ponto de vista. Para ele os Espíritos não são realidade, porque, segundo certas pessoas, só há realidade no que se vê e se toca. Ora, assim, Deus não seria uma realidade e, contudo, quem ousaria dizer que ele não conduz o mundo, e que

---

[1] Albert de Saxe-Coburgo-Gota, nascido em 26.08.1819 e falecido em 14.12.1861 havia sido consorte da Rainha Vitória e seu principal conselheiro em assuntos de Estado. (Nota do revisor Boschiroli)

não há acontecimentos providenciais para levar a um determinado resultado? Então! Os Espíritos são instrumentos de sua vontade. Eles inspiram os homens e incitam-nos, malgrado seu, a fazer isto ou aquilo; a agir neste sentido e não naquele, e isto tanto nas grandes resoluções quanto nas circunstâncias da vida privada. Assim, a esse respeito, não somos da opinião do jornal.

Se os Espíritos inspiram de maneira oculta, é para deixar ao homem o livre-arbítrio e a responsabilidade de seus atos. Se ele recebe a inspiração de um mau Espírito, pode estar *certo* de receber, ao mesmo tempo, a de um Espírito bom, pois Deus jamais deixa o homem sem defesa contra as más sugestões. Cabe-lhe pesar e decidir conforme a sua consciência.

Nas comunicações ostensivas por via mediúnica, o homem não deve mais abster-se de seu livre-arbítrio. Seria um erro regular cegamente todos os passos e movimentos pelo conselho dos Espíritos, porque existem aqueles que ainda podem ter as ideias e os preconceitos da vida. Só os Espíritos muito superiores disso estão isentos.

Os Espíritos dão seus conselhos, sua opinião. Em caso de dúvida, pode-se discutir com eles, como se fazia quando eles estavam vivos. Dessa maneira, pode-se avaliar a força de seus argumentos. Os Espíritos verdadeiramente bons a isso jamais se recusam. Os que repelem tal exame, que exigem submissão absoluta, provam que contam pouco com a justeza de suas razões para convencer e devem ser considerados suspeitos.

Em princípio, os Espíritos não nos vêm carregar em andadeiras. O objetivo de suas instruções é o de tornar-nos melhores, de dar a fé aos que não a têm, e não o *de nos poupar o trabalho de pensar por nós mesmos*.

Eis o que ignoram os que criticam as relações de Além-Túmulo. Eles acham-nas absurdas, porque as julgam conforme suas ideias, e não conforme a realidade, que não conhecem.

Também não se deve julgar as manifestações pelo abuso ou pelas falsas aplicações que delas possam fazer algumas pessoas, assim como não seria racional julgar a religião pelos maus sacerdotes. Ora, para saber se há boa ou má aplicação de uma coisa, é preciso conhecê-la, não superficialmente, mas a fundo. Se fordes a um concerto, para saber se a música é boa e se os músicos a executam bem, antes de tudo é preciso conhecer a música.

Isto pode servir de base para apreciar o fato de que se trata. Censurariam a rainha se ela tivesse dito: "Senhores, o caso é grave; permiti que eu me recolha um instante e peça a Deus que me inspire a resolução que devo tomar?" O príncipe não é Deus, é verdade, mas, como ela é piedosa, é provável que tenha pedido a Deus que inspirasse a resposta do príncipe, o que dá no mesmo. Ela o fez agir como intermediário, em razão da afeição que lhe tem.

As coisas podem ainda ter-se passado de outro modo. Se enquanto o príncipe estava vivo a rainha costumava nada fazer sem consultá-lo, morto ele, ela pede a sua opinião como se ele *estivesse vivo, e não porque ele é um Espírito*, porquanto, para ela, ele não morreu. Ele está sempre a seu lado, como seu guia e conselheiro oficioso. Não há entre ela e ele senão um corpo a menos. Se o príncipe vivesse, ela teria feito o mesmo, portanto, nada mudou na sua maneira de agir.

Agora, é boa ou má a política do príncipe-Espírito? Não nos cabe examinar. O que deveríamos refutar é a opinião daqueles a quem parece bizarro, pueril, estúpido mesmo, que alguém de bom senso possa crer na realidade de quem não tem mais corpo, porque lhes agrada pensar que eles próprios, quando estiverem mortos, não serão mais absolutamente nada. A seus olhos, a rainha não praticou um ato mais sensato do que se tivesse dito: "Senhores, vou interrogar minhas cartas, ou um astrólogo."

Se esse fato não tem grandes consequências para a política, o mesmo não se dá do ponto de vista espírita, pela repercussão que teve. Certamente a rainha podia abster-se de dar o motivo de sua ausência e de dizer que tal era o conselho do príncipe. Dizê-lo numa circunstância tão solene era fazer um ato de certa forma público de crença nos Espíritos e em suas manifestações, e reconhecer-se médium. Ora, quando tal exemplo vem de uma cabeça coroada, isto pode bem encorajar a opinião dos que estão menos altamente colocados.

Não é possível deixar de admirar a fecundidade dos meios empregados pelos Espíritos para obrigar os incrédulos a falar do Espiritismo e a fazer a ideia penetrar em todas as camadas sociais.

Neste caso, é-lhes forçoso criticar com cuidado.

PARTICIPAÇÃO ESPÍRITA

Recebemos do Havre uma nota de falecimento com esta subscrição:

"Rogamos,

"Que o Deus Todo-Poderoso e misericordioso e os *bons Espíritos* se dignem acolhê-lo favoravelmente."

A carta trazia a menção: "Munida dos sacramentos da Igreja."

É a primeira vez, ao menos do nosso conhecimento, que semelhante profissão de fé pública foi feita em semelhante circunstância. Há que ser grato à família pelo bom exemplo que acaba de dar. Em geral, poucas pessoas, à exceção dos parentes mais próximos, levam em conta o pedido contido na participação, de orar pelo morto. Estamos persuadidos de que todos os espíritas, mesmo estranhos à família, que a tiverem recebido, terão considerado como um dever, cumprir o voto aí expresso, porque a prece, para eles, não é uma fórmula banal. Eles sabem da influência que ela exerce, no momento da morte, sobre o desprendimento da alma.

O SR. HOME EM ROMA

(CONCLUSÃO)

A ordem que tinha sido dada ao Sr. Home pelas autoridades pontificais, de deixar Roma em três dias, inicialmente tinha sido revogada, como vimos em nosso último número. Mas, como não se domina o medo, mudaram de ideia. A permissão de permanência foi retirada definitivamente, e o Sr. Home teve que partir instantaneamente, sob acusação de feitiçaria.

Vale dizer que as batidas e o levantamento da mesa durante o interrogatório, que tínhamos noticiado em forma dubitativa, pois não tínhamos certeza, são exatos. Isto devia ser um motivo a mais para pensar que o Sr. Home trazia consigo o diabo a Roma, onde jamais havia estado, ao que parece. Ei-lo, pois, bem e devidamente considerado culpado, pelo governo romano, de ser um feiticeiro, não um feiticeiro para rir, mas um verdadeiro feiticeiro, do contrário não teriam levado a coisa a sério.

Tivemos sob os olhos o longo interrogatório a que o submeteram, e a leitura, pela forma das perguntas, transportou-nos involuntariamente para os tempos de Joana d'Arc. Só faltou a conclusão ordinária da época para essa espécie de acusações.

Os jornais trocistas admiram-se de que no século dezenove ainda acreditem em feiticeiros. É que há pessoas que dormem o sono de Epimênides há quatro séculos. Aliás, como o povo não acreditaria, quando sua existência é atestada pela autoridade que deve conhecê-los melhor, pois mandou queimar tantos? É preciso ser cético como um jornalista para não se render a uma prova tão evidente.

O que é mais surpreendente é que se façam reviver os feiticeiros nos espíritas, eles que vêm provar, com as provas em mãos, que não há nem feiticeiros nem maravilhoso, mas apenas leis naturais.

INSTRUÇÕES DOS ESPÍRITOS

JACQUARD E VAUCANSON

NOTA: Um destes dias o nosso colega Sr. Leymarie, tendo-se levantado mais cedo que de costume, levado por uma força involuntária, sentiu-se solicitado a escrever e obteve a seguinte dissertação espontânea:

Uma geração de operários amaldiçoou o meu nome. Tinham razão? Estavam errados? Ah! O futuro deveria responder.

Eu tinha uma ideia fixa, a de aperfeiçoar, e sobretudo economizar, suprimindo algumas mãos. Eu queria simplificar o tear de Vaucanson, que tomava o menino em pouca idade, para dele fazer um pária singular, pálido, mirrado, de ar apatetado, de linguagem burlesca, que constituía uma população à parte em minha cidade natal.

Meu Espírito vivia em contínua tensão. Eu dormia para achar, ao despertar, um novo plano. Em vez de imagens e sentimentos, meu pensamento era uma engrenagem, um cilindro, molas, polias, alavancas.

Em meus sonhos eu via aparecer meu anjo da guarda, que punha em movimento todas as minhas inspirações, todas as obras das mãos do homem. Com razão haviam dito que "Os mecânicos são os poetas da matéria." As mais belas máquinas saíram acabadas do cérebro de um operário. As noções de mecânica que ele não possui, ele as reinventa. A paciência e a imaginação são as suas únicas fontes.

Na verdade, é uma inspiração dos bons Espíritos, desprezada pelas academias ou cientistas de profissão, mas não é menos certo que se Arquimedes e Vaucanson são os gênios da mecânica, os Virgílios, se quiserdes, nada mais são que essa paciência, unida a uma viva imaginação, que cria todas as descobertas com que se honra a Humanidade. E isto por quem? Por monges, ceramistas, cardadores de lã, pastores, marinheiros, um operário em seda, um ferreiro ignorante.

Humilde operário, eu não era um gênio, mas, como tantos outros, um predestinado chamado a simplificar um tear que deslocava os membros, abreviando a vida de milhares de meninos. Suprimi um suplício físico, e servindo à indústria, servi ao gênero humano.

Há que admirar a Providência, que se serve de um pobre Jacquard para transformar um tear que alimenta milhares – que digo eu? – milhões de homens na Terra; e é um inseto cujo túmulo assalaria, transforma e nutre dois quintos do globo. Não é Deus um mecânico maravilhoso? Ele criou o bicho da seda, esse engenhoso artista no qual ele faz encontrar o mais vasto problema de economia política. Que ensinamento para os orgulhosos e indiferentes!

Questão de máquinas! Terrível questão! Cada invenção arranca a ferramenta e o pão de populações inteiras. O inventor é, pois, um inimigo próximo e um benfeitor distante. Ele decuplica o poder da arte e da indústria; ele multiplica o trabalho no futuro; ele presta um notável serviço para a Humanidade, mas, também, não causa um mal atual? O primeiro inventor da máquina de fiar destruiu o recurso de muita gente. Quem fiava a matéria prima senão a mãe de família, a pastora, as mulheres idosas? Por mínimo que fosse o salário, ao menos lhes dava condições de viver mais ou menos.

À semelhança dos inventores de verdades religiosas, políticas ou morais, os inventores de máquinas revolucionam a matéria. Precursores do futuro, abrem violentamente seu caminho através dos interesses, calcando o passado sob seus pés. Assim, esperando a recompensa remota, eles são amaldiçoados por seus concidadãos.

Pobre Humanidade! És estúpida se estacas, cruel se avanças. Segundo Deus, não deves ficar estacionária, se não quiseres perpetuar o mal, mas, para fazer o bem, és revolucionária, apesar de tudo.

É por isto que neste momento de transição Deus vos diz: Sede espíritas, isto é, profundamente imbuídos de iniciativa moral e desinteressada, determinados a todos os sacrifícios, a fim de que vossa existência atinja sua perfeição.

Como o bicho da seda, rastejei penosamente, sustentado pelos bons Espíritos. Como ele, percorri minha prisão, tendo dado tudo o que tinha. Como a ele, meus contemporâneos me desdenharam, mas também, como ele, o Espírito renasce de suas cinzas para viver verdadeiramente e admirar esse mecânico dos mundos, esse Deus de luz e de bondade que quis mostrar à minha cidade natal esse Espírito de verdade que a vivifica e a consola.

JACQUARD

Após a leitura desta comunicação, na Sociedade de Paris, na sessão de 12 de fevereiro de 1864, foi evocado o Espírito de Jacquard, ao qual foram feitas as perguntas que se seguem. Seguem-lhes as respectivas respostas.

(SOCIEDADE ESPÍRITA DE PARIS, 12 DE FEVEREIRO DE 1864. MÉDIUM: SR. LEYMARIE)

Pergunta. – Sem dúvida vos deveis ter comunicado em Lyon, contudo não me lembro de ter visto comunicações vossas. Como foi que viestes dar ao Sr. Leymarie, em Paris, e não a um dos centros espíritas de Lyon, a dissertação que acabamos de ler? Por que o Sr. Leymarie foi, de certo modo, constrangido a levantar-se cedo para escrever essa comunicação? Enfim, o que pensais do Espiritismo em Lyon?

Resposta. – É natural que me tenha comunicado tanto em Paris quanto em minha cidade natal, porque os pais do médium são lioneses e conheci particularmente o seu avô, que me prestou importante serviço em circunstância excepcional. Depois, o médium me foi designado pelo Espírito de seu avô, que realiza no mundo dos Espíritos uma missão idêntica à minha. Como essa missão me deixa alguns instantes livres, julguei não prejudicar o sono do médium cujo devotamento, como o de tantos outros, é dedicado à causa a que serve.

Eu também desejava que meus compatriotas tivessem minhas notícias pela *Revista Espírita*. Estando sempre junto a eles, partilhando de suas alegrias e tristezas, não cessando de lhes dizer: "Amai-vos e estimai-vos", eu queria, unindo minha voz a outras mais influentes, encorajá-los, neste momento de desemprego e de sofrimentos, a se prepararem contra as eventualidades, contra o inimigo.

Por Lyon, podeis compreender o que pode o Espiritismo interpretado com bom senso. Em que se tornaram as violências do passado, essas recriminações injustas, esses levantes que ensanguentaram a colmeia lionesa? E essas casas noturnas, outrora testemunhas de cenas licenciosas, por que hoje se esvaziam? É que a família retomou seus direitos por toda parte onde penetrou o Espiritismo, onde sua influência benéfica se fez sentir, e por toda parte os operários espíritas voltaram a ter esperança e retornaram à ordem, ao trabalho inteligente, ao desejo de benfazer, à vontade de progredir.

Em meu tempo, foi a minha invenção que, não mais escravizando o tecelão à máquina, pôde regenerar todo um mundo de trabalhadores.

Por sua vez, é o Espiritismo que transforma o espírito dessa população, dando-lhe a verdadeira iniciação à vida. É toda uma legião de bons Espíritos que vêm descerrar seus olhos e abrir seus corações, até agora pervertidos, à inteligência, ao amor.

Hoje o Espiritismo entra em nova fase, pois é o tempo das aspirações generosas. A burguesia, ainda submissa ao alto clero, fica como espectadora do combate pacífico que a ideia nova dá ao *non possumus* do passado. Todos esperam o fim da batalha, para colocar-se ao lado dos vencedores!

Assim, caros compatriotas, escutai a segui os conselhos de Allan Kardec, pois eles são os de vossos Espíritos protetores. É por meio deles que afastareis o perigo das colisões, e mesmo das coalizões. Quanto mais humildes e sérios fordes, mais fortes sereis.

Os arrogantes arriarão a bandeira ante a verdade que os ofuscará, e então se dará a transformação espiritual dessa grande cidade que todos amamos e que ama particularmente a Sociedade Espírita de Paris, por sua fé no futuro e pelas boas esperanças que soube realizar.

JACQUARD

Na mesma sessão, enquanto Jacquard escrevia a comunicação acima, outro médium, o Sr. d'Ambel, obtinha outra sobre o mesmo assunto, assinada pelo Espírito de Vaucanson.

OBJETIVO FINAL DO HOMEM NA TERRA

Outrora os homens eram atrelados à charrua; eram sacrificados em trabalhos gigantescos, e a construção das muralhas da Babilônia, onde vários carros marchavam em linha; a edificação das Pirâmides e a instalação da Esfinge custaram mais que dez batalhas sangrentas. Mais tarde os animais foram subjugados, em concorrência com os homens, e vimos, na jovem Lutécia, bois de canga arrastarem a carruagem em que espaireciam os reis desocupados da segunda raça.

Este preâmbulo visa mostrar aos que nos ouvem que todas as perguntas feitas neste centro simpático aos Espíritos obtêm sua solução, por um ou outro de nós. Esse caro Jacquard, essa glória do tear, esse artífice engenhoso, que caiu como um soldado valente no campo de honra do trabalho, tratou de um aspecto das questões econômicas que se ligam ao trabalho humanitário. Ele me pôs um tanto em causa, falando das modificações que eu tinha feito na arte do tecelão, e chamou-me, por assim dizer, para fazer a minha parte nesse concerto espiritual. Eis por que, encontrando entre vós um médium, como eu nascido na velha cidade dos alóbrogos, essa rainha do Grésivaudan, dele me apodero com a permissão de seus guias habituais e venho completar por uma parte a exposição que meu ilustre amigo de Lyon vos deu por outro médium.

Em sua dissertação, aliás muito notável, ele ainda exprime certas queixas que sob o inventor revelam o operário ansioso por seu ganha-pão e temeroso do desemprego homicida. Sente-se que o pai de família teme uma suspensão do trabalho, do qual depende a vida dos seus; adivinha-se o cidadão que freme ante o desastre que pode atingir a maioria de seus concidadãos. Esse sentimento é, certamente, dos mais honrosos, mas denota um ponto de vista de certa estreiteza. Venho tratar da mesma questão que Jacquard, senão mais largamente que ele, ao menos de um ponto de vista mais geral. Contudo, devo constatar, para homenagear a quem de direito, que a generosa conclusão da comunicação de meu amigo resgata amplamente o lado defeituoso que assinalo.

O homem não foi feito para ficar como instrumento ininteligente de produção. Por suas aptidões, por seu lugar na criação e por seu destino, ele é chamado a outra função que não a de máquina; a outro papel que não o do cavalo de carrossel. Nos limites fixados por seu adiantamento, ele deve chegar a produzir mais e mais intelectualmente e, enfim, emancipar-se desse estado de servilismo e de engrenagem ininteligente a que, durante tantas gerações, ficou escravizado.

O operário é chamado a tornar-se engenheiro, a ver seus braços laboriosos substituídos por máquinas ativas, mais infatigáveis e mais precisas do que ele. O artífice deve tornar-se artista e conduzir o trabalho mecânico por um esforço do seu pensamento, e não mais por um esforço de seus braços. Aí está a prova irrecusável desta lei tão larga do progresso, que rege todas as humanidades.

Agora, que vos é permitido entrever, por um passeio pela vida futura, a verdade dos destinos humanos; agora, que estais convencidos de que esta existência não passa de um dos elos de vossa vida imortal, posso exclamar: Que importa que cem mil indivíduos sucumbam, quando uma máquina foi descoberta para fazer o trabalho desses cem mil indivíduos? Para o filósofo, que se eleva acima dos preconceitos e interesses terrenos, este fato prova, com muita singeleza, que o homem não estava mais em seu caminho quando ele se consagrava a esse labor condenado pela Providência. Com efeito, é no campo de sua inteligência que doravante o homem deve fazer passar a grade e a charrua que fecundam. É só por sua inteligência que poderá, que deverá chegar ao melhor.

Peço que não deis às minhas palavras um sentido muito revolucionário. Não! Mas deixai-lhes o sentido largo e superior que comporta um ensino espírita que se dirige a inteligências já adiantadas e prontas a compreender todo o alcance de nossas instruções.

Sabe-se que se, de hoje para amanhã, o artífice abandonasse o tear que o sustenta, sob o pretexto de que, num dado momento, este seria substituído por um mecanismo ou qualquer outro invento, é sabido que ele seguiria via fatal e contrária a todas as lições dadas pelo Espiritismo.

Entretanto, todas as nossas reflexões têm um só objetivo, o de demonstrar que ninguém deve gritar contra o progresso, que substitui braços humanos por dispositivos e engrenagens mecânicas.

Além disso, é bom acrescentar que a Humanidade pagou largo contributo à miséria e que, penetrando mais e mais em todas as camadas sociais, a instrução tornará cada indivíduo cada vez mais apto para funções tão inteligentemente chamadas liberais.

É difícil para um Espírito que pela primeira vez se comunica através de um médium, exprimir seu pensamento com bastante clareza. Assim, desculpareis a desorganização da minha comunicação, cuja conclusão aqui está em duas palavras:

O homem é um agente espiritual que deve chegar, em período não distante, a submeter ao seu serviço e para todas as operações materiais, a própria matéria, dando-lhe como único motor a inteligência, que se expande nos cérebros humanos.

VAUCANSON

NOTÍCIAS BIBLIOGRÁFICAS

ANNALI DELLO SPIRITISMO IN ITALIA
(ANAIS DO ESPIRITISMO NA ITÁLIA)

Sob este título, a Sociedade Espírita de Turim começou uma publicação mensal, da qual recebemos os dois primeiros números.

O objetivo eminentemente sério a que se propõe essa sociedade, bem como o talento e as luzes de seus membros, permitem bons augúrios acerca da direção que será dada a esse novo órgão da doutrina.

Graças a ele, e em razão do que está escrito na língua nacional, o Espiritismo fará seu caminho na Itália, onde já conta com numerosas simpatias. A sociedade e seu jornal arvoraram claramente a bandeira da Sociedade de Paris.

A seguinte passagem, traduzida do primeiro número, é uma espécie de profissão de fé que indica suficientemente o espírito que preside a redação.

..".Assim, que aquele que quiser entregar-se ao estudo do Espiritismo comece, antes de tentar experiências, por ler as obras que tratam da matéria e por estudá-las atentamente, para não fazer como o viajante que, atravessando um país desconhecido, sem guia nem conselhos, a cada passo arrisca-se a se perder. Como outros já aplainaram o caminho, quer a razão que se esclareçam pelos estudos, a fim de aprenderem a maneira de distinguir os bons Espíritos dos maus, e para saber como comportar-se para libertar-se destes últimos e para não ser vítima de suas trapaças, nem dos males daí resultantes.

"Para isto recomendam-se, como da mais alta utilidade, as obras escritas em francês por um infatigável e sábio espírita, o Sr. Allan Kardec, nas quais não se sabe o que mais louvar, se a equidade das intenções, a altura da filosofia ou a clareza da exposição.

"Entre essas obras, as principais e as primeiras a ler são *O Livro dos Espíritos* e *O Livro dos Médiuns*. No primeiro está a teoria filosófica revelada pelos Espíritos superiores, como afirma o autor, e no segundo um tratado completo da prática do Espiritismo e a maneira de adquirir, se possível, a faculdade mediúnica.

"No entanto, nenhuma dessas obras foi traduzida para o italiano, e mesmo que elas pudessem ser abordadas por todo mundo, sua extensão seria um obstáculo para muitos. O próprio autor sentia essa dificuldade, por isso resumiu a parte essencial do *Livro dos Espíritos* num opúsculo: *O Espiritismo na sua expressão mais simples*, que foi traduzido para a nossa língua e publicado em Turim. Pode-se dizer que essa tradução fez o giro de toda a península, tendo sido vendido grande número de exemplares em todas as cidades da Itália.

"Mas como o autor não fez um resumo do *Livro dos Médiuns* e esperando que o livro completo possa ser traduzido para o italiano, tivemos a ideia de publicar um resumo que, se não pode comparar-se ao de Allan Kardec, pelo menos contém as principais advertências de primeira necessidade para os que têm intenção de aplicar-se ao estudo do Espiritismo prático. Esperamos que ele baste para indicar o caminho que será preciso trilhar para conseguir pôr-se em relação com os bons Espíritos e afastar os inferiores e perversos.

"Estudado com pureza de sentimentos, o Espiritismo pode tornar-se a fonte das mais doces consolações para todos os homens de bem e desejosos do progresso."

Um novo jornal acaba de surgir em Bordéus, sob o título de: *O Salvador dos Povos, jornal do Espiritismo, propagador da unidade fraterna*. Diretor-gerente: A. Lefraise. Aparece semanalmente.

O título promete muito e impõe grandes obrigações, pois hoje não basta mais a etiqueta. Nós o lembraremos quando tivermos podido apreciar a maneira pela qual justificar-se-á. Se ele vier trazer uma pedra útil ao edifício; se vier, como diz, unir em vez de dividir; se a verdadeira caridade de palavras e de ação é seu guia para seus irmãos em crença; se a sua polêmica com os adversários de nossa doutrina não se afastar dos limites da moderação e de uma discussão leal, ele será bem-vindo e seremos felizes de encorajá-lo e apoiá-lo.

Uma nova obra do Sr. Allan Kardec, mais ou menos da mesma extensão do *Livro dos Espíritos* está no prelo desde dezembro. Ela deveria aparecer em fevereiro, mas atrasos involuntários na impressão, e os cuidados que esta exige, não o permitiram. Tudo nos faz esperar que poderemos anunciar o seu lançamento no próximo número. Ela destina-se a substituir a obra anunciada sob o título: *As vozes da mundo invisível,* cujo plano primitivo foi radicalmente mudado.

NECROLOGIA

SR. P. -F. MATHIEU

(Antigo farmacêutico chefe do exército e membro de várias sociedades científicas)

O Sr. Mathieu, falecido a 12 de fevereiro de 1864, era muito conhecido no ambiente espírita parisiense, onde frequentava várias reuniões, nas quais tomava parte ativa. Tinha-se ocupado dos fenômenos espíritas desde a sua origem. Conhecemo-lo quando fazíamos os primeiros trabalhos preliminares. A natureza de seu espírito o levava à dúvida. Muito tempo depois de haver ele próprio feito experiências por meio da prancheta, recusava-se a nisto reconhecer a ação dos Espíritos. Depois, suas ideias se modificaram, e mesmo, nos seus últimos tempos, ele não se mostrava mais tão radicalmente contrário à reencarnação.

O Sr. Mathieu só dificilmente, e com o tempo, admitia o que não estava em suas ideias, mas não era um adversário sistemático e, posto não partilhasse inteiramente das doutrinas do *Livro dos Espíritos*, devemos render-lhe justiça, porque, na sua polêmica, jamais se afastou dos limites de uma perfeita conveniência. Sua doçura e a honorabilidade de seu caráter fizeram com que ele fosse estimado e lamentado por todos os que o conheceram. Ele morreu no momento em que dava a última demão numa importante obra sobre os convulsionários, que os Srs. Didier & Cia. acabam de editar.

ALLAN KARDEC

REVISTA ESPÍRITA

JORNAL DE ESTUDOS PSICOLÓGICOS

ANO VII	ABRIL DE 1864	VOL. 4

BIBLIOGRAFIA

À VENDA:

IMITAÇÃO DO EVANGELHO SEGUNDO O ESPIRITISMO[1]

Contendo a explicação das máximas morais do Cristo, sua concordância com o Espiritismo e sua aplicação às várias posições da vida.

Por ALLAN KARDEC

Com esta epígrafe:

"Não há fé inabalável senão a que pode encarar a razão face a face, em todas as épocas da Humanidade."

Abstendo-nos de qualquer reflexão sobre esta obra, limitamo-nos a extrair da introdução a parte que indica seu objetivo.

"Podem dividir-se as matérias contidas nos Evangelhos em quatro partes: *Os atos comuns do vida do Cristo*, os milagres,

[1] Um volume grosso, in-12. Livraria Didier, Quai des Grands-Augustins; Ledoyen, Palais-Royal, e no escritório da Revista Espírita. Preço 3,50 francos.

as predições, o ensino moral.[2] Se as primeiras foram objeto de controvérsias, a última ficou inatacável. Ante esse código divino, a própria incredulidade se inclina; é o terreno onde todos os cultos podem encontrar-se, a bandeira sob a qual todos podem abrigar-se, sejam quais forem suas crenças, pois jamais foi assunto de disputas religiosas, sempre e em toda parte levantadas por questões de dogmas. Aliás, discutindo-os, as seitas aí teriam encontrado sua própria condenação, porque em sua maioria se apegaram mais à parte mística do que à parte moral, que exige a reforma de si mesmo.

Para os homens, em particular, é uma regra de conduta que abraça todas as circunstâncias da vida, particular ou pública, o princípio de todas as relações sociais baseadas na mais rigorosa justiça; é, enfim, e acima de tudo, a rota infalível da felicidade futura, uma ponta do véu levantada sobre a vida futura. É esta parte que constitui o objeto exclusivo desta obra.

"Todos admiram a moral evangélica. Cada um proclama sua sublimidade e sua necessidade, mas muitos o fazem confiados no que ouviram dizer, ou na fé em algumas máximas tornadas proverbiais, mas poucos a conhecem a fundo, menos ainda a compreendem e lhe sabem deduzir as consequências. A razão disto está em grande parte na dificuldade apresentada pela leitura do Evangelho, ininteligível para o maior número. A forma alegórica, o intencional misticismo da linguagem, fazem que a maioria das pessoas o leiam por desencargo de consciência e por dever, como leem as preces sem compreendê-las, isto é, sem proveito. Os preceitos de moral, disseminados aqui e ali, confundidos na massa de outros relatos, passam despercebidos. Então é impossível apreendê-los em conjunto e deles fazer objeto de uma leitura e de uma meditação separadas.

"É verdade que fizeram tratados de moral evangélica, mas o arranjo em estilo literário moderno lhes tira a singeleza primitiva que constitui ao mesmo tempo seu encanto e sua autenticidade. Há, até, máximas destacadas, reduzidas à sua expressão mais simples de provérbio, que assim não passam de aforismos que perdem uma parte de seu valor e de seu interesse, pela ausência dos acessórios e das circunstâncias em que foram dados.

---

[2] Posteriormente, o Sr. Allan Kardec modificou a divisão em cinco partes, incluindo em quarto lugar *os trechos que serviram à Igreja para o estabelecimento de seus dogmas*. Vide a nossa tradução, edição de "O Pensamento." N. do Tradutor.

"Para obviar esses inconvenientes, reunimos nesta obra os versículos que podem constituir, a bem dizer, um código de moral universal, sem distinção de culto. Nas citações, conservamos tudo o que era útil ao desenvolvimento do pensamento, não eliminando senão o que era estranho ao assunto. Além disso, respeitamos escrupulosamente a tradução original de Sacy[3], bem como a divisão dos versículos. Mas, em vez de nos atermos a uma ordem cronológica impossível e sem vantagem real em tal assunto, as máximas foram agrupadas e classificadas metodicamente, segundo a sua natureza, de modo que, tanto quanto possível, umas se deduzam das outras. A referência dos números de ordem dos capítulos e dos versículos permite recorrer à classificação vulgar, se se quiser.

"Isto não passava de um trabalho material que, só, teria tido uma utilidade secundária. O essencial era o pôr ao alcance de todos, pela explicação das passagens obscuras e pelo desenvolvimento de todas as consequências visando a aplicação às diversas posições da vida. Foi o que tentamos fazer com o auxílio dos bons Espíritos que nos assistem.

"Muitos pontos da Bíblia, do Evangelho e de autores sacros em geral são ininteligíveis e até mesmo parecem irracionais apenas por falta da chave para compreender seu verdadeiro sentido. Essa chave está inteiramente no Espiritismo, assim como já se puderam convencer os que o estudaram seriamente, e como, mais tarde, melhor será reconhecido.

"O Espiritismo se encontra por toda parte, na Antiguidade e em todos os períodos da Humanidade. Por toda parte se acham seus traços escritos, nas crenças e nos monumentos. É por isso que, se abre horizontes novos para o futuro, ele lança uma luz não menos viva sobre os mistérios do passado.

"Como complemento de cada preceito, adicionamos algumas instruções escolhidas entre as que foram ditadas pelos Espíritos em diversos países e através de diversos médiuns. Se essas instruções tivessem saído de uma fonte única, elas poderiam ter sofrido uma influência pessoal ou do meio, ao passo que a diversidade de origens prova que os Espíritos dão o seu ensino em toda parte, e que ninguém, a esse respeito, é privilegiado.

---

[3] A tradução de Sacy é católica e corresponde, quanto à aceitação, à versão brasileira de Figueiredo, mas há entre elas ligeiras diferenças, que não alteram o sentido. Em nossa tradução da obra acima para "O Pensamento", não havia razões para que traduzíssemos a tradução de Sacy. Então transpusemos a de Figueiredo. N. do T.

"Esta obra é para uso de todos. Cada um pode aí colher os meios de conformar sua conduta à moral do Cristo. Além disto, os espíritas aí encontram as aplicações que mais especialmente lhes concernem. Graças às comunicações doravante estabelecidas de maneira permanente entre os homens e o mundo invisível, a lei evangélica ensinada em todas as nações pelos próprios Espíritos não mais será letra morta, porque cada um a compreenderá e necessariamente será solicitado a pô-la em prática, a conselho de seus guias espirituais.

As instruções dos Espíritos são verdadeiramente as *vozes do céu* que vêm esclarecer os homens e convidá-los *à imitação do Evangelho*."

AUTORIDADE DA DOUTRINA ESPÍRITA

CONTROLE UNIVERSAL DO ENSINO DOS ESPÍRITOS[4]

Já abordamos esta questão em nosso último número, a propósito de um artigo especial (Da perfeição dos seres criados), mas ela é de tal importância e tem consequências de tal magnitude para o futuro do Espiritismo, que julgamos dever tratá-la de modo mais completo.

Se a Doutrina Espírita fosse uma concepção puramente humana, não teria como garantia senão as luzes de quem a tivesse concebido. Ora, ninguém aqui poderia ter a pretensão fundada de possuir, ele só, a verdade absoluta. Se os Espíritos que a revelaram se tivessem manifestado a um só homem, nada garantiria a sua origem, pois seria preciso crer sob palavra naquele que dissesse ter recebido seu ensino. Admitindo de sua parte uma perfeita sinceridade, quando muito poderia convencer as pessoas de seu ambiente. Poderia ter sectários, mas não conseguiria jamais atrair todo mundo.

---

[4] Este texto constitui o item II da Introdução de *O Evangelho segundo o Espiritismo*. (Nota do revisor Boschiroli)

Quis Deus que a nova revelação chegasse aos homens por uma via mais rápida e mais autêntica. Eis por que encarregou os Espíritos de levá-la de um a outro polo, manifestando-se por toda parte, sem dar a ninguém o privilégio exclusivo de ouvir a sua palavra. Um homem pode ser enganado, pode mesmo enganar-se, mas assim não poderia ser quando milhões de homens veem e ouvem a mesma coisa. É uma garantia para cada um e para todos. Ademais, pode-se fazer um homem desaparecer, mas não se pode fazer desaparecerem as massas; pode-se queimar livros, mas não se pode queimar os Espíritos. Ora, se se queimassem todos os livros, a fonte da doutrina não ficaria menos inesgotável, porque ela não está na Terra, surge por toda parte e cada um pode aproveitá-la. Na falta de homens para a espalhar, haverá sempre os Espíritos, que atingem todo o mundo e aos quais ninguém pode atingir.

Na realidade, são os próprios Espíritos que fazem a propaganda, auxiliados por inumeráveis médiuns que suscitam por todos os lados. Se eles tivessem tido um intérprete único, por mais favorecido que fosse, o Espiritismo mal seria conhecido. Esse intérprete mesmo, fosse de que classe fosse, teria sido objeto de prevenções por parte de muita gente. Nem todas as nações os teriam aceito, ao passo que os Espíritos, comunicando-se por toda parte, a todos os povos, a todas as seitas e a todos os partidos, são aceitos por todos.

O Espiritismo não tem nacionalidade. Ele é alheio a todos os cultos particulares; ele não é imposto por nenhuma classe da Sociedade, pois cada um pode receber instruções de parentes e amigos de Além-Túmulo. Era preciso que ele assim fosse, para que pudesse chamar todos os homens à fraternidade. Se ele não se tivesse colocado em terreno neutro, teria mantido dissensões, em vez de apaziguá-las.

Essa universalidade do ensino dos Espíritos constitui a força do Espiritismo. Aí também está a causa de sua propagação tão rápida, ao passo que a voz de um só homem, mesmo com o auxílio da imprensa, teria levado séculos para chegar a todos os ouvidos, eis que milhares de vozes se fazem ouvir simultaneamente em todos os pontos da Terra, para proclamar os mesmos princípios e transmiti-los aos mais ignorantes, como aos mais sábios, a fim de que ninguém fique deserdado. É uma vantagem de que não gozou nenhuma das doutrinas até hoje aparecidas. Se, pois, o Espiritismo é uma verdade, ele não teme a má vontade dos homens nem as revoluções morais nem os desmoronamentos físicos do globo, porque nenhuma dessas coisas pode atingir os Espíritos.

Mas esta não é a única vantagem resultante dessa posição excepcional. O Espiritismo aí encontra uma onipotente garantia contra os cismas que poderiam suscitar a ambição de certas pessoas ou as contradições de certos Espíritos. Seguramente essas contradições são um escolho, mas que leva em si o remédio ao lado do mal.

Sabe-se que os Espíritos, por força da diferença existente em suas capacidades, estão longe de estar individualmente na posse de toda a verdade; que nem a todos é dado penetrar certos mistérios; que seu saber é proporcional à sua depuração; que os Espíritos vulgares não sabem mais que os homens e até menos que certos homens; que entre eles, como entre estes, há presunçosos e pseudossábios que creem saber o que não sabem; sistemáticos que tomam suas ideias como verdades; enfim, que os Espíritos da ordem mais elevada, os que estão completamente desmaterializados, são os únicos que se despojaram das ideias e preconceitos terrenos. Mas sabe-se, também, que os Espíritos enganadores não têm escrúpulo em esconder-se sob nomes de empréstimo, para fazerem aceitas as suas utopias. Disso resulta que, para tudo quanto esteja fora do ensino exclusivamente moral, as revelações que cada um pode obter têm um caráter individual sem autenticidade; que elas devem ser consideradas como opinião pessoal de tal ou qual Espírito, e que seria imprudente aceitá-las e promulgá-las levianamente como verdades absolutas.

O primeiro controle é, sem sombra de dúvida, o da razão, ao qual é preciso submeter, sem exceção, tudo quanto vem dos Espíritos. Toda teoria em manifesta contradição com o bom senso, com uma lógica rigorosa e com os dados positivos que se possui, por mais respeitável que seja a sua assinatura, deve ser rejeitada. Mas esse controle é incompleto em muitos casos, por força da insuficiência das luzes de certas pessoas e da tendência de muitos a tomar seu próprio julgamento por único árbitro da verdade. Em tal caso, que fazem os homens que não têm absoluta confiança em si próprios? Seguem a opinião da maioria, e a opinião da maioria é o seu guia. Assim deve ser a respeito do ensino dos Espíritos, que nos fornecem, eles próprios, os meios.

A concordância no ensino dos Espíritos é, pois, o melhor controle, mas ainda é preciso que ocorra em certas condições.

A menos segura de todas é quando um médium interroga, ele próprio, vários Espíritos, sobre um ponto duvidoso. É evidente que se estiver sob o império de uma obsessão, e se ele tratar com um Espírito enganador, esse Espírito lhe pode dizer a mesma coisa com nomes diversos.

Também não há garantia suficiente na conformidade obtida pelos médiuns de um mesmo centro, porque eles podem sofrer a mesma influência. *A única séria garantia está na concordância que existe entre as revelações espontâneas feitas por intermédio de grande número de médiuns estranhos uns aos outros e em diversas regiões*.

Compreende-se que aqui não se trata de comunicações relativas a interesses secundários, mas do que se liga aos princípios mesmos da doutrina. Prova a experiência que quando um princípio novo deve ter a sua solução, é ensinado *espontaneamente* em diversos pontos ao mesmo tempo e de maneira idêntica, senão na forma, ao menos no fundo. Se, pois, a um Espírito agrada formular um sistema excêntrico, baseado em suas próprias ideias e fora da verdade, podemos estar certos de que o sistema ficará *circunscrito* e cairá ante a unanimidade das instruções dadas por toda parte, como já houve vários exemplos.

É essa unanimidade que faz caírem todos os sistemas parciais nascidos na origem do Espiritismo, quando cada um explicava os fenômenos à sua maneira, e antes que fossem conhecidas as leis que regem as relações entre o mundo visível e o invisível.

Tal a base em que nos apoiamos quando formulamos um princípio da doutrina. Não o damos como verdadeiro por estar em conformidade com as nossas ideias; não nos colocamos absolutamente como árbitro supremo da verdade, e a ninguém dizemos: "Crede nisto porque o dizemos." Nossa opinião, aos nossos olhos, não passa de uma opinião pessoal que pode ser justa ou falsa, pelo simples fato de não sermos mais infalível que qualquer outro. Também não é porque um princípio nos é ensinado que para nós é a verdade, mas porque recebeu a sanção da concordância.

Esse controle universal é uma garantia para a futura unidade do Espiritismo e anulará todas as teorias contraditórias. É aí que, no futuro, será procurado o critério da verdade. O que fez o sucesso da doutrina formulada no *Livro dos Espíritos* e no *Livro dos Médiuns* é que por toda parte cada um pôde receber dos Espíritos, diretamente, a confirmação do que eles encerram. Se de todos os lados os Espíritos tivessem vindo contradizê-los, de há muito esses livros teriam tido a sorte de todas as concepções fantásticas. O próprio apoio da imprensa não os teria salvo do naufrágio, ao passo que, privados desse apoio, nem por isto deixaram de fazer um caminho rápido, porque tiveram o dos Espíritos, cuja boa vontade compensou com sobra a má vontade dos homens. Assim será com todas as ideias emanadas dos Espíritos ou dos homens que não puderem suportar a prova desse controle cujo poder ninguém pode contestar.

Suponhamos, pois, que praza a certos Espíritos ditar, sob um título qualquer, um livro em sentido contrário. Suponhamos mesmo que, numa intenção hostil, e visando desacreditar a doutrina, a malevolência suscitasse comunicações apócrifas. Que influência poderiam ter esses escritos, se são desmentidos de todos os lados pelos Espíritos? É da adesão destes últimos que seria necessário assegurar-se, antes de lançar um sistema em seu nome. Do sistema de um só ao de todos há uma distância da unidade ao infinito.

Que podem todos os argumentos dos detratores sobre a opinião das massas, quando milhões de vozes amigas, partidas do espaço, vêm de todos os pontos do globo e no seio de cada família para contraditá-los? Sob esse ponto, a experiência já não confirmou a teoria? O que se tornaram todas as publicações que se diziam vir aniquilar o Espiritismo? Qual a que lhe deteve a marcha? Até hoje a questão não tinha sido encarada sob este ponto de vista, sem dúvida um dos mais sérios. Cada um contou consigo, mas não com os Espíritos.

Ressalta de tudo isto uma verdade capital: Qualquer pessoa que quisesse opor-se à corrente das ideias estabelecidas e sancionadas, poderia bem causar uma pequena perturbação local e momentânea, mas nunca dominar o conjunto, mesmo no presente e ainda menos no futuro.

Ressalta, ainda, que as instruções dadas pelos Espíritos sobre pontos da doutrina ainda não elucidados não poderiam constituir lei enquanto ficassem isoladas, e que consequentemente não devem ser aceitas senão com todas as reservas e a título de informação.

Daí a necessidade de dar à sua publicação a maior prudência, e, caso se julgasse dever publicá-las, importa não apresentá-las senão como opiniões individuais, mais ou menos prováveis, mas tendo, em todo o caso, necessidade de confirmação.

É essa confirmação que se deve esperar, antes de apresentar um princípio como verdade absoluta, se não se quiser ser acusado de leviandade ou de irrefletida credulidade.

Em suas revelações, os Espíritos superiores procedem com extrema sabedoria. Eles só abordam as grandes questões da doutrina gradativamente, à medida que a inteligência se torna apta a compreender verdades de uma ordem mais elevada, e que as circunstâncias sejam propícias à emissão de uma ideia nova. Eis por que, desde o começo, não disseram tudo, e até hoje não o disseram, jamais cedendo à impaciência de criaturas muito apressadas que querem colher os frutos antes de sua maturação. Seria, pois, supérfluo querer precipitar o tempo marcado a cada coisa pela Providência, porque então os Espíritos realmente sérios positivamente recusam o seu concurso. Os Espíritos levianos, no entanto, pouco se incomodando com a verdade, a tudo respondem. É por essa razão que sobre todas as questões prematuras, sempre há respostas contraditórias.

Os princípios acima não são fruto de uma teoria pessoal, mas a consequência forçosa das condições em que se manifestam os Espíritos. É evidente que se um Espírito diz uma coisa de um lado, enquanto milhões dizem o contrário alhures, a presunção de verdade não pode estar com aquele que é o único ou quase o único de sua opinião. Ora, pretender ser o único a ter razão contra todos seria tão ilógico da parte de um Espírito quanto da parte de um homem. Os Espíritos verdadeiramente sábios, se não se sentem suficientemente esclarecidos sobre uma questão, *jamais* a resolvem de maneira absoluta; declaram não tratá-la senão de seu ponto de vista, e aconselham mesmo a esperar a sua confirmação.

Por mais bela, justa e grande que seja uma ideia, é impossível que, desde o começo, alie todas as opiniões. Os conflitos daí resultantes são consequência inevitável do movimento que se opera; são mesmo necessários para melhor destacar a verdade, e é útil que ocorram no começo, para que as ideias falsas sejam mais prontamente descartadas. Os espíritas que concebessem alguns temores devem, pois, ficar perfeitamente seguros. Todas as pretensões isoladas cairão pela força das coisas, ante o grande e poderoso critério do controle universal. Não é à opinião de um homem que eles se aliarão, é a voz unânime dos Espíritos. Não é um homem, *nem nós mais que outro*, que fundará a ortodoxia espírita; também não é um Espírito vindo impor-se a quem quer que seja: é a universalidade dos Espíritos, comunicando-se em toda a Terra, por ordem de Deus. Aí está o caráter essencial da Doutrina Espírita. Aí está a sua força e a sua autoridade. Deus quis que a sua lei se assentasse numa base inabalável, por isso não a assentou sobre a cabeça frágil de um só.

É perante esse poderoso areópago que não conhece nem os grupelhos nem as rivalidades invejosas nem as seitas nem as nações, que virão quebrar-se todas as oposições, todas as ambições, todas as pretensões à supremacia individual; que nós mesmos nos quebraríamos se quiséssemos substituir os seus soberanos desígnios por nossas próprias ideias. Ele é o único que resolverá todas as questões litigiosas; que fará calarem-se as dissidências e dará ou não razão a quem de direito. Ante esse imponente acordo de todas *as vozes do céu*, que pode a opinião de um homem ou de um Espírito? Menos que a gota d'água que se perde no oceano. Menos que a voz da criança, abafada pela tempestade.

A opinião universal, eis o juiz supremo, o que se pronuncia em última instância. Ela se forma de todas as opiniões individuais; se uma delas for verdadeira, terá apenas o seu peso relativo na balança; se for falsa, não pode triunfar sobre todas as outras. Nesse imenso concurso, as individualidades se apagam, e aí está um novo revés para o orgulho humano.

Esse conjunto harmonioso já se desenha. Ora, este século não passará sem que ele resplandeça em todo o seu brilho, de maneira a fixar todas as incertezas, porque até lá, vozes poderosas terão recebido a missão de se fazer ouvir para aliar os homens sob a mesma bandeira, desde que o campo seja suficientemente trabalhado.

Enquanto espera, aquele que flutua entre dois sistemas opostos pode observar em que sentido se forma a opinião geral. Essa é a indicação correta do sentido em que se pronuncia a maioria dos Espíritos sobre os diversos pontos nos quais eles se comunicam. É um sinal não menos certo de qual dos dois sistemas triunfará.

RESUMO DA LEI DOS FENÔMENOS ESPÍRITAS

Esta instrução é feita visando sobretudo pessoas que não possuem qualquer noção do Espiritismo e às quais se quer dar uma ideia sucinta em poucas palavras. Nos grupos ou reuniões espíritas onde se acham assistentes noviços, ela pode ser útil ao preâmbulo das sessões, conforme as necessidades.

As pessoas estranhas ao Espiritismo, não compreendendo nem o seu fim nem os seus meios, quase sempre dele fazem uma ideia completamente falsa. Sobretudo o que lhes falta é o conhecimento do princípio, a primeira chave dos fenômenos. Na falta disto, o que elas veem e ouvem não tem aproveitamento nem interesse para elas. É fato comprovado pela experiência que a simples vista ou o relato dos fenômenos não basta para convencer. Aquele que testemunha fatos capazes de confundi-lo fica mais admirado que convencido. Quanto mais extraordinário lhe parece o efeito, tanto mais dele suspeita.

Um sério estudo prévio é o único meio de levar à convicção. Muitas vezes mesmo isto basta para mudar inteiramente o curso das ideias. Em todo caso, ele é indispensável para a compreensão dos mais simples fenômenos. Na falta de uma instrução completa, que não pode ser dada em poucas palavras, um resumo sucinto da lei que rege as manifestações bastará para fazer encarar a coisa sob sua verdadeira luz pelas pessoas ainda não iniciadas. É a primeira baliza que damos na curta instrução que segue. Contudo, é necessária uma observação prévia.

A propensão dos incrédulos geralmente é de suspeitar da boa-fé dos médiuns e supor o emprego de meios fraudulentos. Além de tal ponto de vista ser uma suposição injuriosa para certas pessoas, antes de tudo há que se perguntar qual o interesse que elas poderiam ter em enganar e representar, ou fazer representar uma comédia. A melhor garantia de sinceridade está no desinteresse absoluto, pois onde nada há a ganhar, o charlatanismo não tem razão de ser.

Quanto à realidade dos fenômenos, cada um pode constatá-la, se se coloca em condições favoráveis e se traz, para a observação dos fatos, a paciência, a perseverança e a imparcialidade necessárias.

1 – O Espiritismo é, ao mesmo tempo, uma ciência de observação e uma doutrina filosófica. Como ciência prática, ele consiste nas relações que se podem estabelecer com os Espíritos; como filosofia, compreende todas as consequências morais decorrentes dessas relações.

2 – Os Espíritos não são, como por vezes os imaginam, seres à parte na criação. Eles são as almas dos que viveram na Terra e em outros mundos. As almas ou Espíritos são, pois, uma só e a mesma coisa, de onde se segue que todo aquele que crê na existência da alma, por isso mesmo crê na dos Espíritos.

3 – Geralmente as pessoas fazem uma ideia muito falsa do estado dos Espíritos. Eles não são, como alguns pensam, seres vagos e indefinidos, nem chamas, como fogos-fátuos, nem fantasmas, como nos contos de aparições. São seres semelhantes a nós, com um corpo como o nosso, mas invisível e fluídico em estado normal.

4 – Quando a alma está unida ao corpo, durante a vida, tem um envoltório duplo: um pesado, grosseiro e destrutível, que é o corpo; outro fluídico, leve e indestrutível, chamado *perispírito*. O perispírito é o elo que une a alma ao corpo. É por intermédio dele que a alma faz o corpo agir e que percebe as sensações experimentadas pelo corpo.

5 – A morte é apenas a destruição do envoltório grosseiro. A alma abandona esse envoltório como se deixa uma roupa velha, ou como a borboleta deixa a sua crisálida, mas ela conserva o seu corpo fluídico, ou perispírito.

A união da alma, do perispírito e do corpo material constitui *o homem*. A alma e o perispírito, separados do corpo, constituem o ser chamado *Espírito*.

6 – A morte do corpo desembaraça o Espírito do envoltório que o ligava à Terra e o fazia sofrer. Uma vez livre desse fardo, ele tem apenas o seu corpo etéreo, que lhe permite percorrer o espaço e transpor distâncias com a rapidez do pensamento.

7 – O fluido que compõe o perispírito penetra todos os corpos e os atravessa, como a luz atravessa os corpos transparentes. Nenhuma matéria é obstáculo para ele. É por isso que os Espíritos penetram em toda parte, nos lugares mais hermeticamente fechados. É uma ideia ridícula crer que eles entrem

por uma pequena abertura, como o buraco de uma fechadura ou a chaminé.

8 – Os Espíritos povoam o espaço. Eles constituem o mundo invisível que nos rodeia, em meio ao qual vivemos, e com o qual estamos em contato incessante.

9 – Os Espíritos têm todas as percepções que tinham na Terra, mas em mais alto grau, porque suas faculdades não são amortecidas pela matéria; têm sensações que nos são desconhecidas; veem e ouvem coisas que os nossos sentidos limitados não nos permitem ver nem ouvir. Para eles não há escuridão, salvo para aqueles cuja punição é ficarem temporariamente nas trevas. Todos os nossos pensamentos repercutem neles e eles aí leem como num livro aberto, de sorte que aquilo que poderíamos ocultar a qualquer um quando vivos, não o podemos mais, se ele é Espírito.

10 – Os Espíritos conservam as afeições sérias que tinham na Terra. Eles sentem prazer em voltar para junto das pessoas que eles amaram, sobretudo quando são para elas atraídos pelo pensamento e pelos sentimentos afetuosos que lhes são dedicados, ao passo que são indiferentes em relação àqueles que lhes votam apenas indiferença.

11 – Os Espíritos podem manifestar-se de muitas maneiras diferentes: pela visão, pela audição, pelo tato, pelos ruídos, movimento de corpos, escrita, desenho, música etc. Eles se manifestam por meio de pessoas dotadas de uma aptidão especial para cada gênero de manifestação, e que são designados pelo nome de médiuns. É assim que se distinguem os médiuns videntes, falantes, audientes, sensitivos, de efeitos físicos, desenhistas, tiptologistas, escreventes etc. Entre os médiuns escreventes há numerosas variedades, conforme a natureza das comunicações que são aptos a receber.

12 – Posto que invisível para nós em estado normal, o perispírito não deixa de ser matéria etérea. Em certos casos, o Espírito pode fazê-lo sofrer uma espécie de modificação molecular que o torna visível e até tangível. É assim que se produzem as aparições. Esse fenômeno não é mais extraordinário que o do vapor, que é invisível quando muito rarefeito, e que se torna visível quando condensado.

Os Espíritos que se tornam visíveis apresentam-se quase sempre sob a aparência que tinham em vida, pela qual podem ser reconhecidos.

13 – É auxiliado por seu perispírito que o Espírito age sobre o seu corpo vivo. É ainda com esse mesmo fluido que ele se

manifesta agindo sobre a matéria inerte; que produz os ruídos, o movimento das mesas e de outros objetos que ergue, derruba ou transporta.

Esse fenômeno nada tem de surpreendente se considerarmos que entre nós os mais poderosos princípios motores se acham nos fluidos mais rarefeitos e mesmo imponderáveis, como o ar, o vapor e a eletricidade.

É igualmente com o auxílio de seu perispírito que o Espírito faz o médium escrever, falar ou desenhar. Não tendo corpo tangível para agir ostensivamente, quando quer manifestar-se, ele se serve do corpo do médium, cujos órgãos ocupa, fazendo-os agir como se fosse seu próprio corpo, e isto pelo eflúvio fluídico que sobre ele derrama.

14 – É pelo mesmo meio que o Espírito age sobre a mesa, quer para movê-la sem objetivo determinado, quer para fazê-la vibrar golpes inteligentes indicando as letras do alfabeto, para formar palavras e frases, fenômeno designado sob o nome de *tiptologia*. Aí a mesa não passa de um instrumento de que ele se serve, como do lápis para escrever. Dá-lhe uma vitalidade momentânea, pelo fluido com que a penetra, mas não se identifica com ela.

As pessoas que, emocionadas, ao verem manifestar-se um ser que lhes é caro, beijam a mesa, praticam um ato ridículo, porque é absolutamente como se beijassem a bengala de que um amigo se serve para vibrar golpes. Dá-se o mesmo com as que dirigem a palavra à mesa, como se o Espírito estivesse encerrado na madeira, ou como se a madeira se tivesse tornado Espírito.

Quando ocorrem comunicações por esse meio, é preciso imaginar o Espírito, não na mesa, mas ao lado, como ele era em vida, e como ele seria visto se no momento se tornasse visível.

O mesmo ocorre nas comunicações pela escrita. Ver-se-ia o Espírito ao lado do médium, dirigindo-lhe a mão, ou lhe transmitindo o pensamento por uma corrente fluídica.

Quando a mesa se ergue do solo e flutua no espaço, sem ponto de apoio, o Espírito não a levanta pela força do braço, mas a envolve e a penetra de uma espécie de atmosfera fluídica que neutraliza a ação da gravidade, como faz o ar com os balões e papagaios. O fluido de que é penetrada lhe dá momentaneamente uma leveza específica maior. Quando ela está plantada ao solo, está numa situação análoga à da campânula pneumática, sob a qual se faz o vácuo. Estas são comparações para mostrar a analogia dos efeitos, e não a similitude absoluta das causas.

Depois disto, compreende-se que a um Espírito não é mais difícil levantar uma pessoa do que uma mesa; transportar um objeto de um a outro lugar, ou atirá-lo em qualquer parte. Estes fenômenos são produzidos pela mesma lei.

Quando a mesa persegue alguém, não é o Espírito que corre, pois pode ficar tranquilamente no mesmo lugar, mas que lhe dá o impulso por uma corrente fluídica com o auxílio da qual a faz mover-se à vontade.

Quando os golpes são ouvidos na mesa ou noutro lugar, o Espírito não bate com sua mão, nem com um objeto qualquer. Ele dirige um jato de fluido para o ponto de onde parte o ruído, produzindo o efeito de um choque elétrico. Ele modifica o ruído, como podemos modificar os sons produzidos pelo ar.

15 – Por estas poucas palavras pode-se ver que as manifestações espíritas, sejam de que natureza forem, nada têm de sobrenatural ou maravilhoso. São fenômenos que se produzem em virtude da lei que rege as relações entre o mundo visível e o invisível, lei tão natural quanto as da eletricidade, da gravitação etc. O Espiritismo é a ciência que nos dá a conhecer essa lei, como a mecânica nos dá a conhecer as do movimento e a óptica as da luz.

Estando as manifestações espíritas em a Natureza, produziram-se em todas as épocas. A lei que as rege, quando conhecida, explica-nos uma porção de problemas olhados como insolúveis. É a chave de uma porção de fenômenos explorados e amplificados pela superstição.

16 – Afastado completamente o maravilhoso, tais fenômenos nada mais têm que repugne à razão, porque vêm tomar assento ao lado dos outros fenômenos naturais. Nos tempos de ignorância, todos os efeitos cujas causas não eram conhecidas eram reputados sobrenaturais. As descobertas científicas foram restringindo continuamente o círculo do maravilhoso. O conhecimento desta nova lei vem reduzi-lo a nada. Assim, os que acusam o Espiritismo de ressuscitar o maravilhoso, provam, por isto mesmo, que falam do que não conhecem.

17 – Uma ideia mais ou menos geral entre pessoas que não conhecem o Espiritismo é crer que os Espíritos, apenas porque são desprendidos da matéria, devem saber tudo e possuir a sabedoria suprema. Isto é um erro grave. Deixando seu envoltório corporal, não se despojam imediatamente de suas imperfeições. Só com o tempo se depuram e se melhoram.

Sendo os Espíritos as almas dos homens, como há homens de todos os graus de saber e de ignorância, de bondade e de maldade, o mesmo acontece entre os Espíritos. Entre eles, há aqueles que são apenas levianos e brincalhões; outros que são mentirosos, trapaceiros, hipócritas, maus e vingativos; e outros, ao contrário, que possuem as mais sublimes virtudes e o saber em grau desconhecido na Terra. Essa diversidade na qualidade dos Espíritos é um dos mais importantes pontos a considerar, pois explica a natureza boa ou má das comunicações que se recebe. É preciso aplicar-se em distingui-las.

Disto resulta que não basta dirigir-se a um Espírito qualquer para ter uma resposta justa para cada pergunta, porque o Espírito responderá conforme o que sabe, e muitas vezes dará apenas sua opinião pessoal, que pode estar certa ou errada. Se ele for prudente, confessará sua ignorância sobre o que não sabe; se for leviano ou mentiroso, responderá a tudo, sem se preocupar com a verdade; se for orgulhoso, dará sua ideia como verdade absoluta. É por isto que São João, o evangelista, diz: "*Não creiais em todo o Espírito, mas experimentai se os Espíritos são de Deus*." A experiência prova a sabedoria deste conselho. Haveria, pois, imprudência e leviandade em aceitar sem controle tudo o que vem dos Espíritos.

Os Espíritos só podem responder sobre o que sabem e, além do mais, sobre o que lhes é permitido responder, porque há coisas que eles não devem revelar, porque ainda não é dado ao homem tudo conhecer.

18 – A qualidade dos Espíritos é reconhecida pela linguagem. A dos Espíritos realmente bons e superiores é sempre digna, nobre, lógica, isenta de toda trivialidade, puerilidade ou contradição; respira sabedoria, benevolência e modéstia; é concisa e sem palavras inúteis. A dos Espíritos inferiores, ignorantes ou orgulhosos carece dessas qualidades; o vazio das ideias aí é quase sempre compensado pela abundância de palavras.

19 – Outro ponto a considerar, igualmente essencial, é que os Espíritos são livres. Eles se comunicam quando querem e com quem lhes convém, e também quando podem, pois têm as suas ocupações. Eles não estão às ordens e ao capricho de quem quer que seja, e a ninguém é dado fazê-los virem contra a sua vontade, nem lhes fazer dizer o que não querem, de sorte que ninguém pode afirmar que um certo Espírito virá a seu apelo em determinado momento ou responderá a esta ou àquela pergunta. Dizer o contrário é provar a absoluta ignorância

dos princípios mais elementares do Espiritismo. Só o charlatanismo tem fontes infalíveis.

20 – Os Espíritos são atraídos pela simpatia, pela similitude dos gostos e dos caracteres e pela intenção que faz desejada a sua presença. Os Espíritos superiores não vão a reuniões fúteis, do mesmo modo que um cientista da Terra não iria a uma reunião de jovens estúrdios. Diz o simples bom senso que não pode ser de outro modo; ou, se por vezes aí vão, é para dar um conselho salutar, combater os vícios, tentar reconduzir ao bom caminho. Se não forem escutados, retiram-se. Seria fazer uma ideia completamente falsa pensar que Espíritos sérios se comprazem em responder a futilidades, a perguntas ociosas, que não provam interesse nem respeito por eles, nem real desejo de instruir-se e, ainda menos, que possam vir dar espetáculo para divertir curiosos. Se não o fizeram em vida, não farão depois de mortos.

21 – Do que precede resulta que toda reunião espírita, para ser proveitosa, deve, como primeira condição, ser séria e recolhida; que aí tudo deve passar-se respeitosamente, religiosamente, com dignidade, se se quiser obter o concurso habitual dos bons Espíritos. É preciso não esquecer que se esses mesmos Espíritos aí se tivessem apresentado quando vivos, teriam tido por eles considerações às quais têm ainda mais direito depois de mortos.

Em vão alegam a necessidade de certas experiências curiosas, frívolas e divertidas para convencer os incrédulos: o que acontece é de resultado negativo. O incrédulo, já inclinado a troçar das mais sagradas crenças, não pode ver uma coisa séria naquilo de que fazem pilhérias; não pode ser levado a respeitar aquilo que lhe não é apresentado de modo respeitável. Assim, reuniões fúteis e levianas, dessas onde não há ordem nem seriedade nem recolhimento, ele sempre leva uma impressão má. O que pode convencê-lo é, sobretudo, a prova da presença de seres cuja memória lhe é cara. É diante de suas palavras graves e solenes, diante de revelações íntimas que o vemos empalidecer e comover-se. Mas, pelo próprio fato de que há mais respeito, veneração e apego à pessoa cuja alma se lhe apresenta, ele fica chocado de vê-la vir a uma assembleia irreverente, entre mesas que dançam e chocarrices de Espíritos levianos. Por mais incrédulo que ele seja, sua consciência repele essa aliança entre o sério e o frívolo, entre o religioso e o profano, razão por que taxa tudo de palhaçada, e por vezes sai menos convencido do que quando entrou.

As reuniões desse gênero sempre fazem mais mal do que bem, porque afastam da doutrina mais gente do que atraem, sem contar que oferecem o flanco à crítica dos detratores, que aí acham fundados motivos para troça.

22 – É um erro transformar as manifestações físicas em divertimento. Se elas não têm a importância do ensino filosófico, têm sua utilidade do ponto de vista dos fenômenos, porque são o á-bê-cê da ciência da qual deram a chave. Posto que hoje menos necessárias, ainda ajudam na convicção de certas pessoas. Mas não excluem, absolutamente, a ordem e a compostura nas reuniões onde se fazem experiências com elas. Se fossem sempre praticadas de maneira conveniente, convenceriam mais facilmente e, sob todos os aspectos, produziriam resultados muito melhores.

23 – Sem dúvida, estas explicações são muito incompletas e necessariamente podem provocar numerosas perguntas, mas não se deve perder de vista que isto não é um curso de Espiritismo. Tais quais são, bastam para mostrar a base sobre a qual ele repousa, o caráter das manifestações e o grau de confiança que podem inspirar, conforme as circunstâncias.

Quanto à utilidade das manifestações, ela é imensa, por suas consequências. Entretanto, ainda que só tivessem como resultado dar a conhecer uma nova lei da Natureza e demonstrar materialmente a existência da alma e sua imortalidade, já seria muito, porque seria uma larga via aberta à filosofia.

CORRESPONDÊNCIA

SOCIEDADES DE ANTUÉRPIA E DE MARSELHA

Antuérpia, 27 de fevereiro de 1864.

Caro mestre, temos a honra de vos informar que acabamos de constituir em Antuérpia uma nova sociedade, sob a denominação de *Círculo Espírita Amor e Caridade*.

Como vereis pelo Art. 2º do regulamento, nós nos colocamos sob o patrocínio da sociedade central de Paris, assim como sob o vosso. Em consequência, declaramos ligar-nos à doutrina emitida no *Livro dos Espíritos* e no *Livro dos Médiuns*.

Temos a firme vontade de nos mantermos na via dos verdadeiros espíritas, e dizer-vos que a caridade é o objetivo principal de nossas reuniões.

A fim de que fiqueis bem convencido da sinceridade de nossos sentimentos, tende a bondade de consultar o presidente espiritual de vossa sociedade. Por mais frágeis que até aqui tenham sido os nossos esforços, eles têm sido sinceros, e sob esse ponto de vista, temos a convicção que para ele não mais somos estranhos.

Em anexo temos a honra de vos remeter uma das comunicações obtidas em nosso círculo, através de um médium falante, a fim de que possais julgar nossas tendências... etc.

OBSERVAÇÃO: Com efeito, esta carta foi acompanhada por uma comunicação muito extensa, que testemunha o bom caminho em que se encontra essa sociedade.

No mesmo sentido recebemos outra carta da parte da Sociedade Espírita de Marselha.

Marselha, 21 de março de 1864.

Senhor Presidente, temos a felicidade de vos anunciar a formação de nossa nova sociedade, que toma o título de *Sociedade Marselhesa dos Estudos Espíritas*, cuja autorização acaba de ser concedida pelo Senhor Senador encarregado da administração do departamento das Bouches-du-Rhône.

Ajudados por vossos bons conselhos, caro mestre, faremos todos os esforços para marchar nas pegadas de nossos irmãos de Paris, cujo regulamento adotamos para a ordem de nossas sessões. Colocando-nos sob o patrocínio da Sociedade de Paris, como ela inscreveremos em nossa bandeira: *Fora da caridade não há salvação*.

O Sr. Dr. C..., nosso presidente, também terá a honra de vos escrever logo depois da inauguração.

No interesse da causa, senhor, nós vos rogamos a fineza de dar à nossa sociedade a publicidade que julgardes útil, a fim de aliar os adeptos sinceros.

Recebei, etc.

Já dissemos que entre as sociedades espíritas que tanto se formam na França quanto no estrangeiro, em sua maioria declaram colocar-se sob o patrocínio da Sociedade de Paris. Todas as cartas que nos são dirigidas a propósito são concebidas no mesmo espírito que as publicadas acima. Essas adesões, comunicadas espontaneamente, testemunham os princípios que prevalecem entre os espíritas, e a Sociedade de Paris não pode deixar de sensibilizar-se com estes sinais de simpatia, que provam a séria intenção de marchar sob a mesma bandeira. Isto não quer dizer que outras, que não fizeram essa declaração oficial, sigam outra orientação, longe disto. A correspondência que mantêm conosco é uma garantia suficiente de seus sentimentos e da boa direção de seus estudos. Um grandíssimo número de reuniões, aliás, não tem o caráter de sociedades propriamente ditas, e em grande parte não passam de simples grupos. Fora das sociedades e dos grupos regulares, as reuniões de família, onde só se recebem pessoas íntimas, são inumeráveis e se multiplicam diariamente, sobretudo nas classes altas.

INSTRUÇÕES DOS ESPÍRITOS

PROGRESSÃO DO GLOBO TERRESTRE

DITADO ESPONTÂNEO
PARTE DAS INSTRUÇÕES SOBRE A TEORIA DOS FLUIDOS

(PARIS, 11 DE NOVEMBRO DE 1863 – MÉDIUM: SRTA. A.C.)

A progressão de todas as coisas conduz necessariamente à *transubstanciação*, e a mediunidade espiritual é uma das forças da Natureza que lá fará chegar mais rapidamente o nosso planeta, porque ele deve, como todos os mundos, sofrer a lei da transformação e do progresso.

Não só seu *pessoal humano*, mas todas as suas produções minerais, vegetais e animais, seus gases e seus fluidos imponderáveis, também devem aperfeiçoar-se e se transformar em substâncias mais depuradas. A Ciência, que já trabalhou essa questão tão interessante da formação deste mundo, reconheceu que ele não foi criado por uma palavra, como diz a Gênese, numa sublime alegoria, mas que ela sofreu, numa longa série de séculos, transformações que produziram camadas minerais de diversas naturezas. Seguindo a gradação dessas camadas, vê-se aparecerem sucessivamente e se multiplicarem as produções vegetais; mais tarde encontram-se traços dos animais, o que indica que somente nessa época os corpos organizados tinham encontrado a possibilidade de ali viver.

Estudando a progressão dos seres animados, como se fez com os minerais e os vegetais, reconhece-se que esses seres, a princípio mariscos, elevaram-se gradualmente na escala animal e que sua progressão acompanhou a das produções e da depuração do solo.

Nota-se, ao mesmo tempo, o desaparecimento de certas espécies, desde que as condições físicas necessárias a sua vida não mais existem. Foi assim que, por exemplo, os grandes sáurios, monstros anfíbios, e os mamíferos gigantes, dos quais hoje só se encontram fósseis, desapareceram completamente da Terra com as condições de existência que as inundações haviam criado para eles.

Sendo os dilúvios um dos meios de transformação da Terra, eles foram quase gerais, isto é, durante certo período eles revolveram o globo e assim determinaram produções vegetais e fluidos atmosféricos diferentes.

Assim como todos os seres orgânicos, o homem apareceu na Terra quando aí pôde encontrar as condições necessárias a sua existência.

Aí a *criação natural* cessa, tão somente pelas forças da Natureza. Aí começa o papel do Espírito encarnado no homem para o trabalho, porque ele deve concorrer para a obra comum. Trabalhando para si próprio, ele deve trabalhar para a melhora geral. Assim, vemo-lo, desde as primeiras raças, cultivar a terra e fazê-la produzir para suas necessidades corporais, determinando, desse modo, transformações em seu solo, em seus produtos, em seus gases e em seus fluidos.

Quanto mais se povoa a Terra, tanto mais os homens a trabalham, a cultivam, a saneiam, e tanto mais abundantes e variados são seus produtos.

A depuração de seus fluidos pouco a pouco leva ao desaparecimento das espécies vegetais e animais venenosas e nocivas ao homem, pois não podem subsistir num ar muito depurado e muito sutil para sua organização, e que não mais lhes fornece os elementos necessários a sua manutenção.

O estado sanitário do globo melhorou sensivelmente, desde sua origem, mas como ainda deixa muito a desejar, é o indício de que melhorará ainda mais, pelo trabalho e pela indústria do homem. Não é sem desígnio que ele é levado a estabelecer-se nas regiões mais ingratas e insalubres. Ele já tornou habitáveis regiões infestadas por animais imundos e miasmas deletérios. Pouco a pouco, as transformações a que ele submete o solo conduzirão à depuração completa.

Pelo trabalho, o homem aprende a conhecer e dirigir as forças da Natureza. Pode-se acompanhar na História o fio das descobertas e das conquistas do espírito humano, bem como a aplicação que delas fez para suas necessidades e sua satisfação.

Mas, seguindo essa fieira, deve-se notar, também, que o homem se desbastou, se desmaterializou, e se quisermos fazer um paralelo entre o homem de hoje e os primeiros habitantes do globo, constataremos o progresso já realizado; veremos que quanto mais o homem progride, mais é excitado a progredir, e que a progressão está na razão do progresso realizado. Hoje o progresso marcha a grande velocidade e forçosamente arrasta os retardatários.

Acabamos de falar do progresso *físico, material, inteligente*. Mas, vejamos o progresso moral e a influência que ele deve ter sobre o primeiro.

O progresso moral despertou ao mesmo tempo que o desenvolvimento material, mas foi mais lento, porque achando-se o homem em meio a uma criação exclusivamente material, tinha necessidade e aspirações em harmonia com o que o cercava. Avançando, sentiu o *espiritual* desenvolver-se e crescer em si, e, ajudado pelas influências celestes, começou a compreender a necessidade da direção inteligente do Espírito sobre a matéria. O progresso moral continuou seu desenvolvimento e, em diferentes épocas, Espíritos adiantados vieram guiar a Humanidade e dar um maior impulso a sua marcha ascensional. Tais são Moisés, os profetas, Confúcio, os sábios da Antiguidade e o Cristo, o maior de todos, posto que o mais humilde na Terra.

O Cristo deu ao homem uma ideia maior de seu próprio valor, de sua independência e de sua personalidade espiritual. Seus sucessores, entretanto, muito inferiores a ele, não compreenderam a ideia grandiosa que brilha em todos os seus ensinamentos. Eles materializaram o que era espiritual, daí a espécie de *status quo moral*, no qual parou a Humanidade.

O progresso científico e intelectual continua sua marcha, mas o progresso moral arrasta-se lentamente. Não é certo que, se desde o Cristo todos os que professaram sua doutrina a tivessem praticado, os homens teriam evitado muitos males e hoje estariam moralmente mais adiantados?

O Espiritismo vem acelerar o progresso, desvendando à Humanidade o seu destino, e já vemos sua força pelo número de adeptos e pela facilidade com que é compreendido. Ele vai conduzir a uma *transformação moral ativa* e, pela multiplicidade das comunicações mediúnicas, o coração e o Espírito de todos os encarnados serão trabalhados pelos Espíritos amigos e instrutores. Dessa instrução vai surgir um novo impulso científico, porque novas vias vão ser abertas à Ciência, que orientará suas pesquisas para as novas forças da Natureza que se revelam. As faculdades humanas que já se desenvolvem, desenvolver-se-ão ainda mais pelo trabalho mediúnico.

Inicialmente acolhido pelas almas ternas e inconsoláveis pela perda de parentes e amigos, o Espiritismo foi em seguida acolhido pelos infelizes deste mundo, cujo número é grande, e que foram encorajados e sustentados em suas provações por sua doutrina ao mesmo tempo tão suave e tão confortadora. Assim, ele propagou-se rapidamente, e muitos incrédulos *admirados*, que a princípio o estudaram como curiosos, se *convenceram* quando, por si mesmos, encontraram esperanças e consolações.

Hoje os sábios começam a abalar-se, e alguns deles, que o estudam seriamente e o admitem como *força natural* até agora desconhecida, a ele aplicando sua inteligência e seus conhecimentos já adquiridos, farão a Humanidade dar um imenso passo científico.

Mas os Espíritos não se limitam à instrução científica. Seu dever é duplo, e eles devem, sobretudo, cultivar vossa moral. Ao lado dos estudos da Ciência, eles vos farão, e já fazem desde agora, trabalhar vosso próprio *eu*. Os encarnados inteligentes e desejosos de progredir compreenderão que sua desmaterialização é a melhor condição para o estudo progressivo, e que sua felicidade presente e futura a isso está ligada.

OBSERVAÇÃO: É assim que o mundo, depois de haver atingido um certo grau de elevação no progresso intelectual, vai entrar no período do progresso moral, cuja rota lhe é aberta pelo Espiritismo. Esse progresso realizar-se-á pela força das coisas e conduzirá naturalmente à transformação da Humanidade, pelo alargamento do círculo das ideias no sentido espiritual, e pela prática inteligente e raciocinada das leis morais ensinadas pelo Cristo. A rapidez com que as ideias espíritas se propagam no próprio meio do materialismo que domina nossa época, é o indício certo de uma pronta mudança na ordem das coisas. Basta para isto a extinção de uma geração, pois a que se ergue já se anuncia sob auspícios muito diversos.

A IMPRENSA

(COMUNICAÇÃO ESPONTÂNEA)
(SOCIEDADE DE PARIS, 19 DE FEVEREIRO DE 1864 – MÉDIUM: SR. LEYMARIE)

No século quinze é que foi inventada a imprensa. Como tantos outros inventos conhecidos e desconhecidos, foi-lhe preciso tomar a taça e beber o fel. Não venho a vós, espíritas, vos contar meus dissabores ou sofrimentos, porque naqueles tempos de ignorância e de tristeza em que os vossos pais tinham no peito o pesadelo chamado feudalidade e uma teocracia cega e ciosa de seu poder, *todo homem de progresso tinha a cabeça demais*. Quero apenas dizer-vos algumas palavras sobre a minha invenção, sobre seus resultados e a sua afinidade espiritual convosco, com os elementos que fazem a vossa força expansiva.

A revolução mãe, aquela que trazia no flanco o modo de expressão da Humanidade, o pensamento humano despojando-se do passado, de sua pele simbólica, é a invenção da imprensa. Sob essa forma, o pensamento mistura-se no ar, espiritualiza-se, será indestrutível. Senhora dos séculos futuros, ela alça seu voo inteligente para ligar todos os pontos do espaço e, a partir desse dia, domina a velha maneira de falar.

Para os povos primitivos, eram necessários monumentos representando um povo, montanhas de pedra dizendo aos que sabem ver: Eis a minha religião, minha lei, minhas esperanças, minha poesia.

Com efeito, a imprensa substitui o hieróglifo. Sua linguagem a todos é accessível, sua atração é leve. É que um livro apenas pede um pouco de papel e de tinta e algumas mãos, enquanto uma catedral exige várias vidas de um povo e toneladas de ouro.

Permiti, aqui, uma digressão. O alfabeto dos primeiros povos foi composto de lascas de rocha que o ferro não havia tocado. As pedras erguidas pelos celtas também se encontram na Sibéria e na América. Eram as confusas lembranças humanas, escritas em monumentos duráveis. O galgal hebreu, os *crombels*, os dolmens, os túmulos, mais tarde exprimiram palavras.

Depois vieram a tradição e o símbolo. Não mais bastando esses primeiros monumentos, criaram o edifício, e a arquitetura tornou-se monstruosa; fixou-se como um gigante, repetindo às gerações novas os símbolos do passado. Tais foram os pagodes, as pirâmides, o templo de Salomão.

Era o edifício que encerrava o Verbo, essa ideia mãe das nações. Sua forma e sua situação representavam todo um pensamento, e é por isso que todos os símbolos têm suas grandes e magníficas páginas de pedra.

A maçonaria é a ideia escrita, inteligente, pertencente a esses homens que se tornaram unidos por um símbolo, tomando Iram por patrono e constituindo essa franco-maçonaria tão conspurcada que levou em si o germe da liberdade. Ela soube semear seus monumentos e os símbolos do passado no mundo inteiro, substituindo a teocracia das primeiras civilizações pela democracia, essa lei da liberdade.

Depois dos monumentos teocráticos da Índia e do Egito, vêm suas irmãs, as arquiteturas grega e romana, depois o estilo românico, tão sombrio, representando o absoluto, a unidade, o sacerdote. As cruzadas nos trazem a ogiva, e o senhor quer partilhar, esperando o povo que saberá tomar o seu lugar. O feudalismo vê nascer a comuna e a face da Europa muda, porque a ogiva destrona o românico; o pedreiro torna-se artista e poetiza a matéria: dá-lhe o privilégio da liberdade na arquitetura, porque então o pensamento só tinha esse modo de expressão. Quantas sedições escritas na fachada dos monumentos! E é por isto que os poetas, os pensadores, os deserdados, tudo quanto era inteligente cobriu a Europa de catedrais!

Como vedes, até o pobre Guttemberg, a arquitetura é a escrita universal. Por sua vez, a imprensa derruba o gótico; a teocracia é o horror do progresso, a conservação mumificada dos tipos primitivos; a ogiva é a transição da noite para o crepúsculo, em que cada um pode ler a pedra facilmente e compreender, mas a imprensa é o pleno dia, derrubando o manuscrito, pedindo mais espaço, que daí em diante nada poderia restringir.

Como o Sol, a imprensa fecundará o mundo com seus raios benéficos. A arquitetura não representará mais a Sociedade, porque será clássica e renascentista, e esse mundo de artistas, divorciando-se do passado, abre grandes brechas nas teogonias humanas para seguir a via traçada por Deus; cansa-se de ser simples artífice dos monumentos da Renascença, para se fazer estatuário, pintor, músico. A força da harmonia se gasta em livros, e já no século dezesseis é tão robusta, tão forte essa imprensa de Nuremberg, que é o advento de um século literário. Ela é, ao mesmo tempo, Lutero, Jean Goujon, Rousseau, Voltaire. À velha Europa, ela dá esse combate lento, mas seguro, que sabe reconstruir depois de haver destruído.

E agora que o pensamento está emancipado, qual o poder que poderia escrever o livro arquitetural de nossa época? Todos os milhões de nosso planeta não bastariam e ninguém poderá reerguer o que está no passado e lhe pertence exclusivamente.

Sem desdenhar o grande livro da arquitetura que é o passado e o seu ensino, agradeçamos a Deus, que sabe, nas épocas adequadas, pôr em nosso poder uma arma tão forte que se torna o pão do Espírito, a emancipação do corpo, o livre-arbítrio do homem, a ideia comum a todos, a Ciência, um á-bê-cê que fecunda a Terra, tornando-nos melhores. Mas se a imprensa vos emancipou, a eletricidade vos fará verdadeiramente livres e destronará a imprensa de Guttemberg para pôr em vossas mãos um poder muito mais temível, e isto em breve.

A ciência espírita, essa salvaguarda da Humanidade, vos ajudará a compreender a nova força de que vos falo. Guttemberg, a quem Deus deu missão providencial, sem dúvida fará parte da segunda, isto é, da que vos guiará no estudo dos fluidos.

Em breve estareis prontos, caros amigos. Mas também não se trata somente de ser Espíritos fervorosos. Também é preciso estudar, para que tudo o que foi ensinado sobre a eletricidade e todos os fluidos em geral seja para vós uma gramática sabida de cor. Nada é estranho à ciência dos Espíritos. Quanto mais sólida for a vossa bagagem intelectual, menos vos admirareis com as novas descobertas. Devendo ser os iniciadores de novas formas de pensamento, deveis ser fortes e seguros de vossas faculdades espirituais.

Portanto, eu tinha razão de vos falar da minha missão, irmã da vossa. Sois os eleitos entre os homens. Os bons Espíritos vos dão um livro que dá a volta à Terra, mas sem a imprensa nada seríeis. Para vós, a obsessão que vela a verdade aos homens desaparecerá. Mas, repito, preparai-vos e estudai para não serdes indignos do novo benefício, e para, ao contrário, saberdes mais inteligentemente que os outros a espalhá-lo e torná-lo aceito.

GUTTEMBERG

OBSERVAÇÃO: Pela difusão das ideias que ela tornou imperecíveis e que espalha aos quatro cantos do mundo, a imprensa produziu uma revelação intelectual que ninguém pode ignorar. Porque tal resultado era entrevisto, ela foi inicialmente qualificada por alguns de invenção diabólica. É uma afinidade a mais que ela tem com o Espiritismo, e da qual Guttemberg deixou de falar.

Se se desse ouvidos a certas pessoas, na verdade pareceria que o diabo tem o monopólio de todas as grandes ideias, porquanto todas as que fazem a Humanidade dar um passo lhe são atribuídas.

Sabe-se que o próprio Jesus foi acusado de agir por intermédio do demônio que, na verdade, deve orgulhar-se de todas as boas e belas coisas que retiram de Deus para lhe atribuir. Não foi ele que inspirou Galileu e todas as descobertas científicas que fizeram a Humanidade progredir? Conforme isto, seria preciso que ele fosse muito modesto para não se julgar dono do Universo. No entanto, o que pode parecer estranho é a sua inabilidade, pois não há um só progresso da Ciência que não tenha por efeito a ruína do seu império. Este é um detalhe sobre o qual não pensaram o bastante.

Se tal foi o poder desse meio de propagação absolutamente material, quão maior não será o do ensino dos Espíritos que se comunicam em toda parte, penetrando onde é defeso o acesso dos livros, fazendo-se ouvir até pelos que não querem escutar! Que poder humano poderia resistir a tal força?

Esta notável dissertação provocou no seio da Sociedade as reflexões seguintes, por parte outro Espírito.

SOBRE A ARQUITETURA E A IMPRENSA, A PROPÓSITO DA COMUNICAÇÃO DE GUTTEMBERG

(SOCIEDADE ESPÍRITA DE PARIS – MÉDIUM: SR. A. DIDIER)

O Espírito de Guttemberg definiu muito poeticamente os efeitos positivos e tão universalmente progressivos da imprensa e do futuro da eletricidade. Nada obstante, permito-me, como antigo construtor de castelos, torreões, terraços e catedrais, expor certas teorias sobre o caráter e o objetivo da arquitetura da Idade Média.

Todos sabem, e em nossos dias ilustres arqueólogos ensinaram que a religião, a fé ingênua, ergueu com o gênio do homem esses soberbos monumentos góticos espalhados por toda a superfície da Europa, e aqui, mais do que nunca, a ideia expressa por Guttemberg é cheia de elevação.

Contudo, sentimo-nos na obrigação de emitir a nossa opinião, não contra, mas a favor.

A ideia, essa luz da alma, centelha real que infunde a vontade e o movimento ao organismo humano, manifesta-se de diversas maneiras, quer pela arte, quer pela filosofia etc. A arquitetura, essa arte elevada que talvez melhor exprima a índole e o gênio de um povo, nas nações impressionáveis e crentes foi consagrada ao culto de Deus e às cerimônias religiosas.

A Idade Média, sustentáculo do feudalismo e da crença, teve a glória de fundar duas artes essencialmente diferentes em seu objetivo e sua consagração, mas que exprimem perfeitamente o estado de sua civilização: o castelo fortificado, habitado pelo senhor ou pelo rei; a abadia, o mosteiro e a igreja; numa palavra, a arte arquitetônica militar e a religiosa.

Os romanos, essencialmente administradores, guerreiros, civilizadores e colonizadores universais, forçados que eram pela extensão de suas conquistas, jamais tiveram uma arquitetura inspirada por sua fé religiosa. Só a avidez, o amor ao ganho e ao poder executivo lhes fizeram construir esses formidáveis montes de pedras, símbolo de sua audácia e de sua capacidade intelectual.

A poesia do Norte, contemplativa e nebulosa, unida à suntuosidade da arte oriental, criou o gênero gótico, a princípio austero e discretamente florido. Com efeito, vemos na arquitetura a realização das tendências religiosas e do despotismo feudal.

Essas ruínas famosas de muitas das revoluções humanas, mais do que o tempo, ainda se impõem por seu aspecto grandioso e formidável. Parece que o século que as viu erguer-se era duro, sombrio e inexorável como elas. Mas daí não se deve concluir que a descoberta da imprensa, por mais que distenda o pensamento, tenha simplificado a arte da arquitetura.

Não, a Arte, que é uma parte da ideia, será sempre uma manifestação religiosa ou política, ou militar, ou democrática, ou principesca.

A Arte tem o seu papel, a imprensa tem o dela. Sem ser exclusivamente especialista, não se deve confundir o objetivo de cada coisa. É preciso dizer apenas que não se deve misturar as diferentes faculdades e as diversas manifestações da ideia humana.

ROBERT DE LUZARCHES

O ESPIRITISMO E A FRANCO-MAÇONARIA

(SOCIEDADE ESPÍRITA DE PARIS,
25 DE FEVEREIRO DE 1864)

NOTA: Nesta sessão foram dirigidos agradecimentos ao Espírito de Guttemberg, com o pedido de participar de nossas conversas, quando julgasse oportuno.

Na mesma sessão, a presença de vários dignitários estrangeiros da Ordem Maçônica motivou esta pergunta: *Que concurso pode o Espiritismo encontrar na Franco-Maçonaria?*

Várias dissertações foram obtidas sobre o assunto.

I

Senhor Presidente, agradeço o vosso amável convite. É a primeira vez que uma de minhas comunicações é lida na Sociedade Espírita de Paris, e espero que não seja a última.

Talvez tenhais achado as minhas reflexões um pouco longas sobre a imprensa, alguns pensamentos que não aprovais completamente, mas, refletindo sobre a dificuldade que experimentamos ao nos pormos em relação com os médiuns e utilizar as suas faculdades, tereis a bondade de relevar certas expressões ou certas formas de linguagem que nem sempre dominamos. Mais tarde a eletricidade fará a sua revolução mediúnica, e como tudo será mudado na maneira de reproduzir o pensamento do Espírito, não mais encontrareis essas lacunas por vezes lamentáveis, sobretudo quando as comunicações são lidas diante de estranhos.

Falastes da franco-maçonaria, e tendes razão de esperar nela encontrar bons elementos. O que é que se pede a todo maçom iniciado? Que ele creia na imortalidade da alma e no Divino Arquiteto; que ele seja benevolente, devotado, sociável, digno e humilde. Ali se pratica a igualdade na mais larga escala. Há, pois, nessas sociedades, uma afinidade com o Espiritismo de tal modo evidente que salta aos olhos.

A questão do Espiritismo foi posta na ordem do dia em várias lojas, e eis o resultado: Leram volumosos relatórios muito confusos a esse respeito, mas não o estudaram a fundo, o que fez que ali, como em muitos outros lugares, discutissem matéria que não conheciam, julgando por ouvir dizer, mais do que pela realidade. Contudo, muitos maçons são espíritas e trabalham muito na propagação desta crença. Todos escutam, e se o hábito diz *não*, a razão diz *sim*.

Esperai, então, porque o tempo é um recrutador sem igual. Por ele as impressões se modificam e, necessariamente, no vasto campo dos estudos abertos nas lojas, o estudo espírita entrará como complemento, porque isto já está no ar. Riram e falaram, mas não riem mais. Agora meditam.

Assim, então, tereis uma seara espírita nessas sociedades essencialmente liberais. Por elas entrareis plenamente neste segundo período, que deve preparar as vias prometidas. Os homens inteligentes da maçonaria vos bendirão, por sua vez, pois a moral dos Espíritos dará um corpo a essa seita tão comprometida, tão temida, mas que fez mais bem do que se pensa.

Tudo tem um parto laborioso, uma afinidade misteriosa, e se isto existe para o que perturba as camadas sociais, é muito mais verdadeiro para o que conduz ao progresso moral dos povos.

GUTTEMBERG
(Médium, SR. LEYMARIE)

II

Meu caro irmão em doutrina (o Espírito se dirige a um dos franco-maçons espíritas presentes), venho com felicidade responder ao benévolo apelo que fazes aos Espíritos que amaram e fundaram as instituições franco-maçônicas.

Para cimentar essa instituição generosa, duas vezes derramei o meu sangue; duas vezes as praças públicas desta cidade ficaram tintas de sangue do pobre Jacques Molé. Caros irmãos, seria preciso dá-lo uma terceira vez? Direi, feliz: não. Já vos foi dito: Quanto mais sangue, mais despotismo e mais carrascos! Uma sociedade de irmãos, de amigos, de homens cheios de boa vontade que só desejam conhecer a verdade para fazer o bem!

Eu não me havia ainda comunicado nesta assembleia. Enquanto falastes de ciência espírita, de filosofia espírita, cedi o lugar aos Espíritos que são mais aptos a vos dar conselhos sobre esses vários pontos e esperava pacientemente, sabendo que chegaria a minha vez. Há tempo para tudo, como há um momento para cada um. Assim, creio que soou a hora e é o momento oportuno. Posso, portanto, dar-vos a minha opinião acerca do Espiritismo e da franco-maçonaria.

As instituições maçônicas foram para a Sociedade um encaminhamento à felicidade. Numa época em que toda ideia liberal era considerada um crime, os homens necessitavam de uma força que, inteiramente submissa às leis, não fosse menos emancipada por suas crenças, por suas instituições e pela unidade de seu ensino.

Nessa época, a religião ainda era, não mãe consoladora, mas força despótica que pela voz de seus ministros ordenava, feria, fazia tudo curvar-se à sua vontade. Ela era motivo de pavor para quem quisesse, como livre pensador, agir e dar aos homens sofredores alguma coragem e ao infeliz, algum consolo moral.

Unidos pelo coração, pela fortuna e pela caridade, nossos templos foram os únicos altares onde não se havia ignorado o verdadeiro Deus; onde o homem ainda podia dizer-se homem; onde a criança podia esperar encontrar, mais tarde, um protetor, e o abandonado, amigos.

Vários séculos se passaram e todos acrescentaram algumas flores à coroa maçônica. Foram mártires, homens letrados, legisladores que aumentaram a sua glória, tornando-se seus defensores e conservadores.

No século dezenove o Espiritismo vem, com seu facho luminoso, dar a mão aos comendadores, aos rosa-cruzes, e com voz trovejante lhes diz: Vamos, meus irmãos! Eu sou verdadeiramente a voz que se faz ouvir no Oriente e à qual o Ocidente responde: Glória, honra, vitória aos filhos dos homens! Ainda alguns dias, e o Espiritismo terá transposto o muro que separa a maioria do recinto do templo dos segredos, e nesse dia a Sociedade verá florescer em seu seio a mais bela flor espírita que, deixando suas pétalas caírem, dará uma semente regeneradora da verdadeira liberdade.

O Espiritismo fez progressos, mas no dia em que tiver dado a mão à franco-maçonaria, todas as dificuldades serão vencidas; todo obstáculo será retirado; a verdade brilhará e o maior progresso moral será realizado. Ele terá transposto os primeiros degraus do trono, onde em breve deverá reinar.

A vós, saudação fraterna e amizade.

JACQUES DE MOLÉ
(Médium: SRTA. BÉGUET)

III

Foi com grande encanto que participei das discussões deste centro tão profundamente espiritualista, e retorno atraído por Guttemberg, como o fora outro dia por Jacquard.

A maior parte da dissertação do grande tipógrafo tratou da questão de um ponto de vista do ofício, e singularmente ele não viu nessa bela invenção senão o lado prático, material, utilitário. Alarguemos o debate e examinemos a questão de mais alto.

Seria um erro crer que a imprensa veio substituir a arquitetura, pois esta permanecerá para continuar seu papel de historiógrafo, por meio de monumentos característicos marcados pelo espírito de cada século, de cada geração, de cada revolução humanitária. Dizemos bem alto que não, a imprensa nada veio derrubar. Ela veio para completar, por sua obra especial, grande e emancipadora. Ela chegou à sua hora, como todas as descobertas que nascem providencialmente aqui na Terra. Contemporâneo do monge que inventou a pólvora, e que com isso transformou a velha arte das batalhas, Guttemberg trouxe uma nova alavanca à expressão das ideias. Não o esqueçamos: A imprensa não podia ter sua legítima razão de ser senão pela emancipação das massas e pelo desenvolvimento intelectual dos indivíduos. Sem essa necessidade a satisfazer, sem esse alimento, esse maná espiritual a distribuir, longamente a imprensa ainda se teria debatido no vazio e não teria sido considerada senão um sonho de louco ou uma utopia sem importância. Não é assim que foram tratados os primeiros inventores, ou melhor, os primeiros que descobriram e constataram as propriedades do vapor? Fazei Guttemberg nascer nas ilhas de Andamã e a imprensa fatalmente aborta.

A ideia, portanto, eis a alavanca primordial a considerar. Sem a ideia, sem o trabalho fecundo dos pensadores, dos filósofos, dos ideólogos, e até mesmo dos monges sonhadores da Idade Média, a imprensa teria ficado letra morta. Guttemberg pode, pois, acender mais de uma vela em honra aos dialéticos da escola que fizeram germinar a ideia e desbastar as inteligências.

A ideia febril, que reveste uma forma plástica no cérebro humano, é e sempre continuará sendo o maior motor das descobertas e das invenções. Criar uma necessidade nova no meio das sociedades modernas é abrir um novo caminho à ideia perpetuamente inovadora; é impelir o homem inteligente à busca do que satisfaça essa nova necessidade da Humanidade. Eis por que, por toda parte onde a ideia for soberana, onde for acolhida com respeito, enfim, onde os pensadores forem honrados, têm-se certeza de progredir para Deus.

A franco-maçonaria, contra a qual tanto gritaram, contra a qual a Igreja romana não teve bastante anátemas, e que nem por isto deixou de sobreviver, a franco-maçonaria abriu de par em par as portas de seus templos ao culto emancipador da ideia. Em seu seio, todas as questões mais sérias foram levantadas, e antes que o Espiritismo tivesse aparecido, os veneráveis e os grão-mestres sabiam e professavam que a alma é imortal e que os mundos visível e invisível se intercomunicam. Foi ali, nos santuários onde os profanos não são admitidos, que os Swedenborg, os Pasqualis, os Saint-Martin obtiveram resultados fulminantes. Foi ali que a grande *Sofia*, essa etérea inspiradora, veio ensinar aos primogênitos da Humanidade os dogmas emancipadores onde o ano de 1789 bebeu seus princípios fecundos e generosos. Foi ali, muito antes dos vossos médiuns contemporâneos, que precursores da vossa mediunidade, grandes desconhecidos, tinham evocado e feito aparecerem os sábios da Antiguidade e dos primeiros séculos desta era. Foi ali... Mas eu me detenho. O quadro restrito de vossas sessões, o tempo que se escoa, não me permitem alongar-me, como desejava, sobre esse assunto interessante. A ele voltaremos mais tarde.

Tudo o que direi é que o Espiritismo encontrará no seio das lojas maçônicas numerosa falange compacta de crentes, não de crentes efêmeros, mas sérios, resolutos e inabaláveis em sua fé.

O Espiritismo realiza todas as aspirações generosas e caridosas da franco-maçonaria; sanciona as crenças que esta professa, dando provas irrecusáveis da imortalidade da alma; conduz a Humanidade ao objetivo que ela se propõe: a união, a paz, a fraternidade universal, pela fé em Deus e no futuro.

Será que os espíritas sinceros de todas as nações, cultos e classes não se olham como irmãos? Não há entre eles uma verdadeira franco-maçonaria, com a diferença que, em vez de secreta, é praticada abertamente? Homens esclarecidos, como os que ela congrega, que põem suas luzes acima dos preconceitos de camarilhas e de castas, não podem ver com indiferença o movimento que essa nova doutrina, essencialmente emancipadora, produz no mundo. Repelir um elemento tão poderoso de progresso moral seria abjurar os seus princípios e pôr-se ao nível dos retrógrados. Não, eu tenho certeza, eles não se deixarão desviar, pois vejo que, sob a nossa influência, vão encarregar-se desse grave problema.

O Espiritismo é uma irresistível corrente de ideias, que deve ganhar todo o mundo. É uma questão de tempo. Ora, seria desconhecer o caráter da instituição maçônica, crer que esta concorde em se anular e representar um papel negativo em meio ao movimento que impele a Humanidade para a frente; crer que ela apague o facho, como se temesse a luz. É bem entendido que aqui falo da alta franco-maçonaria, e não dessas lojas feitas para a ilusão, onde se reúnem mais para comer e beber ou para rir da perplexidade que inocentes provas causam aos neófitos do que para discutir questões morais e filosóficas.

Era mesmo necessário, para que a franco-maçonaria pudesse continuar sua ampla missão sem entraves, que houvesse, de espaço a espaço, de raio em raio, de meridiano em meridiano, templos fora do templo, lugares profanos fora dos lugares sagrados, falsos tabernáculos fora da arca. É nesses centros que os adeptos do Espiritismo têm tentado inutilmente se fazer entendidos.

Em resumo, a franco-maçonaria ensinou o dogma precursor do vosso, e professou em segredo o que proclamais bem alto.

Eu disse que voltarei a tratar destes problemas, se os altos Espíritos que presidem os vossos trabalhos o permitirem. Enquanto espero, eu vos afirmo que a Doutrina Espírita pode perfeitamente fundir-se à das grandes lojas do Oriente.

Agora, glória ao Grande Arquiteto.

Um antigo franco-maçon, VAUCANSON
(Médium: SR. D'AMBEL)

AOS OPERÁRIOS

(SOCIEDADE ESPÍRITA DE PARIS, 17 DE JANEIRO DE 1864)
(MÉDIUM: SRA. COSTEL)

Meus amigos, venho a vós, que sois os experimentados e os proletários do sofrimento. Venho saudar-vos, bravos e dignos operários, em nome da caridade e do amor.

Sois os bem-amados de Jesus, do qual fui amigo. Repousai na crença espírita, como repousei no seio do enviado divino. Operários, sois os eleitos na via dolorosa da provação, onde marchais de pés sangrentos e coração desencorajado. Esperai, irmãos! Todo sofrimento leva consigo o seu salário; toda jornada laboriosa tem sua noite de repouso. Crede no futuro, que será vossa recompensa, e não busqueis o esquecimento, que é ímpio. O esquecimento, meus amigos, é a embriaguez egoísta ou brutal; é a fome para vossos filhos e o choro para vossas esposas. O esquecimento é uma covardia.

Que pensaríeis de um operário que, sob pretexto de leve fadiga, deixasse a oficina e interrompesse covardemente a jornada iniciada? Meus amigos, a vida é a jornada da eternidade. Cumpri bravamente o seu labor; não sonheis com um repouso impossível; não adianteis o relógio do tempo; tudo vem na devida hora: a recompensa pela coragem e a bênção para o coração comovido que se confia à eterna justiça.

Sede espíritas e tornar-vos-eis fortes e pacientes, porque aprendereis que as provas são uma garantia de progresso, e que elas vos abrirão a entrada do repouso feliz, onde bendireis os sofrimentos que vos terão aberto o seu acesso.

A vós todos, operários e amigos, minhas bênçãos. Assisto às vossas reuniões, porque sois os bem-amados daquele que foi.

JOÃO, O EVANGELISTA

ALLAN KARDEC

REVISTA ESPÍRITA

JORNAL DE ESTUDOS PSICOLÓGICOS

ANO VII	MAIO DE 1864	VOL. 5

TEORIA DA PRESCIÊNCIA[1]

Como é possível o conhecimento do futuro? Compreende-se as previsões dos acontecimentos que são consequência do estado presente, mas não dos que nenhuma relação têm com eles, e, ainda menos, dos que são atribuídos ao acaso. Diz-se que as coisas futuras não existem, que ainda estão no nada, então, como saber se acontecerão? Contudo são muito numerosos os exemplos de predições realizadas, de onde concluir-se que aí se passa um fenômeno cuja chave não se tem, pois não há efeito sem causa. Essa causa, que tentaremos achar, ainda é o Espiritismo, ele próprio também chave de tantos mistérios, que no-la fornecerá e que, além disso, mostrar-nos-á que o próprio fato das predições não se afasta das leis naturais.

Como comparação, tomemos um exemplo nas coisas usuais, e que auxiliará a compreender o princípio que teremos de desenvolver.

Suponhamos um homem colocado no alto de uma montanha, considerando a vasta extensão da planície. Nessa situação, pouco será o espaço de uma légua, e facilmente poderá ele abarcar de um golpe de vista todos os acidentes do terreno, do começo ao fim da estrada. O viajante que por primeira vez percorre essa estrada sabe que caminhando chegará ao fim. Isto é simples previsão da consequência de sua marcha. Mas os acidentes do terreno, as subidas e descidas, os riachos a transpor, as matas a atravessar, os precipícios onde pode cair, os ladrões postados para o assalto, as hospedarias onde poderá descansar, tudo isto independe de sua pessoa. Para ele,

[1] Texto inserido no livro *A Gênese*, capítulo XVI. (Nota do revisor Boschiroli)

o futuro é desconhecido, porque sua vista não vai além do pequeno círculo que o envolve. Quanto à duração, mede-a pelo tempo consumido em percorrer o caminho. Tirai-lhe os pontos de referência e apaga-se a duração. Para o homem que está na montanha e que acompanha o viajante com o olhar, tudo isto é presente. Suponhamos que esse homem desça até o viajante e lhe diga: "Em tal momento encontrareis tal coisa; sereis atacado e socorrido." Ele predirá o futuro. Para o viajante, isto é o futuro. Para o homem da montanha é o presente.

Agora, se sairmos do círculo das coisas puramente materiais e, por pensamento, entrarmos no domínio da vida espiritual, veremos esse fenômeno reproduzir-se em escala muito maior. Os Espíritos desmaterializados são como o homem da montanha. O espaço e tempo não existem para eles. Entretanto, a extensão e a penetração de sua vista são proporcionais à sua depuração e à sua elevação na hierarquia espiritual. Em relação aos Espíritos inferiores, eles são como um homem munido de poderoso telescópio, ao lado de outros que observam a olho nu. Nestes últimos, a vista é circunscrita, não só porque dificilmente podem afastar-se do globo a que estão ligados, mas porque a grosseria de seu perispírito vela as coisas afastadas, como faz a névoa em relação aos olhos do corpo.

Compreende-se, pois, que conforme o grau de perfeição, um Espírito possa abarcar um período de alguns anos, de alguns séculos, e até de muitos milhares de anos, pois o que é um século em comparação com a eternidade? Diante dele os acontecimentos não se desenrolam sucessivamente, como os incidentes da estrada do viajante. Ele vê simultaneamente o começo e o fim do período. Todos os acontecimentos que nesse período são o futuro para o homem da Terra, para ele são o presente. Poderia ele, pois, vir dizer-nos com certeza: Tal coisa acontecerá em tal época, porque ele vê essa coisa, assim como o homem da montanha vê o que espera o viajor na estrada. Se ele não diz, é porque o conhecimento do futuro seria nocivo ao homem. Ele entravaria o seu livre-arbítrio; paralisá-lo-ia no trabalho que deve realizar para o seu progresso. O bem e o mal que o esperam lhe são desconhecidos a título de provação.

Se uma tal faculdade, mesmo restrita, pode estar nos atributos da criatura, a que grau de poder deve ela elevar-se no Criador, que abarca o infinito? Para ele o tempo não existe; o começo e o fim do mundo são o presente. Nesse imenso panorama, que é a duração da vida de um homem, de uma geração, de um povo?

Contudo, como o homem deve concorrer para o progresso geral, e certos acontecimentos devem resultar de sua cooperação, em certos casos pode ser útil que pressinta esses acontecimentos, a fim de lhes preparar o caminho e estar pronto para agir quando chegar o momento. Eis por que, às vezes, Deus permite seja levantada a ponta do véu, mas é sempre com um fim útil, e jamais para satisfazer uma vã curiosidade. Assim, essa missão pode ser dada, não a todos os Espíritos, pois alguns não conhecem o futuro melhor que os homens, mas a alguns Espíritos suficientemente adiantados para isto. Ora, convém ressaltar que essas espécies de revelações sempre são feitas espontaneamente, e jamais, ou pelo menos muito raramente, em resposta a uma pergunta direta.

Essa missão pode ser igualmente concedida a certos homens, e eis de que maneira.

Aquele a quem é confiado o trabalho de revelar uma coisa oculta pode recebê-la, malgrado seu, por inspiração dos Espíritos que a conhecem, e então a transmite maquinalmente, sem se dar conta. Além disto, sabe-se que, quer durante o sono, quer em vigília, quer no êxtase da dupla vista, a alma se desprende e possui, em grau mais ou menos grande, as faculdades do Espírito livre. Se ele for um Espírito adiantado, e principalmente se, como os profetas, tiver recebido a missão especial para esse efeito, ele goza, nesses momentos de emancipação da alma, da faculdade de abarcar, por si mesmo, um período mais ou menos extenso, e vê como presentes os acontecimentos desse período. Então pode revelá-los imediatamente, ou lhes conservar a memória ao despertar. Se esses acontecimentos devem ser mantidos em segredo, ele perderá a sua lembrança ou deles conservará apenas uma vaga intuição, suficiente para guiá-lo instintivamente. É assim que se vê essa faculdade desenvolver-se providencialmente em certas ocasiões, como nos perigos iminentes, nas grandes calamidades, nas revoluções, e que a maioria das seitas perseguidas tiveram numerosos *videntes*. É ainda assim que se veem grandes capitães marcharem resolutamente contra o inimigo, com a certeza da vitória, bem como homens de gênio, como Cristóvão Colombo, por exemplo, perseguirem um objetivo predizendo, por assim dizer, o momento de atingi-lo. É que eles viram esse objetivo, que não é desconhecido para o seu Espírito.

Todos os fenômenos cuja causa era desconhecida foram reputados maravilhosos. Uma vez conhecida a lei segundo a qual se realizam, eles entraram na ordem das coisas naturais. O dom da predição não é mais sobrenatural do que uma grande quantidade de outros fenômenos, porque ele repousa nas propriedades da alma e na lei das relações entre os mundos visível e invisível que o Espiritismo vem dar a conhecer. Mas como admitir a existência de um mundo invisível, se não se admite a alma, ou se não se admite sua individualidade após a morte? O incrédulo que nega a presciência é consequente consigo mesmo. Resta saber se ele é consequente consigo mesmo em relação à lei natural.

A teoria da presciência talvez não resolva de modo absoluto todos os casos que a previsão do futuro possa apresentar, mas não se pode deixar de admitir que ela estabelece o seu princípio fundamental. Se não se pode tudo explicar, é pela dificuldade, para o homem, de colocar-se nesse ponto de vista extraterreno. Por sua própria inferioridade, seu pensamento, incessantemente arrastado para a senda da vida material, muitas vezes é impotente para se destacar do solo. A esse respeito, certos homens são como as aves novas, cujas asas, demasiadamente fracas, não lhes permitem elevar-se no ar, ou como aqueles cuja vista é demasiado curta para ver ao longe, ou, enfim, como aqueles a quem falta um sentido para certas percepções. Entretanto, com alguns esforços e com o hábito da reflexão, lá se chega, e os espíritas chegam mais facilmente do que os outros, porque melhor do que os outros podem identificar-se com a vida espiritual, que eles compreendem.

Para compreender as coisas espirituais, isto é, para fazer delas uma ideia tão clara quanto a que fazemos de uma paisagem que está aos nossos olhos, falta-nos, realmente, um sentido, exatamente como a um cego falta o sentido necessário para compreender os efeitos da luz, das cores e da visão à distância. Assim, só por um esforço da imaginação é que o conseguimos, auxiliados por comparações tiradas das coisas familiares. Entretanto, as coisas materiais só nos podem dar ideias muito imperfeitas das coisas espirituais. É por isso que não se deveriam tomar essas comparações ao pé da letra e crer, por exemplo, no caso de que se trata, que a extensão das faculdades perceptivas dos Espíritos depende de sua elevação efetiva, e que eles necessitem estar no topo de uma montanha, ou acima das nuvens, para abarcar o tempo e o espaço. Essa faculdade é inerente ao estado de espiritualização, ou, se se quiser, de desmaterialização. Por outras palavras, a espiritualização produz um efeito que se pode comparar, embora muito imperfeitamente, ao da visão de conjunto do homem que está no alto da montanha. Esta comparação apenas objetivava mostrar que acontecimentos que estão no futuro para uns, estão no presente para outros e podem, assim, ser preditos, o que não implica que o efeito se produza da mesma maneira.

Para gozar dessa percepção, o Espírito não precisa, portanto, transportar-se para um ponto qualquer no espaço. Aquele que está na Terra, ao nosso lado, pode possuí-la em sua plenitude, da mesma forma que a possuiria se estivesse a milhares de léguas, ao passo que nós nada vemos fora do horizonte visual. Não se produzindo a visão, nos Espíritos, da mesma maneira nem com os mesmos elementos que no homem, seu horizonte visual é muito diferente. Ora, aí está precisamente o sentido que nos falta para concebê-lo. Ao lado do encarnado, o Espírito é como um vidente ao lado de um cego.

Além disso, é necessário levar em consideração que essa percepção não se limita à extensão, mas compreende a penetração em todas as coisas. É, repetimo-lo, uma faculdade inerente e proporcional ao estado de desmaterialização. Essa faculdade é *amortecida* pela encarnação, mas não é completamente anulada, porque a alma não está encerrada no corpo como numa caixa. O encarnado a possui na medida do adiantamento do Espírito, posto que sempre em menor grau do que quando inteiramente desprendido. É o que dá a certos homens um poder de penetração que a outros falta completamente, uma justeza maior no golpe de vista moral, uma compreensão mais fácil das coisas imateriais. O Espírito não só percebe, mas se recorda do que viu no estado de Espírito, e essa lembrança é como um quadro que fica gravado em sua mente. Na encarnação, ele vê, mas vagamente, como que através de um véu. No estado de liberdade ele vê e concebe claramente. O princípio da visão não está fora dele, mas nele. É por isso que não necessita de nossa luz exterior. Pelo desenvolvimento moral, o círculo das ideias e da concepção se alarga; pela desmaterialização gradual do perispírito, ele se purifica dos elementos grosseiros que alteravam a delicadeza das percepções, de onde é fácil compreender que a extensão de todas as faculdades decorre do progresso do Espírito.

É o grau da extensão das faculdades do Espírito que, na encarnação, o torna mais ou menos apto a conceber as coisas espirituais. Contudo, essa aptidão não é a consequência necessária do desenvolvimento intelectual, porque a Ciência vulgar não a dá. É por isso que se veem homens de grande inteligência e grande saber, tão cegos para as coisas espirituais quanto outros o são para as coisas materiais. Eles são a elas refratários porque não as compreendem. Isto se dá porque seu progresso *ainda* não se realizou nesse sentido, ao passo que se veem pessoas de inteligência e instrução vulgares apreendê-las com a maior facilidade, o que prova que tinham a sua intuição prévia.

A faculdade de mudar de ponto de vista e de olhar do alto não só dá a solução do problema da presciência; é, além disso, a chave da verdadeira fé, da fé sólida. É também o mais poderoso elemento de força e de resignação, porque, então, aparecendo a vida terrena como um ponto na imensidade, compreende-se o pouco valor das coisas que vistas debaixo parecem tão importantes. Os incidentes, as misérias, as vaidades da vida se apequenam à medida que se desenrola o imenso e esplêndido horizonte do futuro. Aquele que assim vê as coisas deste mundo, pouco ou nada é atingido pelas vicissitudes e, por isto mesmo, é tão feliz quanto pode ser aqui embaixo. É preciso, pois, lamentar os que concentram seus pensamentos na estreita esfera terrena, porque eles ressentem, em toda a sua força, o contragolpe de todas as tribulações que, como tantos aguilhões, os ferem incessantemente.

Quanto ao futuro do Espiritismo, como se sabe, os Espíritos são unânimes em afirmar o seu triunfo próximo, a despeito dos entraves que lhe opõem. Essa previsão lhes é fácil, primeiro porque sua propagação é obra pessoal deles, e eles sabem, consequentemente, o que devem fazer, e em segundo lugar, porque lhes basta abarcar um período de curta duração e porque, nesse período, veem em sua rota os poderosos auxiliares que Deus lhes suscita, e que não tardarão a manifestar-se. Sem serem Espíritos desencarnados, que os espíritas se transportem apenas trinta anos à frente, em meio à geração que surge; que daí considerem o que hoje se passa; que sigam a fieira, e verão consumir-se em vãos esforços os que se julgam chamados a destruí-lo. Eles os verão desaparecendo da cena pouco a pouco, ao lado da árvore que cresce e cujas raízes cada dia mais se estendem.

Completaremos este estudo pelas referências que existem entre a presciência e a fatalidade. Enquanto esperamos, remetemos o leitor ao que, sobre o último ponto, foi dito em o *Livro dos Espíritos*, nº 851 e seguintes.

A VIDA DE JESUS, DE RENAN

Esta obra é hoje muito conhecida para que haja necessidade de lhe fazer uma análise. Assim, limitar-nos-emos a examinar o ponto de vista em que se colocou o autor e daí deduzir algumas consequências.

A tocante dedicatória à alma de sua irmã é posta pelo Sr. Renan no topo do volume; posto que muito curta, é, em nossa opinião, um trecho capital, porque é toda uma profissão de fé. Citamo-la integralmente porque dá lugar a algumas observações importantes e de interesse geral.

À ALMA PURA DE MINHA IRMÃ HENRIETTE,
FALECIDA EM BIBLOS, A 24 DE SETEMBRO DE 1861

"Lembras-te, do seio de Deus onde repousas, daqueles longos dias de Ghazir, onde, só contigo, eu escrevia estas páginas inspiradas pelos lugares que acabáramos de percorrer? Silenciosa ao meu lado, relias cada página e a recopiavas assim que escrita, enquanto o mar, as aldeias, as ravinas, as montanhas se desenrolavam aos nossos pés. Quando a luz extenuante tinha tomado o lugar do inumerável exército de estrelas, tuas perguntas finas e delicadas, tuas dúvidas discretas me reconduziam ao objeto sublime de nossos pensamentos comuns. Um dia me dizias que amarias este livro, primeiro porque tinha sido feito contigo, e também porque te agradava. Se às vezes temias para ele as estreitas opiniões do homem frívolo, sempre estiveste persuadida de que as almas verdadeiramente religiosas acabariam gostando dele. Em meio a essas doces meditações, a morte nos feriu a ambos com sua asa. O sono da febre nos tomou à mesma hora. Despertei só!... Agora dormes na terra de Adonis, junto da santa Biblos e das águas sagradas onde as mulheres dos mistérios antigos vinham misturar suas lágrimas. Revela-me, ó bom gênio, a mim, que tu amavas, essas verdades que dominam a morte, impedem o medo e quase a fazem amar."

A menos que se suponha que o Sr. Renan tenha representado uma comédia indigna, é impossível que tais palavras brotem da pena de um homem que crê no nada. Certamente veem-se escritores de talento flexível jogarem com as ideias e com as crenças mais contraditórias a ponto de iludirem quanto aos seus próprios sentimentos. É que, como o autor, eles possuem a arte da imitação. Para eles, uma ideia não precisa ser artigo de fé. É um tema sobre o qual eles trabalham, por pouco que ele se preste à imaginação, e que eles arranjam, de uma ou de outra maneira, conforme o exijam as circunstâncias. Mas há assuntos nos quais o mais endurecido incrédulo não poderia tocar sem se sentir sacrílego. Tal é o da dedicatória do Sr. Renan. Em caso semelhante, um homem generoso se abstém em vez de falar contra a sua convicção. Estes não são daqueles assuntos que se escolhe para impressionar.

Tomando as formas dessa dedicação como expressão conscienciosa do pensamento do autor, aí se encontra mais que um vago pensamento espiritualista. Com efeito, não é a alma perdida nas profundezas do espaço, absorvida numa eterna e beata contemplação ou em dores infindas; também não é a alma do panteísta, aniquilando-se no oceano da inteligência universal. É o quadro da alma individual, com a lembrança de suas afeições e ocupações terrenas, voltando aos lugares que habitou, junto às pessoas amadas. O Sr. Renan não falaria assim a um mito, a um ser abismado no nada. Para ele, a alma de sua irmã está ao seu lado. Ela o vê, o inspira e se interessa por seus trabalhos. Há entre ela e ele uma troca de pensamentos, de comunicação espiritual. Sem disso se dar conta, ele faz, como tantos outros, uma verdadeira evocação. Que falta a essa crença para ser completamente espírita? A comunicação material. Por que, então, o Sr. Renan a arroja entre as crenças supersticiosas? Porque ele não admite nem o sobrenatural nem o maravilhoso. Mas, se ele reconhecesse o estado real da alma após a morte, bem como as propriedades de seu envoltório perispiritual, compreenderia que o fenômeno das manifestações espíritas não foge às leis naturais, e que para isto não é necessário recorrer ao maravilhoso; que se o fenômeno deve ter-se produzido em todos os tempos e em todos os povos, tem sido a fonte de uma porção de fatos seguramente qualificados por uns de sobrenaturais e por outros atribuídos à imaginação; que ninguém tem o poder de impedir tais manifestações e que, em certos casos, é possível provocá-las.

O que faz, então, o Espiritismo, senão nos revelar uma nova lei da Natureza? A respeito de uma certa ordem de fenômenos, ele faz o que para outros fez a descoberta das leis da eletricidade, da gravitação, da afinidade molecular etc. Então, teria a Ciência a pretensão de haver dito a última palavra da Natureza? Existe alguma coisa mais surpreendente, mais maravilhosa do que corresponder-se em minutos com uma pessoa que está a quinhentas léguas? Antes do conhecimento da lei da eletricidade, semelhante fato teria passado por magia, feitiçaria, diabrura ou milagre. Sem dúvida nenhuma, um sábio a quem o houvessem contado tê-lo-ia repelido, e não lhe faltariam excelentes razões para demonstrar que era materialmente impossível. Impossível, sem dúvida, segundo as leis então conhecidas, mas perfeitamente possível segundo uma lei que não era conhecida. Por que, então, seria mais fácil comunicar-se instantaneamente com um ser vivo, cujo corpo está a quinhentas léguas, do que com a alma desse mesmo ser que está ao nosso lado? Dizem que é porque ele não tem mais corpo. E quem vos diz que ele não tem? É precisamente o contrário que o Espiritismo vem provar, demonstrando que se sua alma não tem mais o envoltório material, compacto, ponderável, ela tem um fluídico, imponderável, mas que não deixa de ser uma espécie de matéria; que esse envoltório, invisível no estado normal, pode, em dadas circunstâncias e por uma espécie de modificação molecular, tornar-se visível, como o vapor pela condensação. Como se vê, há aí apenas um fenômeno muito natural, cuja chave o Espiritismo dá, pela lei que rege as relações entre o mundo visível e o invisível.

O Sr. Renan, persuadido de que a alma de sua irmã, ou o seu Espírito, o que dá na mesma, estava junto de si, a via e escutava, devia crer que essa alma era alguma coisa. Se alguém tivesse vindo dizer-lhe: Essa alma, cuja presença o vosso pensamento adivinha, não é um ser vago e indefinido; é um ser limitado, circunscrito por um corpo fluídico, invisível como a maioria dos fluidos; para ela a morte não foi senão a destruição de seu envoltório corporal, mas ela conservou seu envoltório etéreo e indestrutível, de sorte que tendes ao vosso lado a vossa irmã tal qual era em vida, menos o corpo que deixou na Terra, como a borboleta deixa a sua crisálida; morrendo, ela apenas despojou-se da vestimenta grosseira, que não mais lhe pode servir, que a retinha na superfície do solo, mas conservou a roupagem leve, que lhe permite transportar-se para onde queira e transpor o espaço com a rapidez do raio; do ponto de vista moral, é a mesma pessoa, com os mesmos pensamentos, as mesmas afeições, a mesma inteligência, mas com percepções novas, mais amplas, mais sutis, pois suas faculdades não mais são comprimidas pela matéria pesada e compacta, através da qual elas deviam transmitir-se. Dizei se este quadro tem algo de irracional! O Espiritismo, provando que ele é real, é tão ridículo quanto alguns o pretendem? O que faz ele, afinal de contas? Ele demonstra, de maneira patente, a existência da alma. Provando que ela é um ser definido, ele dá um objetivo real às nossas lembranças e afeições. Se o pensamento do Sr. Renan não passava de um sonho, de uma ficção poética, o Espiritismo vem transformar essa ficção em realidade.

A Filosofia, em todas as épocas, empenhou-se na busca da alma, de sua natureza, de suas faculdades, de sua origem e de seu destino. Inúmeras teorias foram erigidas a respeito, e a questão sempre ficou indefinida. Por quê? Aparentemente porque nenhuma encontrou o nó do problema, e não o resolveu de maneira satisfatória para convencer a todos.

O Espiritismo, a seu turno, vem dar a sua teoria. Ele se apoia na psicologia experimental; ele estuda a alma, não só durante a vida, mas após a morte; ele a observa em estado de isolamento; ele a vê agir em liberdade, ao passo que a filosofia ordinária só a vê em união com o corpo, submetida aos entraves da matéria, razão pela qual muitas vezes confunde causa e efeito. Ela se esforça por demonstrar a existência e os atributos da alma por fórmulas abstratas, ininteligíveis para as massas, ao passo que o Espiritismo oferece provas palpáveis de sua existência, e permite que ela seja, por assim dizer, tangível pelos dedos e pelos olhos. Ele se exprime em termos claros, ao alcance de todos. A simplicidade da linguagem lhe tiraria o caráter filosófico, como o pretendem certos sábios?

Contudo, aos olhos de muita gente, a filosofia espírita contém um erro grave, e esse erro se exprime numa só palavra. Esta palavra *alma*, mesmo para os incrédulos, tem algo de respeitável e imponente. Ao contrário, o vocábulo *Espírito* neles desperta as ideias fantásticas das lendas, dos contos de fadas, dos fogos-fátuos, de lobisomens etc. Eles admitem de boa mente que se possa crer na alma, posto eles mesmos não creiam, mas não podem compreender que, com bom senso, se possa crer nos Espíritos. Daí uma prevenção que os faz olhar esta ciência como pueril e indigna de sua atenção. Julgando-a pela etiqueta, creem-na inseparável da magia e da feitiçaria.

Se o Espiritismo se tivesse abstido de pronunciar a palavra Espírito e se, em todas as circunstâncias, a tivesse substituído pela palavra *alma*, a impressão para eles teria sido absolutamente outra. A rigor, esses profundos filósofos, esses livres-pensadores admitirão, sem problemas, que a *alma* de um ser que nos foi caro ouça os nossos lamentos e nos venha inspirar, mas não admitirão que isto aconteça com seu *Espírito*. O Sr. Renan pôde colocar no topo de sua dedicatória: "*À alma pura de minha irmã Henriette*." Ele não poderia ter colocado: *Ao Espírito puro*...?

Então, por que o Espiritismo se serviu do vocábulo *Espírito*? É um erro? Não, ao contrário.

Em primeiro lugar, desde as primeiras manifestações, antes mesmo da criação da filosofia espírita, esse vocábulo já era usado. Como se tratava de deduzir as consequências morais dessas manifestações, era útil conservar uma denominação usual, a fim de mostrar a conexão dessas duas partes da ciência. Além disso, era evidente que a prevenção ligada a esse vocábulo, circunscrita a uma categoria especial de pessoas, deveria apagar-se com o tempo. O inconveniente era apenas momentâneo.

Em segundo lugar, se o vocábulo *Espírito* era repulsivo para algumas pessoas, para as massas ele era um atrativo, e deveria contribuir mais que outro para popularizar a doutrina. Assim, pois, era preciso preferir o maior número ao menor.

Um terceiro motivo é mais sério que os dois outros. Os termos *alma* e Espírito, posto que sinônimos e empregados indiferentemente, não exprimem exatamente a mesma ideia. A *alma* é, a bem dizer, o princípio inteligente, princípio imperceptível e indefinido como o pensamento. No estado dos nossos conhecimentos, não podemos conceber o Espírito isolado da matéria de maneira absoluta. O perispírito, posto formado de matéria sutil, dele faz um ser limitado, definido e circunscrito a sua individualidade espiritual, de onde se pode formular esta proposição: *A união da alma, do perispírito e do corpo material constitui o* HOMEM; *a alma e o perispírito separados do corpo constituem o ser chamado* ESPÍRITO. Nas manifestações, não é, pois, a alma que se apresenta sozinha. Ela está sempre revestida de seu envoltório fluídico, e esse envoltório é o intermediário necessário, através do qual ela age sobre a matéria compacta. Nas aparições, não é a alma que se vê, mas o perispírito, do mesmo modo que quando se vê um homem vê-se o seu corpo, mas não se vê o pensamento, a força, o princípio que o faz agir.

Em resumo, a *alma* é o ser simples, primitivo; o *Espírito* é o ser duplo; o *homem* é o ser triplo. Se adicionarmos ao homem as roupas, teremos um ser quádruplo. Na circunstância de que se trata, o vocábulo *Espírito* é o que melhor corresponde à coisa expressa. Pelo pensamento, concebe-se um Espírito, mas não se concebe uma alma.

Convencido de que a alma de sua irmã o via e o entendia, o Sr. Renan não podia supor que ela estivesse sozinha no espaço. Uma simples reflexão deveria dizer-lhe que deve acontecer o mesmo com todas aquelas que deixam a Terra. As almas ou Espíritos assim espalhados na imensidade constituem o mundo invisível que nos cerca e em cujo meio vivemos, de modo que esse mundo não é composto de seres fantásticos, de gnomos, de duendes, de demônios chifrudos com pés bifurcados, mas dos mesmos seres que formaram a Humanidade terrena. Que há nisso de absurdo? O mundo visível e o invisível assim se acham em contato perpétuo, daí resultando uma incessante reação de um sobre o outro. Daí decorre uma porção de fenômenos que entram na ordem dos fatos naturais. O Espiritismo moderno não os descobriu nem os inventou. Ele os estudou melhor e melhor os observou. Ele procurou as suas leis e, por isso mesmo, as subtraiu da ordem dos fatos maravilhosos.

Os fatos que se ligam ao mundo invisível e às suas relações com o mundo visível, mais ou menos observados em todas as épocas, se ligam à história de quase todos os povos, e sobretudo à história religiosa. Eis por que a eles se referem muitas passagens de escritores sacros e profanos. É por falta de conhecimento dessas relações que tantas passagens ficaram ininteligíveis e foram interpretadas tão diversamente e tão falsamente.

É pela mesma razão que o Sr. Renan enganou-se tão estranhamente quanto à natureza dos fatos relatados no Evangelho e quanto ao sentido das palavras do Cristo, seu papel e seu verdadeiro caráter, como o demonstraremos em próximo artigo. Estas reflexões, às quais nos conduziu o seu preâmbulo, eram necessárias para apreciar as consequências por ele tiradas do ponto de vista em que se colocou.

SOCIEDADE ESPÍRITA DE PARIS

DISCURSO DE ABERTURA DO SÉTIMO ANO SOCIAL
1º DE ABRIL DE 1864

Senhores e caros colegas,

A Sociedade inicia seu sétimo ano, e essa duração não deixa de ter significação, quando se trata de uma ciência nova. Um fato que não é de menor importância é que ela seguiu constantemente uma marcha ascendente. Contudo, senhores, sabeis que é menos no sentido material que no sentido moral que se realizou o seu progresso. Não somente ela não abriu suas portas ao primeiro que apareceu, nem solicitou que dela fizesse parte quem quer que fosse, porém, mais visou circunscrever-se do que expandir-se indefinidamente.

O número dos membros ativos é, com efeito, uma questão secundária para toda sociedade que, como esta, não visa entesourar. Não são *mantenedores que ela busca*, por isso não se prende à quantidade. Assim o quer a natureza de seus trabalhos, exclusivamente científicos, para os quais são necessários a calma e o recolhimento, e não o movimento da multidão.

O sinal de prosperidade da Sociedade não está, pois, na cifra de seu pessoal nem no seu encaixe. Está inteiramente na progressão de seus estudos, na consideração que conquistou, no ascendente moral que exerce lá fora, enfim, no número de adeptos que se ligam aos princípios que ela professa, mesmo sem dela fazerem parte.

A esse respeito, senhores, sabeis que o resultado ultrapassou todas as previsões. E, coisa notável, não é somente na França que ela exerce tal ascendente, mas no estrangeiro, porque, para os verdadeiros espíritas, todos os homens são irmãos, seja qual for a nação a que pertençam. A prova material disto tendes no número de sociedades e grupos que, de diversos países, vêm colocar-se sob o seu patrocínio e lhe pedir conselhos. Isto é um fato notório e tanto mais característico quanto essa convergência para ela se faz espontaneamente, porque não é menos notório que ela não o provocou nem o solicitou. É, pois, voluntariamente que se vêm colocar sob a bandeira que ela hasteou. A que se deve tudo isto? As causas são múltiplas. Não é inútil examiná-las, porque isto entra na história do Espiritismo.

Uma dessas causas vem naturalmente do fato de que, sendo a primeira regularmente constituída, ela também foi a primeira a alargar o círculo de seus estudos e abraçou todas as partes da ciência espírita. Quando o Espiritismo mal saía do período da curiosidade e das mesas girantes, ela entrou resolutamente no período filosófico, que, de certo modo, inaugurou. Por isso mesmo, logo de princípio, atraiu a atenção de pessoas sérias.

Mas isto para nada teria servido, se ela tivesse ficado alheia aos princípios ensinados pela generalidade dos Espíritos. Se ela tivesse professado apenas suas próprias ideias, jamais teria imposto essas ideias à imensa maioria dos adeptos de todos os países. A Sociedade representa os princípios formulados no *Livro dos Espíritos*, e sendo esses princípios ensinados por toda parte, muito naturalmente todos se ligaram ao centro de onde aqueles partiam, ao passo que aqueles que se colocaram fora desse centro ficaram isolados, por não encontrarem eco entre os Espíritos.

Repetirei aqui o que disse alhures, porque nunca seria demasiado repetir:

A força do Espiritismo não reside na opinião de um homem ou de um Espírito. Ela está na universalidade do ensino dado por estes últimos. O *controle universal,* como o *sufrágio universal*, resolverá no futuro todas as questões litigiosas. Ele estabelecerá a unidade da doutrina muito melhor que um concílio de homens. Ficai certos, senhores, que esse princípio abrirá seu caminho, como o *Fora da caridade não há salvação*, porque ele está embasado na mais rigorosa lógica e na abdicação da personalidade. Ele não poderá contrariar senão os adversários do Espiritismo, bem como aqueles que só têm fé em suas luzes pessoais.

A Sociedade de Paris conquistou a posição que ocupa porque jamais se afastou dessa via traçada pela razão sadia. As pessoas nela confiam porque sabem que ela não avança levianamente; que ela não impõe suas próprias ideias e que, por sua posição, mais do que ninguém, ela pôde constatar o sentido em que se pronuncia aquilo que se pode justamente chamar o *sufrágio universal dos Espíritos*. Se algum dia ela se colocasse à margem da maioria, forçosamente deixaria de ser o ponto de ligação. O Espiritismo não cairia, *porque ele tem seu ponto de apoio em toda parte*, mas a Sociedade, não mais tendo o seu *por toda parte*, cairia.

Com efeito, por sua natureza totalmente excepcional, o Espiritismo não repousa mais *numa sociedade* do que num indivíduo.

A de Paris jamais disse: *Fora de mim não há Espiritismo*, pois assim ela deixaria de existir, ao passo que o Espiritismo não deixaria de seguir o seu curso, porque ele tem suas raízes na inumerável multidão de intérpretes dos Espíritos no mundo inteiro, e não numa reunião qualquer, cuja existência é sempre eventual.

Os testemunhos que a Sociedade recebe provam que ela é estimada e considerada, e certamente é o de que mais se felicita. Se a primeira causa disso está na natureza de seus trabalhos, é justo acrescentar que ela o deve também ao bom conceito que levaram de suas sessões os numerosos estrangeiros que vieram visitá-la. A ordem, a dignidade, a seriedade, os sentimentos de fraternidade que eles viram aí reinar, melhor do que todas as palavras convenceram-nos de seu caráter eminentemente sério.

É essa, senhores, a posição que, como fundador da Sociedade, eu tratei de lhe assegurar. É também essa a razão pela qual jamais cedi a qualquer incitamento que tendesse a desviá-la do caminho da prudência. Deixei que falassem e agissem os impacientes de boa ou de má-fé. Sabeis o que eles se tornaram, ao passo que a Sociedade ainda está de pé.

A missão da Sociedade não é fazer adeptos por si mesma, por isso jamais convoca o público. O objetivo de seus trabalhos, como indica o seu nome, é o progresso da ciência espírita. Para isto ela aproveita não só as suas observações, mas também as que são feitas alhures. Ela recolhe documentos que lhe chegam de todos os lados, estuda-os, investiga-os, compara-os para lhes deduzir os princípios e tirar os ensinamentos que ela difunde, mas que não o faz levianamente. É assim que os seus trabalhos a todos beneficiam, e se eles adquiriram uma certa autoridade, é porque todos sabem que eles são feitos conscientemente, sem prevenção sistemática contra as pessoas ou as coisas.

Compreende-se, pois, que, para atingir tal objetivo, um número de membros mais ou menos considerável é indiferente. O resultado seria alcançado com uma dúzia de pessoas, tão bem ou ainda melhor do que com algumas centenas. Não tendo em vista nenhum interesse material, eis a razão pela qual ela não visa o número. Sendo o seu objetivo grave e sério, nada faz visando a curiosidade. Enfim, como os elementos da ciência nada lhe ensinariam de novo, ela não perde tempo repetindo o que já sabe. Como dissemos, seu papel é trabalhar pelo progresso da ciência, pelo estudo. Não é junto dela que aqueles que nada sabem vêm convencer-se, mas que os adeptos já iniciados vêm colher novas instruções. É este o seu verdadeiro caráter. O que lhe é preciso, o que lhe é indispensável, são relações amplas que lhe permitam ver do alto o movimento geral, para julgar o conjunto, a ele conformar-se e o dar a conhecer. Ora, ela possui tais relações, que vieram por si mesmas e que aumentam diariamente, como tendes provas pela correspondência.

O número de grupos que se formam sob os seus auspícios e solicitam o seu patrocínio pelos motivos dados acima, é o fato mais característico do ano social que acaba de passar. Este fato não só é muito honroso para a Sociedade, é, além disso, de uma importância capital, pois testemunha, ao mesmo tempo, a extensão da doutrina e o sentido no qual tende a estabelecer-se a unidade.

Os que nos conhecem sabem a natureza das relações existentes entre a Sociedade de Paris e as demais sociedades, mas é essencial que todo mundo o saiba, para evitar os equívocos a que as alegações da malevolência poderiam dar lugar. Portanto, não é supérfluo repetir que os espíritas não formam entre si nem uma congregação nem uma associação; que entre as diversas sociedades não há nem solidariedade material nem filiação oculta ou ostensiva; que elas não obedecem a nenhuma palavra de ordem secreta; que aqueles que delas fazem parte são sempre livres para deixá-las, se isso lhes convém; que se elas não abrem as portas ao público, não é porque aí se passe nada de misterioso ou de oculto, mas porque elas não querem ser perturbadas pelos curiosos e importunos. Longe de agir na sombra, elas estão, ao contrário, sempre prontas a submeter-se às investigações da autoridade legal e às prescrições que lhes forem impostas. A de Paris tem sobre as outras apenas autoridade moral, devida à sua posição e aos seus estudos, e porque lha conferem. Ela dá os conselhos que reivindicam de sua experiência, mas não se impõe a nenhuma. A única palavra de ordem que ela dá, como senha entre os verdadeiros espíritas, e esta: *Caridade para com todos, mesmo para com os inimigos*. Assim, ela declinaria de toda solidariedade moral com aquelas que se afastassem desse princípio; que tivessem por móvel o interesse material; que em vez de manter a união e a boa harmonia, tendessem a semear a divisão entre os adeptos, porque, por isso mesmo, colocar-se-iam fora da doutrina.

A Sociedade de Paris não pode assumir a responsabilidade pelos abusos que, por ignorância ou por outras causas, possam fazer do Espiritismo. Ela não pretende, de forma alguma, cobrir com seu manto aqueles que os cometem, nem pode nem deve tomar-lhes a defesa perante a autoridade, em caso de perseguição, porque isto seria aprovar o que a doutrina desaprova. Quando a crítica se dirige a tais abusos, não temos que refutá-la, mas apenas responder: Se vos désseis ao trabalho de estudar o Espiritismo, veríeis o que ele diz e não o acusaríeis daquilo que ele condena. Assim, cabe aos espíritas sinceros evitar cuidadosamente tudo quanto pudesse dar lugar a uma crítica fundada. Eles seguramente conseguirão isto mantendo-se nos preceitos da doutrina.

Não é porque uma reunião se intitula grupo, círculo ou sociedade espírita que necessariamente deve ter as nossas simpatias. A etiqueta jamais foi garantia absoluta da qualidade da mercadoria, mas, segundo a máxima "Conhece-se a árvore pelo seu fruto" nós a apreciamos em razão dos sentimentos que a animam, do móvel que a dirige e a julgamos por suas obras. A Sociedade de Paris se felicita quando pode inscrever na lista de seus aderentes, reuniões que oferecem todas as garantias desejáveis de ordem, de boas atitudes, de sinceridade, de devotamento e de abnegação pessoal, e que pode oferecê-las como modelos aos seus irmãos em crença.

A posição da Sociedade de Paris é, pois, exclusivamente moral, e ela jamais ambicionou outra. Aqueles dentre nossos antagonistas que pretendem que todos os espíritas são seus tributários; que ela enriquece às suas custas, arrancando-lhes dinheiro em seu proveito; que avaliam o seu lucro pelo número de adeptos, dão provas de notável má-fé ou da mais absoluta ignorância daquilo de que falam. Sem dúvida ela tem por si a sua consciência, mas tem, a mais, para confundir a impostura, os seus arquivos, que testemunharão sempre a verdade, no presente como no futuro.

Sem desígnio premeditado, e pela força das coisas, a Sociedade tornou-se um centro para onde convergem os ensinamentos de toda sorte concernentes ao Espiritismo. Ela se encontra, neste aspecto, numa situação que se pode dizer excepcional, pelos elementos que possui para assentar a sua opinião. Melhor do que ninguém, ela pode, pois, conhecer o estado real do progresso da doutrina em cada país, e apreciar as causas locais que podem favorecê-lo ou retardar-lhe o desenvolvimento. Essa estatística não será um dos elementos menos preciosos para a história do Espiritismo, ao mesmo tempo que permite estudar as manobras dos adversários e calcular a extensão dos golpes que vibram para derrubá-lo. Bastaria essa observação para permitir prever o resultado definitivo e inevitável da luta, como se julga o desfecho de uma batalha pelo movimento dos dois exércitos.

Pode-se dizer com inteira verdade que nesse particular estamos na primeira linha para observar, não só a tática dos homens, mas também a dos Espíritos. Vemos, com efeito, da parte destes, uma unidade de vistas e de plano sábia e providencialmente combinada, ante a qual forçosamente devem quebrar-se todos os esforços humanos, porque os Espíritos podem atingir os homens e feri-los, ao passo que escapam destes últimos. Como se vê, a partida é desigual.

A história do Espiritismo moderno será uma coisa realmente curiosa, porque será a da luta entre o mundo visível e o invisível. Os Antigos teriam dito: *A guerra dos homens contra os deuses*. Será também a dos fatos, mas, sobretudo e forçosamente, a dos homens que neles tiverem representado um papel ativo, num como noutro sentido, isto é, como verdadeiros sustentáculos ou como adversários da causa. É preciso que as gerações futuras saibam a quem deverão um justo tributo de reconhecimento. É preciso que consagrem a memória dos verdadeiros pioneiros da obra regeneradora, e que não haja glórias usurpadas.

O que dará a essa história um caráter particular é que, em vez de ser feita, como muitas outras, muitos anos ou séculos depois dos acontecimentos, com base nas tradições e nas lendas, ela se faz enquanto os fatos acontecem, e baseada em dados autênticos, dos quais nós possuímos, por uma correspondência incessante, vinda de todos os países onde se implanta a doutrina, o mais vasto e mais completo arquivo existente no mundo.

Sem dúvida, o Espiritismo, em si mesmo, não pode ser atingido pelas mentirosas alegações de seus adversários, com cujo auxílio procuram fantasiá-lo. Elas poderiam, entretanto, dar uma falsa ideia de seus primórdios e de seus meios de ação, desnaturando os atos e o caráter dos homens que nele tiverem cooperado, se não se lhes desse a contrapartida oficial. Esses arquivos serão, para o futuro, a luz que espancará todas as dúvidas, uma mina onde os comentadores futuros poderão colher com certeza. Vedes, senhores, de que importância se reveste este trabalho, no interesse da verdade histórica. A nossa própria Sociedade nele está interessada, em razão da parte que toma no movimento.

Diz um provérbio: "Nobreza obriga." A posição da Sociedade lhe impõe também as obrigações de conservar seu crédito e seu ascendente moral. A primeira é a de não se afastar, quanto à teoria, da linha seguida até hoje, pois que recolhe os seus frutos; a segunda está no bom exemplo que deve dar, justificando, pela prática, a excelência da doutrina que professa. Sabe-se que esse exemplo, provando a influência moralizadora do Espiritismo, é um poderoso elemento de propaganda, e, ao mesmo tempo, o melhor meio de fechar a boca dos detratores. Um incrédulo, que não conhecia senão a filosofia da doutrina, dizia que *com tais princípios o espírita necessariamente deveria ser um homem de bem*. Estas palavras são profundamente verdadeiras, mas, para serem completas, é preciso acrescentar que um verdadeiro espírita deve ser, necessariamente, bom e benevolente para com os seus semelhantes, isto é, praticar a caridade evangélica na sua mais larga acepção.

É a graça que todos devemos pedir que Deus nos conceda, tornando-nos dóceis aos conselhos dos bons Espíritos que nos assistem. Peçamos igualmente a eles que continuem nos protegendo durante o ano que se inicia, e que nos deem a força de nos tornarmos dignos deles. É o mais seguro meio de justificar e conservar a posição que a Sociedade conquistou.

A. K.

A ESCOLA ESPÍRITA AMERICANA

Algumas pessoas perguntam por que a Doutrina Espírita não é a mesma no antigo e no novo continente, e em que consiste a diferença. É o que vamos tentar explicar.

Como se sabe, as manifestações ocorreram em todos os tempos, tanto na Europa como na América, e hoje, que as pessoas se dão conta da coisa, recordam-se de uma porção de fatos que tinham passado despercebidos, e que se encontram em abundância consignados em escritos autênticos. Entretanto, esses fatos eram isolados. Nestes últimos tempos eles se produziram nos Estados Unidos em escala bastante ampla para despertar a atenção geral dos dois lados do Atlântico. A extrema liberdade que existe nesse país favoreceu a eclosão das ideias novas, e é por isto que os Espíritos o escolheram para o primeiro teatro de seus ensinamentos.

Ora, acontece muitas vezes que uma ideia surge num país e se desenvolve em outro, como se vê nas ciências e na indústria. A esse respeito, o gênio americano deu suas provas, e nenhum motivo tem para invejar a Europa. Contudo, se ele se destaca em tudo o que diz respeito ao comércio e às artes mecânicas, não se pode recusar à Europa o destaque nas ciências morais e filosóficas. Devido a essa diferença no caráter normal dos povos, o Espiritismo experimental estava em seu hábitat na América, ao passo que a parte teórica e filosófica encontrava na Europa elementos mais propícios ao seu desenvolvimento. Assim, foi lá que ela nasceu e em poucos anos ali conquistou o primeiro lugar. Ali, os fatos inicialmente despertaram a curiosidade, mas, constatados os fatos e satisfeita a curiosidade, as pessoas logo se cansaram das experiências materiais sem resultados positivos. Já o mesmo não se deu a partir do momento em que se desdobraram as consequências morais desses mesmos fatos para o futuro da Humanidade. Foi então que o Espiritismo tomou posição entre as ciências filosóficas. Ele avançou a passos de gigante, malgrado os obstáculos que lhe foram suscitados, porque satisfazia às aspirações das massas, e porque prontamente compreenderam que ele vinha encher o vazio imenso nas crenças e resolver o que até então parecia insolúvel.

Assim, a América foi o berço do Espiritismo, mas foi na Europa que ele cresceu e fez suas humanidades. Deve a América ficar por isso enciumada? Não, porque noutros pontos ela levou vantagem. Não foi na Europa que as máquinas a vapor nasceram, e não foi na América que encontraram condições vantajosas? A cada um o seu papel, conforme suas aptidões, e a cada povo o seu, segundo seu gênio particular.

O que particularmente distingue a escola espírita dita americana da escola europeia é a predominância, na primeira, da parte fenomênica, à qual se ligam mais especialmente e, na segunda, a parte filosófica. A filosofia espírita da Europa espalhou-se prontamente porque ela ofereceu, desde o começo, um conjunto completo; porque ela mostrou o objetivo e alargou o horizonte das ideias. Incontestavelmente, é ela que hoje prevalece no mundo inteiro.

Até hoje os Estados Unidos pouco se afastaram de suas ideias primitivas. Isto significa que eles ficarão sozinhos na retaguarda do movimento geral? Seria cometer uma injúria à inteligência desse povo. Aliás, os Espíritos lá estão para impulsioná-lo na via comum, dando-lhe o ensino que dão alhures. Eles superarão pouco a pouco as resistências que poderiam nascer do amor-próprio nacional.

Se os americanos repelirem a teoria europeia, porque vem da Europa, aceitá-la-ão quando ela surgir em seu meio, pela voz dos próprios Espíritos. Eles cederão ao ascendente, não da opinião de alguns homens, mas do controle universal do ensino dos Espíritos, esse poderoso critério, como o demonstramos em nosso artigo sobre a *autoridade da Doutrina Espírita*. É apenas uma questão de tempo, sobretudo quando houverem desaparecido as questões pessoais.

De todos os princípios da doutrina, o que encontrou mais oposição na América, e por América devemos entender apenas os Estados Unidos, é o da reencarnação. Pode mesmo dizer-se que é a única divergência capital, pois as outras dizem respeito mais à forma do que ao fundo, e isto porque lá os Espíritos ainda não a ensinaram, e já explicamos as razões disto.

Os Espíritos procedem em toda parte com sabedoria e prudência. Para se fazerem aceitar, evitam chocar muito bruscamente as ideias estabelecidas. Eles não irão dizer inconsideradamente a um muçulmano que Maomé é um impostor. Nos Estados Unidos, o dogma da reencarnação teria vindo chocar-se contra os preconceitos de cor, tão profundamente arraigados no país. O essencial era fazer aceitar o princípio fundamental da comunicação do mundo visível com o invisível. As questões de detalhe viriam a seu tempo. Ora, não há dúvida que esse obstáculo acabe por desaparecer, e que um dos resultados da guerra civil atual seja o gradativo enfraquecimento dos preconceitos, que são uma anomalia numa nação tão liberal.

Se a ideia da reencarnação ainda não é aceita nos Estados Unidos de maneira mais geral, ela o é individualmente por alguns, se não como um princípio absoluto, ao menos com certas restrições, o que já é alguma coisa. Quanto aos Espíritos, sem dúvida julgando que o momento é propício, começam a ensinar com prudência em certos lugares e abertamente em outros. Uma vez levantada, a questão seguirá seu caminho. Aliás, temos sob nossas vistas comunicações já antigas recebidas naquele país, nas quais, sem estar formalmente expressa, a pluralidade das existências é a consequência óbvia dos princípios emitidos. Aí se vê despontar a ideia. Portanto, não há dúvida que em pouco tempo o que hoje ainda se chama escola americana fundir-se-á na grande unidade que se estabelece por toda parte.

Como prova do que asseveramos, citaremos o artigo seguinte, publicado no *Union*, jornal de São Francisco, e um resumo da carta que o acompanhou.

"Senhor Allan Kardec,

"Posto não tenha a honra de ser vossa conhecida, tomo, como médium, a liberdade de vos enviar a notícia anexa, que esses senhores do jornal resumiram um pouco. Contudo, apesar disso, muita gente parece desejar mais. Assim, todos os vossos livros se espalham, e em breve nossas livrarias terão que fazer novos pedidos...

"Recebei, etc.

PAULINE BOULAY"

NOTÍCIA SOBRE O ESPIRITISMO

"Basta exprimir em voz alta ideias que nem todos compreendem para se ser tratado de exaltado, extravagante e louco. Não é preciso ser um sabichão para escrever o que nos ditam alma e coração.

"Um espírito forte dizia a uma senhora médium:

"– Como, vós, que sois inteligente, podeis acreditar em Espíritos invisíveis e na pluralidade das existências?

"A senhora respondeu:

"– Talvez porque eu seja inteligente é que creio nisto; o que sinto me inspira mais confiança do que o que vejo, pois o que vemos nos engana algumas vezes, mas o que sentimos jamais nos engana. O senhor tem liberdade de não acreditar. Os que creem na pluralidade das existências não são maus, e são mais desinteressados que os que não creem. Os incrédulos os tratam de loucos, mas isto não prova que digam a verdade, ao contrário, duvidar do poder de Deus é ofendê-lo, e negar o que existe além do que podemos apalpar é um ultraje dirigido ao Criador.

"Quando nos acontece algo de extraordinário, de hábito atribuímos ao acaso. Eu pergunto: O que é o acaso? O nada, responde a voz da verdade. Ora, assim, não podendo o nada produzir algo, o que existe nos vem de uma fonte produtiva. Seria muito justo pensar que o que acontece independentemente de nossa vontade é obra da Providência, dirigida pelo Senhor de nossos destinos.

"Independentemente do que disserdes; independentemente do que fizerdes, espíritos fortes, jamais destruireis esta doutrina, que sempre existiu. A ignorância das almas primitivas, não lhes permitindo compreendê-la em toda a sua extensão, imaginam que após esta vida tudo estará acabado. É um erro! Nós, médiuns mais ou menos adiantados, acabaremos vos convencendo.

"O Espiritismo não é apenas uma consolação, mas também desenvolve a inteligência; destrói todo pensamento de egoísmo, de orgulho e de avareza; põe-nos em comunicação com os que nos são caros e prepara o progresso, progresso imenso que paulatinamente destruirá todos os abusos, as revoluções e as guerras.

"A alma necessita reencarnar-se para se aperfeiçoar. Ela não pode numa única vida material aprender tudo quanto deve saber para compreender a obra do Todo-Poderoso.

"O corpo é apenas um envoltório passageiro, no qual Deus envia uma alma para se aperfeiçoar e sofrer as provas necessárias ao seu adiantamento e à realização da grande obra do Criador, que somos todos chamados a servir, quando tivermos feito nossas provas e adquirido todas as perfeições.

"Todas as nossas celebridades contemporâneas são outras tantas almas que progrediram pela renovação das encarnações. Muitas dentre elas são médiuns escreventes, gênios que trazem em cada existência nova os progressos da Ciência e das artes.

"A lista dos homens de gênio aumenta de ano para ano. São outros tantos guias que Deus coloca em nosso meio para esclarecer-nos, instruir-nos, numa palavra, ensinar-nos o que ignoramos e que é absolutamente necessário que saibamos. Eles nos mostram a chaga social; procuram destruir nossos preconceitos; põem à luz e aos nossos olhos todo o mal produzido pelo egoísmo e pela ignorância. Esses gênios são animados por Espíritos superiores. Eles têm feito mais pelo progresso e pela civilização do que todos vossos fuzis e canhões, e fazem derramar mais lágrimas de ternura e de reconhecimento do que todos os vossos feitos de armas.

"Refleti seriamente no Espiritismo, homens inteligentes, e aí encontrareis grandes ensinamentos. Não há charlatanismo nessa lei divina. Tudo ali é belo, grande, sublime. Ela apenas tende a conduzir-nos à perfeição e à verdadeira felicidade moral.

"O livro escrito pelos médiuns, ditado por Espíritos superiores e errantes, é um livro de alta filosofia e de uma instrução tão profunda quanto etérea. Ele trata de tudo. É verdade que nem todos estão ainda preparados para esta crença, e para compreendê-la é necessário que a alma já se tenha reencarnado várias vezes.

"Quando todo mundo compreender o Espiritismo, nossos grandes poetas serão mais bem apreciados e lidos com mais atenção e respeito. Todos os nossos literatos serão compreendidos por todos os povos e serão admirados sem inveja, porque serão conhecidas as causas e os efeitos.

"O estudo da Ciência é a mais nobre das ocupações, e o Espiritismo é a sua divindade. Por ele associamo-nos ao gênio e, como disse um dos nossos cientistas, depois do homem de gênio vem o que sabe compreendê-lo.

"A instrução faz do Espírito o que um hábil joalheiro faz do diamante. Ela lhe dá o polimento, o brilho que encanta e seduz, realçando-lhe o valor.

"A alma não tem forma propriamente dita. É uma espécie de luz, que difere por sua intensidade, conforme o grau de perfeição adquirida. Quanto mais a alma progrediu, tanto mais luminosa a sua cor.

"Quando todos fordes médiuns, podereis entreter-vos com os Espíritos, como já o fazemos, e eles vos dirão que são mais felizes que nós. Eles nos veem, nos escutam, assistem às nossas reuniões, conversam com nossa alma durante o sono, transportam-se e penetram por toda parte onde Deus os envia.

"PAULINE BOULAY"

NOTA: O princípio da reencarnação acha-se igualmente num manuscrito que nos foi enviado de Montreal, Canadá, do qual falaremos proximamente.

CURSOS PÚBLICOS DE ESPIRITISMO EM LYON E BORDÉUS

Aqui não se trata, como poderiam supor, de uma demonstração aprobativa da doutrina, mas, ao contrário, de nova forma de ataque, sob um título atraente e um pouco enganador, porque aquele que, acreditando no teor da propaganda, lá for pensando assistir a lições de Espiritismo, ficará muito desapontado.

Os sermões estão longe de ter tido o resultado esperado. Aliás, eles são direcionados exclusivamente aos fiéis. Além disto, exigem uma forma muito solene, muito exclusivamente religiosa, ao passo que a tribuna de ensino permite atitudes mais livres, mais familiares. O orador eclesiástico faz abstração de sua qualidade de sacerdote e torna-se professor. O sistema dará resultado? O futuro dirá.

O Padre Barricand, professor na Faculdade de Teologia de Lyon, começou, no Petit-Collège, uma série de lições públicas sobre, ou melhor, contra o magnetismo e o Espiritismo. O jornal *la Vérité*, em seu número de 10 de abril de 1864, analisa uma sessão consagrada ao Espiritismo e levanta várias asserções do orador. Promete manter os leitores ao corrente da continuação, ao mesmo tempo em que se encarrega de refutá-las, o que, não temos dúvida, fará maravilhosamente, a julgar por seu começo. O decoro e a moderação de que deu provas até hoje em sua polêmica nos dão a certeza de que não mudará nesta circunstância, mesmo que o seu contraditor mude.

Enquanto o Padre Barricand ficar no terreno da discussão dos princípios da doutrina, estará no seu direito. Não podemos censurá-lo por não compartilhar nossa opinião, por dizê-lo e por tentar provar que está com a razão. Gostaríamos que em geral o clero fosse tão partidário do livre exame quanto nós próprio. O que está fora do direito de discussão são os ataques pessoais, e sobretudo os personalismos malévolos, quando, pelas necessidades de sua causa, um adversário desnatura os fatos e os princípios que quer combater, bem como as palavras e os atos dos que os defendem. Semelhantes meios são uma prova de fraqueza e testemunham a pouca confiança que se tem nos argumentos tirados da própria coisa. São esses desvios da verdade que é necessário levantar na ocasião, mas ficando tudo nos limites do decoro e da urbanidade.

O *Vérité* assim resume uma parte da argumentação do Padre Barricand:

"Quanto aos espíritas, que são muito mais numerosos, igualmente me esforço por provar que hoje eles descem do pedestal pretensioso sobre o qual o Sr. Allan Kardec os entronizava em 1862. Com efeito, em 1861 o Sr. Kardec fez uma viagem por toda a França, viagem da qual complacentemente dava conhecimento ao público. Oh! Então, senhores, tudo corria às mil maravilhas, porquanto os adeptos dessa escola eram trinta mil em Lyon, dois ou três mil em Bordéus etc., etc. O Espiritismo parecia ter invadido toda a Europa! Ora, que se passa em 1863? O Sr. Allan Kardec não faz mais viagens... nem relatórios enfáticos! É que provavelmente ele constatou bom número de deserções, e para não desencorajar o que ainda pode restar de espíritas por uma situação pouco favorável, julgou prudente e correto abster-se.

"Perdão, senhores, eu me engano. O Sr. A. Kardec consagra algumas páginas de sua *Revista Espírita* (janeiro de 1864), para dar-nos algumas informações gerais sobre a campanha de 1863. Mas, aqui, não mais números ambiciosos! Ele os evita, e não sem motivos!... O Sr. Kardec contenta-se em anunciar que o Espiritismo está sempre florescente, mais florescente do que nunca! Como provas de apoio, cita a criação de dois novos órgãos da escola, o *Ruche*, de Bordéus e o *La Vérité de Lyon,* sobretudo o *Vérité* que, diz ele*, veio postar-se como atleta temível, por seus artigos de uma lógica tão serrada, que não dão lugar à crítica.* Espero, senhores, demonstrar-vos, sexta-feira, que o *La Vérité* não é tão terrível quanto pretendem.

"É fácil ao Sr. Allan Kardec fazer esta afirmação: *O Espiritismo está mais forte do que nunca*, e citar como principal prova a criação do *Ruche* e do *La Vérité*! Senhores, tudo comédia!... Esses dois jornais não podem existir sem que se deva concluir que o Espiritismo deu um passo à frente? Se me objetardes que esses jornais têm despesas e que para pagá-las há necessidade de assinantes ou de impor sacrifícios esmagadores, ainda responderei: Comédia!... A caixa do Sr. Allan Kardec é bem fornida, ao que dizem. Não é justo e racional que ele ajude os seus discípulos?"

O redator do *Vérité*, Sr. Edoux, junta a essa citação a nota seguinte: "À saída do curso, tivemos ligeira conversa com o Padre Barricand que, aliás, nos recebeu de maneira muito cortês. Nosso objetivo era oferecer-lhe uma coleção do *Vérité*, para facilitar-lhe meios de falar dele à vontade."

Veremos se o Sr. Barricand será mais feliz que seus confrades e se encontrará o que tantos outros buscaram inutilmente: argumentos esmagadores contra o Espiritismo. Mas, tanto trabalho para quê, se ele está morrendo? Considerando-se que o Padre Barricand acredita nisto, deixemos-lhe essa doce crença, pois ela não será nem mais nem menos. Não temos interesse nenhum em dissuadi-lo. Apenas diremos que se ele não tem motivos mais sérios do que aqueles que destaca, suas razões não são nada concludentes, e se todos os seus argumentos contra o Espiritismo têm a mesma força, podemos dormir tranquilos.

Pode-se ficar pasmo ao ver um homem sério tirar consequências tão levianas de uma viagem que fizemos no ano passado, e se imiscua em nossos atos particulares, presumindo o pensamento que deve ter-nos motivado a viajar ou deixar de fazê-lo. De uma suposição ele tira uma consequência absoluta, o que não é lógica rigorosa, porque, se as premissas não forem certas, a conclusão não o será. Direis que isto não é responder, mas não temos intenção de satisfazer à curiosidade de quem quer que seja. O Espiritismo é uma questão humanitária. Seu futuro está nas mãos de Deus, e não depende de tal ou qual manobra de um homem. Lamentamos que o Padre Barricand o veja de um ponto de vista tão limitado.

Quanto a saber se nossa caixa está bem ou mal suprida, parece-nos que é dar palpite quanto ao que existe no bolso de alguém que não deu o direito de examiná-lo, o que poderia passar por indiscrição. Transformar isto em informação pública é violação da vida privada. *Supor* o uso que alguém deva ter feito do que se *supõe* que ele possua, conforme as circunstâncias, pode ultrapassar as raias da calúnia.

Parece que o sistema do Sr. Barricand é proceder por suposições e por insinuações. Com tal sistema pode-se expor a receber desmentidos. Ora, nós lhe damos um formal a respeito de todas as alegações, suposições e deduções acima referidas. Discuti quanto quiserdes os princípios do Espiritismo, mas o que fazemos ou não fazemos, o que temos ou não temos, está fora de questão. Um curso não é uma diatribe, é uma exposição séria, completa e consciênciosa do assunto de que se trata. Se for contraditório, a lealdade quer argumentos pró ou contra, a fim de que o público julgue de seu valor recíproco. Às provas é preciso opor provas mais preponderantes. É dar uma pobre ideia da força de seus próprios argumentos procurar lançar o descrédito sobre as pessoas. Eis como compreendemos um curso, sobretudo da parte de um professor de teologia que, antes de tudo, deve procurar a verdade.

Bordéus também tem seu curso público de Espiritismo, isto é, contra o Espiritismo, pelo Padre Delaporte, professor na faculdade de teologia daquela cidade. O *Ruche* o anuncia nestes termos:

"Quarta-feira última, dia 13 deste mês, assistimos ao curso público do dogma, no qual o Padre Delaporte tratava do seguinte assunto: *Da hipótese de uma nova religião revelada pelos Espíritos, ou o Espiritismo.* Não tendo ainda concluído o ilustre professor, seguiremos, atentos, suas lições, e delas daremos conta com a imparcialidade e a moderação de que jamais se deve separar um espírita."

Nos seus números de 17 e 24 de abril, o *Sauveur des peuples* relata as duas primeiras lições e delas faz uma crítica séria e cerrada, que não deve deixar de causar alguns embaraços ao orador. Assim, eis dois professores de teologia de incontestável talento que, nos dois principais centros do Espiritismo da França, empreendem contra ele uma nova guerra, e se acham engalfinhados, nos dois pontos, com campeões que têm o que lhes responder. É que hoje se encontra aquilo que era raro há alguns anos: homens que o estudaram seriamente e não temem expor-se. Que sairá daí? Um primeiro resultado inevitável: o exame mais aprofundado da questão em todo o mundo. Os que não leram, quererão ler; os que não viram, quererão ver. Um segundo resultado será o de fazer com que ele seja levado a sério por aqueles que nele ainda não veem senão mistificação, pois que os ilustres teólogos o julgam assunto de séria discussão pública. Enfim, um terceiro resultado será calar o medo do ridículo que ainda segura muita gente. Quando uma coisa é discutida publicamente por homens de valor, pró e contra, não se tem mais receio de falar dela.

Da cátedra religiosa, a discussão passará logo e seriamente para a cátedra científica e filosófica. Essa discussão pelo escol da inteligência terá por efeito esgotar os argumentos contraditórios, que não poderão resistir à evidência dos fatos.

Sem dúvida, a ideia espírita está muito atrapalhada, mas, pode-se dizer que ela ainda está na condição de opinião individual. O que hoje se passa tende a lhe dar aceitação na opinião geral e lhe assinalará, em breve, um lugar oficial entre as crenças aceitas.

Aproveitamos com satisfação o momento que se nos oferece para dirigir felicitações e encorajamento a todos os que, enfrentando o medo, tomam resolutamente em mãos a causa do Espiritismo. Somos felizes por ver seu número crescer dia a dia. Que perseverem, e verão em breve se multiplicarem os apoios ao seu redor, mas que se persuadam também que a luta não terminou e que a guerra a céu aberto não é a mais temível. O mais perigoso inimigo é o que age na sombra e frequentemente se oculta sob uma falsa máscara. Então lhes diremos: Desconfiai das aparências. Não julgueis os homens pelas palavras, mas pelos atos. Temei sobretudo as armadilhas.

VARIEDADES

MANIFESTAÇÕES DE POITIERS

Os rumores que tinham emocionado a cidade de Poitiers cessaram completamente, conforme nos disseram, mas parece que os Espíritos barulhentos transportaram o palco de suas ações para as cercanias. Eis o que, a respeito, se lê no *Pays*:

"Os Espíritos batedores de Poitiers começam a fazer escola e povoam os campos vizinhos. Escrevem de Ville-au-Moine, a 24 de fevereiro, ao *Courrier de la Vienne* (não confundir com o *Journal de la Vienne*, especial para a casa de O.):

"Senhor redator,

"Há alguns dias nossa região está preocupada com a presença, em Bois-de-Doeuil, de Espíritos batedores que espalham o terror em nossos vilarejos. A casa do Sr. Perroche é seu ponto de encontro: todas as noites, entre onze horas e meia noite, o

Espírito se manifesta por nove, onze ou treze pancadas, marcadas por duas e uma e às seis da manhã, pelo mesmo barulho.

"Notai, senhor, que os golpes são dados à cabeceira de uma cama onde se deita uma senhora, semimorta de pavor, que afirma que recebe as comunicações de um tio de seu marido, falecido em nossa aldeia há um mês. É incrível. Assim, eu e vários amigos quisemos conhecer a verdade, e para isto fomos pernoitar em Bois-de-Doeuil, onde testemunhamos os fatos que nos tinham contado. Vimos até balançar, no sentido longitudinal, o berço de uma criança que parecia não estar em contato com ninguém.

"A princípio, rimos da coisa, mas vendo que todas as precauções tomadas para descobrir um estratagema não haviam dado resultado, retiramo-nos com mais estupor que vontade de rir.

"Se o barulho continuar, a casa do Sr. Perroche não comportará os curiosos de Marsais, Priaire, Migré, Doeuil e até de Villeneuve-la-Contesse que chegam aos bandos para lá passar a noite e tentar descobrir as profundezas do mistério.

"Recebei, etc."

Sobre tais acontecimentos, faremos apenas uma curta reflexão. O *Journal de la Vienne*, relatando-os, tinha anunciado reiteradamente que estavam na pista do ou dos malandros, autores dessas perturbações, que não custariam a ser pilhados. Se não o conseguiram, não podem acusar a autoridade de negligência.

Como é possível que numa casa ocupada de alto a baixo por seus agentes, puderam os malandros continuar suas manobras em sua presença, sem que lhes pudessem pôr a mão? É preciso convir que eles tinham ao mesmo tempo muita audácia e muita habilidade, porquanto enfrentaram uma brigada sem serem vistos. Além disso, é preciso que esse grupo de traquinas seja muito numeroso, pois fazem as mesmas brincadeiras em diversas cidades e a anos de intervalo, sem jamais serem pilhados. Os casos da Rua *des Grès* e da Rua *des Noyers*, em Paris, das Grandes-Ventes, perto de Dieppe, e tantos outros, também não renderam nenhum resultado. Como é que a polícia, que possui tão grandes recursos e despista os mais hábeis e os mais astutos malfeitores, não vence alguns barulhentos? Já refletiram sobre isto?

Aliás, os fatos não são novos, como se pode ver pelo relato seguinte.

O TASSO E SEU DUENDE

Escrevem-nos de São Petersburgo:

"Venerável mestre, tendo lido no primeiro fascículo da *Revista Espírita* de 1864 o caso de um Espírito batedor do século dezesseis, lembrei-me de outro, que talvez julgueis digno de um pequeno espaço em vosso jornal. Tomo-o de uma notícia sobre a vida e o caráter do Tasso, escrita pelo Sr. Suard, secretário perpétuo da classe de língua e literatura francesas e inserto na tradução da *Jerusalém Libertada*, publicada em 1803.

"Após dizer que os sentimentos religiosos do Tasso, exaltados em consequência de sua disposição melancólica e das infelicidades resultantes, levaram-no a persuadir-se seriamente de que era objeto das perseguições de um Espírito que derramava tudo em sua casa; roubava-lhe o dinheiro e retirava de sua mesa, diante de seus olhos, tudo quanto lhe servia, acrescenta, com o seu historiógrafo: 'Eis a maneira pela qual o próprio Tasso lhe dá conta dessa perseguição:

" 'O irmão R... (manda ele dizer a um de seus amigos) trouxe-me duas cartas vossas, mas uma delas desapareceu assim que a li, e creio que o duende a levou, tanto mais quanto era aquela em que dele falais. É um desses prodígios dos quais tantas vezes fui testemunha no hospital, o que não permite duvidar que sejam obra de algum mágico, e tenho muitas outras provas. Hoje mesmo retirou um pão da minha frente, e outro dia um prato de frutas.' "

A seguir lamenta-se dos livros e papéis que lhe roubam e acrescenta: "Os que desapareceram enquanto eu não estava aqui, podem ter sido levados por homens que, penso, têm chaves de todas as minhas caixas, de sorte que nada mais tenho que eu possa defender dos assaltos dos inimigos ou do diabo, a não ser a minha vontade, que jamais consentirá que algo me seja ensinado por ele ou seus sectários, nem a contrair familiaridade com ele ou seus magos."

Em outra carta diz ele: "Tudo vai de mal a pior. Esse diabo, que jamais me deixava, quer eu dormisse, quer passeasse, vendo que não conseguia de mim o acordo que desejava, tomou a decisão de roubar abertamente o meu dinheiro."

"De outras vezes, – continua o autor da notícia, – ele julgou que a Virgem Maria lhe aparecia, e o Padre Sevassi conta que numa doença que teve na prisão, o Tasso se recomendou com tanto fervor à Santa Virgem, que ela lhe apareceu e o curou. O Tasso consagrou esse milagre num soneto.

"Continuando, o duende transformou-se num demônio mais tratável, com quem o Tasso pretendia conversar com familiaridade, e que lhe ensinava coisas maravilhosas. Contudo, pouco satisfeito com esse estranho comércio, o Tasso lhe atribuía a origem à imprudência que cometera na juventude, de compor um diálogo onde se supunha a conversar com um Espírito. "...o que eu não teria querido fazer seriamente." acrescenta ele, "ainda que me tivesse sido possível."

"O Sr. Suard termina o relato dizendo: "Não se pode evitar uma triste reflexão, ao pensar que foi aos trinta anos, depois de haver escrito uma obra imortal, que o infeliz foi escolhido para dar o mais deplorável exemplo de fraqueza de espírito."

"Vós, entretanto, senhor, graças à luz do Espiritismo, podereis fazer outro julgamento, e vereis, nesses fatos, tenho certeza, mais um elo na cadeia dos fenômenos espíritas que ligam os tempos antigos à época atual."

Sem sombra de dúvida, os fatos que hoje se passam, perfeitamente verificados e explicados, provam que o Tasso podia achar-se sob o domínio de uma dessas obsessões que diariamente testemunhamos, e que nada têm de sobrenatural.

Se ele tivesse conhecido a verdadeira causa, não se teria com ela impressionado mais do que se tem sido em nossos dias, mas, naquela época, a ideia do diabo, dos feiticeiros e dos mágicos estava em pleno vigor, e como, longe de combatê-la, buscavam entretê-la, ela podia reagir de modo prejudicial sobre os cérebros fracos. É, pois, mais do que provável que o Tasso não era mais louco do que o são os obsedados de nossos dias, aos quais são necessários cuidados morais e não medicamentos.

INSTRUÇÕES DE CIRO A SEUS FILHOS, NO MOMENTO DE SUA MORTE

(RESUMO DA *CIROPEDIA*, DE XENOFONTE, LIVRO VIII, CAPÍTULO VII)

Eu vos conjuro, meus filhos, em nome dos deuses de nossa pátria, a ter consideração um pelo outro, se conservardes algum desejo de me agradar, pois imagino que considereis como certo que eu não seja mais nada quando houver deixado de viver. Até agora, minha alma ficou oculta aos vossos olhos, mas por suas operações reconheceríeis que ela existia.

Não notastes nem mesmo os terrores pelos quais são atormentados os homicidas pelas almas inocentes daqueles que eles levaram à morte, e que vinganças elas tomam desses ímpios? Pensais que o culto que se presta aos mortos teria sido constantemente mantido se se acreditasse que suas almas eram destituídas de todo poder? De minha parte, meus filhos, jamais pude convencer-me de que a alma, que vive enquanto está num corpo mortal, se extinga desde que dele saiu, porque vejo que é ela que vivifica esses corpos destrutíveis enquanto os habita. Também jamais me pude persuadir de que ela perca a sua faculdade de raciocinar no momento em que se separa de um corpo que não tem capacidade de raciocínio. É natural crer que a alma, então mais pura e desprendida da matéria, goze plenamente de sua inteligência. Quando um homem morre, veem-se as diversas partes que o compunham unir-se aos elementos a que pertenciam. Só a alma escapa aos olhares, quer durante sua estada no corpo, quer quando o deixa.

Sabeis que é durante o sono, imagem da morte, que mais a alma se aproxima da Divindade, e que nesse estado muitas vezes prevê o futuro, sem dúvida porque então está inteiramente livre.

Ora, se as coisas são como eu penso, e a alma sobrevive ao corpo, que abandona, fazei, em respeito à minha, o que vos recomendo. Se eu não estiver errado; se a alma ficar com o corpo e morrer com ele, ao menos temei os deuses, que não morrem, que tudo veem, que tudo podem, que sustentam no Universo essa ordem imutável, inalterável, invariável cuja magnificência e majestade são inexprimíveis.

Que esse temor vos preserve de toda ação, de todo pensamento que fira a piedade ou a justiça... Mas eu sinto que minha alma me abandona; sinto-o pelos sintomas que de ordinário anunciam a nossa dissolução.

OBSERVAÇÃO: Bem pouco teria um espírita a acrescentar a essas notáveis palavras, dignas de um filósofo cristão, nas quais se acham admiravelmente descritos os atributos especiais do corpo e da alma: o corpo material, destrutível, cujos elementos se dispersam para unir-se aos elementos similares e que, durante a vida, só age por impulsão do princípio inteligente; depois a alma, sobrevivendo ao corpo, conservando sua individualidade e gozando maiores percepções quando desprendida da matéria; a liberdade da alma durante o sono; enfim, a ação da alma dos mortos sobre os vivos.

Pode-se ainda notar a distinção feita entre os deuses e a Divindade propriamente dita. Os deuses nada mais eram que os Espíritos em vários graus de elevação, encarregados de presidir, cada um na sua especialidade, todas as coisas deste mundo, na ordem moral e na material. Os deuses da pátria eram os Espíritos protetores da pátria, como os deuses lares eram os protetores da família. Os deuses, ou Espíritos superiores, não se comunicavam com os homens senão por meio de Espíritos subalternos, chamados *demônios*.

O vulgo não ia além, mas os filósofos e os iniciados reconheciam um Ser Supremo, criador e ordenador de todas as coisas.

NOTÍCIAS BIBLIOGRÁFICAS

A GUERRA AO DIABO E AO INFERNO, a *inabilidade do diabo, o diabo convertido*; por Jean de la Veuze. Brochura in-18, preço 1 franco. – Bordéus, Ferrei, livreiro. – Paris, Didier & Cia. Quai des Augustins, 35; Ledoyen, Palais-Royal.

Partindo do princípio que o Espiritismo é uma concepção do diabo com o objetivo de atrair para si maior número de almas, o autor traça-lhe um rápido esboço, desde as manifestações da América até os nossos dias, e mostra que o diabo errou os cálculos, pois salva as almas que estavam perdidas e desastradamente deixa escaparem as que eram suas. Vendo isto, ele se converteu, bem como uma parte de seus acólitos. É uma crítica espirituosa e alegre do papel que fazem o diabo representar nos últimos tempos, mas da qual ressaltam, através de um tom chistoso, pensamentos sérios e profundos, e perfeita justeza.

Não duvidamos que o livrinho seja lido com prazer por muita gente.

CARTAS AOS IGNORANTES, *filosofia do bom senso*, por V. Tournier. Brochura in-18, preço 1 franco. Dentu, Palais-Royal.

Espírita fervoroso e esclarecido, o autor reproduziu, em versos, os princípios fundamentais da Doutrina Espírita conforme o *Livro dos Espíritos*.

Felicitamo-lo sinceramente pela intenção que presidiu ao seu trabalho. Sob qualquer forma que a doutrina se apresente, é sempre um indício da vulgarização da ideia, e outras tantas sementes espalhadas que frutificam mais ou menos, segundo a forma que as reveste. O essencial é que o fundo seja exato, como é o caso.

ALLAN KARDEC

REVISTA ESPÍRITA

JORNAL DE ESTUDOS PSICOLÓGICOS

ANO VII	JUNHO DE 1864	VOL. 6

A VIDA DE JESUS, PELO SR. RENAN

(2º ARTIGO – VIDE O NÚMERO DE MAIO DE 1864)

Este é um daqueles livros que não podem ser refutados completamente senão por outro livro. Teria que ser discutido artigo por artigo. É uma tarefa que não empreenderemos, porque fere questões que não são de nossa alçada, e de que muitos outros se encarregaram. Limitar-nos-emos ao exame das consequências tiradas pelo autor do ponto de vista em que ele se colocou.

Há nessa obra, como em todas as obras históricas, duas partes bem distintas: o relato dos fatos e a apreciação desses fatos. A primeira é uma questão de erudição e de boa-fé; a segunda depende inteiramente da opinião pessoal. Dois homens podem concordar perfeitamente quanto a uma e discordar completamente quanto à outra.

É natural que a parte religiosa tenha sido atacada, pois é uma questão de crença, mas a parte histórica parece não ser invulnerável, se a julgarmos pelas críticas dos teólogos que não só contestam a apreciação, mas a exatidão de certos fatos. Aos mais competentes do que nós deixaremos o cuidado de decidir esta última questão. Contudo, sem nos constituirmos em juiz do debate, reconheceremos que certas críticas evidentemente têm fundamento, mas que sobre vários pontos importantes da história, as observações do Sr. Renan são perfeitamente justas.

Entre as numerosas refutações feitas ao seu livro, cremos dever assinalar a do Pe. Gratry como uma das mais lógicas e mais imparciais. Ele destaca, com muita clareza, as contradições encontradas a cada passo[1].

Admitamos, entretanto, que o Sr. Renan não se tenha em nada afastado da verdade histórica. Isto não implica a justeza de sua apreciação, porque ele fez esse trabalho com base numa opinião e com ideias preconcebidas. Ele estudou os fatos para neles encontrar a prova dessa opinião e não para formar uma opinião. Naturalmente, ele não viu senão o que lhe pareceu conforme à sua maneira de ver, ao passo que não viu o que lhe era contrário. Sua opinião é a sua medida. Aliás, ele mesmo o diz nesta passagem de sua introdução, à página 5: "Ficarei satisfeito se depois de ter escrito a vida de Jesus me for dado *contar como entendo* a história dos apóstolos; o estado da consciência cristã durante as semanas que se seguiram à morte de Jesus; a formação do *ciclo legendário* da ressurreição; os primeiros atos da Igreja de Jerusalém; a vida de São Paulo etc."

Pode haver diversas maneiras de apreciar um fato, mas o fato em si mesmo é independente da opinião. É, pois, uma história dos apóstolos à *sua maneira* que o Sr. Renan se propõe a escrever, como escreveu, à sua maneira, a história da vida de Jesus. Acha-se ele nas condições de imparcialidade requeridas para que sua opinião mereça crédito? Que ele nos permita duvidar.

Persuadido de que estava certo, ele pôde agir. Cremos que o fez de boa-fé, e que os erros materiais que lhe censuram não resultam de um desígnio premeditado de alterar a verdade, mas de uma falsa apreciação das coisas. Ele está na posição de um homem consciencioso, partidário exclusivo das ideias do antigo regime, que escrevesse uma história da Revolução Francesa. Seu relato poderá ser de uma escrupulosa exatidão, mas o julgamento que fizer dos homens e das coisas será o reflexo de suas próprias ideias. Ele censurará o que outros aprovarão. Em vão terá ele percorrido os lugares onde se desenrolaram os acontecimentos, pois esses lugares lhe confirmarão os fatos, mas não lhe farão encará-los de outra maneira. Assim se deu com o Sr. Renan. Percorrendo a Judeia com o Evangelho na mão, ele encontrou os traços do Cristo, de onde concluiu que o Cristo tinha existido, mas não viu o Cristo de maneira diferente da que o via antes. Onde ele não viu senão os passos de um homem, um apóstolo da fé ortodoxa teria percebido o rastro da Divindade.

---

[1] Brochura in-18. – Preço 1 franco. Plon, Rua Guarancière, 8.

Sua apreciação vem do ponto de vista em que se colocou. Ele nega o ateísmo e o materialismo porque não crê que a matéria pense, e porque admite um princípio inteligente, universal, atribuído a cada indivíduo em dose mais ou menos forte. Em que se torna tal princípio inteligente após a morte de cada indivíduo? A crer na dedicatória do Sr. Renan à alma de sua irmã, ele conserva a sua individualidade e as suas afeições. Mas, se a alma conserva sua individualidade e suas afeições, há, então, um mundo invisível, inteligente e amante. Ora, considerando-se que esse mundo é inteligente, ele não pode ficar inativo; deve representar um papel qualquer no Universo. Pois bem! A obra inteira é a negação desse mundo invisível e de toda a inteligência ativa fora do mundo visível. Consequentemente, também é a negação de todo fenômeno resultante da ação de inteligências ocultas e de toda relação entre os mortos e os vivos, de onde se deve concluir que sua tocante dedicatória é uma obra da imaginação, suscitada pelo pesar sincero que sente pela perda de sua irmã e que aí exprime mais o seu desejo do que a sua crença, porque se ele tivesse acreditado seriamente na existência individual da alma da irmã; na persistência de sua afeição por ele; na sua solicitude e na sua inspiração, essa crença lhe teria dado ideias mais verdadeiras sobre o sentido da maior parte das palavras do Cristo.

O Cristo, com efeito, preocupando-se com o futuro da alma, incessantemente faz alusão à vida futura, ao mundo invisível, que ele apresenta, consequentemente, como muito mais invejável que o mundo material, e como devendo constituir o objetivo de todas as aspirações do homem.

Para quem nada vê fora da Humanidade tangível, estas palavras: "Meu reino não é deste mundo; Há muitas moradas na casa de meu Pai; Não busqueis os tesouros da Terra, mas os do Céu; Bem-aventurados os aflitos, porque serão consolados", e tantas outras, devem ter apenas um sentido quimérico. É assim que as considera o Sr. Renan, quando diz que "A parte de verdade contida no pensamento de Jesus o tinha arrastado à *quimera* que o obscurecia. Contudo, não desprezemos essa quimera que foi a casca grosseira do bulbo sagrado do qual vivemos. Esse *fantástico reino do céu*, essa busca intérmina de uma cidade de Deus que sempre preocupou o Cristianismo na sua longa carreira, foi o princípio do grande instinto do futuro, que animou todos os reformadores, discípulos obstinados do

Apocalipse, desde Joaquim de Flore até o sectário protestante de nossos dias." (Cap. XVIII, pág. 285, 1ª edição)[2]

A obra do Cristo era toda espiritual. Ora, desde que o Sr. Renan não crê na espiritualização do ser, nem num mundo espiritual, naturalmente deveria tomar o avesso de suas palavras e julgá-lo do ponto de vista exclusivamente material. Julgando uma obra espiritual, um materialista ou um panteísta é como um surdo julgando uma peça de música. Julgando o Cristo do ponto de vista em que se colocou, o Sr. Renan deve ter-se enganado quanto às suas intenções e ao seu caráter. A mais evidente prova disto se encontra nesta estranha passagem de seu livro (Cap. VII, pg. 128): "*Jesus não é um espiritualista, porque tudo para ele conduz a uma realização palpável. Ele não tem a menor noção de uma alma separada do corpo*, mas é um idealista completo, pois para ele a matéria não passa de manifestação da ideia e o real não passa de expressão viva do que não se vê."

Concebe-se o Cristo, fundador da doutrina espiritualista por excelência, não acreditando na individualidade da alma, da qual não tem a menor noção e, por consequência, não crendo na vida futura? Se ele não é espiritualista, é materialista e, consequentemente, o Sr. Renan é mais espiritualista do que ele. Tais palavras não se discutem. Elas bastam para indicar o alcance do livro, porque provam que o autor leu os Evangelhos com muita leviandade ou com o espírito tão prevenido que não viu o que salta aos olhos de todo mundo. Pode admitir-se a sua boa-fé, mas não se admitirá, por certo, a justeza de sua visão.

Todas as suas apreciações decorrem da ideia de que o Cristo só tinha em vista as coisas terrestres. Segundo ele, era um homem essencialmente bom, desinteressado dos bens deste mundo, de costumes muito suaves, de uma instrução limitada ao estudo dos textos sagrados, de uma inteligência natural superior, a quem as disputas religiosas dos judeus deram a ideia de fundar uma doutrina. Nisto ele foi favorecido pelas circunstâncias, que soube explorar habilmente. Sem ideia preconcebida e sem plano prévio, vendo que não teria êxito junto aos ricos, procurou seu ponto de apoio nos proletários, naturalmente revoltados contra os ricos. Adulando-os, deveria transformá-los em seus amigos. Se ele disse que o reino dos céus é para as crianças, foi para agradar às mães, que tomava por seu lado fraco, e transformá-las em partidárias. Assim, a

[2] Todas as nossas citações são tiradas da 1ª edição.

religião nascente foi, sob muitos aspectos, um movimento de mulheres e de crianças. Numa palavra, nele tudo era cálculo e combinação, e, ajudado pelo amor ao maravilhoso, ele triunfou. Aliás, não muito austero, porque amou muito Madalena, pela qual foi amado. Várias mulheres ricas proviam às suas necessidades. Ele e os apóstolos eram folgazões que não desdenhavam as boas mesas. Vede o que ele diz:

"Três ou quatro galileias dedicadas acompanhavam sempre o *jovem mestre* e disputavam o prazer de escutá-lo e dele cuidar, cada uma por sua vez. Elas traziam para a seita nova um elemento de entusiasmo e de maravilhoso, cuja importância já se apreende. Uma delas, Maria de Magdala, que celebrizou no mundo o nome de sua pobre aldeia, parece ter sido uma criatura muito exaltada. Segundo a linguagem da época, tinha sido possessa de sete demônios, isto é, tinha sido afetada de doenças nervosas e aparentemente inexplicáveis. *Por sua beleza* pura e suave, Jesus acalmou essa organização perturbada. A Madalena lhe foi fiel até ao Gólgota e, no dia seguinte à sua morte, representou um papel de primeira ordem, porque foi o principal instrumento pelo qual se estabeleceu a fé na ressurreição, como veremos adiante. Joana, mulher de Cusa, um dos intendentes de Antipas, Suzana e outras, que ficaram desconhecidas, o seguiam sem cessar e o serviam. Algumas eram ricas e punham, *por sua fortuna, o jovem profeta em posição de viver* sem exercer o ofício que tinha exercido até então." (Cap. IX, pág. 151).

"Jesus compreendeu bem depressa que o mundo oficial de seu tempo absolutamente não se prestaria para o seu reino. Ele tomou seu partido com extrema ousadia. Deixando de lado toda essa gente de coração seco e de estreitos preconceitos, voltou-se para os simples. O reino de Deus é feito para as crianças e para os que se lhes assemelham; para os desprezados deste mundo, vítimas da arrogância social que repele o homem bom, mas humilde... O puro *ebionismo*, significando que somente os pobres (*ebionin*) serão salvos; que o reino dos pobres vai chegar, foi, portanto, a doutrina de Jesus." (Cap. XI, pág. 178).

"Ele não apreciava os estados da alma senão em proporção ao amor que a eles se agrega. Mulheres com o coração cheio de lágrimas e dispostas por suas faltas aos sentimentos de humildade estavam mais perto de seu reino que as de natureza medíocre, as quais muitas vezes têm pouco mérito por não terem falido. Por outro lado, concebe-se que essas almas ternas, achando em sua conversão à seita um meio fácil de reabilitação, a ele se ligavam com paixão."

"Longe de buscar atenuar os murmúrios levantados por seu desdém às suscetibilidades sociais do tempo, ele parecia ter prazer em excitá-los. Jamais foi confessado mais alto esse desprezo pelo mundo, que é a condição das grandes coisas e da grande originalidade. Ele só perdoava o rico quando esse rico, por força de algum preconceito, era malvisto pela Sociedade. Ele preferia abertamente a gente de vida equivocada e pouca consideração dedicava aos notáveis ortodoxos. Ele lhes dizia: 'Publicanos e cortesãs vos precederão no reino de Deus. João veio; publicanos e cortesãs creram nele e malgrado isto vós não vos convertestes.' Compreende-se que a censura por não terem seguido o bom exemplo que lhes davam as *filhas do prazer* deveria ser terrível para criaturas que faziam profissão de gravidade e de uma moral rígida.

"Ele não tinha qualquer afetação exterior nem mostra de austeridade. Não fugia à alegria, pois ia de boa vontade às festas de casamento. *Um de seus milagres foi feito para alegrar umas bodas de vilarejo*. As bodas, no Oriente, se dão à noite. Cada um leva uma lâmpada; as luzes que vão e vêm têm um efeito muito agradável. Jesus gostava desse aspecto alegre e animado e daí tirava as suas parábolas." (Cap. XI, pág. 187).

"Os Fariseus e os doutores gritavam com o escândalo: 'Vede com que gente ele come!' Jesus tinha, então, finas respostas, que exasperavam os hipócritas: 'Não são os que estão com saúde que precisam de médico.'" (Cap. XI, pág. 185).

O Sr. Renan tem o cuidado de indicar, em notas de referência, as passagens do Evangelho a que faz alusão, para mostrar que se apoia nos textos. Não é a verdade das citações que se lhe contesta, mas a interpretação que ele lhes dá. É assim que a profunda máxima deste último parágrafo é deformada numa simples tirada espirituosa. Tudo se materializa no pensamento do Sr. Renan; em todas as palavras de Jesus ele nada vê além do terra a terra, porque ele próprio nada vê além da vida material.

Depois de uma descrição idílica da Galileia, do seu clima delicioso, de sua fertilidade luxuriante, do caráter doce e hospitaleiro de seus habitantes, dos quais faz verdadeiros pastores da Arcádia, ele acha, na disposição de espírito que daí devia resultar, a fonte do Cristianismo.

"Essa vida alegre e facilmente satisfeita não levava ao grosso materialismo do nosso camponês; à grande alegria de uma normanda generosa; à pesada alegria dos flamengos. Ela se espiritualizava em sonhos etéreos, numa espécie de misticismo poético, confundindo o Céu e a Terra... A alegria fará parte do reino de Deus. Não é a filha dos humildes de coração, dos homens de boa vontade?

"Toda a história do Cristianismo nascente tornou-se, assim, uma deliciosa pastoral. Um Messias em repasto de bodas; a cortesã e o bom Zaqueu chamados a seus festins; os fundadores do reino do Céu, como um cortejo de paraninfos: eis o que a Galileia ousou e fez aceitar." (Cap. IV, pág. 67).

"Um sentimento de admirável profundidade em tudo isto dominou Jesus, bem como o bando de *garotos alegres* que o acompanhavam, e dele fez para a eternidade o verdadeiro criador da paz da alma, o grande consolador da vida." (Cap. X, pág. 176).

"*Utopias de vida bem-aventurada fundadas na fraternidade dos homens* e o culto puro do verdadeiro Deus preocupavam as almas elevadas e produziam de todos os lados ensaios ousados, sinceros, mas de pouco futuro." (Cap. X, pág. 172).

"No Oriente, a casa onde desce um estrangeiro torna-se imediatamente um lugar público. Toda a aldeia aí se reúne. As crianças a invadem, os criados as afastam, mas elas sempre voltam. Jesus não suportava que maltratassem esses ingênuos ouvintes; aproximava-os de si e os abraçava. As mães, encorajadas por tal acolhida, lhe traziam seus bebês para que ele os tocasse... Assim as mulheres e as crianças o adoravam...

"*A religião nascente foi, assim, sob vários aspectos, um movimento de mulheres e de crianças*. Estas últimas faziam em seu redor como que uma jovem guarda para a inauguração de sua *inocente realeza*, e lhe faziam pequenas ovações, com as quais ele muito se alegrava, chamando-o filho de David, gritando *Hosanna* e agitando palmas em seu redor. Jesus, como Savanarola, talvez as fizesse servir de instrumento a missões piedosas. *Ele estava muito à vontade para ver esses jovens apóstolos, que não o comprometiam, lançando-se à frente e lhe conferindo títulos que ele próprio não ousava tomar.*" (Cap. XI, pág. 190).

Assim, Jesus é apresentado como um ambicioso vulgar, de paixões mesquinhas, que age sorrateiramente e não tem coragem de se expor. Na falta de uma realeza efetiva, ele se contenta com a mais inocente e menos perigosa que lhe conferem as crianças.

A seguinte passagem faz dele um egoísta:

"Mas de tudo isto não resultou uma Igreja estabelecida em Jerusalém, nem um grupo de discípulos hierosolimitas. O *encantador doutor*, que perdoava a todos, *desde que o amassem*, não podia achar muito eco nesse santuário de vãs disputas e de sacrifícios inveterados."

"Sua família parece não tê-lo amado, e, por momentos, o vemos duro para com ela. Como todos os homens exclusivamente preocupados com uma ideia, Jesus chegava a ter em pouca conta os laços de sangue... Depois, em sua ousada revolta contra a Natureza, ele devia ir ainda mais longe, e o veremos calcando aos pés tudo quanto é do homem: o sangue, o amor, a pátria, *não conservar de alma e de coração senão a ideia que a ele se apresentava* como a forma absoluta do bem e do verdadeiro." (Cap. III, pág. 42, 43).

Eis o que o Sr. Renan intitula *Origens ao Cristianismo*. Quem jamais teria acreditado que um bando de gozadores, uma multidão de mulheres, de cortesãs e de crianças, tendo à frente um idealista que não tinha a menor noção da alma, pudessem, auxiliados por uma utopia, a quimera de um reino celeste, mudar a face do mundo religioso, social e político?

Em outro artigo examinaremos a maneira pela qual ele encara os milagres e a natureza da pessoa do Cristo.

RELATO COMPLETO DA CURA DA JOVEM OBSEDADA DE MARMANDE

(Vide os números de fevereiro e março de 1864)

O Sr. Dombre, de Marmande, enviou-nos o relato circunstanciado dessa cura já relatada aos leitores. Os detalhes nele contidos são do mais alto interesse, do duplo ponto de vista dos fatos e da instrução. Como se verá, é ao mesmo tempo um curso de ensino teórico e prático, um guia para casos análogos e uma fecunda fonte de observações para o estudo do mundo invisível em geral, nas suas relações com o mundo visível.

Diz o Sr. Dombre, no seu informe: Eu fui advertido por um dos membros de nossa Sociedade Espírita, das crises violentas que todas as tardes, regularmente, há oito meses, sofria a chamada Tereza B.... Dia 11 de janeiro último, às quatro e meia da tarde, acompanhado do Sr. L..., médium, fui a uma casa vizinha à da doente, tentar testemunhar a crise que, conforme se dava todos os dias, devia ocorrer às cinco horas. Lá encontramos a jovem e sua mãe, conversando com vizinhos. A meia hora passou depressa. De repente vimos a moça levantar-se, abrir a porta, atravessar a rua e voltar para dentro de sua casa, seguida por sua mãe que a tomou e a colocou vestida na cama. Começaram as convulsões. O corpo se dobrava; a cabeça tendia a tocar os calcanhares; o peito arfava. Numa palavra, era desagradável à vista. Entrando eu e o médium na casa vizinha, perguntamos ao Espírito de Louis David, guia espiritual do médium, se era uma obsessão ou um caso patológico. O Espírito respondeu:

"Pobre menina! Com efeito, ela se acha sob uma fatal influência, muito perigosa mesmo. Vinde em seu auxílio. Teimoso e mau, esse Espírito resistirá por muito tempo. Evitai, tanto quanto estiver ao vosso alcance, que ela seja tratada por medicamentos, que lhe prejudicariam o organismo. A causa é totalmente moral. Tentai evocar esse Espírito e moralizai-o com habilidade, que nós vos auxiliaremos. *Que todas as almas sinceras que conheceis se reúnam para orar e combater a muito perniciosa influência desse Espírito malvado*. Pobre pequena vítima do ciúme!"

LOUIS DAVID

Pergunta. – Que nome usaremos para chamar esse Espírito?

Resposta. – Júlio.

Evoquei-o imediatamente. O Espírito apresentou-se de modo violento, injuriando-nos, rasgando o papel e se recusando a responder a certas interpelações. Enquanto nos entretínhamos com o Espírito, o Sr. B..., médico, que tinha vindo examinar a crise, chegou junto de nós e disse com certo espanto:

– É singular! De repente a menina parou de se torcer, e agora está estendida no leito, sem movimentos.

– Isto não me admira, disse-lhe eu, porque o Espírito obsessor está junto de nós, neste momento.

Convenci o Sr. B... a voltar para a doente e continuamos a interpelar o Espírito, que em dado momento não mais respondeu. O guia do médium informou-nos que ele tinha ido continuar a sua obra, e recomendou-nos que não mais o evocássemos durante as crises, no interesse da menina, porque, voltando para ela com mais raiva, ele a torturava mais intensamente. No mesmo instante o médico entrou e nos informou que a crise recomeçara mais forte que nunca. Eu lhe fiz ler o aviso que acabáramos de receber, e ficamos chocados com as coincidências, que não deixavam dúvidas quanto à causa do mal.

A partir dessa tarde, e sob recomendação dos bons Espíritos que nos assistem nos trabalhos espíritas, reunimo-nos todas as noites, até a completa cura.

No mesmo dia 11 de janeiro recebemos a comunicação seguinte do Espírito protetor de nosso grupo:

"Guardiã vigilante da infância infeliz, venho associar-me aos vossos trabalhos, unir meus esforços aos vossos, para livrar esta mocinha das garras cruéis de um mau Espírito. O remédio está em vossas mãos. Velai, evocai e orai sem jamais vos cansardes, até a completa cura."

PEQUENA CÁRITA

Esse Espírito, que toma o nome de *Pequena Cárita*, é o de uma jovem que conheci, falecida na flor da idade e que desde a mais tenra infância tinha dado provas do caráter mais angélico e de rara bondade.

A evocação do Espírito obsessor só nos valeu injúrias muito grosseiras e muito sujas, que é inútil repetir. Nossas exortações e nossas preces deslizavam sobre ele e não surtiam efeito.

"Amigos, não desanimeis! Ele se sente forte porque vos vê desgostosos com sua linguagem grosseira. Abstende-vos, por enquanto, de lhe pregar moral. Conversai com ele familiarmente e em tom amigável. Assim ganhareis a sua confiança e podereis mais tarde voltar a falar a sério. Amigos, perseverança!"

VOSSOS GUIAS

De acordo com esta recomendação, tornamo-nos leves nas interpelações, que ele respondeu no mesmo tom.

No dia seguinte, 12 de janeiro, a crise foi tão longa e violenta quanto as dos dias precedentes. Durou cerca de uma hora e meia. A menina erguia-se no leito, repelia o Espírito com força e lhe dizia: "Vai-te! Vai-te!" O quarto da doente estava cheio de gente. Alguns de nós nos achávamos ao pé do leito para observar atentamente as fases da crise.

Na reunião da noite recebemos a seguinte comunicação:

"Meus amigos, aconselho a que acompanheis, como tendes feito, passo a passo, esta obsessão, que é para vós um fato novo. Vossas observações serão de grande auxílio, pois casos semelhantes poderão multiplicar-se, nos quais tereis que intervir.

"Esta obsessão, a princípio puramente física, creio que será seguida de alguma obsessão moral, mas sem perigo. Em breve vereis momentos de alegria em meio a essas torturas impostas por esse mau Espírito. Reconhecei aí a presença e a mão dos bons Espíritos. Se as torturas ainda persistirem, notareis, após a crise, a completa paralisação do corpo, e, após essa paralisação, uma alegria serena e um êxtase que aliviarão a dor da obsessão.

"Observai muito. Outros sintomas manifestar-se-ão e neles encontrareis novos assuntos de estudo.

"O Senhor disse aos seus anjos: Ide levar minha palavra aos filhos dos homens. Nós já tocamos a Terra com a vara, e a Terra gera prodígios. Curvai-vos, filhos! É a onipotência do Eterno que se vos manifesta.

"Amigos, vigiai e orai. Estamos junto de vós e do leito de sofrimentos para secar as lágrimas."

PEQUENA CÁRITA

Evocado, o Espírito de Júlio foi menos intratável do que na véspera. Na verdade, respondemos às suas facécias com outras, o que lhe agradava. Antes de nos deixar, fizemo-lo prometer ser menos duro para com sua vítima. "Tratarei de me moderar", disse ele; e como, por nossa vez, prometemos orar por ele, respondeu: "Aceito, posto não conheça o valor dessa mercadoria."

Ao Espírito:

– Considerando-se que não conheceis a prece, quereis conhecê-la e escrever uma ditada por nós?

– Eu quero muito.

Ditada por nós, ele escreveu a seguinte: "Ó meu Deus! Prometo abrir minha alma ao arrependimento. Fazei penetrar no meu coração um raio de amor por meus irmãos, única coisa que me pode purificar. E, como garantia desse desejo, aqui faço a promessa de..." (O fim da frase seria: *Cessar minha obsessão*, mas o Espírito não escreveu estas três palavras). Acrescentou: "Alto lá! Quereis arrastar-me sem me avisar. Cuidado! Não gosto de ciladas. Andais muito depressa." E como quiséssemos saber a origem de sua vingança e de seu ciúme, ele respondeu: "Não me faleis jamais da menina. Assim só me afastaríeis de vós."

A crise do dia 13 durou apenas cerca de meia hora e a luta com o Espírito foi seguida de sorrisos de felicidade, de êxtase e de lágrimas de alegria. Com os olhos muito abertos, a menina apresentava um quadro deslumbrante: juntando as mãos, erguia-se no leito e olhava o céu. As predições da pequena Cárita estavam realizadas em todos os pontos.

Na evocação havida à noite, como nos dias anteriores, o Espírito de Júlio mostrou-se mais suave e submisso, e novamente prometeu moderar os seus ataques contra a menina, cuja história jamais quis contar. Até prometeu orar.

Disse-nos o guia do médium:

"Não confieis muito em suas palavras. Elas podem ser sinceras, mas ele bem poderia enganar-vos para se livrar de vós. Mantende-vos em guarda. Cobrai as suas promessas, e se mais tarde tiverdes que censurá-lo, fazei-o com suavidade, para que note os bons sentimentos que tendes em relação a ele."

LOUIS DAVID

No dia 14, a crise foi tão curta quanto na véspera e ainda menos viva. Foi igualmente seguida de êxtase e de manifestações de alegria. As lágrimas que corriam pelas faces da criança causavam nos assistentes uma emoção que eles não podiam ocultar.

Reunidos à noite, às 8 horas, como de costume, recebemos, de começo, esta comunicação:

"Como deveis ter notado, algo de mais sensível hoje se produziu na menina. Devemos dizer-vos que nossa presença influi muito sobre o Espírito. Nós lhe lembramos a promessa de ontem. A menina adquiriu novos conhecimentos no êxtase, e tentou repelir os ataques do obsessor. Na evocação de Júlio, não fazei desvios. Evitai os detalhes que fatigam uns aos outros. Sede francos e benevolentes com ele e o tereis mais cedo. Ele deu um grande passo à frente, como notamos nesta última crise."

PEQUENA CÁRITA

1. Evocação de Júlio

– Eis-me aqui, senhores.

2. – Quais são as vossas disposições de hoje?

– São boas.

3. – Sentistes os efeitos de nossas preces?

– Não muito.

4. – Perdoai à vossa vítima e sentireis uma satisfação que não conheceis. É o que sentimos no perdão das injúrias.

– Eu! Muito pelo contrário. Eu encontrava minha satisfação na vingança de uma injúria. A isto chamo pagar as dívidas.

5. – Mas o sentimento de ódio que conservais na alma é um sentimento penoso que está longe de vos dar tranquilidade.

– Acreditaríeis se eu vos dissesse que é o apego?

6. – Acreditamos. Contudo, tende a bondade de explicar como conciliais esse apego com a vingança que exercitais. O que era para vós o Espírito dessa criança numa outra existência, e o que fez ela para merecer esse rigor?

– Inútil que mo pergunteis. Eu já vos disse: não me faleis dessa menina.

7. – Pois bem. Não falemos mais nisso, mas devemos felicitar-vos pela mudança em vós operada. Estamos felizes por isso.

– Fiz progressos em vossa escola... Que vão dizer os outros?... Eles vão me vaiar e gritar: Ah! Tu te fazes eremita!

8. – Que vos importa sua troça, se tendes os louvores dos bons Espíritos?

– É verdade.

9. – Olhai! Para provar aos maus Espíritos, vossos antigos companheiros, que rompeis completamente com eles, deveríeis

perdoar inteiramente, a partir de hoje; mostrar-vos generoso e bom, deixando de modo absoluto a jovem pela qual nos interessamos.

– Meu caro senhor, é impossível. *Isto não pode acontecer de modo tão pronto. Deixai que eu me desfaça pouco a pouco do que me é uma necessidade.* Sabeis a que vos exporíeis se eu parasse subitamente? A me ver voltar subitamente. Contudo, quero vos prometer uma coisa: poupar a menina e torturá-la amanhã menos do que hoje. Mas para isso imponho uma condição, a de aqui não ser trazido à força. Eu quero vir livremente, ao vosso apelo, e se faltar à minha palavra, concordo em perder este favor. Devo dizer-vos que essa mudança em mim é devida a essa figura radiosa que aí está, junto de vós, e que também vejo ao pé do leito da menina, todos os dias, no momento da luta. Nós somos tocados, malgrado nosso. Sem isto, vós e os vossos santos teríeis dificuldades por alguns dias. (O Espírito referia-se à pequena Cárita).

10. – Então ela é bonita?

– Bela, muito bela, ó sim!

11. – Mas ela não está sozinha junto de vós durante as lutas?

– Oh não! Há os outros, os antigos *do corpo*, os amigos. Aquilo não ri nunca, mas agora zombo muito deles.

OBSERVAÇÃO: O interrogante sem dúvida queria falar dos outros bons Espíritos, mas Júlio faz alusão aos maus Espíritos, seus companheiros.

12. – Vamos! Antes de nos deixar, prometemos esta noite orar por vós.

– Eu peço dez orações. *Dizei-as de coração*, e amanhã estareis contentes comigo.

13. – Então, que sejam dez. E desde que estais com tão boas disposições, quereis escrever de coração uma prece de três palavras, ditada por mim?

– De boa vontade.

O Espírito escreveu: "Ó meu Deus, dai-me a força de perdoar."

A 15 de janeiro deu-se a crise, como sempre, às 5 da tarde, mas durou apenas quinze minutos. A luta foi fraca e seguida de êxtase, sorrisos e lágrimas, que exprimiam alegria e felicidade.

Na reunião noturna, a pequena Cárita nos deu a comunicação seguinte:

"Meus caros protegidos, conforme à expectativa que vos demos, o fenômeno espírita que se passa aos vossos olhos se modifica, melhora dia a dia, perdendo seu caráter de gravidade. Para começar, um conselho: Que isto seja para vós um tema de estudo, do ponto de vista das torturas físicas, e de estudos morais. Aos olhos do mundo, não façais sinais exteriores e não digais palavras inúteis. Que vos importa o que dirão? Deixai a discussão aos ociosos. Que o objetivo prático, isto é, a libertação desta menina e a melhora do Espírito que a obsidia, seja o elemento de vossas conversas íntimas e sérias. Não faleis de cura em voz alta. Pedi-a a Deus no recolhimento da prece.

"Sinto-me feliz ao dizer-vos que esta obsessão chega ao fim. O Espírito de Júlio melhorou sensivelmente. Também eu, com todas as minhas possibilidades, agi sobre o Espírito da menina, a fim de que essas duas naturezas tão opostas se tornassem mais compatíveis. A combinação dos fluidos não oferecerá mais nenhum perigo real em relação ao organismo, e o desmoronamento que sentia esse corpo jovem ao contato fluídico desaparece sensivelmente. Vosso trabalho não está acabado. A prece de *todos* deve sempre preceder e seguir a evocação."

PEQUENA CÁRITA

Após a evocação de Júlio e a prece na qual ele é qualificado de Espírito mau, diz ele:

– Eis-me aqui. Em nome da justiça, peço a reforma de certas palavras de vossa prece. Eu reformei os meus atos. Reformai as qualificações que me endereçais.

– Tendes razão. Não cometeremos mais essa falha. Hoje viestes sem constrangimento?

– Sim, vim livremente. Mantive minhas promessas.

– Agora que estais calmo e com bons sentimentos, concordais em nos confiar os motivos de vosso rigor para com a menina?

– Por favor, deixai o passado. Quando o mal está cauterizado, para que revolver a ferida? Ah! Sinto que o homem deve tornar-se melhor. Tenho horror ao meu passado e olho o futuro com esperança. Quando uma boca de anjo vos diz: A vingança é uma tortura para quem a exerce; o amor é a felicidade para aquele que o prodigaliza, ah! esse fermento que azeda e murcha o coração se extingue. É preciso amar.

"Estais admirados de minhas palavras? Elas não são criação minha. Elas me foram ensinadas, e eu tenho prazer em vo-las repetir. Ah! Como seríeis felizes se apenas por um minuto percebêsseis este anjo, radioso como um sol, bom e suave como um orvalho refrescante que cai em gotinhas finas sobre uma planta queimada pelo fogo do dia! Como vedes, não tenho dificuldade para falar, pois eu bebo na fonte.

"Um rápido golpe de vista sobre a minha vida vagabunda:

"Nascido no seio da miséria ligada ao vício, cedo saboreei os amores grosseiros da vida. Suguei com o leite a beberagem envenenada que me ofereciam todas as paixões. Eu vagava sem fé, sem lei, sem honra. Quando se tem que viver ao acaso, tudo é bom. A galinha do camponês, como o carneiro do castelão, servia-nos de refeição. A pilhagem era a minha ocupação, quando sem dúvida o acaso, pois não creio que a Providência vele sobre semelhantes celerados, me tomou e me equipou. Orgulhoso da roupa surrada que substituía os meus trapos, de alabarda na mão, uni-me a um bando de... maus companheiros, vivendo às custas de um senhor poltrão cuja estatura, por sua vez, superava a dos companheiros. Mas, que nos importava, a nós, a fonte de onde corriam para as nossas mãos a moeda e as provisões! Não entrarei em detalhes de fatos que me são pessoais. Eles são maus, horríveis e indignos de serem contados. Compreendeis que, educada em semelhante escola, a gente pode tornar-se um homem de bem?

"Separado pela morte, o bando foi reconstituir-se no mundo dos Espíritos. Longe de evitar as ocasiões de fazer o mal, nós o buscávamos. Em meus passeios errantes, encontrei uma vítima a fazer, e a fiz. Vós sabeis o resto.

"Por favor, senhores, orai também pelo bando. Por vezes vos admirais que uma região contenha mais malfeitores que outras. É muito simples. *Não querendo separar-se, caem sobre uma região como uma nuvem de gafanhotos*. Aos lobos, as florestas, aos pombos, os pombais.

"Eu tinha vivido essa existência terrena ao tempo de Luís XIII. Minha última existência foi sob o Império. Fui guerrilheiro. O bacamarte e o chapéu cônico enfeitado me agradavam muito. Eu amava o perigo, o roubo e as aventuras. Triste gosto! direis. Mas que fazer alhures? Eu estava habituado a viver nos bandos. Deveis estar admirados da mudança sofrida: é obra de um anjo.

"Nada vos prometo para amanhã. Julgar-me-eis por meus atos.

"Uma prece, por favor. Por minha vez, vou fazer uma:

"Anjinho, abre as tuas asas; alça teu voo para o trono do Senhor; pede-lhe o meu perdão, pondo a seus pés o meu arrependimento."

JÚLIO

Pergunta. – Já que estais em tão bom caminho, pedi a Deus pela pobre menina...

Resposta. – Não posso... seria uma irrisão ou uma crueldade que o carrasco abraçasse a sua vítima.

No dia seguinte, 16 de janeiro, a menina não teve crises, mas apenas mal-estar no estômago. Aos nossos olhos tinha-se operado a libertação.

À noite, às 8 horas, respondendo ao nosso chamado, o Espírito de Júlio deu a comunicação seguinte:

"Meus amigos, permiti-me esta palavra. Eu, o Espírito obsessor, o Espírito mau, astucioso e perverso; eu, que ainda há poucos dias atolava-me no mal e nisso tinha prazer, vou, com o auxílio do anjo, vos pregar moral. Eu mesmo me sinto surpreso com esta mudança e me pergunto se quem fala sou eu mesmo.

"Eu acreditava que estivesse extinto em minha alma todo sentimento, mas uma fibra ainda vibrava. O anjo a adivinhou e a tocou. Começo a ver e a sentir.

"O mal me causa horror. Lancei um olhar sobre o meu passado e só vi crimes. Uma voz suave me disse: Espera; contempla a alegria e a felicidade dos bons Espíritos; purifica-te; perdoa, em vez de vingar-te; ama em vez de odiar. Também eu te amarei, eu mesma, se quiseres amar, se te tornares melhor. Eu me senti enternecido. Agora compreendo a felicidade que experimentarão os homens, quando souberem praticar a caridade.

"Mocinha, (Ele se dirige à criança presente à sessão) tu, que eu havia escolhido para minha presa, como o abutre a suave pomba, ora por mim, e que o nome do reprovado se apague de tua memória. Recebi o batismo de amor das mãos do anjo do Senhor, e hoje, visto a túnica da inocência. Pobre criança, desejo que tuas preces dirigidas ao Senhor em minha intenção em breve me livrem do remorso que me vai acompanhar como uma expiação justamente merecida.

"Meus amigos, por favor, continuai também vossas preces por meus miseráveis companheiros, que me perseguem com sua inveja maldosa, porque lhes escapo. Ainda ontem eu me perguntava o que diriam eles de mim. Hoje eu lhes digo: Eu venci. Meu passado está perdoado, pois eu soube arrepender-me. Fazei como eu. Travai a batalha contra o mal, que vos mantém cativos nesse lugar de tormentos e de desespero, e saí dele como vencedores. Se, como a vossa, a minha mão criminosa mergulhou no sangue, ela vos levará a água santa da prece que lava os estigmas do reprovado. Meu Deus, perdão!

"Obrigado, meus amigos, pelo bem que me fizestes. Pedir-vos-ei para ficar junto de vós, a partir de hoje, para assistir às vossas reuniões. Preciso beber, na boa fonte, conselhos para preencher uma nova existência que pedirei a Deus, quando tiver sofrido a expiação de meu passado infame que a consciência me censura."

JÚLIO

A 17 de janeiro, conforme a promessa de Júlio, a menina não experimentou nenhum mal-estar, nem mesmo no estômago. A pequena Cárita anunciou que ela sofreria uma prova moral, às cinco da tarde, durante alguns dias, ou durante o sono, prova que nada teria de penoso para ela, e cujos únicos sintomas seriam sorrisos e doces lágrimas, o que realmente aconteceu, durante dois dias. Nos dias seguintes houve a mais completa ausência do menor indício de crise. Nem por isso deixamos de observar a menina e de orar.

A 18 de fevereiro a Pequena Cárita nos ditou esta instrução:

"Meus bons amigos, bani todo o medo. A obsessão está acabada e bem acabada. Uma ordem de coisas estranhas para vós, mas que em breve vos parecerão muito naturais, será talvez a consequência desta obsessão, mas não obra de Júlio. Alguns desenvolvimentos aqui são necessários como ensinamento.

"Hoje, que conheceis a doutrina, a obsessão ou subjugação do ser material se vos apresenta não como um fenômeno sobrenatural, mas apenas com um caráter diferente das doenças orgânicas.

"O Espírito que subjuga penetra o perispírito do ser sobre o qual quer agir. O perispírito do obsedado recebe como um envoltório o corpo fluídico do Espírito estranho e, por esse meio, é atingido em todo o seu ser. O corpo material experimenta a pressão sobre ele exercida de maneira indireta.

"Pareceu estranho que a alma tenha podido agir fisicamente sobre a matéria animada. É ela, entretanto, que é autora de todos esses fatos. Ela tem por atributos a inteligência e a vontade. Por sua vontade, ela dirige, e o perispírito, que é de uma natureza semimaterial, é o instrumento do qual ela se serve.

"O mal físico é aparente, mas a combinação fluídica, que vossos sentidos não podem captar, esconde um número infinito de mistérios que se revelarão com o progresso da doutrina, considerada do ponto de vista científico.

"Quando o Espírito abandona a sua vítima, sua vontade não age mais sobre o corpo, mas a impressão que o perispírito recebeu pelo fluido estranho de que foi carregado não se apaga de repente, e continua ainda por algum tempo a influenciar o organismo. No caso de vossa jovem doente: tristeza, lágrimas, langores, insônia, distúrbios vagos, tais são os efeitos que poderão produzir-se em consequência dessa libertação, mas, tende certeza, e assegurai à menina e à sua família que essas consequências não lhes oferecerão perigo.

"Meu dever me chama, de maneira especial, a levar a bom termo o trabalho que convosco iniciei. Agora é preciso agir sobre o próprio Espírito da menina, por uma suave e salutar influência moralizadora.

"Quanto a vós, meus amigos, continuai a orar e a observar atentamente todos esses fenômenos. Estudai sem cessar, pois o campo está aberto e é vasto. Fazei conhecer e compreender todas estas coisas, e as ideias espíritas penetrarão pouco a pouco no espírito de vossos irmãos, que o aparecimento da doutrina encontrou incrédulos ou indiferentes."

PEQUENA CÁRITA

OBSERVAÇÃO: Devemos um justo tributo de elogios aos nossos irmãos de Marmande pelo tato, a prudência e o devotamento esclarecido de que deram prova nessa circunstância. Por este brilhante sucesso, Deus recompensou sua fé, sua perseverança e seu desinteresse moral, pois nisso não buscaram qualquer satisfação do amor-próprio. A coisa não teria sido a mesma se o orgulho tivesse manchado sua boa ação. *Deus retira seus dons de quem quer que não os use com humildade*. Sob o domínio do orgulho, as mais eminentes faculdades mediúnicas se pervertem, se alteram e se extinguem, porque os bons Espíritos retiram o seu concurso. As decepções, os dissabores, as desgraças efetivas, desde esta vida, muitas vezes são a consequência do desvio da faculdade de seu objetivo providencial. Poderíamos citar vários exemplos tristes, entre os médiuns que suscitavam as mais belas esperanças.

A tal respeito, nunca seria demais nos compenetrarmos das instruções contidas na *Imitação do Evangelho*, números 285, 326 e seguintes, 333, 392 e seguintes.

Recomendamos às preces de todos os bons espíritas o Espírito acima, do obsessor Júlio, a fim fortalecê-lo em suas boas resoluções e de lhe fazer compreender o que se ganha fazendo o bem.

ALGUMAS REFUTAÇÕES

CONSPIRAÇÕES CONTRA A FÉ

A história registrará a lógica singular dos contraditores do Espiritismo, da qual vamos dar alguns exemplos.

Do departamento de Haute-Marne mandam-nos a ordenação do Sr. Bispo de Langres, onde se nota a seguinte passagem:

..".A fé, eis o que os homens que se dizem amigos da Humanidade, da liberdade e do progresso, mas que, na realidade, a Sociedade deve contar entre seus mais perigosos inimigos, se esforçam, por todos os meios, para arrancar do coração das populações cristãs. Porque, é preciso dizer, nossos caríssimos irmãos, e é nosso dever, a nós que somos encarregado de velar pela guarda de vossas almas, disso vos advertir, a fim de que os nossos avisos vos tornem prudentes e precavidos, que talvez jamais se tenha visto uma conspiração mais odiosa, mais vasta, mais perigosa, mais sabiamente, isto é, mais satanicamente organizada contra a fé católica do que aquela que hoje existe. Conspiração de sociedades secretas que trabalham na sombra para aniquilar o Catolicismo, se elas pudessem; conspiração do Protestantismo que, por uma propaganda ativa, busca insinuar-se por toda parte; conspiração dos filósofos racionalistas e anticristãos, que rejeitam, sem razão e contra toda razão, o sobrenatural e a religião revelada, e que se esforçam por fazer prevalecer no mundo letrado sua falsa e funesta doutrina; conspiração das sociedades espíritas que, pela superstição prática da evocação dos Espíritos, entregam-se e incitam os outros a entregar-se à pérfida maldade do espírito de mentira e de erro; conspiração de uma literatura ímpia ou corruptora; conspiração dos maus jornais e dos maus livros, que se propagam de modo apavorante, à sombra de uma tolerância ou de uma liberdade gabada como progresso do século, como conquista do que chamam espírito moderno, e que não é senão encorajamento para o gênio do mal, um justo motivo de dor para uma nação católica, uma cilada e um perigo muito evidente para todos os fiéis de qualquer classe, não suficientemente instruídos na religião, cujo número infelizmente é grande; conspiração, enfim, desse materialismo prático que não vê, que não busca, que não persegue senão o interesse do corpo e o bem-estar físico; que não mais se ocupa da alma e de seu destino, como se ele não existisse, e cujo exemplo pernicioso seduz e arrasta facilmente as massas. Tais são, à primeira vista, caríssimos irmãos, os perigos que hoje corre a fé... etc."

Estamos de perfeito acordo com o senhor bispo no que toca às funestas consequências do materialismo, mas é de admirar vê-lo confundir na mesma reprovação o materialismo, que tudo nega: a alma, o futuro, Deus, a Providência, com o Espiritismo, que vem combatê-lo e dele triunfa pelas provas materiais que ele dá, da existência da alma, precisamente com o auxílio dessas mesmas evocações supostamente supersticiosas. Será talvez porque ele triunfa onde a Igreja é impotente? Partilharia o senhor bispo da opinião daquele eclesiástico que dizia do púlpito: "Prefiro saber-vos fora da Igreja do que vos ver entrar para o Espiritismo!" E deste outro que dizia: "Prefiro um ateu, que em nada crê, a um espírita que crê em Deus e em sua alma." É uma opinião como qualquer outra, e gostos não se discutem. Seja qual for a opinião do senhor bispo sobre este ponto, ficaríamos encantados se ele se dignasse responder às duas questões seguintes: "Como é que com o auxílio dos poderosos meios de ensino que a Igreja possui para fazer brilhar a verdade aos olhos de todos, não pôde ela deter o materialismo, ao passo que o Espiritismo, nascido ontem, diariamente converte incrédulos endurecidos? – O meio pelo qual se atinge um objetivo é pior do que aquele com cujo auxílio não se consegue?"

O senhor bispo enumera grande número de conspirações que se erguem ameaçadoras contra a religião. Certamente ele não refletiu que, por esse quadro tão ameaçador para os fiéis, ele vai precisamente contra o seu objetivo, e pode até provocar, nestes últimos, reflexões prejudiciais. Escutando-o, deduz-se que em breve os conspiradores seriam mais numerosos.

Ora, o que aconteceria num Estado se toda a nação conspirasse? Se a religião se vê atacada por tão numerosas coortes, isto não provaria a favor das simpatias que ela encontra. Dizer que a fé ortodoxa está ameaçada é confessar a fraqueza de seus argumentos. Se ela é fundada na verdade absoluta, ela não pode temer nenhum argumento contrário. Dar alarme em tal caso é falta de habilidade.

UMA INSTRUÇÃO DE CATECISMO

Num catecismo de perseverança da diocese de Langres, ao tratar da ordenação relatada no artigo acima, foi dada uma instrução sobre o Espiritismo, como assunto a ser tratado pelos alunos.

Eis a narração textual de um deles:

"O Espiritismo é obra do diabo, que o inventou. Entregar-se a isto é pôr-se em contato direto com o demônio. Superstição diabólica! Por vezes Deus permite essas coisas para reavivar a fé dos fiéis. O demônio faz-se bom, faz-se santo, cita palavras das Escrituras Sagradas."

Esse meio de reanimar a fé nos parece muito mal escolhido.

"Tertuliano, que viveu no segundo século, conta que faziam falar as cabras e as mesas; é a essência da idolatria. Essas operações satânicas eram raras em certos países cristãos e hoje são muito comuns. Esse poder do demônio mostrou-se em todo o seu brilho com o aparecimento do protestantismo."

Eis crianças bem convencidas do grande poder do demônio. Não seria o caso de temer que isto lhes fizesse duvidar um pouco do poder de Deus, quando se vê o demônio tantas vezes levar a melhor sobre ele?

"O Espiritismo nasceu na América, no seio de uma família protestante, chamada Fox. A princípio o demônio apareceu com batidas que sobressaltavam. Por fim, impacientados com as batidas, procuraram o que podia ser. Um dia a filha do Sr. Fox pôs-se a dizer: 'Bata aqui, bata ali', e ele batia onde ela queria."

Sempre a excitação contra os protestantes! Assim, eis crianças educadas pela religião no ódio contra uma parte de seus concidadãos, por vezes contra membros de sua própria família! Felizmente o espírito de tolerância que reina em nossa época o contrabalança, sem o que veríamos a renovação das cenas sangrentas dos séculos passados.

"Em breve essa heresia vulgarizou-se; em breve tinha quinhentos mil sectários. Os Espíritos invisíveis se permitiam fazer toda sorte de coisas. Ao simples pedido de uma criatura, moviam-se mesas cobertas por centenas de livros; viam-se mãos sem corpo. Eis o que se passou na América, e isto veio para a França pela Espanha. Logo o Espírito foi forçado por Deus e os anjos a dizer que ele era o diabo, a fim de que ele não apanhasse em suas armadilhas as pessoas direitas."

Julgamo-nos bem ao par da marcha do Espiritismo e jamais ouvimos dizer que tivesse chegado à França pela Espanha. Seria um ponto a retificar na história do Espiritismo?

Pela confissão dos adversários do Espiritismo, vê-se com que rapidez a ideia nova ganhava terreno. Uma ideia que, apenas surgida, conquista quinhentos mil partidários não é sem valor, e prova o caminho que fará mais tarde. Assim, dez anos depois, um deles eleva a cifra para vinte milhões só na França, e prediz que em pouco a heresia terá ganho os outros vinte milhões. (Vide a *Revista Espírita* de junho de 1863). Mas então, se todo o mundo é herético, que restará para a ortodoxia? Não seria o caso de aplicar a máxima: Quando todo mundo está errado, todo o mundo tem razão? Que teria respondido o instrutor se um menino terrível de seu auditório juvenil lhe tivesse feito a pergunta:

– Como é que na primeira pregação de São Pedro ele converteu apenas três mil judeus, enquanto o Espiritismo, que é obra de Satã, fez imediatamente quinhentos mil adeptos? Seria Satã mais poderoso do que Deus?

Talvez ele lhe tivesse respondido:

– É porque eles eram protestantes.

"Satã diz que é um bom Espírito, mas é um mentiroso. Um dia quiseram que a mesa falasse; ela não quis responder; pensaram que a presença de padres a impedia. Por fim, vieram duas batidas, advertindo que o Espírito lá estava. Perguntaram-lhe:

– "Jesus Cristo é filho de Deus?

– "Não.

– "Reconheces a santa eucaristia?

– "Sim.

– "A morte de Jesus Cristo aumentou os teus sofrimentos?

– "Sim."

Então há padres que assistem a essas sessões diabólicas. O menino terrível poderia ter perguntado por que, quando eles vêm, eles não fazem o diabo fugir?

"Eis uma cena diabólica." Eis o que dizia o Sr. Allan Kardec: "A libertinagem dos Espíritos mistificadores ultrapassa tudo quanto se possa imaginar. Havia dois Espíritos, um representando o bom, outro, o mau. Ao cabo de alguns meses disse um deles:

"– Estou farto de vos repetir palavras melosas, que não aceito.

"– Então és o Espírito do mal?

"– Sim.

"– Não sofres falando de Deus, da virgem e dos Santos?

"– Sim.

"– Queres o bem ou o mal?

"– O mal.

"– Não és o Espírito que falava há pouco?

"– Não.

"– Onde estás?

"– No inferno.

"– Sofres?

"– Sim.

"– Sempre?

"– Sim.

"– Estás submetido a Jesus Cristo?

"– Não, a Lúcifer.

"– Ele é eterno?

"– Não.

"– Gostas do que tenho na mão? (eram medalhas da santa Virgem)

"– Não. Julguei inspirar-vos confiança; o inferno me reclama; adeus!"

Sem dúvida esse relato é dramático, mas seria muito hábil aquele que provasse que temos algo com isso. É triste ver a que expedientes são obrigados a recorrer para dar fé. Eles esquecem que essas crianças crescerão e refletirão. A fé que repousa sobre tais provas tem razão de temer as conspirações.

"Acabamos de ver o Espírito do mal forçado a confessar o que é. Eis outra frase que o lápis na mão do médium escrevia: 'Se queres entregar-te a mim, alma, espírito e corpo, satisfarei os teus desejos; se queres estar comigo, escreve teu nome embaixo do meu'; e ele escrevia: *Giefle* ou Satã. O médium tremia e não escrevia. Ele tinha razão. *Todas* as sessões terminam por estas palavras:

"– *Queres aderir*?

"O demônio queria que fizessem um pacto com ele. Um dia ele disse a alguém:

"– Entrega-me a tua alma!

"– Quem és tu?

"– Sou o demônio.

"– Que queres?

"– Possuir-te. O purgatório não existe. Os celerados, os maus, tudo isto no Céu."

Que dirão essas crianças quando testemunharem algumas evocações e, em vez de um pacto infernal, ouvirem isto dos Espíritos: "Amai a Deus sobre todas as coisas e ao próximo como a vós mesmos; praticai a caridade ensinada pelo Cristo; sede bons para com todos, mesmo os vossos inimigos; orai a Deus e segui os seus mandamentos para serdes felizes neste mundo e no outro?"

"Todos esses prodígios, todas essas coisas extraordinárias vêm dos Espíritos das trevas. O Sr. Home, espírita fervoroso, nos diz que por vezes o solo trepida sob os seus pés, os apartamentos tremem, as pessoas se arrepiam; uma invisível mão apalpa-vos os joelhos e os ombros; uma mesa pula. Perguntam:

"– Estás aí?

"– Sim.

"– Dá provas.

"E a mesa se ergue duas vezes!"

Uma vez mais, isto tudo é muito dramático. No entanto, entre os jovens ouvintes, mais de um sem dúvida desejou ver e não perderá a primeira oportunidade. Também serão encontradas mocinhas impressionáveis, de organização delicada, que, ao menor prurido, julgarão sentir a mão do diabo e sentir-se-ão mal.

"Todas essas coisas são ridículas. A Santa Igreja, mãe de todos nós, nos faz ver que isto não passa de mentira."

Se tudo isto for ridículo e mentiroso, por que então dar tanta importância? Por que apavorar as crianças com quadros sem nenhuma realidade? Se há mentira, não é nesses mesmos quadros?

"Por exemplo, a evocação dos mortos. Não se deve crer que sejam os nossos parentes que nos falam: é Satã que fala e se dá por um morto. Certamente estamos em comunicação pela comunhão dos santos. Na vida dos santos temos exemplos de aparições de mortos, mas é um milagre da sabedoria divina, e esses milagres são raros. Eis o que se diz: Às vezes os demônios se manifestam como se fossem os mortos, e às vezes também como se fossem os santos."

Às vezes não é sempre, portanto, pode acontecer que o Espírito que se comunica não seja um demônio.

"Eles podem fazer muitas outras coisas. Um dia um médium que não sabia desenhar reproduziu, com a mão conduzida por um Espírito, as figuras de Jesus Cristo e da Santa Virgem que, apresentadas a alguns dos nossos melhores artistas, foram julgadas dignas de ser expostas."

Ouvindo isto, um aluno bem poderia pensar: Ah! Se um Espírito pudesse guiar a minha mão para fazer meu dever e ganhar um prêmio! Tentemos!

"Saul consultou a Pitoniza de Endor e Deus permitiu que Samuel lhe aparecesse para dizer: Por que perturbas o meu repouso? Amanhã estarás comigo no túmulo. Nossos Saúis de salão bem deveriam pensar nesta história. São Felipe de Neri nos diz: Se a Santa Virgem vos aparecesse, ou mesmo Nosso Senhor Jesus Cristo, cuspi-lhe no rosto, pois seria apenas uma trapaça do demônio para vos induzir em erro."

A que se reduz, então, a aparição de Nossa Senhora da Salete a duas pobres crianças? Conforme essa instrução do catecismo, deveriam ter-lhe cuspido no rosto.

"Nosso santo padre o Papa Pio IX proibiu expressamente dar-se a essas coisas. O Sr. Bispo de Langres, e ainda muitos outros fizeram o mesmo. Há perigo de vida. Dois velhos suicidaram-se porque os Espíritos lhes haviam dito que depois da morte gozariam de uma felicidade infinita. Perigo para a razão. Vários médiuns enlouqueceram e numa casa de alienados contavam-se mais de quarenta indivíduos que o Espiritismo havia enlouquecido."

Ainda não conhecemos a bula papal que proíbe expressamente de ocupar-se com essas coisas. Se ela existisse, o Sr. Bispo de Langres e os outros não teriam deixado de mencioná-la. A história dos dois velhos, a que se faz alusão, é inexata. Foi provado, por documentos oficiais apresentados ao tribunal, e notadamente por cartas por eles escritas antes da morte, que se suicidavam em consequência de perdas de dinheiro e do medo de cair na miséria (Vide a *Revista Espírita* de abril de 1863). A história dos quarenta indivíduos fechados numa casa de alienados não é mais verdadeira. Seria muito difícil justificar pelos nomes desses pretensos loucos, que um primeiro jornal fixou em quatro, um segundo em quarenta, um terceiro em quatrocentos e um quinto disse que trabalhavam na ampliação do hospício. Um instrutor de catecismo deveria colher seus dados históricos em fonte outra que os boatos dos jornais. As crianças a quem contam seriamente essas coisas as aceitam com confiança. Entretanto, quanto maior a confiança, mais forte a reação contrária quando, mais tarde, vierem a saber a verdade. Isto é dito em sentido geral e não exclusivamente quanto ao Espiritismo.

Se analisamos este trabalho de um rapazinho, fique bem entendido que não é a opinião dessa criança que refutamos, mas aquela da qual essa narração é um resumo. Se fossem investigadas com cuidado todas as instruções dessa natureza, ficaríamos menos admirados dos frutos colhidos mais tarde. Para instruir a infância é necessário grande tato e muita experiência, porque não se imagina o alcance que poderá ter uma só palavra imprudente que, como um grão de erva daninha, germina nessas jovens imaginações como em terra virgem.

Parece que os adversários do Espiritismo não acham que a ideia esteja bastante espalhada. Dir-se-ia que, malgrado seu, são impelidos a engendrar meios de divulgá-la ainda mais. Depois dos sermões, cujo resultado é conhecido, não se podia achar um meio mais eficaz do que fazê-lo tema de instruções e deveres de catecismo. Os sermões atuam sobre a geração que se vai. As instruções predispõem a geração que chega. Erraríamos se as víssemos com desagrado.

O ESPÍRITO BATEDOR DA IRMÃ MARIA

O relato que segue é de uma carta cujo original temos em mãos, e que transcrevemos textualmente.

"Em Viviers, neste 10 de abril de 1741.

"Ninguém no mundo, meu caro de Noailles, melhor do que eu vos pode informar de tudo quanto se passou na cela da Irmã

Maria, e se a descrição que fizestes nos meteu a ridículo em nossa cidade, quero partilhá-lo convosco. A força da verdade vencerá sempre em mim o medo de passar por um visionário e um homem demasiado crédulo.

"Eis, pois, um resumo de tudo o que vi e ouvi durante quatro noites que ali passei, e comigo mais de quarenta pessoas, todas dignas de fé. Só vos relatarei os fatos mais notáveis.

"A 23 de março, dia da Anunciação, eu soube, pela voz pública, que há três dias ouviam-se, todas as noites, grandes ruídos na cela da Irmã Maria; que as duas Irmãs de São Domingos, que moram com ela, tinham ficado tão apavoradas que tinham mandado chamar o Pe. Chambon, cura de Saint-Laurent, o qual, tendo vindo, uma hora depois de meia noite àquela cela, tinha ouvido os quadros batendo nas paredes, uma pia de água benta, de louça, mover-se com ruído e uma cadeira de madeira posta no meio da cela cair seis vezes. Confesso, senhor, que ao ouvir isto, não deixei de fazer troça; as devotas de todos os tipos sujeitaram-se à minha crítica, e desde então resolvi ir passar a noite seguinte junto a essa Irmã Maria, bem persuadido de que em minha presença tudo ficaria no silêncio, ou que eu descobriria a impostura. Com efeito, naquele dia, às nove horas da noite, fui para aquela casa. Interroguei muitas Irmãs, sobretudo a Irmã Maria, que me pareceu instruída da causa de todos esses ruídos, mas não nos quis comunicar. Então fiz uma busca muito cuidadosa em seu quarto. Olhei por cima e por baixo da cama, as paredes, os quadros. Tudo foi examinado com muito cuidado e nada tendo descoberto que pudesse ocasionar todos esses ruídos, determinei que todos saíssem do quarto, com ordem de que ninguém entrasse senão eu. Instalei-me perto da lareira, no quarto vizinho; deixei a porta da cela aberta, e na soleira da porta coloquei uma vela, de modo que eu via, do meu posto, a um passo do leito, a cadeira que eu havia ali colocado, e quase que toda a cela. Às 10 horas os Srs. d'Entrevaux e Archambaud vieram juntar-se a mim, e com eles dois artífices de nossa cidade.

"Pelas onze e meia ouvi a cadeira mexer-se e logo acorri. Tendo-a encontrado caída, levantei-a e a coloquei mais longe do leito da doente, pois não queria perdê-la de vista. Os Srs. d'Entrevaux e Archambaud tomaram a mesma precaução e, após um momento, nós a vimos mexer-se pela segunda vez; a pia de água benta, colocada no leito da Irmã Maria, mas a uma altura que ela não podia atingir, tiniu várias vezes e um quadro bateu três vezes na parede. No momento fui falar com a doente. Encontrei-a extremamente oprimida, e dessa opressão ela caiu num esgotamento ou perdeu o conhecimento e o uso de todos os sentidos, que se reduziram à audição. Eu próprio fui o seu médico; por meio de água de lavanda, dentro em pouco ela voltou a si. De quinze em quinze minutos ouvíamos o mesmo ruído, e achando os quadros sempre no mesmo estado, ordenei que esse barulhento, fosse quem fosse, batesse três vezes com o quadro na parede e o virasse com a frente para trás: fui obedecido nesse momento. Um instante após, ordenei-lhe que repusesse o quadro na primeira posição e obtive uma segunda prova de sua submissão às minhas ordens.

"Como me apercebei que não havia nada de barulhento na cela senão uma cadeira, dois quadros e uma pia de água benta, recolhi todas essas coisas. Então, o ruído passou para as imagens, que ouvimos mover-se várias vezes, e a um pequeno crucifixo que estava pendurado num prego, na parede. Não ouvimos nem vimos nada mais nessa noite. Tudo ficou calmo e tranquilo às cinco horas da manhã. Não fizemos segredo sobre tudo quanto tínhamos visto e ouvido e vos deixo a pensar se não fui enganado em minha visão. Induzi os mais incrédulos a acreditar. Lá fomos, três noites seguidas, e eis o que me pareceu mais surpreendente. Só vos relatarei certos fatos, pois seria longo se quisesse entrar em todos os detalhes. Deve bastar que vos diga que os Srs. Digoine, Bonfils, d'Entrevaux, Chambon, Faure, Allier, Aoust, Grange, Bouron, Bonnier, Fontenès, Robert e muitos outros os testemunharam.

"Tendo-se espalhado na cidade o boato de que a Irmã Maria podia ser a atriz dessa comédia, modifiquei a boa opinião em que a tinha; quis mesmo suspeitar de trapaça e, posto seja ela paralítica, segundo o atestado do nosso médico e de todos os que dela se aproximam e nos asseguram que há mais de três anos ela não movimenta nem a cabeça, eu quis admitir que ela pudesse mover-se e, com tal suposição, eis, senhor, de que maneira agi:

"Durante três dias seguidos, às nove da noite, fui à casa da Irmã. Preveni-a dos expedientes que ia tomar para não ser enganado, em presença de cinco ou seis dos senhores já citados. Mandei costurá-la em suas vestes. Ela estava colocada e envolvida em seu leito como uma criança de um mês em seu berço. Tomei ainda dois papelotes, colocando-os em forma de cruz sobre seu peito, de modo que ela não podia fazer qualquer movimento sem que a cruz se desarrumasse.

"Nesse mesmo dia ela havia contado o mistério ao Pe. Chambon, que a dirige na ausência do Sr. Bispo, e ao Pe. David, diretor do nosso seminário. O primeiro pediu-lhe e ela permitiu que ele me informasse da causa de todos esses ruídos. Então entrei na confidência, e ela me informou que era uma alma sofredora, cujo nome indicou, e que vinha com a permissão de Deus para que fossem aliviadas as suas penas. Assim informado e precatado contra o erro, não deixei ninguém em sua cela. Éramos oito naquela noite, todos determinados a em nada acreditar. Pelas onze horas os quadros e a pia se fizeram ouvir. Então o Sr. Digoine e eu fomos colocar-nos à porta, com uma luz à mão. É preciso notar que a cela é pequena, que do meio eu podia alcançar as quatro paredes apenas estendendo os braços. Tão logo nos colocamos, o quadro bateu contra a parede. Acorremos logo e encontramos o quadro sem movimento e a doente na mesma posição. Retomamos o nosso posto e, tendo o quadro batido uma segunda vez, acorremos à primeira pancada e vimos o quadro virar no ar e rodar sobre o leito. Coloquei-o na janela. Um momento depois ele bateu três vezes, à vista de todos aqueles senhores. Querendo convencer-me cada vez mais da veracidade do fato contado pela Irmã Maria, ordenei a esse Espírito sofredor que tomasse o crucifixo da parede e o pusesse sobre o peito da doente. Ele obedeceu imediatamente. Todos os senhores que estavam comigo foram testemunhas. Ordenei-lhe que repusesse o crucifixo no lugar e movesse a pia com força. Ele obedeceu, da mesma forma, e como então eu tinha tido o cuidado de pôr a pia à vista de todos, ouvimos o ruído e vimos o movimento. Não bastando tais sinais para me convencer, exigi novas provas. Coloquei uma mesa ao pé do leito da doente e disse a esse Espírito sofredor que de boa vontade lhe ofereceríamos nossos votos e nossas preces, mas que, sendo o sacrifício da missa o mais seguro para o alívio de suas penas, ordenei-lhe que desse tantas pancadas sobre a mesa quantas missas quisesse que fossem ditas em seu favor. Ele bateu no mesmo instante e contamos trinta e três pancadas. Então combinamos entre nós as providências para nos desincumbirmos o quanto antes dessa tarefa, e no tempo que conversávamos, os quadros, a pia e o crucifixo batiam, todos ao mesmo tempo, com mais ruído que nunca.

"Eram duas horas depois da meia noite, e mandei despertar o Pe. Chambon, que foi testemunha de tudo quanto lhe havíamos contado, pois em sua presença nós lhe fizemos repetir as 33 batidas. O Pe. Chambon lhe ordenou que pegasse o crucifixo e o transportasse para uma certa cadeira. Logo ouvimos uma pancada sobre essa cadeira, corremos e encontramos o crucifixo embaixo da cama, a um passo da cadeira. Pedi, um após outro, ao Cônego Digoine, ao Pe. Chambon e ao Pe. Robert que se escondessem na cela, para verificar se viam algo. Eles ouviram duas vozes diferentes no leito da doente. Distinguiram perfeitamente a da doente, que fazia muitas perguntas; quanto à outra, não puderam discernir a resposta, pois se explicava em tom muito baixo e rápido. Esses senhores me passaram essa informação, e fui conferi-la com a Irmã Maria, que confessou o fato.

"Propus àqueles senhores dizer um *De profundis* pelo alívio das penas dessa alma sofredora e, acabada a prece, a cadeira caiu, os quadros bateram e a pia soou. Eu disse a esse Espírito que íamos dizer cinco *Pater* e cinco *Ave* em honra das cinco chagas de Nosso Senhor, e que lhe ordenava, para provar que a prece lhe agradava, que derrubasse a cadeira uma segunda vez, mas com mais força que da primeira vez. Tão logo nos ajoelhamos, a cadeira, sob as nossas vistas e a dois passos de nós, caiu para a frente, levantou-se e caiu para trás.

"Vendo a docilidade desse Espírito e a presteza em obedecer, julguei poder tentar tudo. Pus sobre o leito da doente 40 moedas de prata e ordenei que as contasse. Imediatamente ouvimos contá-las num copo de vidro que eu havia posto perto. Tomei as moedas e coloquei sobre a mesa. Ordenei a mesma coisa e logo obedeceu. Aí pus um escudo de seis francos e mandei que com ele indicasse o número de missas de que necessitava. Ele bateu 33 vezes com o escudo na parede. Fiz entrarem os Padres Digoine, Bonfils e d'Entrevaux na cela, afastamos as cortinas do leito, colocamos a vela sobre a cama e mandei o Espírito bater e nos designar o número de missas. Os quatro víamos a Irmã Maria sempre no mesmo estado, sem movimento, e com os papelotes em forma de cruz, ainda arrumados e contamos 33 batidas na parede. É de observar que na cela vizinha, que corresponde a essa parede, não havia viva alma. Tínhamos tido o cuidado de afastar tudo quanto pudesse fazer brotar em nós a menor suspeita.

"Por fim, senhor, tentei uma outra via. Escrevi estas palavras num papel: Eu te ordeno, alma sofredora, que nos digas quem és, tanto para nossa consolação quanto para a alimentação de nossa fé. Escreve, pois, o teu nome neste papel, ou, ao menos, nele faz uma marca, e por aí conheceremos a necessidade que tens de nossas preces. Coloquei esse escrito debaixo da cama da doente, com um tinteiro e uma pena. Um instante depois ouvi a pia tilintar. Acorremos todos ao ruído, achamos o papel ao mesmo tempo e o crucifixo sobre ele. Ordenei-lhe que pusesse o crucifixo em seu lugar e marcasse o papel. Então dissemos a ladainha da Virgem e, acabada a prece, encontramos o crucifixo em seu lugar e na parte inferior do papel duas cruzes feitas com a pena. O Pe. Chambon, que estava bem perto do leito, ouviu o ruído da pena no papel. Eu poderia contar-vos muitos outros fatos igualmente surpreendentes, mas o detalhe me levaria muito longe.

"Sem dúvida perguntareis, meu caro senhor, o que penso desta aventura. Vou fazer minha profissão de fé. Estabeleço em primeiro lugar que o ruído que vi e ouvi tem uma causa. Os quadros, as cadeiras, a pia etc., são seres inanimados, que não podem mover-se por si mesmos. Então, qual a causa que lhes deu o movimento? É preciso que ela seja necessariamente natural ou sobrenatural. Se for natural, não poderá ser senão a Irmã Maria, pois não havia senão ela no quarto. Não se pode pretender que o ruído tenha sido produzido por molas, pois examinamos tudo com a maior atenção, até desmontando os quadros, e se um simples cabelo tivesse respondido pela pia ou pela cadeira nós o teríamos percebido.

"Ora, eu digo que a Irmã Maria não é a causa. Ela não quis, digo mais, ela não nos pôde enganar. Ela não o quis, porque seria possível que uma jovem que está em odor de santidade, uma jovem cuja vida é um milagre contínuo, pois está constatado que há três anos ela não come nem bebe e que de seu corpo nada sai senão uma porção de pedras; que uma jovem que sofre há seis anos tudo quanto se pode sofrer, e sempre com uma paciência admirável; que uma jovem que só abre a boca para orar e que faz transparecer em tudo o que diz a mais profunda humildade; é possível, digo eu, que ela tenha querido nos enganar impondo assim a todo um público, ao seu bispo, ao seu confessor e a uma porção de sacerdotes que a interrogaram a respeito? Achamos em tudo quanto ela disse uma concordância maravilhosa, jamais a menor contradição, caráter único da verdade, e a mentira não se sustentaria. Não creio que os mártires tenham sofrido mais do que sofre esta santa jovem. Há épocas do ano em que o seu corpo é uma só chaga; vê-se saindo sangue e pus pelos ouvidos e muitas vezes lhe arrancam vermes muito compridos, que saem pelas narinas. Ela sofre e continuamente pede a Deus que a faça sofrer. Uma coisa maravilhosa é que todos os anos, na quinzena da Páscoa, lhe colhem um vômito de sangue; passado o vômito, a garganta fica desobstruída, ela recebe o santo viático e um instante depois se fecha totalmente. Foi o que lhe aconteceu quarta-feira última.

"Digo, em segundo lugar, que ela não nos pôde enganar. Ela não tem a menor possibilidade de agir, pois é paralítica, como eu já disse, e uma senhorita de nossa cidade ficou plenamente convencida quando lhe enterrou uma agulha na coxa. Aliás, vedes as precauções que tomamos. Costuramo-la em suas roupas, e muitas vezes mantida sob nossas vistas. Então não é ela. Que me dizeis, então? A consequência é fácil de tirar de tudo quanto tenho a honra de vos dizer neste relato."

Assinado: †Abade DE SAINT-PONC
cônego apresentador

OBSERVAÇÃO: Há evidente analogia entre estes fatos e os do Espírito batedor de Bergzabern e de Dibbelsdorf, relatados na *Revista Espírita* de maio, junho, julho e agosto de 1858, salvo que neste o Espírito nada tinha de malévolo. São constatados por um homem cujo caráter não pode ser suspeito, e que não observou levianamente. Se, como pretendem certas pessoas, só o diabo se manifesta, como viria junto a uma moça em odor de santidade? Ora, é de notar que ela não era apavorada nem atormentada; ela própria sabia, e as experiências constataram, que era uma alma sofredora. Se não é o diabo, então outros Espíritos podem comunicar-se?

Duas circunstâncias têm uma analogia particular com o que hoje vemos. Para começar, o primeiro pensamento é que há trapaça por parte da pessoa junto à qual se produzem os fenômenos, malgrado as impossibilidades materiais que às vezes existem. Na situação física e moral dessa moça, não se compreende que a suspeita de um jogo tenha podido entrar no espírito das outras religiosas.

O segundo fato é mais importante. Se alguns dos fenômenos ocorreram sob as vistas de pessoas presentes, na maioria se produziam quando essas pessoas estavam no quarto ao lado, quando de costas e na ausência de luz direta, como muitas vezes se tem observado em nossos dias. A que se deve isto? É o que não está ainda suficientemente explicado. Tendo esses fenômenos uma causa material, e não *sobrenatural*, poderia acontecer que, como em certas operações químicas, a luz difusa fosse mais favorável à ação dos fluidos de que se serve o Espírito. A física espiritual ainda está na infância.

VARIEDADES

O INDEX DA CORTE DE ROMA

A data de 1º de maio de 1864 será marcada nos anais do Espiritismo, como a de 9 de outubro de 1862. Ela lembrará a decisão da sagrada congregação do *índex* concernente a nossas obras sobre o Espiritismo. Se uma coisa causou admiração aos espíritas, é que tal decisão não tenha sido tomada mais cedo. Aliás, há uma só opinião sobre os bons efeitos que ela deva produzir, já confirmados pelas informações que nos chegam de todos os lados. A essa notícia, a maioria das livrarias apressaram-se em pôr essas obras em mais evidência. Alguns livreiros mais tímidos, crendo numa proibição de sua venda, as tiraram das prateleiras, mas não deixaram de vendê-las por baixo do pano. Acalmaram-nos, observando que a lei orgânica diz que "Nenhuma bula, breve, decreto, mandato, provisão, assinatura servindo de provisão, nem outros expedientes da Corte de Roma, *mesmo concernentes apenas a particulares*, poderão ser recebidos, publicados, impressos nem de qualquer modo *postos em execução* sem autorização do governo."

Quanto a nós, esta medida, que é uma das que esperávamos, é um indício do qual tiraremos proveito, e que nos servirá de guia para trabalhos ulteriores.

PERSEGUIÇÕES MILITARES

O Espiritismo conta com numerosos representantes no exército, entre oficiais de todos os graus, que lhe constatam a benéfica influência sobre si mesmos e sobre os subordinados. Nalguns regimentos, entretanto, entre os chefes superiores, encontra não negadores mas adversários declarados que interditam formalmente seus subordinados a dele se ocuparem. Conhecemos um oficial que foi riscado do quadro de propostas para a Legião de Honra e outros que foram a trabalhos forçados por causa do Espiritismo. Temos aconselhado que se submetam sem murmúrio à disciplina hierárquica, e que esperem pacientemente melhores dias, que não tardarão, pois será levado pela força da opinião. Temo-lhes mesmo aconselhado a se absterem de toda manifestação espírita exterior, se isto for absolutamente necessário, porque nenhum constrangimento pode ser exercido sobre a crença íntima, nem lhes tirar as consolações e o encorajamento que nele encontram. Essas pequenas perseguições são provações para sua fé e servem ao Espiritismo, em vez de prejudicá-lo. Eles devem julgar-se felizes por sofrer um pouco por uma causa que lhes é cara. Eles não se orgulham de deixar um membro no campo de batalha pela pátria terrestre? Que são, pois, alguns desgostos e desagrados suportados pela pátria eterna e pela causa da Humanidade?

UM ATO DE JUSTIÇA

Domingo, 3 de abril de 1864, foi um dia de grande festa para a comuna de Cempuis, perto de Grandvilliers - Oise. Muitos milhares de pessoas ali estavam reunidos para uma tocante cerimônia que deixará indeléveis lembranças no coração de todos os presentes. Nosso colega Sr. Prévost, membro da Sociedade Espírita de Paris, fundador da casa de retiro de Cempuis e das sociedades de auxílio mútuo do departamento, foi o modesto herói. Imenso cortejo, precedido pela banda de Grandvilliers, o conduziu à prefeitura, onde ele recebeu da autoridade departamental a medalha de honra por seu nobre devotamento à causa da humanidade sofredora. Do discurso pronunciado pelo delegado da prefeitura, destacamos esta passagem:

"Se neste exame sumário, senhores, consegui atribuir a cada um o mérito que cabe na consagração deste grande dia, seja-me permitido alegrar-me convosco pelo cumprimento de um dever que me era muito caro sob todos os pontos de vista.

"É, pois, com indizível alegria e legítimo orgulho que todos verão sobre o nobre peito do Sr. Prévost este signo honorífico que o Imperador quis ver ligar em seu nome, esperando, não duvidemos, que a estrela da honra aí venha brilhar com sua mais viva luz.

"Antes de terminar esta bela cerimônia, à qual a juventude está, de pleno direito, impaciente para substituir por sua alegre animação, façamos remontar a nossa alegria e a nossa gratidão até o seu autor augusto, o Imperador, bem como ao seu fiel intérprete, o Sr. Prefeito de Oise."

A Sociedade Espírita de Paris também se orgulha com a honra prestada a um de seus membros altamente reconhecidos.

(Vide, para detalhes sobre a casa de retiro de Cempuis, a *Revista Espírita* de outubro de 1863).

ALLAN KARDEC

REVISTA ESPÍRITA

JORNAL DE ESTUDOS PSICOLÓGICOS

ANO VII	JULHO DE 1864	VOL. 7

RECLAMAÇÃO DO PADRE BARRICAND

O número da *Revista* de junho estava composto e em parte impresso, quando nos veio a carta que segue, do Pe. Barricand, ao qual mandamos responder como se vê adiante.

"Senhor,

"O Sr. Allan Kardec encarrega-me de acusar o recebimento da carta que lhe dirigistes, e vos dizer que era supérfluo pedir a sua inserção na *Revista*. Bastaria que lhe tivésseis dirigido uma retificação motivada, para que ele tivesse considerado como um dever de imparcialidade reconhecer o direito. O número da *Revista* de 1º de junho já estava pronto no momento da recepção de vossa carta, pelo que aparecerá no número seguinte.

Recebei etc.

"Lyon, 19 de maio de 1864.

"Senhor,

"Acabo de ler no número de maio da *Revista Espírita* um artigo no qual meu curso é de tal modo fantasiado e desfigurado, que me vejo na necessidade de lhe dar uma resposta, para destruir a impressão desfavorável que esse artigo deve ter deixado em vossos leitores, no tocante à minha pessoa e ao meu ensino.

"Esse artigo é intitulado: *Cursos públicos de Espiritismo em Lyon*. Jamais se viu tal designação figurar em nenhum de meus programas, e se alguém veio ao meu curso na crença de que assistiria a lições de Espiritismo, não foi, como insinuais, porque tivesse sido seduzido por um título *atraente* e *um pouco enganador*, mas unicamente porque não se deu ao trabalho de ler o que dizem os nossos cartazes.

"Dizeis aos vossos leitores que o jornal *La Vérité levanta várias de nossas asserções*, e ainda que ele *se encarrega de nos refutar, o que, não temos dúvida*, acrescentais, *ele fará maravilhosamente, a julgar por seu começo*. Mas não dais a conhecer essas asserções. É verdade que o nosso contraditor afirma que *não é necessário haver feito a sua teologia para tomar de uma pena*, e que ele não temerá perseguir-nos *apenas com as armas da razão e da fé em Deus, dada pelo Espiritismo*;... que a *tese paradoxal que sustentamos não se discute;...* que nós *não nos faríamos de rogado para acompanhar o Espiritismo ao cemitério, mas que não deve haver pressa em dobrar a finados*;... que, por sua própria conta, ele está em condições *de amamentar por si mesmo, e sem muito trabalho, essa criancinha que se chama a Verdade;... que o sangue do futuro corre mais quente do que nunca nas veias do espírita, e que ele tem a confiança íntima que um dia nos será dado o tom definitivo do mais magnífico* TE DEUM.

"O Sr. Allan Kardec está em perfeitas condições de imaginar que essas asserções rebatem as nossas e de assegurar aos seus leitores que, a julgar pelo começo, o diretor do *Vérité* desempenhar-se-á maravilhosamente da tarefa que se impôs, de nos refutar. No entanto, temos dificuldade em crer que fora da escola espírita tenham a mesma opinião, e chegaríamos até a suspeitar que, se tivesse sido conveniente ao Sr. Diretor da *Revista Espírita* pôr à disposição dos assinantes, na íntegra, o artigo em que o nosso antagonista aceita a luta, vários deles não teriam hesitado em considerá-lo como um princípio que promete uma refutação maravilhosa de nossas lições contra o Espiritismo.

"Mas, talvez digais, o resumo que dá o *Vérité* de uma parte de vossa argumentação não a reproduz fielmente? Não, senhor, esse resumo é uma paródia burlesca. Tudo aí é falsificado: nossa linguagem, nossas ideias e nosso raciocínio. Essas expressões altivas: *Tenho coragem de vos provar, pedestal pretensioso... relatório enfático, cifras ambiciosas, tudo comédia. A caixa do Sr. Allan Kardec está bem fornida, não é justo que ajude aos seus discípulos* etc., jamais entraram em nossas lições e o Sr. Diretor do *Vérité* teria poupado o trabalho de no-las atribuir, se tivesse compreendido ou querido compreender o verdadeiro estudo da questão de que tratamos à sua frente.

"Com efeito, de que se tratava? De dar a conhecer ao nosso auditório qual era, em fins de 1862 e de 1863, a situação do Espiritismo em Lyon. Ora, para não nos apoiarmos senão em dados que nenhum espírita pode refutar, em vez de falar de vossas viagens e avaliar o que pudésseis dispor em vossa caixa, contentamo-nos em pôr em oposição vossa brochura intitulada *Viagem espírita em 1862* e o vosso *artigo da Revista Espírita*, de janeiro de 1864, no qual dais conta aos assinantes da situação do Espiritismo em 1863. Da diferença tão marcante de tom e de linguagem notados nos dois documentos, julgamos dever concluir, não como nos faz dizer o *Vérité*, que o Espiritismo está morto ou agonizante, mas que sofre, ao menos em Lyon, um momento de parada, se já não entrou num período de decadência. Em apoio a esta conclusão, lembramos as confissões do diretor do *Vérité*, porque, enquanto o Sr. Allan Kardec afirma que em 1862 podiam-se contar, sem exagero, de 25 a 30 mil espíritas lioneses, o Sr. Edoux não tem dificuldade em reconhecer que o seu número hoje não passa de dez mil. Ora, que outro nome, senão o de decadência, pode ser dado a tão sensível diminuição?

"Parece-nos que não há nada mais fácil do que apreender o verdadeiro sentido de tão simples argumento e de fazer-lhe uma análise exata. Mas o Sr. diretor do *Vérité*, em vez de limitar-se a reproduzir fielmente a nossa exposição, julgou que fosse mais picante dar aos leitores uma bonita amostra de nosso curso, inserindo-a no seu jornal.

"É, entretanto, esse relato, onde a cada linha ressalta a falta de lógica e de sinceridade, que julgastes dar como fundamento a essas insinuações malévolas que tendem a nos apresentar aos vossos leitores como um homem *que se imiscui nos vossos atos particulares, que de uma simples suposição tira uma consequência absoluta; que calcula o que há no fundo de vossa caixa para disso fazer o texto de um ensinamento público.* Tais acusações, lançadas ao acaso e sem sombra de provas, caem por si mesmas. Conforme a expressão de um autor antigo, basta publicá-las para as refutar: *Vestra exposuisse refellisse est.*

"Terminando o vosso artigo, julgastes dever ensinar-nos como deve ser feito um curso de teologia. Por nossa vez, abster-nos-emos de vos dar lições, mas que nos seja permitido, pelo menos, vos dar um caridoso conselho, se vos quiserdes poupar muitos desmentidos, de não aceitar mais, senão com certa desconfiança, os relatórios de vossos correspondentes, porque, tomando de empréstimo a linguagem do nosso bom La Fontaine:

'Nada é mais perigoso que um amigo ignorante.

Melhor seria um inimigo sábio.'

"Peço-vos, e se necessário requeiro, a inserção desta resposta integral no vosso próximo número.

"Recebei a certeza de meus elevados sentimentos."

A. BARRICAND

Deão da Faculdade de Teologia

As palavras contra as quais reclama o Pe. Barricand são estas: "É fácil ao Sr. Allan Kardec fazer esta afirmação: O *Espiritismo está mais forte do que nunca*, e citar como principal prova a criação do *Ruche e do La Vérité*! Senhores, tudo comédia!... Esses dois jornais podem existir, sem que se deva concluir precisamente que o Espiritismo tenha dado um passo à frente... Se me objetardes que esses jornais têm despesas e que para pagá-las há necessidade de assinantes, ou de impor sacrifícios esmagadores, ainda responderei: Comédia!... A caixa do Sr. Allan Kardec é bem fornida, ao que dizem. Não é justo e racional que ele ajude os seus discípulos?"

Elas foram extraídas textualmente do jornal *La Vérité* de 10 de abril de 1864. Apenas acrescentamos as reflexões muito naturais que as mesmas nos sugeriram, dizendo que a ninguém reconhecemos o direito de avaliar a nossa bolsa e de prejulgar o uso que fazemos do que pensam que possuímos e, ainda menos, de fazer disso texto de um ensinamento público. (Ver a *Revista* do mês de maio)

Sem verificar se o Pe. Barricand pronunciou as palavras que contesta, ou o equivalente, é de admirar não tenha ele, de saída, pedido a retificação ao jornal de onde as extraímos. Esse jornal é de 10 de abril. Ele aparece em Lyon todas as semanas e lhe é remetido. Ora, sua carta é de 19 de maio e no intervalo cinco números tinham sido publicados. De duas, uma: suas palavras são justas, ou são falsas. Se são falsas, é que o redator, que declara, no artigo, haver assistido à lição do professor, as inventou. Como é então que nesse mesmo artigo ele protesta contra a alegação de ser subvencionado por nós, dizendo que não necessita do auxílio de ninguém e pode andar sozinho? Ter-se-ia equivocado estranhamente. Como é que em presença dessa dupla asserção, o Pe. Barricand deixou passar mais de um mês sem protestar? Seu silêncio, quando não podia ignorá-lo, deve ter sido considerado por nós como um assentimento, pois é muito evidente que se tivessem sido retificadas no *Vérité*, nós não as teríamos reproduzido.

Em sua carta, o Pe. Barricand volta à tese que sustentou, concernente à suposta decadência do Espiritismo, mas restringindo o alcance de suas palavras. Considerando-se que tal pensamento o tranquiliza, nós lho deixamos de boa vontade, pois nenhum interesse temos em dissuadi-lo. Assim, que ele tire da ausência de cifras precisas sobre número de espíritas as induções que quiser, o que não impedirá que as coisas sigam o seu curso. Pouco nos importa se os nossos adversários acreditam ou não no progresso do Espiritismo. Ao contrário, quanto menos acreditarem, menos dele se ocuparão e mais nos deixarão tranquilos. Far-nos-emos até de mortos, se isto lhes for agradável. A eles caberia não nos despertar. Mas, enquanto gritarem, fulminarem, anatematizarem; enquanto usarem de violências e de perseguições, não levarão ninguém a acreditar que estejamos mortos e bem mortos.

Até aqui o clero tinha pensado que um meio de apavorar, em relação ao Espiritismo, fazendo que o repelissem, era exagerar o número de seus adeptos além da medida. Em quantos sermões, ordenações e publicações de todo gênero, estes não foram apresentados como invasores da Sociedade e, por seu aumento, pondo a Igreja em perigo? Atestamos o progresso das ideias espíritas que, melhor do que quaisquer outros, nós mesmos constatamos, mas jamais caímos em cálculos hiperbólicos; jamais dissemos, como certo pregador, que só em Bordéus, em pouco tempo, foram vendidos mais de 170.000 francos de nossos livros. Não fomos nós que dissemos que havia 20 milhões de espíritas na França, nem, como numa obra recente, 600 milhões no mundo inteiro, o que equivaleria a mais da metade da população total do globo. O resultado desses quadros foi muito diferente do que eles esperavam. Ora, se quiséssemos proceder por indução, suspeitaríamos que o Pe. Barricand quisesse seguir uma tática contrária, atenuando os progressos do Espiritismo, em vez de exaltá-los.

Seja como for, a estatística exata dos espíritas é uma coisa impossível, dado o número imenso de pessoas simpáticas à ideia e que não têm qualquer motivo para se porem em evidência, pois os espíritas não estão arregimentados como numa confraria. Enganar-nos-íamos muito se tomássemos por base o número de grupos oficialmente conhecidos, visto que menos da milésima parte dos adeptos os frequentam. Conhecemos algumas cidades onde não há nenhuma sociedade regular e nas quais há mais espíritas que em outras que contam com diversas sociedades. Aliás, já o dissemos, as sociedades absolutamente não são uma condição necessária à existência do Espiritismo. Algumas se formam hoje e desaparecem amanhã, sem que a marcha do Espiritismo seja entravada de modo algum. *O Espiritismo é uma questão de fé e de crença e não de associação.*

Quem quer que partilhe de nossas convicções relativas à existência e à manifestação dos Espíritos e das consequências morais daí decorrentes, é espírita de fato, sem que seja necessário estar inscrito num registro ou matrícula ou receber um diploma. Uma simples conversa basta para dar a conhecer os que são simpáticos à ideia ou a repelem, e por aí se julga se ela ganha ou perde terreno.

A avaliação aproximada do número de adeptos repousa nos relatórios internos, pois não existe qualquer base para o estabelecimento de uma cifra rigorosa, cifra, aliás, incessantemente variável. Uma carta, por exemplo, vai nos revelar toda uma família espírita, e por vezes várias famílias de que não tínhamos nenhum conhecimento. Se o Pe. Barricand visse a nossa correspondência talvez mudasse de opinião. Mas não ligamos a isso.

A oposição feita a uma ideia está sempre na razão de sua importância. Se o Espiritismo tivesse sido uma utopia, dele não se teriam ocupado, como de tantas outras teorias. O encarniçamento da luta é indício certo de que o tomam a sério. Mas se há luta entre o Espiritismo e o clero, a história dirá quais foram os agressores. Os ataques e as calúnias de que ele foi objeto forçaram-no a usar as mesmas armas com que o combatiam e a mostrar o lado vulnerável dos adversários. Atacando-o, detiveram a sua marcha? Não. É um fato constatado. Se o tivessem deixado em paz, nem mesmo o nome do clero teria sido pronunciado, e talvez ele tivesse ganho com isso. Atacando-o em nome dos dogmas da Igreja, forçaram-no a discutir o valor das objeções e, por isto mesmo, a entrar num terreno que ele não tinha nenhuma intenção de abordar.

A missão do Espiritismo é combater a incredulidade pela evidência dos fatos; é reconduzir a Deus os que o negligenciavam; é provar o futuro aos que criam no nada. Por que, então, a Igreja lança anátema sobre aqueles aos quais ele dá essa fé, mais do que quando em nada acreditavam? Repelindo os que, por força do Espiritismo, acreditam em Deus e em sua alma, é constrangê-los a buscar um refúgio fora da Igreja. Quem primeiro proclamou que o Espiritismo era uma religião nova, com seu culto e seus sacerdotes, senão o clero? Onde se viu, até o presente, o culto e os sacerdotes do Espiritismo? Se um dia ele se tornar uma religião, o clero é que o terá provocado.

A RELIGIÃO E O PROGRESSO

Muito geralmente se pensa que hoje a Igreja admite o fogo do inferno como um fogo moral e não como um fogo material. Tal é, pelo menos, a opinião da maioria dos teólogos e de muitos padres esclarecidos. Contudo, não passa de opinião individual, e não uma crença adquirida pela ortodoxia, do contrário ela seria universalmente professada. Pode-se julgar pelo quadro abaixo, que um pregador traçou do inferno, durante a última quaresma, em Montreuil-sur-Mer:

"O fogo do inferno é milhões de vezes mais intenso que o da Terra, e se um dos corpos que ali queimam sem se consumir fosse lançado sobre o nosso planeta, empestá-lo-ia de ponta a ponta!

"O inferno é uma vasta e sombria caverna, eriçada de pregos pontiagudos, de lâminas de espadas bem afiadas, de navalhas bem cortantes, onde são precipitadas as almas dos danados!"

Seria supérfluo refutar esta descrição. Contudo, poder-se-ia perguntar ao orador, onde ele colheu um conhecimento tão preciso do lugar que descreve. Certamente não foi no Evangelho, onde não se trata de pregos, nem de espadas ou navalhas.

Para saber se essas lâminas são bem amoladas e bem afiadas, é preciso tê-las visto e experimentado. Será que, novo Eneias ou Orfeu, ele próprio teria descido a essa caverna sombria, que aliás tem um grande traço familiar com o Tártaro dos pagãos? Além disso, deveria ele ter explicado a ação que pregos e navalhas podem ter sobre as almas e a necessidade de serem bem afiados e de boa têmpera. Considerando-se que ele conhece tão bem os detalhes interiores do local, também deveria ter dito onde está situado. Não é no centro da Terra, pois supõe o caso de um desses corpos que ela encerra ser lançado em nosso planeta. Então é no espaço? Mas a astronomia aí lançou o seu olhar muito antes, sem nada descobrir. É verdade que não olhou com os olhos da fé.

Seja como for, o quadro é feito para atrair os incrédulos? É mais que duvidoso, pois é mais próprio para diminuir o número dos crentes.

Em contrapartida, citaremos o seguinte fragmento de uma carta escrita de *Riom*, mencionada pelo jornal *la Vérité*, no número de 20 de março de 1864:

"Ontem, para minha grande surpresa e grande satisfação, ouvi em pessoa esta confissão positiva sair da boca de um eloquente pregador, em presença de numeroso auditório admirado: *Não há mais inferno. O inferno não existe mais... ele foi admiravelmente substituído. Os fogos da caridade, os fogos do amor resgatam as nossas faltas!*

"Nossa divina doutrina (o Espiritismo) não está encerrada inteiramente nestas poucas palavras?"

É inútil dizer qual dos dois teve mais simpatias do auditório, mas o segundo poderia, até, ser acusado de heresia pelo primeiro. Outrora ele teria infalivelmente expiado na fogueira ou numa prisão a audácia de haver proclamado que Deus não manda queimar suas criaturas.

Esta dupla citação nos sugere as seguintes reflexões:

Se uns acreditam na materialidade das penas e outros não, necessariamente uns têm razão, e os outros não têm.

Este ponto é mais capital do que parece à primeira vista, porque é o caminho aberto às interpretações numa religião fundada na unidade absoluta da crença, e que, em princípio, repele a interpretação.

É bem certo que até hoje a materialidade das penas fez parte das crenças dogmáticas da Igreja. Por que, então, nem todos os teólogos nelas acreditam? Como nem uns nem outros verificaram a coisa por si mesmos, o que leva alguns a ver apenas uma imagem onde outros veem a realidade, senão a *razão*, que para eles supera a fé cega? Ora, a razão é o livre exame.

Eis, pois, a razão e o livre exame entrando na Igreja pela força da opinião. Poder-se-ia dizer, sem metáfora, ter entrado pela porta do inferno. É a mão colocada no santuário dos dogmas, não pelos leigos, mas pelo próprio clero.

Não se julgue esta uma questão de mínima importância, pois ela contém em si o germe de toda uma revolução religiosa e de um imenso cisma, muito mais radical que o protestantismo, porque ele não ameaça apenas o catolicismo, mas o protestantismo, a Igreja Grega e todas as seitas cristãs. Com efeito, entre a materialidade das penas e as penas puramente morais, há toda a distância do sentido próprio ao sentido figurado, da alegoria à realidade. Desde que se admitam as chamas do inferno como alegoria, torna-se evidente que as palavras de Jesus: "Ide ao inferno eterno" têm um sentido alegórico. Deduz-se daí que o mesmo deve dar-se com muitas outras de suas palavras.

Mas a consequência mais grave é esta: A partir do momento em que se admite a interpretação deste ponto, não há motivo para rejeitá-la sobre outros; é, pois, como dissemos, a porta aberta à livre discussão, um golpe mortal no princípio absoluto da fé cega. A crença na materialidade das penas liga-se inteiramente a outros artigos de fé, que lhes são corolários. Transformada essa crença, as outras transformar-se-ão pela força das coisas, e assim sucessivamente.

Eis, já, uma explicação. Há poucos anos ainda, o dogma *Fora da Igreja não há salvação* estava em seu pleno vigor. O batismo era condição tão imperiosa que bastava que o filho de um herético o recebesse clandestinamente, e malgrado a vontade dos pais, para ser salvo, porque tudo quanto fosse rigorosamente ortodoxo era irremissivelmente condenado. Mas, tendo-se sublevado a razão humana contra a ideia desses milhões de almas votadas às torturas eternas, quando não tinha dependido delas ser esclarecidas na verdadeira fé; das inúmeras crianças que morrem antes de adquirir a consciência de seus atos, e que nem por isso são menos danadas, se a negligência ou a fé religiosa de seus pais as privou do batismo, a Igreja, a esse respeito, separou-se de seu absolutismo. Hoje ela diz, ou pelo menos diz a maioria de seus teólogos, que essas crianças não são responsáveis pelas faltas de seus pais; que a responsabilidade só começa no momento em que, tendo a possibilidade de serem esclarecidas elas se recusam, e que, portanto, essas crianças não são danadas por não haverem recebido o batismo; que o mesmo se dá com os selvagens e com os idólatras de todas as seitas.

Alguns vão mais longe, pois reconhecem que pela prática das virtudes cristãs, isto é, da *humildade e da caridade,* pode-se ser salvo em todas as religiões, porque depende também da vontade de um hindu, de um judeu, de um muçulmano, de um protestante, tanto quanto de um católico, viver cristãmente; que aquele que vive assim está na Igreja pelo Espírito, mesmo que não o esteja pela forma. Não está aí o princípio *Fora da Igreja não há salvação* alargado e transformado no *Fora da Caridade não há salvação?* É precisamente o que ensina o Espiritismo, entretanto, é exatamente por isto que ele é declarado obra do demônio.

Por que essas máximas seriam antes o sopro do demônio na boca dos espíritas do que na dos ministros da Igreja? Se a ortodoxia da fé está ameaçada, então não é pelo Espiritismo, mas pela própria Igreja, porque ela sofre, malgrado seu, a pressão da opinião geral, e porque, entre os seus membros, há alguns que veem as coisas mais do alto e nos quais a força da lógica supera a fé cega.

Sem dúvida pareceria temerário dizer que a Igreja marcha ao encontro do Espiritismo; é, entretanto, uma verdade que será reconhecida mais tarde. Mesmo marchando para combatê-lo, nem por isso ela deixa de assimilar, pouco a pouco, os seus princípios, sem disso dar-se conta.

Esta nova maneira de encarar o problema da salvação é grave. Posto acima da forma, o Espírito é um princípio eminentemente revolucionário na ortodoxia. Sendo reconhecida possível a salvação fora da Igreja, a eficácia do batismo é relativa, e não absoluta, pois ela se torna um símbolo. Considerando-se que a criança não batizada não responde pela negligência ou pela má vontade dos pais, em que se torna a pena em que incorreu todo o gênero humano pela falta do primeiro homem? Em que se torna o pecado original, tal qual o entende a Igreja?

Os maiores efeitos por vezes decorrem de pequenas causas. O direito de interpretação e de livre exame, uma vez admitido na questão, aparentemente pueril, da materialidade das penas futuras, é um primeiro passo cujas consequências são incalculáveis, porque é uma brecha na imutabilidade dogmática, e uma pedra arrancada arrasta outras. A posição da Igreja é embaraçosa, temos que convir. Contudo, só há um destes dois partidos a tomar: ficar estacionária, a despeito de tudo, ou avançar. Mas então ela não poderá escapar deste dilema: se ela se imobilizar de modo absoluto nos erros do passado, será infalivelmente superada, como já o é, pelo fluxo das ideias novas; depois será isolada e por fim desmembrada, como o seria hoje se tivesse persistido em expulsar de seu seio os que creem no movimento da Terra ou nos períodos geológicos da criação. Se ela entrar na via da interpretação dos dogmas, ela se transformará, e aí entra pelo simples fato de renunciar à materialidade das penas e à necessidade absoluta do batismo.

O perigo de uma transformação, aliás, está clara e energicamente formulado na seguinte passagem de uma brochura publicada pelo *Pe. Marin de Boylesve*, da Companhia de Jesus, sob o título *O Milagre do Diabo*, em resposta à *Revue des Deux-Mondes*:

"Há, entre outras, uma questão que, para a religião cristã, é de vida ou de morte: a questão do milagre. A do diabo não o é menos. Tirai o diabo, e o Cristianismo desaparece. Se o diabo não passar de um mito, a queda de Adão e o pecado original entrarão nas regiões da fábula. Por conseguinte, a redenção, o batismo, a Igreja, o Cristianismo, numa palavra, não têm mais razão de ser. Além disto, a Ciência não poupa esforços para apagar o milagre e suprimir o diabo."

De sorte que, se a Ciência descobrir uma lei da Natureza que faça entrar nos fatos naturais um fato que é reputado miraculoso; se ela provar a anterioridade da raça humana e a multiplicidade de suas origens, todo o edifício se esboroa. Uma religião é muito frágil quando uma descoberta científica é para ela uma questão de vida ou morte. Eis uma confissão desajeitada. Por nossa conta estamos longe de partilhar das apreensões do Pe. Boylesve em relação ao Cristianismo. Dizemos que o Cristianismo, tal qual saiu da boca de Jesus, mas apenas tal qual saiu, é invulnerável, porque é a lei de Deus.

A conclusão é esta: Nenhuma concessão, sob pena de morrer. O autor esquece de examinar se há mais chances de viver na imobilidade. Nossa opinião é que há menos, e que ainda é melhor viver transformado do que efetivamente não viver.

Num caso como no outro, uma cisão é inevitável. Pode-se até dizer que já existe, pois a unidade doutrinária está rompida, porque não há acordo perfeito no ensino; porque uns aprovam o que outros censuram; porque uns absolvem o que outros condenam. Assim, veem-se fiéis indo de preferência àqueles cujas ideias mais lhes convêm. Dividindo-se os pastores, o rebanho igualmente se divide. Dessa divergência à separação, a distância não é grande. Um passo a mais e os que estão à frente serão tratados como heréticos pelos que ficarem na retaguarda. Ora, eis o cisma estabelecido. Aí está o perigo da imobilidade.

A religião, ou melhor, todas as religiões sofrem, malgrado seu, a influência do movimento progressivo das ideias. Uma necessidade fatal as obriga a se manterem no nível do movimento ascensional, sob pena de naufragarem. Assim, todas têm sido constrangidas, de tempos em tempos, a fazer concessões à Ciência e a abrandar o sentido literal de certas crenças ante a evidência dos fatos. A que repudiasse as descobertas da Ciência e suas consequências, do ponto de vista religioso, mais cedo ou mais tarde perderia sua autoridade e seu crédito e aumentaria o número dos incrédulos. Se uma religião qualquer pode ser comprometida pela Ciência, a falta não é da Ciência, mas da religião fundada sobre dogmas absolutos, em contradição com as leis da Natureza, que são leis divinas. Repudiar a Ciência é, pois, repudiar as leis da Natureza e, por isto mesmo, renegar a obra de Deus. Fazê-lo em nome da religião seria pôr Deus em contradição consigo mesmo e fazê-lo dizer: Eu estabeleci leis para reger o mundo, mas não acrediteis nessas leis.

Em todas as épocas, o homem não foi capaz de conhecer todas as leis da Natureza. A descoberta sucessiva dessas leis constitui o progresso. Daí, para as religiões, a necessidade de pôr suas crenças e seus dogmas em harmonia com o progresso, sob pena de receberem o desmentido dos fatos constatados pela Ciência. Só com esta condição uma religião é invulnerável. Em nosso entender, a religião deveria fazer mais do que se pôr a reboque do progresso, que ela só acompanha constrangida e forçada. Ela deveria ser a sentinela avançada, porque proclamar a grandeza e a sabedoria de suas leis é honrar a Deus.

A contradição existente entre certas crenças religiosas e as leis naturais produziu a maioria dos incrédulos, cujo número aumenta à medida que se populariza o conhecimento dessas leis. Se fosse impossível o acordo entre a Ciência e a religião, não haveria religião possível. Proclamamos a plenos pulmões a possibilidade e a necessidade desse acordo, porque, em nossa opinião, a Ciência e a religião são irmãs, para a maior glória de Deus, e devem completar-se reciprocamente, em vez de se desmentirem mutuamente. Elas estender-se-ão as mãos, quando a Ciência não vir na religião nada de incompatível com os fatos demonstrados, e a religião não mais tiver que temer a demonstração dos fatos. Pela revelação das leis que regem as relações entre o mundo visível e o invisível, o Espiritismo será o traço de união que lhes permitirá olhar-se face a face, uma sem rir, a outra sem tremer. É pela concordância da fé e da razão que ele diariamente reconduz tantos incrédulos a Deus.

O ESPIRITISMO EM CONSTANTINOPLA

Sob o título acima, o jornal de Constantinopla publicou, em março último, três artigos extensos sobre, ou melhor, contra o Magnetismo e o Espiritismo, que têm, naquela capital, muitos adeptos fervorosos. Como em todas as críticas em geral, em vão procuramos argumentos sérios, ao passo que vimos a prova evidente de que o autor fala do que não conhece ou que só conhece superficialmente. Ele julga o Espiritismo pelas aparências; por ouvir dizer; pela leitura de alguns fragmentos incompletos; pelo relato de alguns fatos excêntricos repudiados pelo próprio Espiritismo, o que lhe parece suficiente para lavrar uma sentença. Como se vê, é uma nova amostra da lógica dos nossos antagonistas. O que parece ter sido mais lido é o Sr. de Mirville, a magia do Sr. Dupotet e a vida do Sr. Home, mas da ciência espírita propriamente dita, não se veem estudo nem observações sérias.

Estamos longe de pretender que quem estude o Espiritismo deva necessariamente aprová-lo. Mas, se tiver boa-fé, mesmo em sua desaprovação ele não se afastará da verdade e não nos fará dizer o contrário do que dissemos, o que ocorrerá necessariamente se ele não souber tudo quanto dissemos. Não reconheceríamos como crítico sério senão aquele que, saindo das generalidades, aos nossos argumentos opusesse argumentos peremptórios e provasse, sem réplica possível, que os fatos sobre os quais nos apoiamos são falsos, inventados ou radicalmente impossíveis. É o que ninguém ainda fez, tanto o redator do jornal de Constantinopla quanto os outros.

O Espiritismo tem sido atacado de todas as maneiras, com todas as armas que julgaram mais mortíferas. Nada foi poupado para o aniquilar, nem mesmo a calúnia. Não há o mais sutil escritor que, num opúsculo ou num folhetim, não se tenha gabado de lhe haver dado o golpe de misericórdia. Entre os seus adversários encontraram-se homens de real valor, que escavaram até o fundo o arsenal das objeções, com um ardor tanto maior quanto maior o interesse em abafá-lo. Entretanto, a despeito do que tenham feito, não só ele ainda está de pé, mas se expande, dia a dia, cada vez mais; implanta-se por toda parte, e o número de adeptos cresce incessantemente. Isto é um fato notório.

Que concluir de tudo isto? É que nada lhe puderam opor de sério e concludente. Nosso contraditor de Constantinopla será mais feliz? Duvidamos muito, pois não tem melhores argumentos para tanto. Seus artigos, longe de deter o Movimento Espírita no Oriente, só podem favorecê-lo, como aconteceu com todos do mesmo gênero, pois giram todos exatamente no mesmo círculo. É por isto que não nos preocupamos. Limitar-nos-emos a citar alguns fragmentos, que resumem a opinião do autor.

Não há uma só de suas objeções contra o Espiritismo que não encontre sua refutação em nossas obras. Se tivéssemos que rebater todos os absurdos criados sobre esse assunto, teríamos que nos repetir incessantemente, o que é inútil, considerando-se que, em definitivo, essas críticas sem nenhum fundo sério mais ajudam que prejudicam.

“Ao lado dos praticantes habilidosos, tais como os mágicos, a exemplo do Sr. Dupotet, ou dos médiuns, como o Sr. Home, vêm colocar-se operadores de uma ordem diferente, em cujas primeiras fileiras figura o Sr. Allan Kardec. Este pode ser apresentado como o modelo sobre o qual é moldado todo um quadro de espíritas cuja boa-fé não poderia ser posta em dúvida.

“Os espíritas de Constantinopla pertencem, como já dissemos, a essa escola literária e artística, que milita principalmente por seus escritos, dos quais a *Revista Espírita*, do Sr. Allan Kardec, é o exemplar mais perfeito. Foram os adeptos dessa categoria que estabeleceram a doutrina. A teoria dos Espíritos não tem mais nenhum segredo para eles; assim, na maioria dos casos, eles desdenham recorrer aos processos materiais empregados pelos médiuns comuns. Eles obtêm manifestações diretas. Seu processo, tão simples quanto eles próprios, consiste em tomar um lápis comum, como o primeiro profano que chegasse, com o auxílio do qual são postos em relação imediata com os Espíritos, e captam o seu ditado. Entre outras vantagens, o método lhes permite pôr de lado toda a modéstia e dar às suas próprias obras os mais exagerados louvores, cobrindo-se com o nome de seus supostos autores.

"Antes de crer na exatidão do médium escrevente *mecânico*, gostaríamos de ver um idiota escrever alguma bela página, tal como os Espíritos que agem por via mediúnica jamais ditaram. O médium *intuitivo* é mais aceitável, mas nos parece muito difícil que a experiência ensine a distinguir o pensamento do Espírito do pensamento do médium. Aliás, o papel representado por este último pode ser facilmente explicado. Na maioria dos casos ele é sincero, e é antes a ele do que aos operadores da ordem dos senhores Home e Dupotet que se aplicaria com justeza a opinião emitida pelo Sr. Conde de Gasparin. Quanto à opinião do Sr. de Mirville, aqui não há lugar para discuti-la, pois está perfeitamente constatado que nenhum médium, pelo menos em Constantinopla, seja feiticeiro.

"Se tivéssemos que defender os espíritas de acusações tão odiosas quanto as que aqui repelimos, bastar-nos-ia, para demonstrar sua completa *inocência*, citar alguns dos ensinamentos dados pelos Espíritos:

"Os diferentes planetas que circulam no espaço são povoados como a nossa Terra. As *observações astronômicas* induzem a pensar que os meios para onde vão os seus respectivos habitantes são bastante diferentes para necessitar de organizações corpóreas diferentes, mas o *perispírito* se acomoda à variedade dos tipos e permite que o Espírito que ele recobre encarne na superfície de planetas diferentes.

"O estado moral, intelectual e físico desses mundos forma uma série progressiva, na qual a nossa Terra não ocupa nem a primeira nem a última posição; é, contudo, um dos globos mais materiais e mais atrasados. Uns há onde o mal moral é desconhecido; onde as Artes e as Ciências chegaram a um grau de perfeição que não podemos compreender; onde a organização física não está sujeita aos sofrimentos nem às doenças; onde os *homens* vivem em paz, sem se prejudicarem, isentos de pesares e de preocupações."

"Com *meus novos instrumentos, esta noite verei homens na Lua...*" diz, numa passagem, o rei Afonso. Mais felizes do que ele, os espíritas os viram, mas não é certo que invejem a sorte dos lunáticos. Pensamos que nada poderia impedi-los de gozar desde já desse mundo, muito à vontade.

"De tudo o que precede, vê-se a que se reduzem o maravilhoso e o sobrenatural do Espiritismo. Para reduzi-los a nada, basta examinar todos os fatos que acabamos de citar, sem ideias preconcebidas de nele encontrar as mais repreensíveis práticas de feitiçaria, ou a ação de um fluido cuja existência os cientistas negam. Para quem quisesse dar-se ao trabalho de assistir às suas sessões, sem sujeitar-se a tomar os fatos que eles produzem pelo que dizem ser, os Srs. Home e Dupotet, como todos os operadores da mesma ordem, serão muito evidentemente mistificadores interesseiros. Suas operações serão, no máximo, comparáveis, no que concerne à habilidade, às do Sr. Bosco, e este tem a mais a sinceridade, o que não permite levar mais longe a comparação entre eles.

"Muito diferentes dos mágicos de que acabamos de falar, os médiuns da categoria do Sr. Allan Kardec, categoria à qual pertencem, em geral, os médiuns de Constantinopla, são, ao contrário, mistificados. Todos os seus esforços tendem a tornar cada vez mais completa a mistificação de si próprios. A despeito de toda a boa-vontade que se lhes tenha, é realmente impossível levar a sério qualquer de suas práticas. Contudo, é permitido lamentar que criaturas honestas assim passem a maior parte de seu tempo compenetrando-se de erros que para eles se tornam realidade. Por mais inofensivos que, no fundo, possam ser esses erros, não é menos certo que não podem produzir senão resultados funestos, pois tomam o lugar da verdade. É neste sentido que são condenáveis."

Os próprios espíritas de Constantinopla se encarregaram de responder, por meio de dois artigos que o jornal publicou em seus números de 21 e 22 de março último. Um é de um médium, que dá conta da maneira pela qual sua mediunidade se desenvolveu e triunfou sobre a sua incredulidade. O outro, que reproduzimos a seguir, é em nome de todos.

"Senhor redator,

"Vosso jornal acaba de publicar três longos artigos intitulados: "*O Espiritismo em Constantinopla*", em consequência dos quais vimos pedir-vos espaço para as linhas seguintes:

O VERDADEIRO ESPIRITISMO EM CONSTANTINOPLA

"A doutrina que se baseia na crença num Deus infinitamente justo e infinitamente bom, o amor infinito; que indica como objetivo aos Espíritos criados por esse mesmo Deus, o encaminhamento para a perfeição cada vez mais completa e como castigo, no estado de Espírito, a perfeita percepção desse objetivo, com o pesar de dele se haver afastado, ao mesmo tempo que a necessidade de recomeçar essa marcha ascensional por novas encarnações... A doutrina que ensina a moral mais pura, aquela mesma que o Cristo expunha tão bem por estas simples palavras: *Amai-vos uns aos outros...* Uma tal doutrina de amor, digamo-lo alto e bom som, pode perfeitamente privar-se dessas manifestações que o autor dos artigos *O Espiritismo em Constantinopla*, depois de haver prometido explicá-las fora do Espiritismo, limita-se a qualificar de mistificações.

"Mas essas manifestações, hoje tão completamente constatadas, e cuja prova se acha quase que em cada página da história da Humanidade, Deus as permite continuamente, a fim de dar a todos a prova da solidariedade existente entre os Espíritos encarnados e os não encarnados, e isto a fim de que uns e outros se auxiliem mutuamente, e que o ser espiritual, chamado à vida eterna, possa atingir mais facilmente, e sobretudo mais seguramente, o objetivo providencial assinalado à criação.

"Se os fatos dos quais decorrem semelhantes teorias, que são a base da Doutrina Espírita, podem ser tomados, *por certas pessoas*, como mistificações, ao menos deveriam elas indicar as razões, e, o que seria ainda melhor, apresentar outras *teorias mais racionais* e sobretudo mais verdadeiras.

"Agora, chamai a verdade *feitiçaria, magia, prestidigitação* e outros epítetos ainda mais ridículos, e não impedireis que *essa verdade* se propague e estenda os seus raios benfazejos sobre todo o gênero humano.

"Eis por que o Espiritismo espalhou-se tão rapidamente em toda a face da Terra, e por que, a despeito das críticas do gênero dos citados artigos, isto não impede que os seus adeptos se contem por milhões.

"Os espíritas de Constantinopla."

Dirigimos aos nossos irmãos espíritas de Constantinopla, tanto em nosso nome pessoal, quanto no dos membros da Sociedade de Paris, as sinceras felicitações que merece sua resposta, ao mesmo tempo digna e moderada.

A carta seguinte, que nos escreveu a respeito o Sr. Repos, advogado, presidente da Sociedade Espírita de Constantinopla, testemunha muito bem o devotamento à causa da doutrina, para que consideremos um dever e um sincero prazer publicá-la, a fim de que os espíritas de todos os países saibam que na capital do Oriente há irmãos com cuja fraternidade podem contar. Falando do Oriente, não devemos esquecer os de Smirna. Eles também fazem jus a todas as suas simpatias.

"Constantinopla, 15 de junho de 1864.

"Caro mestre e mui honrado irmão em Espiritismo,

"Recebi em tempo vossa estimável carta de 8 de abril, que me deu o maior prazer, como aos nossos irmãos espíritas, aos quais não deixei de dar conhecimento em sessão.

"Todos os espíritas de Constantinopla ligam-se a mim para, em conjunto, assegurarmos os nossos fraternos sentimentos a vós e a todos os espíritas que fazem parte da Sociedade de Paris. Nós vos agradecemos pelo encorajamento que nos dais como estímulo para combatermos por nossa grande causa. Ficai persuadido de que não falharemos na tarefa que empreendemos, e que todos os nossos esforços tenderão para a propagação da verdade, do amor ao bem e da emancipação intelectual dos outros homens, nossos irmãos em Deus, ainda que tenhamos que sustentar as mais encarniçadas lutas contra os nossos inimigos. Se há homens bastante servis e bastante covardes para ousarem combater a verdade, também os há suficientemente independentes e corajosos para defendê-la, assim obedecendo aos sentimentos de justiça e de amor fraterno, que fazem do ser humano um verdadeiro filho de Deus.

"Foi com vivíssimo interesse que li os interessantes detalhes em vossa carta referida, em relação ao progresso do Espiritismo na França e alhures. Esperamos que no futuro a ideia cresça mais e mais e o desejamos ardentemente pelos nossos irmãos terrenos de todos os países e de todas as religiões.

"O jacto possante da revelação brilha por todos os lados. Cego é quem não o vê, imprudente quem o nega, insensato quem o combate buscando enterrá-lo na fonte. Sua água pura e límpida não vem do trono eterno para se espalhar em suave e fecundo orvalho sobre toda a Terra, que deve regenerar? Nenhuma força humana poderá, então, comprimi-la!... Com efeito, não vemos que, desde que um jacto surge em qualquer parte, se alguém fizer esforços para comprimi-lo, logo se veem milhares de jactos surgindo em todas as direções e em todos os degraus da escala social? Tanto é verdade que a vontade divina é onipotente, e que num dado momento nenhum obstáculo se lhe pode opor, sob pena de ser derrubado e esmagado pelo carro brilhante da justiça e da verdade.

"Caro mestre, tenho um agradável dever a cumprir, o de vos cumprimentar, em meu nome e no de todos os irmãos espíritas do Oriente, pela condenação sofrida por vossas obras pela santíssima inquisição do pensamento, quero dizer, a condenação do índex. Rejubilai-vos, pois, com todos os nossos irmãos, se vossas obras levantaram grandes cóleras, que não vos puderam ferir senão se ridicularizando e cada vez mais deixando as unhas de fora. Tal julgamento já foi declarado nulo e não endossado pela opinião pública de todos os países.

"Sem dúvida recebestes os jornais de Constantinopla que vos enviei e nos quais se achavam, em sua maior parte, os artigos contra o Espiritismo e os espíritas. Vistes as nossas duas pequenas respostas? Como as julgais? Aqui produziram bom efeito e agora se fala do Espiritismo mais do que nunca. Esperamos impacientemente o que direis para nos ajudar a combater a maldade e a mentira, que são o único apanágio dos inimigos de nossa bela doutrina.

"Aqui começou a perseguição surda que anunciastes. Um dos nossos irmãos deve à sua qualidade de espírita a perda do emprego, outros são atacados e ameaçados em seus mais caros interesses de família ou nos meios de subsistência, pelas tenebrosas manobras dos eternos inimigos da luz, que ousam dizer que o Espiritismo é obra do anjo das trevas! Se é assim que julgam extingui-lo, enganam-se. A perseguição, longe de deter, faz crescer toda ideia que vem do alto. Ela apressa a sua eclosão e a sua maturidade, porque é o adubo que a fecunda; ela demonstra a inexistência de qualquer meio inteligente para combatê-la. Teria a ideia cristã sido abafada no sangue dos mártires?

"Até à vista, caro mestre. Crede em minha dedicação muito sincera a vós e aos irmãos espíritas de Paris, aos quais vos peço apresenteis os meus cumprimentos."

B. REPOS filho

advogado

EXTRATO DO *JORNAL DO COMMERCIO*, DO RIO DE JANEIRO

DE 23 DE SETEMBRO DE 1863

CRÔNICA DE PARIS

A propósito dos espectros dos teatros, assim conclui o correspondente, depois de haver feito o seu histórico:

"Assim, no próximo inverno, cada uma poderá regalar seus amigos do espetáculo, tornado popular, com alguns fantasmas e outras curiosidades sobrenaturais. À sobremesa, apagarão as velas e ver-se-ão aparecer, envoltos em seus sudários, os espectros modernos, assim substituindo as quadrinhas que outrora cantavam os nossos avós. Nos bailes, em vez de refrescos, desfilarão fantasmas. Que distração encantadora! Só em pensar a gente sente um arrepio."

O autor passa ao Espiritismo:

"Considerando-se que falamos de coisas sobrenaturais, não passaremos em silêncio o *Livro dos Espíritos*. Que título atraente! Quantos mistérios ele não oculta! E se voltarmos ao ponto de partida, que caminho não percorreram essas ideias de alguns anos para cá!

"No começo, esses fenômenos, ainda não explicados, consistiam numa simples mesa posta em movimento pela imposição das mãos. Hoje as mesas não se contentam mais em girar, pular, erguer-se num pé, fazer mil cabriolas. Elas vão mais longe: Elas falam! Quando digo que falam, é que elas têm um alfabeto próprio, e mesmo vários. Basta dirigir-lhes uma pergunta e logo é dada a resposta por pequenas batidas seguidas, com o pé, ou mesmo por meio de um lápis que, seguro pela mão, põe-se a traçar sobre o papel, sinais, palavras, frases inteiras ditadas por uma vontade estranha e desconhecida. Então a mão se torna simples instrumento, um porta-lápis, e o espírito da pessoa fica completamente estranho a tudo o que se passa.

"O Espiritismo – é assim que chamam a ciência desses fenômenos – em poucos anos fez grandes progressos nos fatos e na prática, mas a teoria, em minha opinião, não fez o mesmo caminho, pois ficou estacionária, e direi por quê.

"É incontestável, a menos que as pessoas que se ocupam dessa matéria não tenham interesse em se enganar e nos enganar, é incontestável que os fatos existem. Eles não se revelam apenas por meio das mesas. Eles se nos apresentam todos os dias e a todas as horas. Eles excitam a admiração de todos, mas cada um fica nisto. Exemplifiquemos:

"Duas pessoas concebem a mesma ideia ou se encontram simultaneamente na mesma palavra; alguém que não encontramos com frequência e em quem acabamos de pensar apresenta-se inopinadamente; batem à nossa porta e, posto que de fora nada indique a pessoa, adivinhamos quem é; uma carta com dinheiro nos chega num momento de urgência; e tantos outros casos tão frequentes, tão numerosos e conhecidos de todo mundo. Tudo isto pode ser atribuído ao acaso? Não, não pode ser o acaso, de modo algum. E por que não seria uma comunicação fluídica inapreciável por nossa organização material, um sexto sentido, enfim, de natureza mais elevada?

"Ninguém sabe onde reside a alma, porquanto ela não é visível nem ponderável nem tangível, contudo, cheios de convicção como estamos, afirmamos a sua existência.

"Qual é a natureza do agente elétrico? O que é o ímã?... Contudo, os efeitos da eletricidade e do magnetismo estão continuamente patentes aos nossos olhos.

"Estou persuadido de que um dia acontecerá o mesmo com o Espiritismo, ou seja qual for o nome que em definitivo a Ciência haja por bem lhe dar.

"Há algum tempo vi numerosos casos de catalepsia, de magnetismo, de Espiritismo, e não posso conservar a menor dúvida a seu respeito, mas o que me parece mais difícil é poder explicá-los e atribuí-los a esta ou àquela causa. Portanto, é preciso proceder com prudência e reserva, abstendo-se de cair num dos dois extremos: o de negar todos os fatos, ou o de submetê-los todos a uma teoria prematura.

"A existência dos fenômenos é incontestável; sua teoria ainda está por descobrir, eis hoje o estado da questão. Não se pode negar que haja algo de singular e digno de ser examinado nesta ideia que agitou o mundo inteiro e que reaparece com mais intensidade do que nunca; nessa ideia que tem os seus órgãos periódicos, seus anais de observação; nessa ideia que emocionou os espíritos na Áustria, na Itália, na América; que faz nascerem reuniões na França, país onde elas raramente se formam, e onde o governo dificilmente as tolera.

"Esta invasão geral, além de produzir uma viva impressão, tem altíssima importância. É necessário, pois, sem precipitação nem ideias preconcebidas, verificar os fenômenos com boa-fé, até que venham a ser explicados, o que será feito um dia, se a Deus aprouver revelar-nos a natureza desse agente misterioso."

Como se vê, o autor não é muito adiantado, mas, ao menos, não julga pelo que não sabe. Ele reconhece a existência dos fatos e sua causa primeira, mas não conhece seu modo de produção. Ele ignora os progressos da parte teórica da ciência e, a respeito, dá um conselho muito sábio, o de não fazer teorias aventurosas, à maneira que cada um se esforçava por fazer, pois foi assim que a maioria desses sistemas prematuros caíram ante experiências ulteriores que vieram contradizê-los.

Hoje temos uma teoria racional, na qual *nenhum ponto foi admitido a título de hipótese*, pois tudo é deduzido da experiência e da atenta observação dos fatos. Pode-se dizer que, a tal respeito, o Espiritismo tem sido estudado à maneira das ciências exatas.

Negada ontem, esta ciência não disse tudo, e ainda nos resta muito a aprender, mas disse o bastante para ser estabelecida em bases fundamentais e para se saber que esses fenômenos não saem da ordem dos fatos naturais. Eles foram qualificados como sobrenaturais e maravilhosos por falta de conhecimento da lei que os rege, assim como aconteceu com a maioria dos fenômenos da Natureza. Dando a conhecer essa lei, o Espiritismo restringe o círculo do maravilhoso em vez de ampliá-lo. Dizemos mais: Ele lhe desfere o último golpe. Os que falam de outro modo provam que não o estudaram.

Constatamos com satisfação que a ideia espírita faz sensíveis progressos no Rio de Janeiro, onde conta com numerosos representantes fervorosos e devotados. A pequena brochura *O Espiritismo em sua expressão mais simples*, publicada em português, não contribuiu pouco para ali espalhar os verdadeiros princípios da doutrina.

EXTRATO DO *PROGRÈS COLONIAL*, JORNAL DA ILHA MAURÍCIO

DE 28 DE MARÇO DE 1864
Ao Sr. Redator do *Progrès Colonial*

Senhor,

Conhecendo o vosso liberalismo, e também sabendo que vos ocupais de Espiritismo, tende a bondade de inserir em vosso próximo número a carta anexa, que foi dirigida ao Sr. Pe. de Régnon, deixando-vos a liberdade de fazer as reflexões que julgardes convenientes, no interesse da verdade.

Contando com a vossa imparcialidade, ouso pensar que me abrireis as colunas do vosso jornal, para todas as reclamações do gênero das que tenho a honra de vos enviar.

Sou, senhor, vosso humilde servo,

C.

Ao Sr. Pe. de Régnon

"Port-Louis, 26 de março de 1864.

"Sr. Padre,

"Em vossa conferência de quinta-feira última, 24 de março, atacastes o Espiritismo, e quero crer que o tenhais feito de boa-fé, posto os argumentos de que vos servistes contra ele talvez não tenham sido de inteira exatidão.

"É lamentável, de nossa parte, na condição de espírita bem convicto, que tenhais ido colhê-los fora da fonte de conhecimento positivo desta ciência. Estudando-o um pouco, teríeis sabido que repelimos, assim como vós, todas as comunicações emanadas de Espíritos grosseiros e enganadores, que com a menor experiência são facilmente reconhecidos, e que nós nos prendemos apenas àquelas que se apresentam de maneira clara, racional, e segundo as leis de Deus, que, vós o sabeis tanto quanto nós, em todos os tempos permitiu as manifestações espíritas. As Sagradas Escrituras aí estão como prova disso.

"Aliás, não negais a existência dos Espíritos, ao contrário, admitis apenas a dos maus. Eis a diferença existente entre nós.

"Nós temos certeza que existem bons Espíritos, e que seus conselhos, quando seguidos – e todo verdadeiro espírita não deixa de fazê-lo – conduzem mais almas a Deus e fazem muito mais prosélitos da religião do que imaginais. Mas para compreender e praticar esta ciência, bem como todas as outras, para começar é preciso instruir-se e conhecê-la a fundo.

"Assim, Sr. Padre, eu vos aconselho, primeiro em vosso interesse, depois no de todos os que têm a felicidade de vos ouvir, a ler uma das principais obras sobre o assunto, o *Livro dos Espíritos*, por eles ditada ao Sr. Allan Kardec, presidente da Sociedade Espírita de Paris, composta de gente séria e, em sua maioria, muito instruída.

"Aí vereis que só os ignorantes se deixam enganar por falsos nomes e palavras mentirosas, e que *pelos frutos é muito fácil conhecer a árvore*! Teria eu necessidade, aliás, de vos lembrar a 3ª epístola de São João, versículos 1, 2 e 3, sobre a maneira de provar os Espíritos?

"Sim, concordo, o Espiritismo é uma ciência que, assim como o que há de melhor no mundo, por vezes pode produzir grandes males, se exercida por aqueles que não a estudaram e a praticam ao acaso. Mas, então, vós, um homem prudente, deveis julgá-la sem conhecê-la?

"E nossa bela religião cristã, em nome da qual tão grande número de insensatos, de ignorantes e até mesmo de celerados cometeram tantos crimes e derramaram tanto sangue, deve ser julgada pelas ações loucas ou criminosas desses infelizes?

"Não, senhor padre, não é justo nem racional fazer um julgamento temerário de coisas sobre as quais não nos certificamos com antecedência. Deixai a superfície, ide ao fundo pelo estudo, e então podereis dele tratar com conhecimento de causa, e nós vos escutaremos com recolhimento, porque então sem dúvida estareis com a verdade, e nós não mais sorriremos dizendo baixinho para nós mesmos: 'Ele fala do que ignora.'"

UM ESPÍRITA

Se o Espiritismo tem detratores, também tem defensores por toda parte, mesmo nas regiões mais afastadas.

O autor desta carta publicou em folhetins, nesse mesmo jornal, um romance muito interessante, cuja base é o Espiritismo, e que contribuiu poderosamente para a difusão destas ideias naquela região. Referir-nos-emos a isto em outra ocasião.

EXTRATO DA *REVUE SPIRITE D'ANVERS* SOBRE A CRUZADA CONTRA O ESPIRITISMO
(NÚMERO DE JUNHO DE 1863)

"Decididamente, o Espiritismo é uma coisa horrível, porque jamais nem ciência, nem doutrina herética, nem o próprio ateísmo levantaram contra si tão forte movimento no seio da Igreja, quanto o Espiritismo. Todos os recursos imagináveis, leais ou não, foram postos em jogo, a princípio para abafá-lo, e depois, quando demonstrada a impossibilidade de liquidá-lo, para desnaturá-lo e apresentá-lo sob o negro aspecto de pecado. Pobre Espiritismo! Ele só pedia um lugarzinho ao sol para fazer que gratuitamente o mundo gozasse de seus benefícios. Ele não pedia a essas criaturas, que na qualidade de supostos discípulos do Cristo, do Homem-Amor, supõem trazer a palavra caridade inscrita em letras brilhantes em suas sobrepelizes, senão reconduzir ao bom caminho esses milhares de ovelhas que eles tinham sido incapazes de aí manter; não lhes pedia senão poder secundá-los em sua obra de devotamento, curando por uma fundada esperança os pobres corações roídos pela gangrena da dúvida, e esse pedido tão desinteressado, de tão pura intenção, foi respondido por um decreto de proscrição!

Na verdade, veem-se coisas estranhas neste mundo: Os mensageiros oficiais da caridade condenam mais de nove décimos dos homens porque eles escapam à sua influência, e condenam mais profundamente ainda os que querem salvar aqueles infelizes!

"Assim, sem sombra de dúvida, o Espiritismo é coisa muito culpável, porquanto é de tal modo combatido, e causa muita estranheza que uma doutrina tão perversa tenha conquistado tanto espaço em tão curto lapso de tempo. Mas o que deve parecer muito mais admirável é que esse abominável Espiritismo se tenha estabelecido tão solidamente e seja tão lógico, que todos os argumentos que lhe opõem, longe de fazê-lo desabar e de reduzi-lo a nada, longe mesmo de o abalar, ao contrário, vêm todos contribuir, por sua inanidade e manifesta impotência, para a sua solidificação e sua propagação.

Com efeito, é aos entraves que lhe quiseram suscitar que ele deve, em considerável parte, a rapidez de sua expansão, e as prédicas desenfreadas de certos adversários nossos certamente não auxiliaram pouco a sua generalização.

É assim que acontece na ordem das coisas. A verdade nada tem a temer de seus detratores, e são eles mesmos que involuntariamente contribuem para o seu triunfo.

O Espiritismo é um imenso foco de calor e de luz, e quem sopra sobre esse braseiro, além de infalivelmente queimar-se um pouco, não consegue outro resultado senão reavivá-lo ainda mais.

"Entretanto, as ordenações e as conferências parecem insuficientes para destruir o Espiritismo – estamos longe de negar essa patente insuficiência – assim, a Congregação romana acaba de pôr no índex todos os livros do Sr. Allan Kardec, livros que contêm o ensino universal dos Espíritos, aos quais todos nós, os espíritas, nos ligamos. Que nos permitam fazer a respeito as duas reflexões seguintes:

"Os livros espíritas em questão sem dúvida encerram, em toda a sua pureza, e com os desenvolvimentos que exige o estado atual do espírito humano, os ensinamentos e preceitos de Jesus, em quem os Espíritos reconhecem um Messias. Condenar esses livros, portanto, não é condenar, num mesmo golpe, as palavras do Cristo, e pôr esses livros no índex não é aí pôr, de certa forma, os Evangelhos, que estão de acordo conosco? Parece-nos que sim, mas é certo que não somos *infalíveis* como vós.

"Segunda reflexão: Esta medida que hoje tomam não é um tanto tardia? Por que esperar tanto tempo? Além de ser mais ou menos inexplicável – a menos que se creia que o Espiritismo vos pareça de tal modo verdadeiro e estejais de tal modo persuadidos de seu triunfo que durante muito tempo hesitastes em atacá-lo abertamente e de frente, e que um poderosíssimo interesse pessoal (pois não vos faremos a injúria de supor-vos ultra ignorantes) vos tenha induzido a fazê-lo –, além de ser mais ou menos inexplicável, dizíamos nós, é ainda muito desajeitado. Com efeito, o *Livro dos Espíritos*, o *Livro dos Médiuns* e a *Imitação do Evangelho* segundo o Espiritismo estão atualmente nas mãos de milhares de pessoas, e duvidamos muito que a condenação da Congregação de Roma possa agora fazer com que se considere mau e abjeto o que todos julgaram grande e nobre.

"Seja como for, os livros espíritas foram postos no índex. Tanto melhor, porque muitos dos que ainda não os leram irão devorá-los! Tanto melhor, porque de dez pessoas que o percorrerem, pelo menos sete convencer-se-ão ou ficarão fortemente abaladas e desejosas de estudar os fenômenos espíritas. Tanto melhor, porque os nossos próprios adversários, vendo que seus esforços conduzem a resultados diametralmente opostos aos que esperavam, ligar-se-ão a nós, se eles possuírem a sinceridade, o desinteresse e as luzes que seu ministério comporta. Aliás, assim o quer a lei de Deus, porquanto nada no mundo pode ficar eternamente estacionário, mas tudo progride, e a ideia religiosa deve seguir o progresso geral, se não quiser desaparecer.

"Então, que nossos adversários continuem a sua cruzada. Eles já puseram em jogo as ordenações, os sermões, os cursos públicos, as influências ocultas e por vezes aparentemente vitoriosas, por causa do estado de dependência daqueles sobre os quais pesam tiranicamente; eles usaram o auto-de-fé, queimando publicamente nossos livros em Barcelona. Só tendo podido queimar alguns exemplares e vendo que eles são substituídos em quantidade assombrosa, por fim os puseram no índex. Ah! Não sendo mais tolerada a inquisição, embora ela esteja longe de deixar de existir sob outra forma e com a ajuda das influências ocultas de que acabamos de falar, só lhes resta a excomunhão de todos os espíritas em massa, isto é, de notável porcentagem dos homens, e, em particular, de considerável parcela dos cristãos. (Não falamos senão dos espíritas confessos, pois inapreciável é o número dos que o são sem saber.)"

INSTRUÇÕES DOS ESPÍRITOS

O CASTIGO PELA LUZ

NOTA: Numa das sessões da Sociedade Espírita de Paris, em que se havia discutido a perturbação que geralmente se segue à morte, um Espírito manifestou-se espontaneamente à Sra. Costel, pela comunicação que se segue, que ele não assina:

Por que falais da perturbação? Por que essas palavras vãs? Sois sonhadores e utopistas. Ignorais completamente as coisas de que vos pretendeis ocupar. Não, senhores, não existe a perturbação, salvo talvez em vossos cérebros. Estou tão recentemente morto quanto possível, e vejo claro em mim, ao meu redor, em toda parte...

A vida é uma lúgubre comédia! Desajeitados os que se fazem retirar da cena antes de cair o pano... A morte é um terror, um castigo, um desejo, conforme a fraqueza ou a força dos que a temem, a desafiam ou a imploram. Para todos ela é uma amarga irrisão!...

A luz me ofusca e penetra como seta aguda a sutileza de meu ser... Castigaram-me pelas trevas da prisão e pensaram castigar-me pelas trevas do túmulo, ou as sonhadas pelas superstições católicas.

Ah! Sois vós, senhores, que sofreis a escuridão, e eu, o degradado social, eu pairo acima de vós... Eu quero continuar eu mesmo!... Forte pelo pensamento, desdenho os avisos que ressoam ao meu redor... Vejo claro... Um crime! é uma palavra! O crime existe por toda parte. Quando ele é praticado por massas de homens, glorificam-no; no particular, ele é odiado. Absurdo!

Não quero ser lamentado... Nada peço... Eu me basto e saberei muito bem lutar contra essa luz odiosa.

AQUELE QUE ONTEM ERA UM HOMEM

Tendo sido analisada esta comunicação na sessão seguinte, foi reconhecido, no próprio cinismo da linguagem, um grave ensinamento, e se viu na situação desse infeliz uma nova fase do castigo que atinge os culpados.

Com efeito, enquanto uns são mergulhados nas trevas ou num isolamento absoluto, outros suportam, durante longos anos, as angústias de sua última hora, ou ainda se julgam deste mundo. A luz brilha para este; seu Espírito goza da plenitude de suas faculdades; ele sabe perfeitamente que está morto, e de nada se lamenta; ele não pede qualquer assistência, e ainda desafia as leis divinas e humanas.

Será, então, que ele escaparia da punição? Não. O que acontece é que a justiça divina se realiza sob todas as formas, e o que para uns constitui alegria, para outros é um tormento. Essa luz é o seu suplício contra o qual ele se obstina, e, malgrado o seu orgulho, ele o confessa quando diz: "Eu me basto e saberei muito bem lutar contra essa luz odiosa", e nesta outra frase: "A luz me ofusca e penetra, como seta aguda, a sutileza de meu ser." As palavras *sutileza de meu ser* são características. Ele reconhece que seu corpo é fluídico e penetrável pela luz, da qual não pode subtrair-se, e essa luz o traspassa como seta aguda.

Solicitados a dar sua apreciação sobre o assunto, nossos guias ditaram as três comunicações seguintes, que merecem séria atenção:

(MÉDIUM: SR. A. DIDIER)

Há provações sem expiação, como há expiações sem provação. Evidentemente, na erraticidade, do ponto de vista das existências, os Espíritos estão inativos e à espera. Contudo, podem expiar, tendo em vista que o seu orgulho, bem como a tenacidade formidável e intratável de seus erros não os retêm, no momento de sua ascensão progressiva. Tendes um exemplo terrível na última comunicação, relativamente ao criminoso que se debate contra a justiça divina que o constringe, depois da dos homens. Neste caso, então, a expiação, ou antes, o sofrimento fatal que os oprime, em vez de beneficiá-los e de lhes fazer sentir a profunda significação de suas penas, exalta-os na revolta e lhes faz soltar esses murmúrios que as Escrituras, em sua poética eloquência, chamam de *ranger de dentes*, imagem, por excelência, símbolo do sofrimento abatido mas insubmisso, perdida na dor, mas cuja revolta ainda é excessivamente grande para recusar-se a reconhecer a verdade da pena e a verdade da recompensa!

Os grandes erros, muitas vezes, e mesmo quase sempre, se prolongam no mundo dos Espíritos. Do mesmo modo, as grandes consciências criminosas. Ser dono de si mesmo, a despeito de tudo, e pavonear-se diante do infinito, assemelha-se a essa cegueira do homem que contempla as estrelas e que as toma por arabescos de um teto, como acreditavam os gauleses do tempo de Alexandre.

Há o infinito moral! Miserável é aquele, ínfimo é aquele que, sob o pretexto de continuar as lutas e as fanfarronadas abjetas da Terra, não vê mais longe no outro mundo do que aqui embaixo! A esse a cegueira, o desprezo dos outros, a egoísta e mesquinha personalidade e a estagnação do progresso! É muitíssimo certo, ó homens, que existe um acordo secreto entre a imortalidade de um nome puro deixado na Terra e a imortalidade que guardam realmente os Espíritos em suas provações sucessivas.

LAMENNAIS

OBSERVAÇÃO: Para compreender o sentido da frase. "Há provações sem expiação e expiações sem provação" é necessário entender como expiação o sofrimento que purifica e lava as manchas do passado. Depois da expiação, o Espírito está reabilitado. O pensamento de Lamennais é o seguinte: Conforme as vicissitudes da vida sejam ou não acompanhadas pelo arrependimento das faltas que as ocasionaram, pelo desejo de torná-las aproveitáveis para seu próprio melhoramento, haverá ou não haverá expiação, isto é, reabilitação. Assim, os maiores sofrimentos podem não ter proveito para aquele que os suporta, se tais sofrimentos não o tornarem melhor; se eles não o elevarem acima da matéria; se ele não vê nisso a mão de Deus; se, enfim, eles não o fizerem dar um passo à frente, porque ele terá que recomeçar em condições ainda mais penosas.

Deste ponto de vista, dá-se o mesmo com as penas sofridas após a morte. O Espírito endurecido as sofre sem ser tocado pelo arrependimento. Eis por que ele pode prolongá-las por sua própria vontade; é castigado, mas não se arrepende.

(MÉDIUM: SR. D'AMBEL)

Precipitar um homem nas trevas ou em ondas de luz: o resultado não será o mesmo? Num caso como no outro, ele nada vê do que o cerca, e até habituar-se-á mais rapidamente à sombra do que à tripla claridade elétrica, na qual pode estar submerso. Assim, o Espírito que se comunicou na última sessão bem exprime a verdade de sua situação quando exclama: "Oh! Eu me basto e saberei muito bem lutar contra essa luz odiosa!" Com efeito, essa luz é muito mais terrível e muito mais medonha porquanto o atravessa completamente e torna visíveis e aparentes os seus mais secretos pensamentos. Aí está um dos lados mais duros de seu castigo espiritual. Ele se acha, por assim dizer, internado na casa de vidro que pedia Sócrates, e aí está ainda um ensinamento, porque o que teria sido a alegria e o consolo do sábio torna-se a punição infamante e contínua do malvado, do criminoso, do parricida, assombrado em sua própria personalidade.

Compreendeis, meus filhos, a dor e o terror que devem tolher aquele que durante uma existência sinistra se comprazia em combinar, em maquinar os mais tristes malefícios no fundo de seu ser, onde se refugiava como uma fera em sua caverna, e que hoje se vê expulso desse refúgio íntimo, onde se subtraía aos olhares e à investigação dos contemporâneos? Agora sua máscara de impassibilidade lhe é arrancada, e cada um dos seus pensamentos se reflete sucessivamente em sua fronte!

Sim, de agora em diante, nenhum repouso, nenhum asilo para esse formidável criminoso! Cada pensamento mau – e Deus sabe se sua alma os exprime – se trai fora e dentro dele, como num choque elétrico superior. Ele quer fugir da multidão, mas a luz odiosa o penetra continuamente. Ele quer fugir, foge numa carreira desabalada e desesperada, através dos espaços incomensuráveis, e por toda parte, a luz! Por toda parte os olhares que nele mergulham! Ele se precipita novamente, em busca da sombra, da noite, mas a sombra e a noite não mais existem para ele. Ele chama a morte em seu auxílio, mas a morte não passa de uma palavra sem sentido. O infeliz foge sem parar! Ele caminha para a loucura espiritual, terrível castigo, dor horrível, onde se debaterá consigo mesmo para se desembaraçar de si próprio, porque esta é a lei suprema além da Terra: É o culpado que se transforma no mais inexorável castigo para si mesmo.

Quanto tempo durará isto? Até à hora em que sua vontade, enfim vencida, curvar-se sob a pungente pressão do remorso, e na qual sua fronte soberba humilhar-se ante suas vítimas apaziguadas e ante os Espíritos de justiça.

Notai a alta lógica das leis imutáveis, pois ele ainda cumprirá o que escrevia nessa altiva comunicação, tão clara, tão lúcida e tão tristemente cheia de si próprio que ele deu na sexta-feira última, entregando-se a um ato de sua própria vontade.

O ESPÍRITO PROTETOR DO MÉDIUM

(MÉDIUM: SR. COSTEL)

A justiça humana não privilegia a individualidade dos seres que castiga. Medindo o crime pelo crime em si, ela fere indistintamente os que o cometeram, e a mesma pena atinge o culpado, sem distinção de sexo e seja qual for a sua educação. A justiça divina procede diversamente. As punições correspondem ao grau de adiantamento dos seres aos quais são aplicadas. A igualdade do crime não constitui igualdade entre os indivíduos, porquanto dois homens culpados no mesmo grau podem ser separados pela distância das provações, que mergulham um na opacidade intelectual dos primeiros círculos iniciadores, ao passo que o outro, tendo-os ultrapassado, possui a lucidez que liberta o Espírito da perturbação. Então não são mais as trevas que castigam, mas a acuidade da luz espiritual. Ela atravessa a inteligência terrena e o faz experimentar a angústia de uma ferida exposta.

Os seres desencarnados perseguidos pela representação material de seu crime sofrem o choque da eletricidade física. Eles sofrem pelos sentidos. Aqueles que já estão desmaterializados pelo Espírito sentem uma dor muito superior que aniquila nas suas vagas amargas a lembrança dos fatos, para não deixar subsistir senão o conhecimento de suas causas.

Pode, então, o homem, malgrado a criminalidade de suas ações, possuir um avanço anterior e, ao passo que as paixões o faziam agir como um bruto, suas faculdades aguçadas o elevam acima da espessa atmosfera das camadas inferiores. A ausência de ponderação, de equilíbrio entre o progresso moral e o progresso intelectual produz as anomalias tão frequentes nos períodos de materialismo e de transição.

A luz que tortura o Espírito culpado é, portanto, o raio espiritual inundando de claridade os recantos secretos de seu orgulho e lhe descobrindo a inutilidade de seu ser fragmentário.

São estes os primeiros sintomas e as primeiras angústias da agonia espiritual que anunciam a separação ou dissolução dos elementos intelectuais materiais que compõem a primitiva dualidade humana, e devem desaparecer na grande unidade do ser acabado.

JEAN REYNAUD

OBSERVAÇÃO: Estas três comunicações, recebidas simultaneamente, se complementam umas pelas outras, e apresentam o castigo sob novo aspecto eminentemente filosófico, um pouco mais racional que as chamas do inferno, com suas cavernas guarnecidas de navalhas. É provável que os Espíritos, querendo tratar da questão por meio de um exemplo, tenham provocado, com esse objetivo, a comunicação do Espírito culpado.

NOTÍCIAS BIBLIOGRÁFICAS

A EDUCAÇÃO MATERNA
CONSELHOS ÀS MÃES DE FAMÍLIA[1]

O opúsculo é produto de instruções mediúnicas, formando um conjunto completo, ditadas à Sra. Collignon, de Bordéus, pelo Espírito que se assina *Étienne*, e que é desconhecido da médium. Essas instruções, inicialmente publicadas em artigos avulsos pelo jornal *le Sauveur*, foram reunidos em brochura.

Temos a satisfação de aprovar esse trabalho sem reservas, tão recomendável pela forma quanto pelo fundo. O estilo é simples, claro, conciso, sem ênfase nem palavras vazias para encher espaço, pensamentos profundos e de uma lógica irreprochável. É bem a linguagem de um Espírito elevado, e não esse estilo verboso de Espíritos que julgam compensar o vazio das ideias pela abundância das palavras.

Não tememos fazer estes elogios porque sabemos que a Sra. Collignon não os tomará para si, e que seu amor-próprio

[1] Brochura in-8º; preço 50 cêntimos; pelo correio 60 cêntimos. Paris: Ledoyen, Palais Royal, Galerie d'Orléans, 31. – Bordéus: Ferret, livreiros, Fossés-de-l'Intendance, 15, e no escritório do jornal *Le Sauveur*, caminho d'Aquitaine, 57.

não será superexcitado, assim como não se melindraria com a mais severa crítica.

Nesse escrito, a educação é encarada sob seu verdadeiro ponto de vista em relação ao desenvolvimento físico, moral e intelectual da criança, considerado desde o berço até o seu estabelecimento no mundo. As mães espíritas, melhor do que todas as outras, apreciarão a sabedoria dos conselhos que ela encerra, pelo que lhes recomendamos como uma obra digna de toda a sua atenção.

A brochura é completada por um pequeno poema intitulado *O corpo e o Espírito*, também mediúnico, que mais de um autor de renome poderia assinar sem receio.

Eis o começo do poema:

Morfeu tinha mergulhado meus sentidos no sono;
Meu Espírito, liberto desse pesado aparelho,
Quis emancipar-se e vogar no espaço,
Abandonando seu corpo, como o soldado o seu posto.
Como um prisioneiro que geme nas algemas,
Enfim livre, quis elevar-se no espaço.
Era uma lembrança, um capricho, um mistério,
Que me levava o Espírito a deixar a Terra?
Eu não saberia dizê-lo, e ele, de regresso,
Responde à pergunta com evasivas.
Logo compreendi a razão de sua astúcia
E me zanguei, pois não gosto que me enganem.
"– Ao menos me direis, Espírito caprichoso,
"O que vistes nesse passeio pelos céus?
" – Para te agradar, algo devo dizer-te;
"Do contrário, o carcereiro, com seu triste humor,
"Faria ao preso um grosseiro sermão
"E o pobre cativo ficaria pior...
"Sabe, pois... – Esperai. É mesmo a história
"Que me ides contar? – Ó sim, tu podes crer.
"Sabe, pois, que outrora, no mundo dos Espíritos,
"Eu deixei os parentes e numerosos amigos:
"Eu queria revê-los, pois o exílio na Terra
"Não foi feito, acreditai, apenas para agradar!
"Aproveitando o sono que te prendia no leito,

"Lá deixei o corpo e logo, *só em Espírito*,
"Transpus os degraus que separam os mundos,
"Fazendo o seu percurso em quase dois segundos.
"Devia ser ligeiro, pois o menor atraso
"Podia fazer-te mal. Ora, se por acaso
"Me tivesse esquecido nesse grande percurso,
"De volta, veja bem, isto é coisa certa,
"Encontraria um cadáver no lugar de um corpo.
"E eu quis evitar semelhante remorso.
"Eu sabia que ficando cometeria um crime,
"Pois só Deus pode romper a nossa ligação.
"– Obrigado pela lembrança, caro Espírito zeloso;
"Se não é menos certo que eu teria morrido
"Se a menor demora... Ah! palavra de corpo honesto,
"Até sinto que os cabelos se arrepiam!"

O ESPIRITISMO NA SUA EXPRESSÃO MAIS SIMPLES

POR ALLAN KARDEC

EDIÇÃO EM LÍNGUA RUSSA
Impresso em Leipzig, por Baer & Hermann.
Em Paris: Ledoyen, Palais-Royal; Didier & Cia., Quai des Augustins, 35; e no escritório da *Revista Espírita*.

AVISO

O *Dr. Chavaux*, *presidente* da Sociedade de Estudos Espíritas de Marselha, *pede que anunciemos que a sede da mencionada Sociedade é na Rua Petit-Saint-Jean*, nº 24, 1º *andar*.

ALLAN KARDEC

REVISTA ESPÍRITA

JORNAL DE ESTUDOS PSICOLÓGICOS

ANO VII	AGOSTO DE 1864	VOL. 8

NOVOS DETALHES SOBRE OS POSSESSOS DE MORZINE

Na Revista Espírita de dezembro de 1862 e janeiro, fevereiro, março e maio de 1863, demos um relato circunstanciado e uma apreciação da epidemia demoníaca de Morzine, Alta Savoia, e demonstramos a insuficiência dos meios empregados para combatê-la. Posto o mal jamais tenha cessado completamente, tinha havido uma espécie de parada. Vários jornais, bem como a nossa correspondência particular, assinalam o reaparecimento do flagelo com nova intensidade. O *Magnétiseur*, jornal do magnetismo animal publicado em Genebra pelo Sr. Lafontaine, em seu número de 15 de maio de 1864, faz este relato detalhado:

"A epidemia demoníaca que desde 1857 reina no burgo de Morzine e nos casebres vizinhos, situados entre as montanhas da Alta Savoia, ainda não cessou a sua devastação. O governo francês, desde que a Savoia lhe pertence, preocupou-se com o caso. Enviou ao local homens especializados, inteligentes e capazes, inspetores dos hospícios de alienados etc., a fim de estudar a natureza e observar a marcha dessa doença. Eles tomaram algumas medidas, tentaram o deslocamento e transportaram as moças doentes para Chambéry, Annecy, Thoron etc., mas os resultados dessas tentativas não foram satisfatórios. Malgrado o tratamento médico reputado conveniente, as curas foram pouco numerosas, e quando as moças voltaram para casa, recaíram no mesmo estado de sofrimento.

"Depois de inicialmente haver atingido as crianças e as mocinhas, a epidemia estendeu-se às mães de família e às senhoras idosas. Poucos homens lhe sentiram a influência, contudo, custou a vida de um. Esse infeliz meteu-se no estreito espaço entre o fogão e a parede, de onde dizia não poder sair e ali ficou um mês, sem se alimentar. Morreu de esgotamento e inanição, vítima de sua imaginação ferida.

"Os enviados do governo francês fizeram relatórios, num dos quais o Sr. Constant, entre outras coisas, declarava que o pequeno número de curas realizadas naquela população era devido ao magnetismo por mim empregado em Genebra, em moças e senhoras que me haviam trazido em 1858 e 1859.

"Nossos leitores sabem que esse flagelo, atribuído pelos bons camponeses de Morzine e, o que é mais desagradável, por seus guias espirituais, ao *poder do demônio*, se manifesta naqueles que são tomados por convulsões violentas acompanhadas de gritos, de dores no estômago e gestos da mais impressionante ginástica, sem falar das blasfêmias e de outros processos escandalosos, pelos quais os doentes se consideram culpados quando os obrigam a entrar numa igreja.

"Conseguimos curar vários desses doentes, que não sofreram outros ataques enquanto residiram em locais distantes das influências perniciosas do contágio e dos espíritos impressionados de sua região. Mas em Morzine o horrível mal não cessou de fazer devastações entre essa população infeliz. Ao contrário, o número das suas vítimas continuou crescendo. Em vão prodigalizaram preces e exorcismos; em vão levaram os doentes para hospitais de várias cidades distantes. O flagelo, que em geral ataca mocinhas cuja imaginação é mais viva, se encarniçou contra a sua presa, e as únicas curas constatadas foram as operadas por nós, das quais fizemos um relato em nosso jornal.

"Enfim, baldos de meios, quiseram tentar um grande golpe. Monsenhor Maguin, bispo de Annecy, mandou anunciar, há pouco tempo, que iria a Morzine, tanto para crismar os habitantes que ainda não haviam recebido esse sacramento quanto para ensinar os meios de vencer a terrível doença. A boa gente da aldeia esperava maravilhas dessa visita.

"Ela ocorreu no sábado, 30 de abril, e no domingo, 1º de maio, e eis as circunstâncias que a marcaram:

"No sábado, pelas quatro horas, o prelado aproximou-se da aldeia. Ele estava a cavalo, acompanhado por grande número de padres. Tinham procurado reunir os doentes na Igreja, e alguns tinham ido à força. Diz uma testemunha ocular que 'A partir do momento em que o bispo pisou em terras de Morzine, os possessos, sentindo que ele se aproximava, foram tomados de convulsões as mais violentas, e particularmente aqueles que eram mantidas na igreja soltavam gritos e urros que nada tinham de humano. Todas as moças que em diversas épocas tinham sido atingidas pela doença recaíram, e muitas delas, que há cinco anos não haviam sofrido nenhum ataque, foram vitimadas pelo mais medonho paroxismo dessas crises horríveis.'

"O próprio bispo empalideceu ao ouvir os urros que acolheram a sua chegada. Não obstante, continuou a avançar para a igreja, malgrado a vociferação de alguns doentes que haviam escapado das mãos de seus guardas para se atirarem à sua frente e injuriá-lo.

"Ele apeou-se à porta do templo e entrou com dignidade. Apenas acabou de entrar, a desordem redobrou. Então foi uma cena verdadeiramente infernal.

"As possessas, cerca de setenta, com um único rapaz, praguejavam, rugiam, pulavam em todos os sentidos. Isto durou muitas horas, e quando o prelado quis fazer a crisma, o furor redobrou, se isto é possível. Eles tiveram que arrastá-las para junto do altar. Sete ou oito homens tiveram que reunir seus esforços para vencer a resistência de algumas, com a ajuda de policiais.

"O bispo deveria partir às quatro horas, mas às sete da noite ainda estava na igreja, onde não lhe puderam trazer três doentes. Conseguiram arrastar duas, arquejantes, com espuma na boca e blasfêmias nos lábios, aos pés do prelado. A última resistiu a todos os esforços. O bispo, vencido pela fadiga e pela emoção, teve que renunciar a lhe impor as mãos. Ele saiu da igreja tremendo, desequilibrado, com as pernas cobertas de contusões recebidas das possessas enquanto elas se agitavam sob sua bênção.

"Ele saiu da aldeia deixando aos habitantes boas palavras, mas sem lhes esconder a profunda impressão de estupor que havia experimentado em presença de um mal que não podia imaginar tão grande. Terminou confessando 'que não se tinha sentido bastante forte para conjurar a chaga que tinha vindo curar e prometendo voltar o quanto antes, munido de poderes maiores.'

"Não fazemos hoje nenhuma reflexão. Limitamo-nos a relatar esses fatos deploráveis. Talvez no próximo número digamos tudo quanto para nós eles representaram de penoso."

CH. LAFONTAINE

Eis o relato sucinto que o *Courrier des Alpes* fez de tais fatos, e que diversos jornais reproduziram sem comentários:

"Ocupam-se muito em Annecy de um incidente, tão doloroso quão imprevisto, que assinalou a viagem de Monsenhor Maguin, nosso digno prelado. Todos conhecem a triste e singular doença que há anos aflige a comuna de Morzine, à qual não se sabe que nome dar. A Ciência *aí se perde*. Certo público caracterizou essa doença, que aflige principalmente as mulheres, chamando de *possessos* os que por ela são atingidos. Muitos habitantes da comuna, com efeito, estão persuadidos de que um malefício foi lançado sobre essa localidade.

"Lembram-se também que em 1862, certo número de pessoas atingidas por essa estranha doença, que produz todos os efeitos da loucura furiosa, sem lhe ter o caráter, foram espalhadas em diversos hospitais, em vários pontos da França, e voltaram perfeitamente curadas. Este ano a doença afetou outras pessoas e há algum tempo tomou proporções apavorantes.

"Foi nestas circunstâncias que o Monsenhor Maguin, só escutando a sua caridade, fez a sua visita pastoral a Morzine, e foi no momento em que ele administrava a crisma que de repente uma crise se apoderou de certo número desses infelizes que assistiam à cerimônia ou que dela participavam. Então houve um terrível escândalo na igreja.

"Os detalhes dessa cena são muito aflitivos para serem relatados. Limitar-me-ei a dizer que a administração superior comoveu-se com esse triste caso e que um destacamento de trinta homens da infantaria já foi mandado para lá. Sei de boa fonte que esse destacamento será duplicado e comandado por um oficial superior, encarregado de minuciosas instruções. Desnecessário dizer que outras medidas serão tomadas, tais como, por exemplo, o envio de médicos especialistas encarregados de estudar a doença. A força armada terá por missão proteger as pessoas."

A *Ciência aí se perde* é uma confissão de impotência. Então, o que farão os médicos? Já não enviaram alguns muito capacitados? Dizem que vão mandar especialistas. Mas, como estabelecer sua especialidade numa afecção cuja natureza não se conhece, e na qual a Ciência se perde?

Concebe-se a especialidade dos oculistas para as afecções dos olhos e dos toxicologistas nos casos de envenenamento, mas aqui, em que categoria serão tomados? Entre os alienistas?

Tudo bem, se for demonstrado que é uma afecção mental, mas os próprios alienistas fracassaram. Eles não estão de acordo nem quanto à causa nem quanto ao tratamento. Ora, se a Ciência aí se perde, o que é uma grande verdade, os alienistas não são mais especialistas que os cirurgiões. É verdade que lhes vão juntar uma força armada, mas já empregaram esse meio sem sucesso. Duvidamos muito que desta vez haja sucesso.

Se a Ciência falha, portanto, é que ela não está no caminho certo. O que há nisto de estranho? Tudo revela uma causa moral, e enviam homens que só acreditam na matéria. Eles procuram na matéria e aí nada encontram, o que prova superabundantemente que eles não procuram onde é preciso. Se se querem médicos mais especializados, que os escolham entre os espiritualistas e não entre os materialistas. Pelo menos aqueles poderão compreender que ali possa haver alguma coisa fora do organismo.

A religião não foi mais feliz. Ela usou suas munições contra os diabos, sem poder chamá-los à razão. É que então os diabos são os mais fortes, a menos que não sejam diabos. Os constantes insucessos, em casos semelhantes, provam uma de duas coisas: ou que ela não está certa, ou que é vencida por seus inimigos.

O mais claro de tudo isto é que nada do que empregaram deu resultado, e não terão melhor resultado enquanto se obstinarem em não buscar a verdadeira causa onde ela está. Um estudo atento dos sintomas demonstra, com a mais clara evidência, que a causa está na ação do mundo invisível sobre o mundo visível, ação que é a fonte de mais afecções do que se pensa, e contra as quais a Ciência falha porque ela combate o efeito e não à causa. Numa palavra, é o que o Espiritismo designa pelo nome de *obsessão*, levada ao mais alto grau, isto é, de *subjugação* e de *possessão*. As crises são efeitos consecutivos. A causa é o obsessor. É, portanto, sobre esse ser que se deve agir, como nas convulsões ocasionadas pelos vermes, se age sobre os vermes.

Dirão que o sistema é absurdo. Absurdo para os que nada admitem fora do mundo tangível, mas muito positivo para os que constataram a existência do mundo espiritual e a presença de seres invisíveis em torno de nós. Aliás, o sistema é baseado na experiência e na observação, e não numa teoria preconcebida. A ação de um ser invisível malévolo foi *constatada* numa porção de casos isolados, tendo completa analogia com os fatos de Morzine, de onde é lógico concluir que a causa é a mesma, já que os efeitos são semelhantes. A diferença está apenas na quantidade. Todos os sintomas, sem exceção, observados nos doentes daquela localidade, o foram nos casos particulares de que falamos. Ora, considerando-se que foram libertados os doentes atingidos pelo mesmo mal, sem exorcismos, sem medicamentos e sem polícia, o que se faz alhures poderia ser feito em Morzine.

Se assim é, perguntarão, por que os meios espirituais empregados pela Igreja são ineficazes?

Eis a razão:

A Igreja acredita nos demônios, isto é, numa categoria de seres de uma natureza perversa e votados eternamente ao mal, e por isso mesmo imperfectíveis. Com esta ideia, ela não procura melhorá-los. O Espiritismo, ao contrário, reconheceu que o mundo invisível é composto de almas ou Espíritos dos homens que viveram na Terra, e que, após a morte, povoam o espaço. Entre eles há bons e maus, como entre os homens. Dos que se compraziam, em vida, em fazer o mal, muitos se comprazem ainda, após a morte. Entretanto, pelo fato de pertencerem à Humanidade, eles estão subordinados à Lei do Progresso e podem melhorar-se. Portanto, eles não são demônios, no sentido da Igreja, mas Espíritos imperfeitos.

Sua ação sobre os homens se exerce tanto sobre o físico quanto sobre o moral. Daí uma porção de afecções que não têm sede no organismo, loucuras aparentes que são refratárias a qualquer medicação. É um novo ramo da patologia, que se pode designar pelo nome de *patologia espiritual*. A experiência ensina a distinguir os casos desta categoria daqueles que pertencem à patologia orgânica.

Não nos propomos a descrever o tratamento das afecções desse gênero, porque já foi indicada alhures. Limitar-nos-emos a lembrar que consiste numa tríplice ação: A ação fluídica que liberta o perispírito do doente da pressão do Espírito malévolo; o ascendente exercido sobre este último pela autoridade que sobre ele dá a superioridade moral; e a influência moralizadora dos conselhos que se lhe dá.

A primeira é simples acessório das duas outras. Sozinha ela é insuficiente, porque se momentaneamente se chega a afastar o Espírito, nada o impede de voltar à carga. É a fazê-lo renunciar voluntariamente a seus maus propósitos que a gente se deve aplicar, moralizando-o. É uma verdadeira educação a fazer, que exige tato, paciência, devotamento e, acima de tudo, uma fé sincera. Prova a experiência, pelos resultados obtidos, o poder deste meio, mas também demonstra que em certos casos é necessário o concurso simultâneo de várias pessoas unidas na mesma intenção.

Ora, o que faz a Igreja em semelhantes casos? Convicta de que trata com demônios incorrigíveis, ela não se ocupa absolutamente com a sua melhora. Ela acredita que os aterroriza e os afasta por meio dos signos, das fórmulas e dos aparelhos de exorcismo, do que eles se riem e pelo que são mais excitados a redobrar a malícia, como se constatou todas as vezes que tentaram exorcizar os lugares em que se produzem barulhos e perturbações. É um fato verificado pela experiência que os signos e os atos exteriores nenhum poder têm sobre eles, ao passo que foram vistos os mais endurecidos e os mais perversos cederem a uma pressão moral e voltarem aos bons sentimentos. Então, tem-se a dupla satisfação de livrar o obsedado e trazer a Deus uma alma transviada.

Talvez perguntem por que os espíritas, que estão convencidos da causa do mal e dos meios de combatê-lo, não foram a Morzine para ali operar milagres. Para começar, os espíritas não fazem milagres. A ação curativa que se pode exercer em semelhantes casos nada tem de maravilhoso ou de sobrenatural, porquanto ela repousa numa lei da Natureza, a das relações entre o mundo visível e o mundo invisível, lei que, dando a razão de certos fenômenos incompreendidos por falta de conhecimento, vem estreitar os limites do maravilhoso, em vez de alargá-los. Em segundo lugar, deve-se perguntar se o seu concurso seria aceito; se não teriam encontrado uma oposição sistemática; se, longe de serem ajudados, eles não teriam sido entravados pelas próprias pessoas que fracassaram; se não teriam sido insultados e maltratados por uma população superexcitada pelo fanatismo, acusados de feitiçaria junto aos próprios doentes, e de agirem em nome do diabo, como se viram provas em certas localidades.

Nos casos individuais isolados, os que se dedicam ao alívio dos aflitos geralmente são ajudados pela família e pela vizinhança, muitas vezes pelos próprios doentes, sobre cujo moral devem atuar por meio de palavras boas e encorajadoras, que devem excitar à prece. Semelhantes curas não se obtêm instantaneamente. Os que as empreendem necessitam de calma e de profundo recolhimento. Nas circunstâncias atuais, essas condições seriam possíveis em Morzine? É mais do que duvidoso. Quando vier o momento de deter o mal, Deus o proverá.

Aliás, os fatos de Morzine e sua continuação têm sua razão de ser, do mesmo modo que as manifestações do mesmo gênero em Poitiers. Eles se multiplicarão, quer isolada, quer coletivamente, a fim de convencer da impotência dos meios até hoje empregados para lhes pôr um termo, e de forçar a incredulidade a reconhecer, enfim, a existência de um poder extra-humano.

Para todos os casos de obsessão, de possessão e de quaisquer manifestações desagradáveis, chamamos a atenção para o que diz a respeito o *Livro dos Médiuns,* no capítulo da *obsessão*; para os artigos da *Revista* relativos a Morzine, e relatados acima; para os nossos artigos de fevereiro, março e junho de 1864, relativos à jovem obsedada de Marmande; enfim, para os números 325 a 335 da *Imitação do Evangelho.* Aí serão encontradas as necessárias instruções para se guiarem em circunstâncias análogas.

SUPLEMENTO AO CAPÍTULO DAS PRECES DA IMITAÇÃO DO EVANGELHO

Vários assinantes testemunharam seu pesar por não haverem encontrado, em nossa *Imitação do Evangelho segundo o Espiritismo*, uma prece especial, para uso habitual, para a manhã e a noite.

Faremos notar que as preces contidas nessa obra não constituem um formulário que para ser completo deveria ter que encerrar um número muito maior. Elas fazem parte das comunicações dadas pelos Espíritos; nós as reunimos no capítulo consagrado ao exame da prece, como adicionamos a cada um dos outros capítulos as comunicações que aos mesmos poderiam referir-se. Evitando de propósito as da manhã e da noite, quisemos tirar de nossa obra o caráter litúrgico, por isso nos limitamos às que têm uma relação mais direta com o Espiritismo. As outras, cada um poderá encontrar entre as de seu culto particular. Nada obstante, para atender ao desejo que nos é expresso, damos a seguir a que se nos afigura responder melhor ao objetivo que se propõe. Contudo a precedemos de algumas observações, para que melhor se compreenda o seu alcance.

Na *Imitação,* nº 274, fizemos ressaltar a necessidade das preces *inteligíveis.* Aquele que ora sem compreender o que diz, habitua-se a ligar mais valor às palavras do que aos pensamentos; para ele as palavras é que são eficazes, ainda que o coração não participe. Assim, muitos se julgam quites quando recitaram algumas palavras que os dispensam de se reformarem. É fazer da Divindade uma ideia estranha, acreditar que ela se satisfaz com palavras, mais do que com atos que atestam um melhoramento moral.

Eis, aliás, a respeito deste assunto, a opinião de São Paulo: "Se eu não entendo o que significam as palavras, serei um bárbaro para aquele a quem falo, e aquele que me fala será para mim um bárbaro. Se eu oro numa língua que não compreendo, meu coração ora, mas meu entendimento fica sem fruto. Se louvais apenas com o espírito, como é que um homem desses que não entendem senão sua própria língua dirá *Amen*, no final de vossa ação de graças, considerando-se que ele não compreende o que dizeis? Isto não significa que vossa ação de graças não é boa, mas os outros não são edificados." (São Paulo, 1ª epístola aos Coríntios, cap. XIV, versículos 11, 14, 16 e 17).

É impossível condenar de maneira mais formal e mais lógica o uso das preces ininteligíveis. Pode-se admirar que seja tão pouco levada em conta a autoridade de São Paulo neste assunto, ao passo que ela é tantas vezes invocada sobre outros pontos. Outro tanto poder-se-ia dizer da maioria dos escritores sacros, considerados como luzes da Igreja, e cujos preceitos todos estão longe de ser postos em prática.

Uma condição essencial da prece é, pois, segundo São Paulo, ser inteligível, para que possa falar ao nosso espírito. Para isto não basta que seja dita em língua compreendida por aquele que ora, porquanto há preces em língua vulgar que não dizem muito mais ao pensamento do que se fossem ditas em língua estrangeira, e que, por isso mesmo, não vão ao coração, porque as raras ideias que elas encerram são frequentemente abafadas pela superabundância de palavras e pelo misticismo da linguagem.

A principal qualidade da prece é ser clara, simples e concisa, sem fraseologia inútil, nem luxo de epítetos, que não passam de vestimentas de lantejoulas. Cada palavra deve ter o seu alcance, despertar um pensamento, mover uma fibra, numa palavra, deve fazer refletir. Só com esta condição a prece pode atingir o seu objetivo, do contrário não passa de ruído. Vede, também, com que ar distraído e com que volubilidade elas são ditas na maior parte do tempo! Veem-se os lábios se movendo, mas, pela expressão da fisionomia e pelo tom da voz se reconhece um ato maquinal, puramente exterior, ao qual a alma fica indiferente.

O mais perfeito modelo de concisão, no caso da prece, é, sem contradita, a *Oração dominical*, verdadeira obra prima de sublimidade em sua simplicidade. Sob a mais reduzida forma, ela resume todos os deveres do homem para com Deus, para consigo mesmo e para com o próximo. Contudo, em razão de sua própria brevidade, o sentido profundo encerrado nas poucas palavras de que ela se compõe escapa à maioria; os comentários já feitos a respeito nem sempre estão presentes à memória, ou mesmo são desconhecidos pela maior parte das pessoas, por isto geralmente ela é dita sem que o pensamento seja direcionado à aplicação de cada uma de suas partes. Dizem-na como uma fórmula cuja eficácia é proporcional ao número de vezes que é repetida. Ora, é quase sempre um dos números cabalísticos *três*, *sete* ou *nove*, tirados da antiga crença na virtude dos números, e em uso nas operações de magia. Pensai ou não penseis no que dizeis, mas repeti a prece tantas vezes, que isto basta. Agora, que o Espiritismo repele expressamente toda eficácia atribuída às palavras, aos signos e às fórmulas, a Igreja acusa-o de ressuscitar as velhas crenças supersticiosas.

Todas as religiões antigas e pagãs tiveram sua língua sagrada, língua misteriosa, apenas inteligível aos iniciados, mas cujo sentido verdadeiro era oculto ao vulgo, que a respeitava tanto mais quanto menos a compreendia. Isto podia ser aceito na época da infância intelectual das massas, mas hoje, que elas estão espiritualmente emancipadas, as línguas místicas não mais têm razão de ser e constituem um anacronismo; elas querem ver tão claro nas coisas da religião quanto nas da vida civil; não se pede mais para crer e orar, mas se quer saber por que se crê e o que se pede orando.

O latim, de uso habitual nos primeiros tempos de Cristianismo, ficou sendo para a Igreja a língua sagrada, e é por um resto do antigo prestígio ligado a essas línguas que a maioria dos que não o sabem dizem a Oração dominical nessa língua, de preferência à sua própria. Dir-se-ia que dão tanto mais valor à coisa quanto menos a compreendem. Por certo tal não foi a intenção de Jesus quando a ditou, e tal também não foi o pensamento de São Paulo, quando disse: "Se eu oro numa língua que não compreendo, meu coração ora, mas meu entendimento fica sem fruto." Ainda se, por falta de inteligência, o coração orasse sempre, haveria apenas meio mal, entretanto, infelizmente, muitas vezes o coração não ora mais que o espírito. Se o coração realmente orasse, não se veria tanta gente, entre aqueles que rezam muito, aproveitar tão pouco, e não serem nem mais benevolentes nem mais caridosos nem menos maledicentes para com o próximo.

Feita esta ressalva, diremos que a melhor prece matinal e da noite é, sem contradita, a *Oração dominical*, dita com inteligência, de coração e não apenas com os lábios. Mas, para suprir o vago que a sua concisão deixa no pensamento, aqui acrescentamos, a conselho e com a assistência dos bons Espíritos, um desenvolvimento a cada proposição.

Conforme as circunstâncias e o tempo disponível, pode, pois, dizer-se a *Oração dominical* simples ou com os comentários. Também se podem acrescentar algumas das preces contidas na *Imitação do Evangelho*, tomadas entre as que não tenham um objetivo especial, como, por exemplo, a prece aos anjos da guarda e aos Espíritos protetores, nº 293; a para afastar os maus Espíritos, nº 297; para as pessoas que nos foram afeiçoadas, nº 358; para as almas sofredoras que pedem preces, nº 360 etc. Fica entendido que é sem prejuízo das preces especiais do culto ao qual se pertence por convicção, e ao qual o Espiritismo não manda renunciar.

Aos que nos pedem uma linha de conduta a seguir no que concerne às preces quotidianas, aconselhamos cada um a fazer uma coletânea apropriada às circunstâncias em que se encontra, por si mesmo, para outrem ou para os que deixaram a Terra, e desenvolvê-las ou restringi-las conforme a oportunidade.

Uma vez por semana, no domingo, por exemplo, pode-se a isto consagrar um tempo mais longo, e dizer todas, quer em particular, quer em comum, se houver lugar, a isso acrescentando a leitura de algumas passagens da *Imitação do Evangelho* e de algumas boas instruções ditadas pelos Espíritos. Isto é mais especialmente dirigido às pessoas que são repelidas pela Igreja por causa do Espiritismo, e que não sentem menos a necessidade de se unirem a Deus pelo pensamento.

Mas, salvo este caso, nada impede que aqueles que sentem a necessidade de assistir, nos dias consagrados às cerimônias de seu culto, ali digam, ao mesmo tempo, algumas das preces relacionadas com suas crenças espíritas. Isto não pode senão contribuir para elevar sua alma a Deus pela união do pensamento e das palavras. O Espiritismo é uma fé íntima. Ele está no coração e não nos atos exteriores. Ele não prescreve nenhum ato que seja de natureza a escandalizar os que não partilham dessa crença, mas recomenda, ao contrário, a sua abstenção, por espírito de caridade e de tolerância.

Em consideração e como aplicação das ideias precedentes, damos abaixo a *Oração dominical desenvolvida*. Se algumas pessoas acharem que aqui não seria o lugar adequado para um documento desta natureza, nós lhes lembraríamos que a nossa *Revista* não é apenas uma coletânea de fatos e que o seu plano abarca tudo o que pode ajudar no desenvolvimento moral. Houve um tempo em que os casos de manifestações eram os únicos a interessar os leitores. Hoje, porém, que o objetivo sério e moralizador do Espiritismo é compreendido e apreciado, a maioria dos adeptos aqui procuram mais o que toca o coração do que o que agrada ao espírito. É, pois, a esses que nos dirigimos nesta circunstância. Por esta publicação, sabemos ser agradável a muitos, senão a todos. Só isto nos teria feito decidir, se outras considerações, sobre as quais devemos guardar silêncio, não nos tivessem determinado a fazê-lo neste momento, e não em outro.

ORAÇÃO DOMINICAL DESENVOLVIDA

I. PAI NOSSO, QUE ESTAIS NO CÉU, SANTIFICADO SEJA O VOSSO NOME!

Cremos em vós, Senhor, porque tudo revela o vosso poder e a vossa bondade. A harmonia do Universo testemunha uma sabedoria, uma prudência e uma previdência que ultrapassam todas as faculdades humanas; o nome de um ser soberanamente grande e sábio está inscrito em todas as obras da criação, desde o broto de erva e do menor inseto até os astros que se movem no espaço; por toda parte vemos a prova de uma solicitude paternal, eis por que é cego aquele que não vos reconhece em vossas obras, orgulhoso aquele que não vos glorifica e ingrato aquele que não vos rende ações de graça.

II. VENHA A NÓS O VOSSO REINO!

Senhor, destes aos homens leis cheias de sabedoria e que fariam a sua felicidade, se as observassem. Com essas leis eles fariam reinar entre si a paz e a justiça; ajudar-se-iam mutuamente, em vez de se prejudicarem, como fazem; o forte ampararia o fraco, em vez de esmagá-lo; evitariam os males que engendram os abusos e excessos de todos os gêneros. Todas as misérias daqui de baixo vêm da violação de vossas leis, porque não há uma só infração que não tenha suas consequências fatais.

Destes ao animal o instinto que lhe traça o limite do necessário, e ele a isso se conforma maquinalmente, mas ao homem, além desse instinto, destes a inteligência e a razão; também lhe destes a liberdade de observar ou infringir aquelas de vossas leis que lhe concernem pessoalmente, isto é, de escolher entre o bem e o mal, a fim de que ele tenha o mérito e a responsabilidade de suas ações.

Ninguém pode pretextar ignorância de vossas leis, porque, na vossa previdência paternal, quisestes que elas fossem gravadas na consciência de cada um, sem distinção de culto nem de nações. Aqueles que as violam é porque vos desconhecem.

Um dia virá em que, conforme a vossa promessa, todos as praticarão. Então a incredulidade terá desaparecido, e todos vos reconhecerão como Soberano Senhor de todas as coisas, e o reino de vossas leis será o vosso reino na Terra.

Dignai-vos, Senhor, apressar a sua vinda, dando aos homens a luz necessária para conduzi-los no caminho da verdade.

III. SEJA FEITA A VOSSA VONTADE, ASSIM NA TERRA COMO NO CÉU!

Se a submissão é um dever do filho para com o pai, do inferior para com o seu superior, quão maior não deve ser a da criatura para com o seu Criador! Fazer a vossa vontade, Senhor, é observar vossas leis e submeter-se sem murmúrio aos vossos divinos desígnios; o homem a eles submeter-se-á quando compreender que sois a fonte de toda sabedoria e que sem vós ele nada pode; então fará vossa vontade na Terra, como os eleitos no Céu.

IV. O PÃO DE CADA DIA DAI-NOS HOJE.

Dai-nos o alimento para manutenção das forças do corpo; dai-nos, também, o alimento espiritual para o desenvolvimento de nosso Espírito.

O animal encontra sua pastagem, mas o homem a deve à sua própria atividade e aos recursos de sua inteligência, porque o criastes livre.

Vós lhe dissestes: "Tirarás o teu alimento da terra com o suor de teu rosto." Assim, vós lhe tornastes o trabalho uma obrigação, para que ele exercitasse sua inteligência pela procura dos meios de prover às suas necessidades e ao seu bem-estar, uns pelo trabalho material, outros pelo trabalho intelectual. Sem o trabalho, ele ficará estacionário e não poderá aspirar à felicidade dos Espíritos superiores.

Vós ajudais o homem de boa-vontade, que se confia a vós para o necessário, mas não aquele que se compraz na ociosidade e tudo quereria obter sem esforço, nem aquele que busca o supérfluo.

Quantos não sucumbem por sua própria culpa, por sua incúria, sua imprevidência ou sua ambição, e por não terem querido contentar-se com o que lhes haveis dado! Esses são os artífices de seu próprio infortúnio e não têm o direito de lamentar-se, porque são punidos por onde pecaram. Mas esses mesmos, vós não os abandonais, porque sois infinitamente misericordioso. Vós lhes estendeis a mão socorredora desde que, como o filho pródigo, eles voltem para vós sinceramente.

Antes de nos lamentarmos de nossa sorte, perguntemos se não é obra nossa. A cada desgraça que nos chega, perguntemos se de nós não teria dependido evitá-la; mas digamos também que Deus nos deu a inteligência para nos tirar do lodaçal e que de nós depende pô-la em atividade.

Considerando-se que a lei do trabalho é a condição do homem na Terra, dai-nos força e coragem para cumpri-la; dai-nos também a prudência, a previdência e a moderação, a fim de lhes não perder o fruto.

Dai-nos, pois, Senhor, o pão nosso de cada dia, isto é, os meios de adquirir, pelo trabalho, as coisas necessárias à vida, pois ninguém tem direito de reclamar o supérfluo.

Se o trabalho nos for impossível, nós nos confiamos à vossa divina Providência.

Se entrar nos vossos desígnios experimentar-nos pelas mais duras provações, malgrado os nossos esforços, nós as aceitamos como uma justa expiação das faltas que podemos ter cometido nesta vida ou em vida precedente, porque sois justo; sabemos que não há penas imerecidas e que jamais castigais sem causa.

Preservai-nos, ó meu Deus, de conceber a inveja contra os que possuem o que não temos, e mesmo contra os que têm o supérfluo, ainda que nos falte o necessário. Perdoai-lhes se esquecem a lei da caridade e de amor ao próximo que lhes ensinastes.

Afastai, também, do nosso Espírito o pensamento de negar vossa justiça, quando vemos a prosperidade do mau e a infelicidade que por vezes acabrunha o homem de bem. Agora sabemos, graças às novas luzes que vos aprouve nos dar, que vossa justiça sempre recebe o seu cumprimento e não falta a ninguém; que a prosperidade material do perverso é efêmera como a sua existência corpórea, e que ela terá terríveis retornos, ao passo que será eterna e alegria reservada ao que sofre com resignação.

V. PERDOAI AS NOSSAS DÍVIDAS, ASSIM COMO PERDOAMOS AOS NOSSOS DEVEDORES.

PERDOAI AS NOSSAS OFENSAS, ASSIM COMO PERDOAMOS AOS QUE NOS OFENDERAM.

Cada uma de nossas infrações às vossas leis, Senhor, é uma ofensa a vós, e uma dívida contraída que, mais cedo ou mais tarde, teremos que resgatar. Solicitamos de vossa infinita misericórdia a sua remissão, sob promessa de fazer esforços para não contrair novas.

Vós fizestes da caridade uma lei expressa, mas a caridade não consiste apenas em assistir ao semelhante em suas necessidades; ela consiste também no esquecimento e no perdão das ofensas. Com que direito reclamaríamos a vossa indulgência, se nós próprios a ela faltamos para com aqueles de quem temos de nos lamentar?

Dai-nos, ó meu Deus, a força de abafar em nossa alma todo ressentimento, todo ódio e todo rancor; fazei que a morte não nos surpreenda com um desejo de vingança no coração. Se vos aprouver hoje mesmo nos retirar daqui, fazei que nos possamos apresentar a vós livres de toda animosidade, a exemplo do Cristo, cujas últimas palavras foram em favor de seus carrascos.

As perseguições que os maus nos fazem sofrer são parte de nossas provas terrenas; devemos aceitá-las sem murmuração, como todas as outras provas, e não maldizer aqueles que, por suas maldades, nos abrem o caminho da felicidade eterna, pois nos dissestes, pela boca de Jesus: "Bem-aventurados os que sofrem por amor à justiça!" Bendigamos, pois, a mão que nos fere e nos humilha, porque as contusões do corpo fortalecem nossa a alma, e seremos exalçados em consequência de nossa humildade.

Bendito seja o vosso nome, Senhor, por nos haverdes ensinado que nossa sorte não será irrevogavelmente fixada após a morte; que em outras existências encontraremos os meios de resgatar e reparar nossas faltas passadas, e de cumprir numa nova vida aquilo que não pudemos fazer nesta, para o nosso adiantamento.

Assim se explicam, enfim, todas as anomalias aparentes da vida; é a luz lançada sobre o nosso passado e o nosso futuro, o sinal deslumbrante de vossa soberana justiça e de vossa bondade infinita.

VI. NÃO NOS ABANDONEIS À TENTAÇÃO, MAS LIVRAI-NOS DO MAL.

Dai-nos, Senhor, a força de resistir às sugestões dos maus Espíritos que tentarem desviar-nos da via do bem, inspirando-nos maus pensamentos.

Mas nós mesmos somos Espíritos imperfeitos, encarnados nesta Terra para expiar e nos tornarmos melhores. A causa primeira do mal está em nós, e os maus Espíritos apenas aproveitam nossas más inclinações viciosas, nas quais nos entretêm para nos tentar.

Cada imperfeição é uma porta aberta à sua influência, ao passo que são impotentes e renunciam a toda tentativa contra os seres perfeitos. Tudo quanto podemos fazer para afastá-los será inútil, se não lhes opusermos uma vontade inquebrantável no bem e uma renúncia absoluta ao mal. É, pois, contra nós mesmos que devemos dirigir nossos esforços, e então os maus Espíritos afastar-se-ão naturalmente, porque é o mal que os atrai, enquanto o bem os repele.

Senhor, sustentai-nos em nossa fraqueza; inspirai-nos, pela voz dos anjos da guarda e dos bons Espíritos, a vontade de nos corrigirmos de nossas imperfeições, a fim de fecharmos aos Espíritos impuros e acesso à nossa alma.

O mal não é obra vossa, Senhor, porque a fonte de todo o bem nada pode engendrar de mau. Nós mesmos o criamos infringindo as vossas leis, e pelo mau uso que fizemos da liberdade que nos destes. Quando os homens observarem as vossas leis, o mal desaparecerá da Terra, como já desapareceu dos mundos mais adiantados.

O mal não é uma necessidade fatal para ninguém, e só parece irresistível aos que a ele se abandonam com satisfação. Se temos vontade de fazê-lo, também podemos ter a de fazer o bem. Por isto, ó meu Deus, pedimos a vossa assistência e a dos bons Espíritos, para resistirmos à tentação.

VII. ASSIM SEJA

Praza-vos, Senhor, que nossos desejos se realizem! Mas nos inclinamos ante a vossa sabedoria infinita. Sobre todas as coisas que não nos é dado compreender, que se faça segundo a vossa santa vontade, e não segundo a nossa, porque não quereis senão o nosso bem e sabeis melhor do que nós o que nos é útil.

Nós vos dirigimos esta prece, ó meu Deus, por nós mesmos, por todas as almas sofredoras, encarnadas e desencarnadas, por nossos amigos e nossos inimigos, por todos os que pedem a nossa assistência.

Pedimos para todos a vossa misericórdia e a vossa bênção.

NOTA: Aqui pode-se mencionar aquilo pelo que agradecemos a Deus, e o que pedimos para nós próprios ou para os outros.

QUESTÕES E PROBLEMAS

DESTRUIÇÃO DOS ABORÍGINES DO MÉXICO

Escrevem-nos de Bordéus:

"Lendo no *Civilisateur* de Lamartine, as cartas de Cristóvão Colombo sobre o estado do México no momento da descoberta, chamou-nos particularmente a atenção a seguinte passagem:

"A Natureza, diz Colombo, ali é tão pródiga, que a propriedade não criou o sentimento de avareza ou de cupidez. Esses homens parecem viver numa idade de ouro, felizes e tranquilos em meio de jardins abertos e sem limites, que não são nem cercados por fossos, nem divididos por paliçadas, nem defendidos por muros. Eles agem lealmente um para com o outro, sem leis, sem livros, sem juízes. Eles consideram mau um homem que se alegra em prejudicar o outro. Este horror dos bons contra os maus parece ser toda a sua legislação.

"Sua religião é apenas o sentimento de inferioridade, de reconhecimento e de amor ao Ser invisível que lhes havia prodigalizado a vida e a felicidade.

"Não há no Universo melhor nação nem melhor país. Eles amam seus vizinhos como a si mesmos; têm sempre uma linguagem suave e graciosa e o sorriso de ternura nos lábios. É verdade que andam nus, mas vestidos de candura e de inocência."

"Conforme este quadro, esses povos eram infinitamente superiores, não só aos seus invasores, mas o seriam ainda hoje, se comparados aos dos países mais civilizados. Os espanhóis nada tomaram de suas virtudes e os contaminaram com os seus vícios; em troca de sua boa acolhida, não lhes trouxeram senão a escravidão e a morte. Esses infelizes foram, em grande parte, exterminados, e os poucos deles que restam se perverteram ao contato dos conquistadores.

"Ante esses resultados, pergunta-se:

"Onde o progresso, e que benefício moral a Humanidade colheu de tanto sangue derramado? Não teria sido melhor que a velha Europa tivesse ignorado o Novo Mundo, tão feliz antes dessa descoberta?

"A essa pergunta, assim respondeu meu guia espiritual:

"Nós te responderíamos com prazer, se teu Espírito estivesse em estado de tratar, neste momento, de assunto tão sério, que requer alguns desenvolvimentos espírito-filosóficos. Dirige-te a Kardec. Esta ordem de ideias já foi debatida, mas a ela reportar-se-ão de maneira mais lúcida do que poderias fazê-lo, porque sempre tens o espírito tenso e o ouvido à espreita. É uma consequência de tua posição atual à qual tens que submeter-te."

Disto ressalta uma primeira instrução. É que não basta ser médium, mesmo formado e desenvolvido, para, à vontade, obter comunicações sobre o primeiro assunto que apareça. Esse médium fez as suas provas, mas, nesse momento, seu próprio Espírito, fortemente e penosamente preocupado com outras coisas, não podia ter a calma necessária. É assim que mil circunstâncias podem opor-se ao exercício da faculdade mediúnica. Nem por isso a faculdade deixa de subsistir, mas ela nada é sem o concurso dos Espíritos, que lha dão ou recusam, conforme julgam conveniente, e isto muitas vezes no interesse do médium.

Quanto à pergunta principal, eis a resposta obtida na Sociedade de Paris:

(8 de julho de 1864 – Médium Sr. d'Ambel)

"Sob a aparência de uma certa bondade natural, e com costumes mais doces que virtuosos, os incas viviam despreocupadamente, sem progredir nem se elevar. A essas raças primitivas faltava a luta, e se batalhas sangrentas não os dizimavam; se uma ambição individual ali não exercia uma pressão soberana para lançar aquelas populações a conquistas, elas não eram menos atingidas por um perigoso vírus que conduzia sua raça à extinção. Era preciso retemperar as fontes vitais desses incas abastardados, dos quais os astecas representavam a decadência fatal que deveria ferir todos aqueles povos. Se a essas causas inteiramente fisiológicas juntarmos as causas morais, notaremos que o nível das Ciências e das Artes ali tinha igualmente permanecido numa infância prolongada. Havia, pois, utilidade de pôr esses países pacíficos no nível das raças ocidentais. Hoje se julga a raça desaparecida, porque ela se fundiu com a dos conquistadores espanhóis. Dessa raça cruzada surgiu uma nação nova e vivaz que, por um vigoroso impulso, não tardará a equiparar-se aos povos do velho continente. Que resta de tanto sangue derramado? perguntam de Bordéus. Para começar, o sangue derramado não foi tão considerável quanto se poderia crer. Ante as armas de fogo e alguns soldados de Pizarro, toda a região invadida submeteu-se como ante semideuses saídos das águas. É quase um episódio da mitologia antiga, e essa raça indígena é, sob mais de um aspecto, semelhante às que defendiam o Tosão de Ouro."

A essa judiciosa explicação acrescentaremos algumas reflexões.

Do ponto de vista antropológico, a extinção das raças é um fato positivo. Do ponto de vista da Filosofia, é ainda um problema. Do ponto de vista da Religião, o fato é inconciliável com a justiça de Deus, se se admitir para o homem uma única existência corpórea para decidir seu futuro para a eternidade. Com efeito, as raças que se extinguem são sempre raças inferiores às que as sucedem. Podem elas ter na vida futura uma posição idêntica à das raças mais aperfeiçoadas? O simples bom senso repele esta ideia, pois do contrário o trabalho que fazemos para nos melhorarmos seria inútil, e para nós tanto faria se permanecêssemos selvagens. A não preexistência da alma forçosamente implicaria, para cada raça, a criação de novas almas mais perfeitas ao saírem das mãos do Criador, hipótese inconciliável com todos os princípios da justiça. Ao contrário, se admitirmos um mesmo ponto de partida para todas e uma sucessão de existências progressivas, tudo se explica.

Na extinção das raças, geralmente não se leva em conta que apenas o ser material é destruído, e se esquece o ser espiritual, que é indestrutível e que apenas muda de vestimenta, porque a primeira não era mais compatível com o seu desenvolvimento moral e intelectual. Suponhamos toda a raça negra destruída. Não será destruída senão a vestimenta negra, mas o Espírito, que vive sempre, revestirá primeiramente um corpo intermediário entre o negro e o branco e mais tarde um corpo branco. É assim que o ser colocado no último degrau da Humanidade atingirá, num tempo dado, a soma das perfeições compatíveis com o estado do nosso globo.

Assim, não se deve perder de vista que a extinção das raças só atinge o corpo, e em nada afeta o Espírito. Longe de sofrer com isso, o Espírito ganha um instrumento mais aperfeiçoado, provido de cordas cerebrais que respondem a um maior número de faculdades. O Espírito de um selvagem, encarnado no corpo de um sábio europeu não seria mais sábio e não saberia o que fazer de seu instrumento, cujas cordas inativas atrofiar-se-iam; o Espírito de um sábio, encarnado no corpo de um selvagem, seria como um grande pianista ante um piano ao qual faltassem muitas cordas. Esta tese foi desenvolvida num artigo da *Revista* de abril de 1862, sobre *a perfectibilidade da raça negra*.

Sem a menor dúvida, a raça branca caucásica é a que ocupa o primeiro lugar na Terra. Mas, atingiu ela o apogeu da perfeição? Todas as faculdades da alma estão nela representadas? Quem ousaria dizê-lo? Suponhamos, então, que progredindo continuamente, os Espíritos dessa raça acabassem por se encontrar num beco sem saída. A raça desapareceria para dar lugar a outra, de uma organização provida mais ricamente. Assim o quer a lei do progresso. Já não se veem, na própria raça branca, nuanças muito nítidas, como desenvolvimento moral e intelectual? Podemos ficar certos que os mais adiantados absorverão os outros.

O desaparecimento das raças opera-se de duas maneiras: numas, pela extinção natural, em consequência de condições climatéricas e do abastardamento, quando ficam isoladas; noutras, pelas conquistas e pela dispersão que os cruzamentos determinam. Sabe-se que da raça negra e da raça branca saiu uma raça intermediária muito superior à primeira, e que é como que um degrau para os Espíritos desta. Depois, a fusão do sangue traz a aliança dos Espíritos, dos quais os mais avançados ajudam o progresso dos outros. A respeito, quem pode prever as últimas consequências da última guerra da China; as modificações que se vão produzir nesse país há tanto tempo estacionário; os novos elementos fisiológicos e psicológicos levados para lá? Em alguns séculos talvez ele não seja mais reconhecível do que o México de hoje comparado com o do tempo de Colombo.

Quanto aos indígenas do México, diremos, como Erasto, que seus costumes tinham mais doçura do que virtude e acrescentaremos que sem dúvida foi muito poetizada sua pretensa idade de ouro. Ensina-nos a história da conquista que eles guerreavam entre si, o que não indica um grande respeito pelos direitos dos vizinhos. Sua idade de ouro era a da infância. Hoje eles estão no ardor da juventude. Mais tarde atingirão a idade viril. Se ainda não têm a virtude dos sábios, eles adquiriram a inteligência que a ela os conduzirá, quando estiverem maduros pela experiência. No entanto, são necessários séculos para a educação dos povos; ela não se opera senão pela transformação de seus elementos constitutivos. A França seria o que é hoje sem a conquista dos Romanos? E os bárbaros ter-se-iam civilizado se não tivessem invadido a Gália? A sabedoria gaulesa e a civilização romana, unidas ao vigor dos povos do Norte constituíram o povo francês atual.

Sem dúvida é penoso pensar que o progresso por vezes precisa da destruição. Mas, é preciso destruir as velhas cabanas para substituí-las por casas novas, mais belas e cômodas. Além do mais, é preciso levar em conta o estado atrasado do globo, cuja Humanidade está ainda na fase do progresso material e intelectual. Quando ela entrar no período do progresso moral e espiritual, as necessidades morais ultrapassarão as necessidades materiais; os homens governar-se-ão segundo a justiça e não mais terão que reivindicar seu lugar pela força. Então, a guerra e a destruição não mais terão razão de ser. Até lá, a luta é consequência de sua inferioridade moral.

Vivendo mais materialmente que espiritualmente, o homem não encara as coisas senão do ponto de vista atual e material e, por isso, limitado. Até agora ele ignorou que o papel capital é do Espírito. Ele viu os efeitos, mas não tomou conhecimento da causa, e é por isto que durante tanto tempo desencaminhou-se nas ciências, nas suas instituições e nas suas religiões. Ensinando-lhe a participação do elemento espiritual em todas as coisas do mundo, o Espiritismo alarga o seu horizonte e muda o curso de suas ideias. Ele abre a era do progresso moral.

CORRESPONDÊNCIA

RESPOSTA DO REDATOR DO *LA VÉRITÉ* À RECLAMAÇÃO DO PADRE BARRICAND

Caro Sr. Allan Kardec,

Teríeis a bondade de inserir as seguintes linhas no próximo número de vossa Revista?

Fiquei muito surpreso ao abrir vosso último número (de julho de 1864) e ali encontrar uma carta assinada por Barricand, na qual esse teólogo de mim se ocupa a propósito de um relato que publiquei sobre um de seus cursos antiespíritas (*La Vérité*, de 10 de abril de 1864).

As observações muito judiciosas com que acompanhais esse inqualificável e muito tardio protesto, certamente ter-me-iam dispensado de respondê-lo pessoalmente, se não tivesse temido que, aos olhos de alguns, o meu silêncio passasse por uma derrota ou um erro. Declaro alto e bom som que minha consciência não poderia associar-se à grave censura que ele me faz de haver fantasiado, *desvirtuado* o curso de que se trata. Afirmo perante Deus: Se não reproduzi exatamente as mesmas frases, as mesmas palavras pronunciadas por meu contraditor, continuo *convicto* de lhes haver dado o verdadeiro sentido.

Além disto, se a alta inteligência do Sr. Pe. Barricand julga a minha muito ínfima ou muito pesada para ter podido captar o tema verdadeiro de seu discurso, através dos caminhos sinuosos mas floridos por onde ele passeou; se o Sr. Pe. Barricand tira dessa premissa a indução que, em semelhante ocorrência, não me é mais permitido afirmar nem infirmar; palavra, que é bem possível! Neste caso, e para ser fiel a meus princípios de tolerância, eu quase consentiria em me censurar por haver defendido *la Vérité* e os outros jornais espíritas contra acusações ilusórias, nascidas em meu cérebro em delírio; em bater no peito por haver compreendido que, em vez de dobrar os sinos a finados sobre as nossas cabeças, parece que se contentavam em nos tomar o pulso.

Assim apaziguar-se-á, segundo espero, a ira do senhor deão da Faculdade de Teologia; assim serão reabilitados aos olhos do mundo a sua pessoa e o seu ensino.

Recebei etc.

E. Edoux

Diretor do *La Vérité*.

CONVERSAS DE ALÉM-TÚMULO

JULIANA MARIA, A MENDIGA

Na comuna da Villate, perto de Nozai (Loire-Inférieure), havia uma pobre mulher chamada Juliana Maria, velha, enfermiça, e que vivia da caridade pública. Um dia ela caiu num pântano, de onde foi retirada por um habitante da região, Sr. Aubert, que habitualmente a socorria. Transportada para sua casa, faleceu pouco tempo depois, em consequência do acidente. Era opinião geral que ela quis suicidar-se. No mesmo dia de seu falecimento, o Sr. Aubert, que é espírita e médium, sentiu sobre toda a sua pessoa como que o roçar de uma pessoa que estivesse ao seu lado, sem, contudo, explicar a causa. Quando soube da morte de Juliana Maria, veio-lhe o pensamento de que talvez o seu Espírito tivesse vindo visitá-lo.

Seguindo o conselho de um de seus amigos, o Sr. Cheminant, membro da Sociedade Espírita de Paris, ao qual havia relatado o que havia acontecido, fez a evocação dessa mulher, com o objetivo de ser-lhe útil. Mas, previamente, pediu conselho a seus guias protetores, dos quais recebeu a seguinte resposta:

"Tu podes, e isto lhe dará prazer, posto seja inútil o serviço que lhe queres prestar. Ela está feliz e inteiramente devotada aos que dela se apiedaram. Tu és um dos seus bons amigos. Ela quase não te deixa, e muitas vezes se entretém contigo sem que o percebas. Mais cedo ou mais tarde os serviços prestados serão recompensados, se não pelo favorecido, por aqueles que por ele se interessam, tanto antes quanto depois da sua morte. Se o Espírito não teve tempo de se reconhecer, são outros Espíritos simpáticos que em seu nome testemunham todo o seu reconhecimento. Isto esclarece o que sentiste no dia de sua morte. Agora é ela que te ajuda no bem que queres fazer. Lembra-te do que disse Jesus: "Aquele que se humilha será exaltado." Terás a medida dos serviços que ela te pode prestar, se, contudo, só lhe pedires assistência para ser útil a teu próximo."

Evocação:

– Boa Juliana Maria, sois feliz, eis tudo quanto eu queria saber. Isto não me impedirá de pensar em vós muitas vezes e de jamais vos esquecer em minhas preces.

Resposta:

– Tem confiança em Deus; inspira aos teus doentes uma fé sincera, e triunfarás quase sempre. Não te ocupes jamais com a recompensa que disso virá. Ela ultrapassará a tua expectativa. Deus sabe sempre recompensar o mérito de quem se dedica ao alívio de seus semelhantes e pratica suas ações com completo desinteresse. Sem isto, tudo não passa de ilusão e quimera. Antes de tudo, é necessária a fé; do contrário, nada. Lembra-te desta máxima e ficarás admirado com os resultados que obterás. Os dois doentes que curaste, disso são a prova. Nas circunstâncias em que se encontravam, com os simples remédios terias falhado.

Quando pedires a Deus que permita que os bons Espíritos derramem sobre ti seus fluidos benéficos, se o pedido não te fizer sentir um arrepio involuntário, é que tua prece não foi bastante fervorosa para ser escutada; ela só o será nas condições que te assinalo. É o que tens experimentado quando dizes do fundo do coração: 'Deus todo-poderoso, Deus misericordioso, Deus de bondade sem limites, ouvi a minha prece, e permiti que os bons Espíritos me assistam na cura de... Tende piedade dele, meu Deus, e dai-lhe saúde. Sem vós, nada posso. Que se faça a vossa vontade.'

Fizeste bem em não desprezar os humildes. A voz daquele que sofreu e suportou com resignação as misérias deste mundo é sempre escutada, e, como vês, um serviço prestado sempre recebe a sua recompensa.

Agora uma palavra a meu respeito, e isto confirmará o que foi dito acima.

O Espiritismo te explica minha linguagem como Espírito. Não preciso entrar em detalhes a respeito disso. Também creio inútil dar-te detalhes da minha existência anterior. A posição em que me conheceste na Terra deve fazer-te compreender e apreciar as minhas outras existências, que nem sempre foram sem reproches. Votada a uma vida de miséria, enferma e sem poder trabalhar, mendiguei a vida toda. Não entesourei, e na minha velhice, minhas pequenas economias se limitavam a uma centena de francos, que eu reservava para quando as pernas já não me pudessem levar. Deus julgou a minha provação e minha expiação suficientes, e lhes pôs um termo, libertando-me sem sofrimento da vida terrena, porque eu não me suicidei, como a princípio pensaram. Eu caí fulminada à borda do pântano, no momento em que dirigia minha última prece a Deus. A rampa do terreno foi a causa da presença de meu corpo na água. Não sofri; estou feliz por ter podido cumprir minha missão sem entraves e com resignação. Tornei-me útil, na medida de minhas forças e de meus meios, e evitei fazer mal ao próximo. Hoje recebo a recompensa, pelo que dou graças a Deus, nosso divino Mestre, que, no castigo que inflige, alivia a amargura fazendo-nos esquecer, durante a vida, as nossas passadas existências, e põe em nosso caminho almas caridosas, para nos ajudarem a suportar o fardo de nossos erros passados.

Tu, também, persevera, e, como eu, serás recompensado.

Agradeço-te as boas preces e o serviço que me prestaste. Jamais te esquecerei. Um dia nos veremos novamente, e muitas coisas ser-te-ão explicadas. No momento, seria supérfluo. Sabe apenas que te sou muito devotada, estou muitas vezes ao teu lado, e sempre que necessitares de mim para aliviar o que sofre.

A pobre mulherzinha JULIANA MARIA

Tendo sido evocado na Sociedade de Paris, a 10 de junho de 1864, pela médium Sra. Patet, o Espírito de Juliana Maria ditou a comunicação seguinte:

"Obrigada pela bondade de me admitir em vosso meio, caro presidente. Sentistes bem que minhas existências anteriores foram mais elevadas como posição social, e se voltei para sofrer esta provação da pobreza, era para me punir de um vão orgulho que me fazia repelir quem fosse pobre e miserável. Então sofri essa justa lei de Talião, que me tornou a mais horrível mendiga desta região, e, como para me provar a bondade de Deus, eu não era repelida por todos. Isto era todo o meu medo. Assim, suportei minha provação sem murmurar, pressentindo uma vida melhor, de onde não devia mais voltar a esta Terra de exílio e de calamidade. Que felicidade, no dia em que nossa alma, ainda jovem, pôde entrar na vida espiritual para rever os seres amados, porque eu também amei e sou feliz por haver reencontrado os que me precederam. Obrigada a esse bom Aubert. Ele me abriu a porta do reconhecimento. Sem sua mediunidade eu não lhe poderia agradecer e lhe provar que minha alma não esquece as felizes influências de seu bom coração e lhe recomendar que propague sua divina crença. Ele é chamado a reconduzir as almas transviadas. Que ele se persuada bem de meu apoio. Sim, eu lhe posso retribuir ao cêntuplo o que me fez, instruindo-o na via que seguis. Agradecei ao Senhor por ter permitido que os Espíritos vos possam dar instruções para encorajar o pobre em suas penas e deter o rico em seu orgulho. Sabei compreender a vergonha que há em repelir um infeliz. Que eu vos sirva de exemplo, a fim de evitar que venhais, como eu, expiar as vossas faltas nessas dolorosas posições sociais que vos colocam tão baixo e vos fazem o rebotalho da Sociedade.

JULIANA MARIA

OBSERVAÇÃO: Este fato está cheio de ensinamentos para quem quer que medite as palavras deste Espírito nas duas comunicações. Todos os grandes princípios do Espiritismo aí estão reunidos. Desde a primeira, o Espírito mostra sua superioridade pela sua linguagem; como uma fada benfazeja, ela vem proteger aquele que não a desprezou sob seus trapos da miséria. É uma aplicação destas máximas do Evangelho: "Os grandes serão humilhados e os pequenos serão exalçados; bem-aventurados os humildes; bem-aventurados os aflitos, porque serão consolados; não desprezeis os pequenos, pois o que é pequeno neste mundo talvez seja maior do que imaginais." Que aqueles que negam a reencarnação como contrária à justiça de Deus, expliquem a posição dessa mulher votada à infelicidade desde o seu nascimento pelas enfermidades, senão por uma vida anterior!

Transmitida esta comunicação ao Sr. Aubert, por sua vez ele obteve a que se segue, que lhe é uma confirmação.

– Boa Juliana Maria, considerando-se que quereis mesmo ajudar-me com os vossos bons conselhos a fim de me fazer progredir na via da nossa divina doutrina, tende a bondade de vos comunicardes comigo. Envidarei todos os meus esforços para tirar proveito dos vossos ensinamentos.

– Lembra-te da recomendação que te vou fazer e jamais dela te afastes. Sê sempre caridoso, na medida das tuas possibilidades; tu compreendes bastante a caridade tal qual deve ser praticada em todas as posições da vida terrena. Assim, não necessito vir dar-te um ensinamento a propósito disso, pois serás tu mesmo o melhor juiz, seguindo, contudo, a voz de tua consciência, que jamais te enganará quando a escutares sinceramente.

"Não te equivoques quanto às missões que tendes a cumprir na Terra; pequenos e grandes têm a sua; a minha foi muito penosa, mas eu merecia semelhante punição, por minhas existências precedentes, como vim confessar ao presidente da Sociedade mãe de Paris, à qual todos vos ligareis um dia, e esse dia não está tão longe quanto pensas. O Espiritismo marcha a passos de gigante, malgrado tudo o que fazem para entravá-lo. Marchai, pois, todos, sem medo, fervorosos crentes da doutrina, e vossos esforços serão coroados de sucesso. Pouco vos importe o que dirão de vós. Colocai-vos acima de uma crítica irrisória que recairá sobre os adversários do Espiritismo.

"Os orgulhosos! Eles se julgam fortes e pensam em facilmente vos abater. Vós, meus bons amigos, ficai tranquilos e não temais medir-vos com eles. Eles são mais fáceis de vencer do que supondes. Muitos dentre eles têm medo e temem que a verdade venha, enfim, ofuscar-lhes os olhos. Esperai. Eles virão, por sua vez, ajudar no coroamento do edifício.

JULIANA MARIA

NOTÍCIAS BIBLIOGRÁFICAS

O FUTURO

MONITOR DO ESPIRITISMO

Durante muito tempo estivemos sozinho no campo de batalha para sustentar a luta travada contra o Espiritismo, mas eis que campeões surgiram de diversos lados e entraram corajosamente na liça, como para dar um desmentido aos que pretendem que o Espiritismo está se acabando. Primeiro, *la Vérité*, de Lyon; depois, em Bordéus: *a Ruche, o Sauveur, a Lumière*; na Bélgica: a *Revue Spirite d'Anvers;* em Turim: os *Anais do Espiritismo na Itália*. Temos a satisfação de dizer que todos erguem bravamente a bandeira, e provaram aos nossos adversários que eles achariam com quem contar. Se fazemos justos elogios à firmeza de que esses jornais deram prova, por suas refutações cheias de lógica, devemos sobretudo elogiá-los por não se haverem afastado da moderação, que é o caráter essencial do Espiritismo, ao mesmo tempo que é a prova da verdadeira força; por não terem seguido os nossos antagonistas no terreno do personalismo e da injúria, incontestável sinal de fraqueza, porque não se chega a tal extremo senão quando se está carente de boas razões. Aquele que está de posse de argumentos sérios, faz que eles valham; ele não os substitui ou se abstém de enfraquecê-los por uma linguagem indigna de uma boa causa.

Em Paris, um recém-chegado se apresenta sob o título despretensioso de *Avenir, Monitor do Espiritismo*. A maioria de nossos leitores já o conhecem, bem como seu redator-chefe, o Sr. d'Ambel, e puderam julgá-lo por suas primeiras armas. A melhor propaganda é provar o que se pode fazer; é, em seguida, o grande júri da opinião que pronuncia o veredicto. Ora, não duvidamos que este não lhe seja favorável, a julgar pela acolhida simpática recebida ao seu aparecimento.

A ele, pois, também as nossas simpatias pessoais, conquistadas previamente por todas as publicações destinadas a servir valorosamente à causa do Espiritismo, porque não poderíamos conscientemente apoiar nem encorajar aquelas que, pela forma ou pelo fundo, voluntariamente ou por imprudência, lhe fossem mais prejudiciais do que úteis, desviando a opinião quanto ao verdadeiro caráter da doutrina, ou oferecendo o flanco aos ataques e às críticas fundadas dos nossos inimigos. Em semelhante caso, a intenção não pode ser reputada pelo fato.

CARTAS SOBRE O ESPIRITISMO

ESCRITAS A PADRES, PELA SRA. J. B., COM

ESTE TÍTULO OCASIONAL, QUE É UM SINAL CARACTERÍSTICO DE NOSSA ÉPOCA:

Eu tenho ainda muitas coisas para dizer-vos, mas vós não as poderíeis suportar agora. Quando vier o Espírito de Verdade, ele vos ensinará toda a verdade, porque ele não falará por si mesmo, mas dirá tudo o que tiver ouvido, e anunciar-vos-á as coisas que estão por vir. E quando ele vier, convencerá o mundo acerca do pecado, acerca da justiça e acerca do juízo.

S. João, XVI: 8, 12 e 13.

As reflexões que fizemos acima, a propósito do *Avenir*, não se aplicam apenas às publicações periódicas, mas às de qualquer outra natureza, volumes ou brochuras, cujo número se multiplica incessantemente, e cujos autores são igualmente campeões que participam da luta e trazem a sua pedra ao edifício. Saudação fraterna de boas-vindas a todos esses defensores, homens e mulheres que, sacudindo o jugo dos velhos preconceitos, hasteiam a bandeira sem segundas intenções pessoais, sem outro interesse além do bem geral e que fazem ressoar o grito libertador e emancipador da Humanidade: *Fora da caridade não há salvação!* Tão logo foi pronunciado esse grito pela primeira vez, todos compreenderam que ele encerrava toda uma revolução moral há muito tempo pressentida e desejada e que encontrou ecos simpáticos nas cinco partes do mundo. Ele foi saudado como a aurora de um futuro feliz, e em poucos meses tornou-se a palavra de ligação de todos os espíritas sinceros. É que, após uma luta tão grande e tão cruel contra o egoísmo, ele enfim deixava entrever o reino da fraternidade.

A brochura que aqui anunciamos é devida a uma senhora, membro da Sociedade Espírita de Paris, excelente médium, chefe de um grupo particular admiravelmente dirigido e a quem não se poderia censurar senão um excesso de modéstia, se excesso pudesse haver no bem. Se ela assinou seu escrito apenas com as iniciais, é que pensou que um nome desconhecido não é uma recomendação e que ela não se preocupa em aparecer como escritora. Nem por isso ela deixa de ter a coragem de expressar sua opinião, que a ninguém esconde.

A Sra. J. B. é sinceramente católica, mas católica muito esclarecida, o que diz tudo. Sua brochura é escrita desse ponto de vista e, por isso mesmo, se dirige principalmente aos eclesiásticos. É impossível refutar com mais talento, elegância na forma, moderação e lógica, os argumentos que uma fé exclusiva e cega opõe às ideias novas. Recomendamos esse interessante trabalho aos nossos leitores. Eles podem, sem medo, propagá-lo entre as pessoas de uma susceptibilidade muito sombria em relação à ortodoxia, e dá-lo como resposta aos ataques dirigidos contra o Espiritismo, do ponto de vista religioso.

OS MILAGRES DE NOSSOS DIAS

POR AUG. BEZ

Sob esse título, o Sr. Aug. Bez, de Bordéus, acaba de publicar o relato das manifestações de Jean Hillaire, notável médium cujas faculdades lembram, sob muitos aspectos, as do Sr. Home, e até as ultrapassam em certos aspectos.

O Sr. Home é um homem do mundo, de maneiras suaves e cheias de urbanidade, e só se revelou à mais alta aristocracia. Jean Hillaire é um simples agricultor da Charente-Inférieure, pouco letrado e que vive de seu trabalho. Suas maiores viagens, ao que parece, foram de Sonnac, sua aldeia, a Saint-Jean-d'Angély e a Bordéus. Mas Deus, na repartição de seus dons, não leva em conta as posições sociais; ele quer que a luz se faça em todos os níveis da escala, e por isso tanto os concede ao menor como ao maior.

A crítica e a odiosa calúnia não pouparam o Sr. Home. Sem consideração às altas personagens que o honraram com sua estima, que o receberam e ainda o recebem em sua intimidade, a título de comensal e amigo, a incredulidade trocista, que nada respeita, se pôs a escarnecê-lo, a apresentá-lo como um vil charlatão, um hábil trapaceiro, numa palavra, como um refinado saltimbanco. Ela não se deteve nem mesmo ante a ideia de que tais ataques atingiam a honorabilidade das mais respeitáveis pessoas, por isso mesmo acusadas de compadrio com um suposto criador de ilusões. Dissemos a seu respeito que basta tê-lo visto para julgar que ele seria o mais atabalhoado charlatão, porque ele não tem nem as atitudes chocantes nem a loquacidade dos charlatães, características que não se coadunariam com sua timidez habitual. Aliás, quem poderia dizer que ele alguma vez tivesse fixado preço às suas manifestações? O motivo que há pouco tempo o conduzia a Roma, de onde foi expulso, para ali aperfeiçoar-se em escultura e desta fazer profissão, é o mais formal desmentido aos seus detratores. Mas que importa! Eles disseram que é um charlatão e não querem se retratar.

Os que conhecem Hillaire igualmente puderam convencer-se de que ele seria um charlatão ainda mais desajeitado. Nunca seria demais repetir que o móvel do charlatanismo é sempre o interesse; onde não há nada a ganhar, o charlatanismo não tem cabida; onde se tem a perder, seria uma estupidez. Ora, que proveito material tirou Hillaire de suas faculdades? Muita fadiga, uma grande perda de tempo, aborrecimentos, perseguições, calúnias. O que ele ganhou, e que para ele não tem preço, foi uma fé viva, que ele não tinha, em Deus, em sua bondade, na imortalidade da alma e na proteção dos bons Espíritos. Não é precisamente esse o fruto buscado pelo charlatanismo. Mas ele sabe, também, que essa proteção não se obtém senão se melhorando. É isso que ele se esforça por fazer, e também não é isso que interessa aos charlatães. É ainda o que o faz suportar com paciência as vicissitudes e as provações.

Em semelhantes casos, uma garantia de sinceridade está, pois, no absoluto desinteresse. Antes de acusar um homem de charlatanismo, é preciso perguntar que proveito ele tira em enganar, porque os charlatães não são bastante tolos para nada ganharem e ainda menos para perder em vez de ganhar. Assim, os médiuns têm uma resposta peremptória a dar aos detratores, perguntando-lhes: *Quanto me pagaram* para fazer o que faço? Uma garantia não menos grande e de natureza a causar viva impressão, é a reforma de si mesmo. Só uma convicção profunda pode levar um homem a vencer-se, a desembaraçar-se do que em si há de mau, e a resistir aos perniciosos arrastamentos. Então, já não é apenas a faculdade que admiramos, é a pessoa que respeitamos, e que se impõe à troça.

As manifestações obtidas por Hillaire são para ele uma coisa santa. Ele as considera como um favor de Deus. Os sentimentos que elas lhe inspiram estão resumidos nas seguintes palavras, extraídas do livro do Sr. Bez:

"O rumor desses novos fenômenos espalhou-se por toda parte com a rapidez do relâmpago. Todos os que até então ainda não haviam assistido a manifestações espíritas, ficaram roídos de vontade de ver. Mais do que nunca, Hillaire foi crivado de pedidos, de convites de toda sorte. Ofertas de dinheiro foram feitas por várias pessoas, a fim de convencê-lo a dar sessões em suas casas, mas Hillaire sempre teve a convicção profunda de que suas faculdades só lhe são dadas com objetivo de caridade, a fim de trazer a fé à alma dos incrédulos e de arrancá-los do materialismo que os rói impiedosamente e os mergulha no egoísmo e nos desregramentos. A partir de quando Deus lhe concedeu a graça de se servir dele para esclarecer os seus compatriotas, e as manifestações de uma ordem tão elevada são produzidas por seu intermédio, o simples médium de Sonnac considerou sua mediunidade como puro sacerdócio e se persuadiu que, no dia em que aceitasse a menor retribuição, suas faculdades lhe seriam retiradas, ou seriam entregues como um joguete aos maus Espíritos ou aos levianos, que as utilizariam para fazer o mal ou mistificar todos aqueles que ainda cometessem a imprudência de a ele se dirigirem. Entretanto, a situação pecuniária desse humilde instrumento se acha em estado muito precário. Sem fortuna, é preciso que ele ganhe o pão com o suor de seu rosto e, muitas vezes, a grande fadiga que experimenta quando se produzem algumas manifestações importantes muito prejudica as forças que lhe são necessárias para manejar a pá e a picareta, dois instrumentos que ele incessantemente deve ter nas mãos."

Nos momentos de desânimo que, como para Job, tinham por objetivo experimentar sua fé e sua resignação, Hillaire encontrou asilo e assistência nos amigos reconhecidos, que lhe deviam a consolação pelo Espiritismo. É a isto que se pode chamar uma venda das manifestações dos Espíritos? Certamente não, pois é um socorro que Deus lhe enviou, que ele devia e podia aceitar sem escrúpulo; sua consciência pode estar calma, porque não traficou com os dons que recebeu de graça; ele não vendeu as consolações aos aflitos nem a fé que deu aos incrédulos. Quanto aos que lhe vieram em auxílio, cumpriram um dever de fraternidade, pelo que serão recompensados.

As faculdades de Hillaire são múltiplas. Ele é médium vidente de primeira ordem, auditivo, falante, extático e ainda escrevente. Obteve a escrita direta e transportes admiráveis. Várias vezes foi levantado e transpôs o espaço sem tocar o solo, o que não é mais sobrenatural do que ver erguer-se uma mesa. Todas as comunicações e todas as manifestações que obtém atestam a assistência de muito bons Espíritos e sempre se dão em plena luz. Muitas vezes ele entra espontaneamente em sono sonambúlico, e é quase sempre nesse estado que se produzem os mais extraordinários fenômenos.

A obra do Sr. Bez é escrita com simplicidade e sem exaltação. Não só o autor diz o que viu, mas cita numerosas testemunhas oculares, a maioria das quais se interessaram pessoalmente pelas manifestações. Esses não teriam deixado de protestar contra as inexatidões, sobretudo se ele lhes tivesse feito representar um papel contrário ao que se passou. O autor, justamente estimado e considerado em Bordéus, não se teria exposto a receber semelhantes desmentidos. Pela linguagem se reconhece o homem consciencioso, que teria escrúpulo em alterar conscientemente a verdade. Aliás, não há um só fenômeno cuja possibilidade não seja demonstrada pelas explicações que se acham no *Livro dos Médiuns*.

Essa obra difere da do Sr. Home porque, em vez de ser um simples relato de fatos muitas vezes repetidos, sem deduções nem conclusões, encerra, sobre quase todos os que são relatados, apreciações morais e considerações filosóficas que dela fazem um livro ao mesmo tempo interessante e instrutivo e no qual se reconhece o espírita, não somente convencido, mas esclarecido.

Quanto a Hillaire, felicitando-o por seu devotamento, nós o exortamos a jamais perder de vista que o que constitui o principal mérito de um médium não é a transcendência de suas faculdades, que lhe podem ser retiradas de um momento a outro, mas o bom uso que delas faz. Desse uso depende a continuação da assistência dos bons Espíritos, porque há uma grande diferença entre o médium bem-dotado e o que é bem assistido. O primeiro não excita senão a curiosidade; o segundo, tocado ele próprio no coração, reage moralmente sobre os outros, em razão de suas qualidades pessoais. Tanto no seu interesse quanto no da causa, desejamos que os elogios de amigos, por vezes mais entusiastas que prudentes, nada lhe tirem de sua simplicidade e de sua modéstia, e não o façam cair na cilada do orgulho, que já causou a perda de tantos médiuns.

A PLURALIDADE DOS MUNDOS HABITADOS

Estudo onde são expostas as condições de habitabilidade das terras celestes, discutidas do ponto de vista da Astronomia, da Fisiologia e da Filosofia natural, por *Camille Flammarion*, adido ao Observatório de Paris. Um grande volume in-12, com lâminas astronômicas. Preço: 4 francos. – Edição de biblioteca, in-8, 7 francos. – Livraria acadêmica de Didier & Cia., Quai des Augustins, 35.

A falta de espaço obriga-nos a adiar para o próximo número o relato dessa obra importante.

Para saber as condições das obras acima, vide a lista das *Obras diversas sobre o Espiritismo*.

AVISO

Excepcionalmente, e por força de circunstâncias particulares, as férias da Sociedade Espírita de Paris começarão este ano a 1º de agosto. A Sociedade reabrirá suas sessões na primeira sexta-feira de outubro.

ALLAN KARDEC

REVISTA ESPÍRITA

JORNAL DE ESTUDOS PSICOLÓGICOS

ANO VII	SETEMBRO DE 1864	VOL. 9

INFLUÊNCIA DA MÚSICA SOBRE OS CRIMINOSOS, OS LOUCOS E OS IDIOTAS

A Revista musical do *Siècle* de 21 de junho de 1864 trazia o artigo seguinte:

"Sob o título de *Um órfão sob ferrolhos*, o Sr. de Pontécoulant acaba de publicar excelente notícia em favor de uma boa causa. Parece que o diretor de uma casa de detenção concebeu a engenhosa ideia de fazer a música penetrar nas celas dos condenados. Ele compreendeu que seu dever não era apenas punir, mas corrigir.

"Para agir com certeza sobre o caráter do prisioneiro, magoado pelo castigo, ele foi direto à música. Começou por criar uma escola de canto. Os detentos que se haviam distinguido por sua boa conduta consideraram como uma recompensa fazer parte desse orfeão.

"A penitenciária se achava assim transformada. Entre cerca de mil prisioneiros foram escolhidos cem, que foram chamados a participar dos primeiros ensaios. O efeito foi muito grande sobre o moral desses infelizes. Uma infração dos regulamentos podia afastá-los da escola, então eles se organizaram a fim de respeitar as obrigações, até então desdenhadas.

"Com o propósito de dar a compreender melhor a importância que eles ligam à instituição desses coros, lembrarei que o silêncio lhes é imposto habitualmente. Eles pensam, mas não falam. Eles poderiam esquecer a sua língua, da qual não mais se servem momentaneamente. Nessas condições, compreende-se que essas peças falados e cantados em grupo lhes caem como maná do céu. É o momento de se reunirem, de ouvir vozes, de romper sua solidão, de comover-se, de existir.

"Repito que os resultados são excelentes. De setenta cantores que este ano compunham o orfeão, dezesseis indultos puderam ser concedidos. Não é convincente?

"Esquecia-me de dizer que a experiência foi feita em Melun. É uma prova a encorajar, um exemplo a seguir. Quem sabe esses corações endurecidos talvez sintam derreter o gelo e ainda possam gostar de alguma coisa! Ensinando-lhes a cantar, ensinam-lhes a não mais maldizer. Seu isolamento se povoa, a cabeça se acalma e a tarefa lhes parece menos pesada. Depois, terminada a pena, por vezes reduzida graças à aplicação e à boa conduta, eles sairão, livres da perversão pelo ódio.

"Um dia visitei a casa de saúde do Dr. B..., em companhia de um *alienista*. No caminho, dizia este:

– "As duchas! As duchas!... Não conheço senão as duchas e a camisa de força. É a panaceia... Todos os outros paliativos são insuficientes quando se está diante de um louco furioso.

"Nesse momento, gritos no fundo do jardim atraíram a nossa atenção.

– "Olhai! disse ele, vejo um que vai sofrer um dos dois suplícios, talvez os dois. Quereis que o sigamos? Vereis o efeito.

"O pobre diabo se debatia desesperadamente nas mãos dos guardas. Ele tinha ameaças na boca e fogo nos olhos. Parecia impossível tentar um apaziguamento sem o recurso dos grandes meios.

"De repente ouviu-se uma voz na outra extremidade do jardim. Ela vinha de um pavilhão isolado que se poderia supor que se erguera sozinho, com sua vinha virgem e suas parasitas caindo do telhado, num tufo de espinheiros em flor. A voz cantava o romance de Saulo, da Desdêmona.

"Parei para escutá-la. Não sei se devo a impressão que experimentei à influência da atmosfera e do lugar, mas o que afirmo é que jamais, em tempo algum, me senti tão profundamente comovido. Eu soube, depois, que a cantora era uma dama do mundo, à qual a infelicidade tinha feito perder a razão.

"O louco furioso parou de súbito, cessando de se debater e de blasfemar.

– "A voz! A voz! disse ele... Psiu!

"E, ouvido à escuta, não experimentava senão o êxtase.

"Ele tinha-se acalmado.

– "Então! perguntei ao *alienista* descontrolado, que dizeis do vosso famoso tópico?

"Ele preferia ser feito em pedaços do que retirar sua brutal afirmação. As pessoas sistemáticas são assim. Os fatos nada podem sobre elas. Elas tratam o que as contraria como uma exceção. Não tenteis combatê-las, porque elas têm sua ideia fixa e quando tiverdes esgotado todos os argumentos, elas vos rirão na cara. Nada de concessões! Estão convencidas ou não estão.

"Em vários hospícios de alienados, notadamente em Bicêtre, compreenderam o partido que poderia ser tirado da música e dela se servem vitoriosamente. Aí as missas são cantadas por loucos. Salvo raros incidentes, tudo se realiza conforme o programa, sem que se haja de reprimir o menor desvio.

"Há uma doença mais horrível que a loucura. Refiro-me ao cretinismo. Os loucos têm suas horas de lucidez; às vezes, mesmo, apenas são afetados por uma mania. Conversam razoavelmente sobre todos os assuntos, salvo sobre aquele que os faz divagar. Um se julga de vidro e recomenda que só o toquem com precaução; outro vos aborda e diz, mostrando um de seus vizinhos: 'Vedes bem aquele moreninho? Ele se julga o filho de Deus, mas o Cristo sou eu!' Um terceiro vos convida para as suas grandes caçadas, em seu parque esplêndido; ouve a matilha, os criados que o apoiam, as fanfarras que lhe respondem, a presa a gritar; é feliz em seu sonho; é quase sempre um ambicioso caído mais ou menos longe do objetivo visado. Todos os curáveis e incuráveis têm um ponto de referência para a imaginação.

"Mas aos outros, aos idiotas, aos cretinos, o que lhes resta? Eles ficam agachados a um canto de parede, sobre uma pedra, o rosto embrutecido, como horríveis bolas de carne, jamais tendo um lampejo de inteligência e não possuindo nem mesmo o instinto dos animais inferiores. Eles estão completamente perdidos de corpo e alma, não estão? Estão muito rebaixados em sua dignidade humana, muito degradados, muito tolhidos fisicamente e moralmente? Eles têm ouvidos para não ouvir, olhos para não ver, sentidos extintos. Eles são mortos vivos.

"Em vão tentaram algo ressuscitar neles, quer pela dureza, quer pela doçura. Era desesperador.

"Então vocalizaram notas em sua presença, até que as repetissem maquinalmente. Cantarolaram para eles motivos simples e curtos, que eles repetiram. Agora eles cantam. Para eles, cantar é uma festa. Pelo canto, eles são controlados. É sua punição ou sua recompensa; eles obedecem; eles têm consciência de suas ações. Ocupam-nos nos mesmos trabalhos. Ei-los a caminho de uma meia reabilitação intelectual.

"Há regiões em que essa cruel enfermidade se reproduz incessantemente. Será o ar ou a água que a provoca?

"Certa manhã, após uma noite de caça laboriosa, na vertente meridional dos Pireneus, eu tinha entrado na choupana de um pastor, para me refrescar. Aí encontrei o pai debilitado, sua mulher fragilizada e três crianças enfraquecidas, das quais uma enrodilhada sobre um monte de palha podre. Como eu examinasse esse infeliz apatetado, o pai me disse:

– "Oh! Esse aí jamais viveu; ele nasceu como está. Aqui o cretinismo toma um em três. Eu pago a minha dívida.

– "Ele vos reconhece? – perguntei.

– "Nem a mim nem aos irmãos; fica na posição em que o vedes, e só desperta do entorpecimento quando o sol se põe e eu recolho o rebanho esparso; então ele se agita, parece contente, como se acontecesse alguma coisa feliz.

– "E a que atribuís esse movimento?

– "Não sei.

– "De que sinal vos servis?

– "Do refrão de todos os pastores.

– "Vejamos. Dizei o refrão, como se os animais fossem ser recolhidos.

"O velho dócil foi para a porta, e, de pé no terreiro, com as mãos em concha, recomeçou o canto de chamada. Um fato estranho ocorreu: o menino doente ergueu-se de um salto, soltando gritos inarticulados. Adivinhava-se que ele queria falar. Expliquei que a música agia poderosamente sobre os seus nervos. O pai compreendeu e me disse, na sua gíria acentuada:

– "Eu sei canções; eu lhas direi.

"Dois anos mais tarde tive ocasião de rever essa pobre gente, a quem eu trazia uma camurça ferida.

"O menino se havia tornado dócil.

"Publiquei a história, antes que pensassem em servir-se da música como processo curativo em casos semelhantes. Meu relato foi considerado como uma fábula.

"O meio prático, depois, fez o seu caminho, com os cretinos e com os loucos, o que não impediu o meu *alienista* de sustentar que nada valem a camisa de força e as duchas. Ele está convicto disso."

Não sabemos se o autor do artigo, Sr. Chadeuil, é antiespiritualista, mas o que é certo é que é antiespírita de marca maior, a julgar pelos sarcasmos que não poupa à crença nos Espíritos, sempre que achou ocasião em sua *Revue musicale*. Para negar uma doutrina baseada nos fatos e aceita por milhões de indivíduos, ele viu, observou e estudou? Informou-se escrupulosamente em todas as fontes? Seus próprios artigos testemunham ignorância daquilo de que ele fala. Em que, então, ele se apoia para afirmar que é uma crença ridícula? Em sua opinião pessoal, que acha ridícula a ideia de Espíritos comunicando-se com os homens, exatamente como todas as ideias novas de alguma importância foram julgadas ridículas pelos homens, mesmo os mais capazes. É assim, sem dúvida, a aplicação dessas notáveis e verídicas palavras de seu artigo:

"As pessoas sistemáticas são assim. Os fatos nada podem sobre elas. Elas tratam o que as contraria como uma exceção. Não tenteis combatê-las, porque elas têm sua ideia fixa e quando tiverdes esgotado todos os argumentos, elas vos rirão na cara."

Não é mais uma vez a história da trave e do argueiro no olho? É verdade que não sabemos se esta reflexão é dele ou do Sr. Pontécoulant. Seja como for, ele a cita como um elogio, portanto a aceita. Mas deixemos de lado a opinião do Sr. Chadeuil, que pouco nos importa, e vejamos o artigo em si mesmo, que constata um fato importante: A influência da música sobre os criminosos, os loucos e os idiotas.

Em todos os tempos tem-se reconhecido a influência salutar da música para o abrandamento dos costumes. Sua introdução entre os criminosos seria um progresso incontestável e só poderia ter resultados satisfatórios. Ela excita as fibras entorpecidas da sensibilidade e as predispõe a receber as impressões morais. Mas isso é suficiente? Não. É um trabalho em terra inculta, que necessita da semeadura de ideias próprias a provocar uma profunda impressão sobre essas naturezas desviadas. É preciso falar à alma, depois de haver amolecido o coração. O que lhes falta é a fé em Deus, em sua alma e no futuro; não uma fé vaga, incerta, incessantemente combatida pela dúvida, mas uma fé baseada na certeza, a única que pode torná-la inabalável. Sem dúvida a música pode predispor a isso, mas não a dá. Nem por isto deixa de ser uma auxiliar que não se pode negligenciar. Esta tentativa, e muitas outras que a Humanidade e a civilização não podem senão aplaudir, testemunham uma louvável solicitude pelo moral dos condenados. Resta, porém, atingir o mal na sua raiz. Um dia será reconhecida toda a extensão do socorro que pode ser haurido nas ideias espíritas, cuja influência já está provada pelas numerosas transformações que elas operam nas naturezas aparentemente mais rebeldes. Os que aprofundaram esta doutrina e meditaram sobre as suas tendências e as suas consequências inevitáveis são os únicos a compreender a força do freio que ela opõe aos arrastamentos perniciosos. A razão desse poder é que ele se dirige à própria causa desses arrastamentos, que é a *imperfeição do Espírito*, ao passo que a maior parte do tempo só a buscam na *imperfeição da matéria*. O Espiritismo, atualmente, como doutrina moral, não mais se acha no estado de simples teoria. Ele entrou na prática, ao menos para um grande número dos que admitem os seus princípios. Ora, conforme o que se passa, e em presença dos resultados produzidos, pode-se afirmar sem medo que a diminuição dos crimes e delitos será proporcional à sua divulgação. É o que um futuro próximo encarregar-se-á de demonstrar. Esperando que a experiência se faça em mais larga escala, ela se faz todos os dias individualmente. Disto a *Revista* já forneceu numerosos exemplos; limitar-nos-emos a lembrar as cartas de dois prisioneiros, publicadas nos números de novembro de 1863 e fevereiro de 1864.

Deixamos aos leitores o cuidado de apreciar o fato acima, relativo à loucura. Sem a menor dúvida, é a mais amarga crítica aos alienistas que só conhecem as duchas e a camisa de força. O Espiritismo vem lançar uma luz completamente nova sobre as doenças mentais, demonstrando a dualidade do ser humano, e a possibilidade de agir isoladamente sobre o ser espiritual e sobre o ser material. O número incessantemente crescente dos médicos que entram nessa nova ordem de ideias necessariamente trará grandes modificações no tratamento dessas espécies de afecções. Abstração feita da ideia espírita propriamente dita, a constatação dos efeitos da música em semelhantes casos é um passo na via espiritualista, da qual os alienistas em geral se afastaram até hoje, com grande prejuízo para os doentes.

O efeito produzido sobre os idiotas e os cretinos é ainda mais característico. Quase sempre os loucos foram homens inteligentes; entretanto, isso não se dá com os idiotas e os cretinos, que parecem votados pela própria natureza a uma nulidade moral absoluta. O Espiritismo experimental vem também aqui lançar a luz, provando, pelo isolamento do Espírito e do corpo, que se trata geralmente de Espíritos desenvolvidos e não atrasados, como se poderia supor, mas unidos a corpos imperfeitos. Pela igualdade de inteligência, a diferença entre o louco e o cretino é que o primeiro, no nascimento do corpo, é provido de órgãos cerebrais constituídos normalmente, mas que mais tarde se desorganizam, ao passo que o segundo é um Espírito encarnado num corpo cujos órgãos, atrofiados desde o princípio, jamais lhe permitiram manifestar livremente o pensamento. Ele está na situação de um homem forte e vigoroso a quem tivessem tirado a liberdade de movimentos. Tal constrangimento é para o Espírito um verdadeiro suplício, porque ele não deixa de ter a faculdade de pensar, e sente, como Espírito, a abjeção em que o coloca sua enfermidade. Suponhamos, então, que em dado momento, por um tratamento qualquer, se possam desligar os órgãos: o Espírito recobraria a liberdade e o maior cretino tornar-se-ia um homem inteligente. Seria como um prisioneiro saindo da prisão, ou como um bom músico diante de um instrumento completo, ou, ainda, como um mudo recuperando a palavra.

O que falta ao idiota não são, pois, as faculdades, mas as cordas cerebrais correspondentes a essas faculdades, para a sua manifestação. Na criança normalmente constituída, o exercício das faculdades do Espírito leva ao desenvolvimento dos órgãos correspondentes, que nenhuma resistência oferecem. No idiota, a ação do Espírito é impotente para provocar um desenvolvimento que ficou em estado rudimentar, como um fruto abortado. A cura radical do idiota é, pois, impossível; tudo quanto se pode esperar é uma ligeira melhora. Por isto não se conhece nenhum tratamento aplicável aos órgãos; é ao Espírito que se tem de dirigir. Estudando as faculdades cujo germe se descobre, há que provocar o seu exercício da parte do Espírito, e então, se ele superar a resistência, poder-se-á obter uma manifestação, senão completa, ao menos parcial. Se há um meio externo de agir sobre os órgãos, é, sem dúvida, a música. Ela consegue abalar essas fibras entorpecidas, como um grande ruído que chega aos ouvidos de um surdo. O Espírito com isto se abala, como numa lembrança, e sua atividade, provocada, redobra os esforços para vencer os obstáculos.

Para aquele que no homem vê apenas uma máquina organizada, sem levar em conta a inteligência que preside a atividade desse organismo, tudo é obscuridade e problema nas funções vitais, tudo é incerteza no tratamento das afecções. Eis por que, o mais das vezes, não se ataca de frente o mal; mais do que isto: tudo são trevas nas evoluções da Humanidade, tudo é tateamento nas instituições sociais, por isso tantas vezes se toma o caminho errado. Admiti, apenas a título de hipótese, a dualidade do homem, a presença de um ser inteligente independente da matéria, preexistente e sobrevivente ao corpo, que para este é apenas envoltório temporário, e tudo se explica. Por experiências positivas, o Espiritismo faz desta hipótese uma realidade, revelando-nos a lei que rege as relações do Espírito e da matéria.

Então ride, ó céticos, da Doutrina dos Espíritos, saída do fenômeno vulgar das mesas girantes, como a telegrafia elétrica saiu das rãs dançarinas de Galvani, mas pensai que negando os Espíritos, vos negais a vós mesmos, e que riram das maiores descobertas.

O NOVO BISPO DE BARCELONA

Escrevem-nos da Espanha, a 1º de agosto de 1864:

"Caro mestre,

"Tomo a liberdade de vos enviar a nova ordenação que Monsenhor Pantaleão, Bispo de Barcelona, acaba de publicar no jornal *El Diario de Barcelona*, de 31 de julho. Como podeis notar, ele quis marchar sobre o rastro de seu predecessor. Para mim, espírita sincero, perdoo os palavrões que nos dirige, mas não me posso impedir de pensar que ele poderia empregar a ciência que possui de maneira mais aproveitável para o bem da fé e de seus semelhantes. Para citar apenas um exemplo, temos a cada instante o espetáculo dessas abomináveis touradas, nas quais os pobres animais, depois de ter passado a vida a serviço do homem, vêm morrer estripados nessas tristes arenas, para maior alegria de uma população ávida de sangue, e cujos maus instintos são desenvolvidos por esses jogos bárbaros.

"Eis o que deveríeis fulminar, Monsenhor, e não o Espiritismo, que diariamente vos traz ao aprisco ovelhas que havíeis perdido, pois eu, que cria sinceramente em Deus e que reconhecia a sua grandeza nos mínimos detalhes da Natureza, antes de ser espírita não me podia aproximar de uma igreja, tanta discordância os meus olhos viam entre os que se dizem os representantes de Deus na Terra e essa grande figura do Cristo, que o Evangelho nos mostra todo amor e abnegação. Sim, dizia de mim para mim, Jesus se sacrifica por nós; faz sua entrada triunfal em Jerusalém vestindo um burel e montado num jumento, e vós, que vos dizeis seus representantes, vos cobris de seda, ouro e diamantes. É esse o desprezo das riquezas que o Divino Messias pregava aos seus apóstolos? Não. Entretanto, Monsenhor, eu vos confesso que a partir do momento em que me tornei espírita, pude voltar a frequentar as vossas igrejas; pude aí orar a Deus com fervor, a despeito da música mundana que aí se veste de ópera; pude orar, pensando que entre todas essas pessoas reunidas provavelmente havia algumas para as quais a pompa teatral era útil para elevar suas almas a Deus; pude então perdoar o vosso luxo e compreendê-lo num certo sentido. Assim, bem vedes, Monsenhor, que não é sobre os espíritas que deveríeis trovejar, e se, como não duvido, tendes em vista apenas o bem do vosso rebanho, reconsiderai vossa maneira de ver o Espiritismo, que só nos prega o amor ao próximo, o perdão das injúrias, a doçura, a caridade e o amor aos nossos inimigos.

"Caro mestre, perdoai-me estas linhas, que foram sugeridas por essa nova ordenação. O Espiritismo veio reavivar a minha fé, explicando-me todas as misérias da vida que até agora minha inteligência não tinha podido compreender. Sinceramente persuadido de que trabalhamos para o nosso adiantamento e para o da Humanidade, não cessarei de propagar esta doutrina no meu círculo de relações, para tanto empregando uma convicção profunda e os meios que Deus me deu.

"Dignai-vos receber, caro mestre, etc."

Damos a seguir a tradução da ordenação do senhor bispo. Reproduzimo-la *in extenso* para não enfraquecer o seu alcance. O senhor bispo de Barcelona é considerado, com razão, como um homem de mérito; ele deve, pois, ter reunido os mais poderosos argumentos contra o Espiritismo. Os nossos leitores julgarão se ele é mais feliz que os seus confrades, e se o golpe de misericórdia nos será dado do outro lado dos Pireneus. Limitamo-nos a intercalar algumas observações.

"Nós, D. D. Pantaleón Monserra y Navarro, pela graça de Deus e da Santa Sé apostólica, bispo de Barcelona, cavaleiro da grã-cruz da Ordem Americana de Izabel a Católica, do Conselho de Sua Majestade etc.

"Aos nossos amados e fiéis diocesanos,

"Colocado na Terra como num lugar de trevas, que lhe impede de ver as coisas colocadas numa ordem superior, o homem não pode dar um passo para buscá-las se não for esclarecido pela chama da fé. Se ele se separa desse guia, apenas tropeçará, caindo hoje no extremo da incredulidade, que tudo nega, e amanhã na superstição, que em tudo crê. Nossa época, que pretende conduzir-se pela razão e pelo senso, não admitindo como verdadeiro senão o que lhe mostram essas testemunhas falaciosas, vê-se atravessada por uma imensa corrente de ideias, arrastando, em consequência, a negação do sobrenatural e uma excessiva credulidade. Uma e outra são o produto do orgulho da inteligência humana, que se recusa a prestar razoável atenção à palavra revelada de Deus. A geração atual se vê obrigada a assistir a esse triste espetáculo que hoje nos dão os povos mais adiantados em ciência e em civilização. Os Estados Unidos da América, essa nação chamada modelo, e algumas partes da França, aí compreendida a colônia de Argel, empenham-se, há algum tempo, no estudo ridículo e na aplicação do Espiritismo, que vem, sob esse nome, ressuscitar as antigas práticas da necromancia, pela evocação dos Espíritos invisíveis que repousam no lugar de seu destino, situado além da sepultura, e os consultam para descobrir segredos ocultos sob o véu por Deus estendido entre o tempo e a eternidade."

OBSERVAÇÃO: Se somos repreensíveis por termos relações com os Espíritos, seria preciso que a Igreja os impedisse de vir sem serem chamados, pois é notório que há uma porção de manifestações espontâneas, mesmo em pessoas que jamais ouviram falar de Espiritismo. Como as irmãs Fox, nos Estados Unidos, as primeiras que revelaram sua presença naquele país, foram postas no caminho das evocações, senão pelos Espíritos que a elas vieram manifestar-se, quando nem sequer sonhavam com isso? Por que aqueles Espíritos deixaram o lugar que lhes era designado além da sepultura? Com ou sem a permissão de Deus?

O Espiritismo não saiu do cérebro de um homem como um sistema filosófico criado pela imaginação. *Se os Espíritos não se tivessem manifestado por si mesmos, não teria havido Espiritismo*. Se não se pode impedir que se manifestem, não se pode deter o Espiritismo, como não se pode impedir um rio de correr, a menos que se suprima a sua fonte. Pretender que os Espíritos não se manifestem é uma questão de fato, e não de opinião. Contra a evidência não há denegação possível.

"Esse desejo exagerado de tudo conhecer por meios ridículos e reprovados não é senão o fruto dessa necessidade, desse vazio que experimenta o homem, quando rejeitou tudo o que lhe é proposto como verdade pela sua soberana legítima e infalível: a Igreja."

OBSERVAÇÃO: Se o que essa soberana infalível propõe como verdade fica demonstrado como erro pelas observações da Ciência, é culpa do homem se ele o repele? A Igreja era infalível, quando condenava às penas eternas os que acreditavam no movimento da Terra e nos antípodas? Quando ainda hoje condena os que creem que a Terra não foi formada em seis vezes vinte e quatro horas? Para que a Igreja fosse crida sob palavra, seria necessário que não ensinasse nada que pudesse ser desmentido pelos fatos.

"Num momento de ardor para tudo conhecer por si mesmo, ele repeliu esta verdade como superstição, porque seu entendimento não a compreendia ou não estava em concordância com as noções a respeito recebidas. Mais tarde, porém, ele julgou necessário o que havia desprezado; ele quis reabilitar-se na sua fé; ele a examinou novamente, e conforme tal exame tenha sido feito por pessoas de imaginação viva, ou por outras de temperamento nervoso e irritável, admitiram, no seu sistema de crença, tudo quanto aquelas julgaram ver e ouvir dos Espíritos evocados num momento de exaltação melancólica."

OBSERVAÇÃO: Jamais havíamos pensado que a Fé, isto é, a adoção ou rejeição das verdades ensinadas pela Igreja, conforme o exame feito por aquele que sinceramente a elas queira voltar, fosse uma questão de temperamento. Se, para lhes dar preferência em relação a outras crenças, ele não deve ser nervoso ou irritável, nem ter uma imaginação viva, há muita gente que será fatalmente excluída por força de sua compleição. Nós acreditamos que, neste século de desenvolvimento intelectual, a Fé é uma questão de *compreensão*.

"Foi assim que se chegou a criar uma religião que, renovando os desvios e as aberrações do paganismo, ameaça conduzir a Sociedade ávida de maravilhoso à loucura, à extravagância e ao mais imundo cinismo (*y al cinismo más inmundo*)."

OBSERVAÇÃO: Eis mais uma vez um príncipe da Igreja que proclama, num ato oficial, que o Espiritismo é uma religião que se cria. É aqui o caso de repetir o que já dissemos a respeito: Se jamais o Espiritismo se tornar uma religião, a Igreja terá sido a primeira a dar tal ideia. Em todo caso, essa religião nova, caso venha a sê-lo, afastar-se-á do paganismo pelo fato capital de que ela não admite um inferno localizado, com penas materiais, ao passo que o inferno da Igreja, com suas chamas, seus tridentes, suas caldeiras, suas lâminas de navalhas, seus pregos pontiagudos que estraçalham os danados, e seus diabos que atiçam o fogo, é uma cópia amplificada do Tártaro.

"O grande propagador dessa seita de modernos iluminados, o próprio Allan Kardec, o confessa em seu *Livro dos Espíritos*, dizendo que 'Por vezes estes se comprazem em responder ironicamente e de maneira equívoca, que desconcerta os infelizes que os consultam.' E, posto ele advirta da necessidade que há de discernir os Espíritos sérios dos superficiais, ele não nos pode dar as regras necessárias a esse discernimento, confissão que revela toda a vaidade e a falsidade do Espiritismo, com suas deploráveis consequências."

OBSERVAÇÃO: Remetemos o senhor bispo de Barcelona ao *Livro dos Médiuns*, cap. XXIV).

"Se esse sistema, que estabelece um monstruoso comércio entre a luz e as trevas, entre a verdade e o erro, entre o bem e o mal, numa palavra, entre Deus e Belial, não tem prosélitos na Espanha, há, sem dúvida, ardorosos propagadores, e a metrópole de nossa diocese é o teatro escolhido para pôr em ação todos os meios que pode sugerir o Espírito de mentira e de perdição. A prova disto está na introdução fraudulenta que se opera, malgrado o zelo desenvolvido pelas autoridades locais, de milhares de exemplares do *Livro dos Espíritos*, escrito pelo primeiro pregador dessas mentiras, Allan Kardec, e traduzido para o espanhol."

OBSERVAÇÃO: É muito difícil conciliar estas duas asserções, a saber: que o Espiritismo não tem prosélitos na Espanha, e que há, sem dúvida, ardorosos propagadores. Também não se compreende que num país onde não há espíritas haja um derramamento do *Livro dos Espíritos* aos milhares.

"Lendo essa produção original, dissemos de nós para nós: Cada século tem as suas preocupações, seus erros favoritos, e as do nosso são uma tendência para negar o que é invisível e a não procurar a certeza senão na matéria sensível. Não seria, pois, coisa incrível se não a tivéssemos visto, que o século dezenove, tão rico em descobertas sobre as leis da Natureza, tão rico em observações e experiências, tenha vindo a adotar os sonhos da magia e aparições de Espíritos pela simples evocação de um simples mortal? Contudo, é isto! E essa nova heresia, importada, ao que parece, dos países idólatras para os povos do novo mundo, tenha invadido o antigo, e nesse encontrado adeptos e partidários, malgrado o facho do Cristianismo que o ilumina há dezoito séculos, e condena semelhantes ridicularias, a despeito do brilho que ele espalhou em toda a sua superfície e particularmente sobre a Europa."

OBSERVAÇÃO: Já que o senhor bispo de Barcelona se admira que o século dezenove aceite o Espiritismo tão facilmente, malgrado suas tendências positivas e a riqueza de suas descobertas tocantes às leis da Natureza, dir-lhe-emos que é precisamente a aptidão para essas descobertas que produz tal resultado. As relações do mundo visível com o invisível são uma das grandes leis naturais, que ao século dezenove estava reservado revelar ao mundo, bem como tantas outras leis. Fruto da experiência e da observação, baseado em fatos positivos até agora incompreendidos, mal estudados e ainda pior explicados, o Espiritismo é a expressão dessa lei, e por isto mesmo vem destruir o fantástico, o maravilhoso e o sobrenatural falsamente atribuído a esses fatos, fazendo-os entrar na categoria dos fenômenos naturais. Como ele vem explicar o que era inexplicável; como ele demonstra o que afirma e lhe dá a razão; como não quer ser acreditado sob palavra; como provoca o exame e só quer ser aceito com conhecimento de causa; por estes motivos ele corresponde às ideias e às tendências positivas do século. Sua fácil aceitação, longe de ser uma anomalia, é uma consequência de sua natureza, que lhe dá posição entre as ciências de observação. Se se tivesse cercado de mistérios e se tivesse exigido a fé cega, tê-lo-iam repelido como um anacronismo.

Jovem ainda, encontra oposição, como todas as ideias de certa importância. Ele tem contra si:

1º – Os que creem apenas na matéria tangível e negam todo poder intelectual fora do homem;

2º – Certos sábios que pensam que a Natureza não tem mais segredos para eles, ou que só a eles cabe descobrir o que ainda está oculto;

3º – Aqueles que, em todos os tempos, se esforçaram por deter a marcha ascendente do espírito humano, porque temem que o desenvolvimento das ideias, fazendo ver com muita clareza, não lhes prejudique o seu poder e os seus interesses;

4º – Enfim, aqueles que, sem ideia preconcebida e não o conhecendo, julgam-no pelas deturpações com que o apresentam seus adversários, visando desacreditá-lo.

Esta categoria constitui a grande maioria dos opositores, mas ela diminui dia a dia, porque dia a dia aumenta o número dos que estudam; as prevenções caem ante um exame sério, e se ligam tanto mais à coisa sobre a qual reconhecem haverem sido enganados. A julgar pelo caminho feito pelo Espiritismo em tão curto prazo, fácil é prever que em pouco tempo só terá contra si os antagonistas de ideias preconcebidas, e como estes formam uma pequena minoria, sua influência será nula. Eles próprios sofrerão a influência da massa, e serão forçados a seguir a corrente.

A manifestação dos Espíritos não é apenas uma crença: é um fato. Ora, diante de um fato, a negação não tem valor, a não ser que se prove que ele não existe, coisa que ninguém ainda demonstrou. Como em todos os pontos do globo a realidade do fato é diariamente constatada, crê-se no que se vê. É o que explica a impotência dos negadores para deter o movimento da ideia. Uma crença só é ridícula quando é falsa; não o é mais, desde que repouse sobre uma coisa positiva. O ridículo é apanágio daquele que se obstina em negar a evidência.

"Isto vos deve convencer, meus caros filhos e irmãos, da necessidade que tem o homem de crer e que quando ele despreza as verdadeiras crenças, abraça sem entusiasmo até mesmo as falsas. Eis por que diz o profundo Pascal, num de seus pensamentos: 'Os incrédulos são os homens mais levados a crer em tudo.' O Espírito das trevas toma os homens como joguetes e instrumentos de seus maus propósitos, servindo-se de sua vaidade, de sua credulidade, de sua presunção, para deles próprios fazer os propagadores e os apóstolos daquilo de que se riam na véspera, do que qualificavam de invenção quimérica e de espantalho para as almas fracas.

"Não, meus irmãos, a verdadeira fé, a doutrina do Cristianismo, o ensino constante da Igreja, sempre reprovaram a prática dessas evocações que levam a crer tenha o homem sobre os Espíritos um poder que só a Deus pertence. 'Não está no poder de um mortal que as almas separadas dos corpos após a morte lhe revelem os segredos cobertos pelo véu do futuro.' (Mat. XVI, 4).

OBSERVAÇÃO: O Espiritismo também diz que aos Espíritos não é dado revelar o futuro, e condena formalmente o emprego de comunicações do Além-Túmulo como meio de adivinhação. Ele diz que os Espíritos vêm para nos instruir e nos melhorar, e não para nos ler a buena-dicha. Além disto, ele diz que ninguém pode obrigar os Espíritos a virem falar quando eles não querem. É desnaturar maldosamente o seu objetivo, pretender que ele faça a necromancia. (*Livro dos Médiuns*, Cap. XXVI).

"Se a sabedoria divina tivesse julgado útil à felicidade e ao repouso do gênero humano instruí-lo sobre as relações entre o mundo dos Espíritos e o dos seres corpóreos, ela no-lo teria revelado de tal maneira que nenhum mortal pudesse ser enganado em suas comunicações; ela nos teria ensinado um meio para reconhecer quando nos tivessem dito a verdade, ou insinuado o erro, e ela não nos teria abandonado para tal discernimento à luz da razão, que é uma luz muito fraca para descobrir essas regiões que se estendem para além da morte."

OBSERVAÇÃO: Se Deus permite que hoje existam tais relações – pois há que admitir-se que nada ocorre sem a permissão de Deus – é que ele julga útil à felicidade dos homens, a fim de lhes dar a prova da vida futura, na qual muitos não acreditam mais, e porque o número sempre crescente dos incrédulos prova que a Igreja sozinha é impotente para mantê-los no aprisco. Deus lhe envia auxiliares, nos Espíritos que se manifestam. Repeli-los não é dar prova de submissão à sua vontade; renegá-los é desconhecer o seu poder; injuriá-los e maltratar seus intérpretes é agir como os judeus em relações aos profetas, o que fez com que Jesus derramasse lágrimas pela sorte de Jerusalém.

"Assim, pois, quando um miserável mortal, desviado por sua imaginação, pretende nos dar notícias sobre a sorte das almas no outro mundo; quando homens de curta visão têm a audácia de querer revelar à Humanidade e ao indivíduo o seu destino indefectível no futuro, eles usurpam um poder que pertence a Deus, e do qual não renuncia, a não ser para o bem da própria Humanidade e dos povos, advertindo-os ou os admoestando por intermédio de enviados que, como os profetas, levam consigo a prova de sua missão, nos milagres que operam e na realização constante do que eles anunciaram."

OBSERVAÇÃO: Então renegais as predições de Jesus, porquanto não reconheceis no que acontece a realização do que ele anunciou. O que significam estas palavras? "Eu espalharei o Espírito sobre toda a carne; vossas mulheres e vossas filhas profetizarão, vossos filhos terão visões e os velhos terão sonhos."

"Podemos considerar como visionários aqueles que, abandonando a verdade e dando ouvidos a fábulas, querem que sejam escutados como revelações os caprichos, os sonhos fantásticos de sua imaginação delirante. Escrevendo a Timóteo, São Paulo o põe em guarda contra tudo isto, a ele e às gerações futuras (I Tim., IV: 7). O apóstolo já pressentia, há dezoito séculos, aquilo que em nossa época a incredulidade deveria oferecer para encher com alguma coisa o vazio que deixa na alma a falta de fé."

OBSERVAÇÃO: Com efeito, a incredulidade é a chaga de nossa época. Ela deixa na alma um imenso vazio. Por que, então, a Igreja não a combate? Por que não pode ela manter os fiéis na fé? Os meios materiais e espirituais, contudo, não lhe faltam.

Não tem ela imensas riquezas, um inumerável exército de pregadores, a instrução religiosa da juventude? Se seus argumentos não triunfam sobre a incredulidade, é que não são suficientemente peremptórios. O Espiritismo não lhe segue os passos. *Ele faz o que ela não faz*. Ele se dirige àqueles aos quais ela não consegue reconduzir, e consegue dar-lhes a fé em Deus, na sua alma e na vida futura. Que dizer de um médico que, não podendo curar um doente, se opusesse a que este aceitasse os cuidados de outro médico que pudesse salvá-lo?

É verdade que o Espiritismo não preconiza um culto às custas do outro; que não lança anátema a nenhum, e que sem isto ele seria considerado bem-vindo por aquele cuja causa exclusiva tivesse abraçado, mas é precisamente porque é portador de uma palavra de soerguimento: "Fora da caridade não há salvação" à qual todos podem responder, que ele vem fazer cessar os antagonismos religiosos que fizeram derramar mais sangue que as guerras de conquista.

"Depois de haver ensaiado a adivinhação, o sonambulismo pelo magnetismo animal, sem ter podido obter qualquer coisa além da reprovação de todo homem sensato; depois de haver visto caírem em descrédito as mesas girantes, eles desenterraram o cadáver infecto desse Espiritismo com os absurdos da transmigração das almas, desprezando os artigos do nosso símbolo, como a Igreja os ensina, e quiseram substituí-los por outros que os anulam, admitindo uma imortalidade da alma, um purgatório e um inferno muito diferentes daqueles que nos ensina nossa fé católica."

OBSERVAÇÃO: Isto é muito justo. O Espiritismo não admite um inferno onde há chamas, tridentes, caldeiras e lâminas de navalhas; ele também não admite que seja uma felicidade para os eleitos levantar as tampas das caldeiras para aí ver fervendo os danados, talvez um pai, uma mãe ou um filho; ele não admite que Deus se compraza em escutar, por toda a eternidade, os gritos de desespero de suas criaturas, sem ser tocado pelas lágrimas dos que se arrependem, nisto mais cruel que aquele tirano que mandou construir um respiradouro pondo em comunicação os calabouços de seu palácio com seu quarto de dormir, para ter o prazer de ouvir os gemidos de suas vítimas; ele não admite, enfim, que a suprema felicidade consista numa contemplação perpétua, que seria uma perpétua inutilidade, nem que Deus tenha criado as almas para lhes dar apenas alguns anos, ou alguns dias de existência ativa e, em seguida, as mergulhar, pela eternidade, nas torturas ou na inútil beatitude. Se esta é a pedra angular do edifício, tem razão a Igreja de temer as ideias novas. Não é com tais crenças que ela entupirá o enorme abismo da incredulidade.

"Com isto, como disse muito a propósito o sábio bispo de Argel, tudo quanto os incrédulos puderam fazer foi mudar de lado, para arrastar essa porção de crentes cuja fé simples e pouco esclarecida facilmente se presta a tudo o que é extraordinário, e, ao mesmo tempo, conseguir opor um novo obstáculo à conversão dessas almas sepultadas na indiferença religiosa que, vendo que querem reduzir o Cristianismo a um tecido de superstições, acabaram blasfemando contra ele e o seu autor."

OBSERVAÇÃO: Eis uma coisa muito singular! É o Espiritismo que impede a Igreja de converter as almas sepultadas na indiferença religiosa. Mas, então, por que não as converteu antes do aparecimento do Espiritismo? Então é ele mais poderoso que a Igreja? Se os indiferentes se ligam a ele de preferência, é que, aparentemente, o que ele dá lhes convém mais.

"Para que os homens de pouca fé não se escandalizem lendo as doutrinas do *Livro dos Espíritos*, e não creiam, um só instante, que elas estejam em harmonia com todos os cultos e crenças, inclusive a fé católica, como pretende Allan Kardec, nós lhes lembraremos que as Escrituras Santas as condenam como loucura, dizendo pela boca do Eclesiastes: "As adivinhações, os augures e os sonhos são coisas vãs, e o coração sofre essas quimeras; todas as vezes que não forem enviados pelo Altíssimo, desconfiai deles, porque os sonhos entristecem os homens e os que neles se apoiam são abatidos." (Ecles. XXXVI: 5,7).

"Jesus Cristo censura os seus discípulos por terem acreditado na visão de um fantasma, ao vê-lo andar sobre as águas, e não quer que disto se assegurem senão pelos sinais que lhes dá da realidade de sua pessoa. (Luc. XXIV: 39).

"A Igreja e os santos Pais, como intérpretes da palavra divina, têm repelido constantemente esses meios enganadores pelos quais se crê que os Espíritos se comuniquem com os homens, e a razão esclarecida também os repele, pois compreende que por si só e sem o auxílio da fé, ela não pode abarcar as coisas nem as verdades que se referem ao passado na ordem sobrenatural. Como pode ela pretender atingir, por si mesma, num estado de transporte, ou arrastada por uma imaginação ardente, aquilo que só se pode verificar de uma maneira, num lugar e em circunstâncias imprevistas?

"Se, pois, em outras ocasiões, elevamos a voz contra esse materialismo ímpio, e essa incredulidade sistemática que nega a imortalidade da alma separada do corpo nos diferentes estados aos quais a destina a divina justiça para a eternidade, hoje nos vemos obrigados a protestar contra essa comunicação ativa atribuída à evocação dos mortos, e que pretende revelar o que só é perceptível à infinita penetração de Deus.

"Meus irmãos, meus amados filhos, não vos deixeis arrastar por essas fábulas vãs que contêm os erros e as preocupações dos povos bárbaros e ignorantes, e todas as invenções absurdas das criaturas cujo espírito, enfraquecido pela ausência da verdadeira fé e pela superstição, abjura a religião revelada pelo filho de Deus, degrada a razão humana e expulsa a pureza da alma. Longe de nossos bem-amados diocesanos, e sobretudo desses leitores com razão tidos como esclarecidos e civilizados, de acreditar nesses contos de sonhadores, tais como Allan Kardec, homens de imaginação exaltada e em delírio! Longe de vós, pois, essa crença anticristã que faz saírem dos túmulos os fantasmas, os Espíritos errantes; longe de vós essa superstição importada em nossa religião pelos pagãos convertidos ao Cristianismo, e que os escritos de seus sábios apologistas logo expulsaram."

OBSERVAÇÃO: Os espíritas jamais fizeram os fantasmas saírem dos túmulos, pela razão muito simples que nos túmulos só estão os despojos mortais, que se destroem e não ressuscitam. Os Espíritos estão por toda parte no espaço, felizes por estarem livres e desembaraçados do corpo que os fazia sofrer. É por isto que não se prendem aos seus restos, e mais deles se afastam do que os buscam. O Espiritismo sempre repeliu a ideia de que as evocações seriam mais fáceis junto aos túmulos, de onde não se pode fazer sair o que lá não está. Só no teatro se veem essas coisas.

"Tende cuidado para que vossos filhos, levados pela curiosidade da juventude, não leiam semelhantes produções e não se impressionem com as suas figuras, que têm feito perder o bom senso grande número de pessoas que hoje gemem nos hospícios de alienados, vítimas do Espiritismo.

"Fazei todo esforço, meus filhos e meus irmãos, para conservar pura a doutrina que nos ensina o divino Mestre. Detende-vos e apoiai-vos unicamente na sua santa palavra relativamente ao vosso futuro. E, sabendo que é à Providência Divina, sempre sábia, que cabe conduzir o homem através das vicissitudes desta vida, para experimentar a sua fé e avivar a sua esperança, sem querer sondar vossa sorte futura, buscai assegurá-la por meio das boas obras, por elas tornando certa a vossa vocação de filhos de Deus, chamados à herança do Pai Celeste."

OBSERVAÇÃO: Antes de cercear a curiosidade dos filhos, não era preciso aguilhoar a dos pais, o que essa ordenação não pode deixar de produzir. Quanto à loucura, é sempre a mesma história, que começa a ficar singularmente gasta, e cujo resultado não tem sido mais feliz que o dos pretensos fantasmas. Sendo as experiências feitas por todos os lados, ainda mais na intimidade das famílias do que em público, e encontrando-se os médiuns por toda parte, em todas as camadas da Sociedade e em todas as idades, cada um sabe situar-se em relação ao verdadeiro estado de coisas. É por isso que os esforços feitos para fantasiar o Espiritismo não dão resultado. O número daqueles que falsas alegações chegam a enganar é muito pequeno, e muitos desses, querendo ver por si mesmos, reconhecem a verdade. Como persuadir uma multidão de que é noite, quando todos podem ver que é dia claro? Essa faculdade de controle prático dada a todos é um dos caracteres especiais do Espiritismo, e é o que constitui a sua força. Já é diferente com as doutrinas puramente teóricas, que podem ser combatidas pelo raciocínio. Mas o Espiritismo é baseado em fatos e observações que incessantemente cada um tem à mão.

Toda a argumentação do senhor bispo de Barcelona assim se resume: As manifestações dos Espíritos são fábulas imaginadas pelos incrédulos para destruir a religião. Só se deve crer no que dizemos, porque somente nós estamos de posse da verdade. Não examineis nada além, receando serdes seduzidos.

"Para prevenir os perigos aos quais poderíeis sucumbir, e tendo em vista a autoridade divina que nos foi dada para vo-los assinalar e deles vos afastar, conforme a faculdade que nos é reconhecida pelo Artigo 3º da última concordata, e de acordo com o que foi previsto pelos sagrados cânones e as leis do reino relativas aos erros que temos assinalado e combatido, condenamos o *Livro dos Espíritos*, traduzido para o espanhol com o título de *Libro de los Espíritus*, por Allan Kardec, como compreendido nos artigos 8º e 9º do catálogo promulgado em virtude da prescrição para esse efeito, pelo concílio de Trento. Nós proibimos a sua leitura a todos os nossos diocesanos, sem exceção, e lhes ordenamos que entreguem a seus curas os respectivos exemplares que poderão cair em suas mãos, para que nos sejam enviados com toda segurança possível.

"Dado em nossa santa visita de Mataro, a 27 de julho de 1864."

PANTALEÓN, *Bispo de Barcelona*

Por ordem de S. E. S. Monsenhor Bispo
Don Lazaro Bauluz, secretário.

A proibição feita pelo bispo de Barcelona a todos os seus diocesanos, sem exceção, de se ocuparem do Espiritismo, é calcada na do bispo de Argel. Duvidamos muito que ela tenha mais sucesso, posto seja na Espanha, porque nesse país as ideias fermentam como alhures, mesmo sob o abafador, e talvez por causa do abafador, que as mantém como em estufa quente. O auto-de-fé de Barcelona apressou o seu desabrochar. O efeito visado por essa solenidade aparentemente não correspondeu à expectativa, pois não o repetiram, entretanto, a execução que não mais ousam fazer de público, querem fazê-la em particular. Convidando os seus administrados a lhe remeter todos os livros espíritas que lhes caírem às mãos, Monsenhor Pantaleón certamente não tem em vista colecioná-los. Ele lhes proíbe de evocar os Espíritos, o que é um direito seu, mas em sua ordenação esqueceu uma coisa essencial: proibir que os Espíritos entrem na Espanha.

Ele se admira que o Espiritismo crie raízes tão facilmente no século dezenove. Devem admirar-se ainda mais de ver neste século a ressurreição de usos e costumes da Idade Média. E, o que é mais surpreendente ainda, é que se encontrem pessoas, aliás instruídas, que compreendam tão pouco a natureza e a força da ideia, para crer que se lhe possa barrar o caminho, como se barra um volume de mercadorias na fronteira.

Vós vos lamentais, monsenhor, de que os incrédulos e os

indiferentes fiquem surdos à voz dos pastores da Igreja, ao passo que escutam a do Espiritismo. É que eles são mais tocados pelas palavras de caridade, de encorajamento e de consolação do que pelos anátemas. Creem reconduzi-los por imprecações, como as pronunciadas ultimamente pelo cura de Villemayor-de-Ladre contra um pobre mestre-escola que tinha cometido o erro de desagradá-lo? Eis esta fórmula canônica publicada pela *Correspondência* de Madrid, de junho de 1864, junto à qual a famosa imprecação de Camille é quase doçura. O poeta pôde pô-la na boca de uma pagã; não ousou pô-la na de uma cristã.

"Maldito seja Auguste Vincent; malditas sejam as roupas que o cobrem, a terra em que ele pisa, a cama onde ele dorme e a mesa em que ele come; malditos sejam o pão e todos os outros alimentos de que ele se nutre, a fonte onde ele bebe e todos os líquidos que ele toma.

"Que a terra se abra e ele seja enterrado nesse momento; que Lúcifer esteja à sua direita. Ninguém possa falar com ele, sob pena de serem todos excomungados, só por lhe dizerem adeus; malditos sejam também seus campos, sobre os quais não cairá mais água, para que nada lhe produzam; maldita seja a égua que ele monta, a casa em que ele mora e as propriedades que ele possui.

"Malditos sejam também seus pais, filhos que ele tem ou que terá, que serão em pequeno número e malvados; estes irão mendigar e ninguém lhes dará esmola, e se lhes derem, que não a possam comer. Ainda mais, que sua mulher, neste instante, fique viúva, e seus filhos órfãos e sem pai."

É realmente num templo cristão que ressoaram essas horríveis palavras? É de fato um ministro do Evangelho, um representante de Jesus Cristo que as pronunciou? Quem, por uma injúria pessoal, vota um homem à execração de seus semelhantes, à danação eterna e a todas as misérias da vida, ele, seu pai, sua mãe, seus filhos presentes e futuros, e tudo o que lhe pertence? Jesus jamais usou de semelhante linguagem, ele que orava por seus carrascos e que disse: "Perdoai aos vossos inimigos"; que diariamente nos faz repetir, na Oração dominical: "Senhor, perdoai nossas ofensas, como nós perdoamos aos que nos ofenderam." Quando ele pronuncia a maldição contra os escribas e fariseus, chama sobre eles a cólera de Deus? Não. Ele lhes prediz as desgraças que os atingem.

E vós vos admirais, monsenhor, dos progressos da incredulidade! Admirai-vos de preferência que no século dezenove a religião do Cristo seja tão mal compreendida pelos que são encarregados de ensiná-la. Não fiqueis, pois, surpreendido se Deus envia seus bons Espíritos para lembrar o sentido verdadeiro de sua lei. Eles não vêm para destruir o Cristianismo, mas para libertá-lo das falsas interpretações e dos abusos que nele introduziram os homens.

INSTRUÇÕES DOS ESPÍRITOS

OS ESPÍRITOS NA ESPANHA (BARCELONA, 13 DE JUNHO DE 1864 – MÉDIUM: SRA. J...)

Venho a vós para que tenhais a bondade de me recomendar a Deus em vossas preces, porque sofro e desejo que as caridosas almas encarnadas tenham compaixão de um pobre Espírito que pede perdão a Deus. Vivi muito tempo no mal, mas hoje venho dizer aos Espíritos que o fazem: Cessai, almas impuras em vossas iniquidades, cessai de ser incrédulos e de levar uma vida errante tal qual a vossa; cessai, portanto, de fazer o mal, porque Deus diz aos seus bons Espíritos: "Ide e purificai essas almas perversas que jamais conheceram o bem; é preciso que cesse o mal, porque estão próximos os tempos em que a Terra deve ser melhorada. Para que ela seja melhor, é necessário que as almas maculadas que diariamente vêm povoá-la se purifiquem, a fim de habitarem novamente a Terra, porém boas e caridosas."

É o que Deus disse a seus bons Espíritos. E eu, que era um dos mais cruéis na obsessão, hoje venho dizer aos que fazem o que eu fazia: Almas transviadas, segui-me; pedi perdão a Deus e a essas almas puras que vos estendem a mão; implorai, e Deus vos perdoará; mas perdoai também vós, e arrependei-vos.

O perdão é tão suave! Ah! Se o conhecêsseis, não demoraríeis um instante em vos retirardes do pântano do mal onde vos atolais, e voaríeis imediatamente para os braços dos anjos que estão junto de vós. Cessai, cessai, irmãos, eu vos peço; cessai e segui-me; arrependei-vos.

Meus amigos, – permiti que vos dê este nome, ainda que não me conheçais, – sou um desses Espíritos que tudo fizeram, menos o bem; mas a cada pecado, misericórdia, e visto que Deus me concede perdão e que os anjos quiseram chamar-me irmão, espero que vós, que praticais a caridade, oreis por mim, porque tenho provas muito duras a passar. Mas elas são merecidas.

– Faz muito tempo que tomastes o caminho do bem?

– Não, meus amigos, faz pouco tempo, pois sou o Espírito obsessor da menina de Marmande; sou Júlio, e venho às almas caridosas para lhes pedir que orem por mim e para dizer aos meus antigos companheiros: "Parai! Não façais mais o mal, porque Deus perdoa aos pecadores arrependidos. Arrependei-vos e sereis absolvidos. Venho trazer-vos as palavras de paz. Recebei do anjo aqui presente o santo batismo, como eu o recebi.

Caros amigos, eu vos deixo, recomendando não me esqueçais em vossas preces.

Adeus.

JÚLIO

Tendo perguntado ao Espírito se o da Pequena Cárita, sua protetora, o acompanhava, ele respondeu afirmativamente. Pedimos a esse bom Espírito algumas palavras relativamente às obsessões que há tanto tempo combatemos. Eis o que ele disse:

"Meus amigos, as obsessões, que constituem o tormento dessas pobres almas encarnadas, são muito dolorosas, sobretudo para os médiuns que desejam servir-se de suas faculdades para fazer o bem e não podem, porque Espíritos malévolos se abateram sobre eles e não lhes deixam tranquilidade; mas é necessário esperar que essas obsessões cheguem a seu fim. Orai muito, pedi a Deus, a própria bondade, que ele se digne abreviar vossos sofrimentos e provações. Almas queridas, evocai esses Espíritos transviados; orai por eles; moralizai-os;

pedi conselhos aos bons Espíritos. Vós estais bem rodeados. Não tendes perto de vós diversas dessas almas etéreas que velam por vós e vos protegem; que procuram fazer-vos progredir, para que chegueis perto de Deus? Nisto está a sua tarefa. Elas trabalham incessantemente para vos preparar o caminho que jamais acaba. Se não estais libertos, meus caros amigos, sem dúvida é porque ainda não estais bastante purificados para a tarefa que vos impusestes. Escolhestes livremente a vossa provação e deveis esforçar-vos por levá-la a bom termo, porque os Espíritos vos guiam e vos sustentam para ajudar-vos a terminar a vida terrena santamente, depurando-vos pela expiação, pelo sofrimento e pela caridade.

"Adeus, caros amigos. Deixo-vos, pedindo a Deus por vós e por esses pobres obsedados, e lhe peço que sejais sempre protegidos pelos Espíritos purificados do vosso grupo. (Vide a *Revista* de fevereiro, março e junho de 1864: Cura da jovem obsedada de Marmande).

PEQUENA CÁRITA."

Eis dois Espíritos que violaram a ordem e transpuseram os Pirineus sem permissão, sem levar em conta a ordenação do Monsenhor Pantaleón e, o que é pior, sem terem sido chamados ou evocados. É verdade que a ordenação ainda não tinha aparecido. Agora veremos se eles serão menos ousados. Poder-se-ia dizer que se nessa reunião não os chamaram, estavam habituados a chamar outros e que, encontrando a porta aberta, eles aproveitaram para entrar, mas não tardarão, se isto já não aconteceu, a vê-los se introduzirem, lá, como alhures, como em Poitiers, por exemplo, entre pessoas que jamais ouviram falar de Espiritismo, e mesmo entre os que, escrupulosos observadores da ordenação, lhes fecharão a entrada de suas casas, malgrado os aguazis.

Considerando-se que os Espíritos aqui referidos se permitiram essa afronta, perguntaremos ao Sr. Bispo o que há de ridículo nesse fato, e onde está o *cinismo imundo* que, em sua opinião, é fruto do Espiritismo: Uma jovem de Marmande, que nem ela nem os pais pensavam nos Espíritos, que talvez nem neles acreditassem, é atingida, há aproximadamente um ano, por uma doença terrível, bizarra, ante a qual falha a Ciência. Alguns espíritas pensam reconhecer nesse fato a ação de um Espírito mau. Eles tentam a sua cura sem medicamentos, pela prece e pela evocação desse mau Espírito, e em cinco dias, não só lhe devolvem a saúde, mas conduzem o mau Espírito ao bem. Onde está o mal? Onde está o absurdo? Depois, esse mesmo Espírito vem a Barcelona, sem que o chamem, pedir preces de que necessita para completar sua purificação. Ele se coloca como exemplo e concita seus antigos companheiros a renunciarem ao mal. O bom Espírito que o acompanha prega a moral evangélica. Que há nisso de ridículo e de imundo? O que é ridículo, dizeis vós, é acreditar na manifestação dos Espíritos. Mas, que são esses dois seres que acabam de se comunicar? Um efeito da imaginação? Não, pois não pensavam neles, nem no fato de que acabam de falar. Quando tiverdes morrido, Monsenhor, vereis as coisas de outro modo, e nós rogamos a Deus que vos esclareça, como fez com o vosso predecessor, hoje um dos protetores do Espiritismo em Barcelona.

Entre as comunicações por ele dadas na Sociedade Espírita de Paris, eis a primeira, já publicada nesta Revista. Nada obstante, reproduzimo-la para edificação dos que não a conhecem. (Vide a Revista de agosto de 1862: Morte do bispo de Barcelona, e, quanto aos detalhes do auto-de-fé, os números de novembro e dezembro de 1861).

"Ajudado por vosso chefe espiritual (São Luís) pude vir ensinar-vos por meu exemplo e vos dizer: Não repilais nenhuma das ideias anunciadas, porque um dia, dia que durará e pesará como um século, essas ideias amontoadas gritarão como a voz do anjo: Caim, que fizeste de teu irmão? Que fizeste do nosso poder, que deveria consolar e elevar a Humanidade? O homem que voluntariamente vive cego e surdo de espírito, como outros o são de corpo, sofrerá, expiará e renascerá para recomeçar o labor intelectual que sua preguiça e seu orgulho lhe fizeram evitar. Essa voz terrível me disse: Tu queimaste as ideias e as ideias te queimarão. Orai por mim. Orai, porque é agradável a Deus a prece que lhe dirige o perseguido pelo perseguidor.

"Aquele que foi bispo e não é mais que um penitente."

Os Espíritos não param em Barcelona, Madrid, Cadiz, Sevilha, Múrcia e muitas outras cidades recebem suas comunicações, às quais o auto-de-fé imprimiu um novo impulso, aumentando o número de adeptos. Sem ter o dom profético, podemos dizer com certeza que meio século não passará sem que toda a Espanha seja espírita.

MÚRCIA, ESPANHA, 28 DE JUNHO DE 1864

Pergunta a um Espírito protetor. – Poderíeis falar do estado das almas encarnadas em mundos superiores ao nosso?

Resposta. – Tomo, em comparação com o vosso, um mundo sensivelmente mais adiantado, onde a crença em Deus, na imortalidade da alma, na sucessão das existências para chegar à perfeição são tantas verdades reconhecidas e compreendidas por todos, e onde a comunicação dos seres corpóreos com o mundo oculto é, por isso mesmo, muito fácil. Os seres ali são menos materiais que em vossa Terra e não estão sujeitos a todas as necessidades que vos pesam. Eles formam a transição entre os corpóreos e os incorpóreos. Lá não há barreiras separando povos, nem guerras; todos vivem em paz, praticando entre si a caridade e a verdadeira fraternidade; as leis humanas ali são inúteis; cada um leva consigo a consciência, que é seu tribunal. Ali o mal é raro, e até mesmo esse mal seria quase o bem, para vós. Em relação a vós eles seriam perfeitos, mas ainda estão longe da perfeição de Deus; ainda lhes são necessárias várias encarnações em diversas terras para completarem a purificação. Aquele que na Terra vos parece perfeito seria considerado como um revoltado e um criminoso no mundo de que vos falo. Vossos maiores sábios ali seriam os últimos ignorantes.

Nos mundos superiores, as produções da Natureza nada têm em comum com as do vosso globo. Tudo ali é apropriado à organização menos material dos habitantes. Não é pelo suor do rosto e pelo trabalho material que tiram o alimento. O solo produz naturalmente o que lhes é necessário. Contudo, eles não estão inativos, mas suas ocupações são muito diferentes das vossas. Não tendo que prover às necessidades do corpo, eles proveem à do Espírito; compreendendo cada um por que foi criado, está positivamente seguro de seu futuro e trabalha sem desânimo o seu próprio melhoramento e a purificação de sua alma.

A morte ali é considerada um benefício. O dia em que uma alma deixa o seu envoltório é um dia feliz. Sabe-se para onde se vai. Passa-se primeiro, para ir mais longe esperar os pais, os amigos e os Espíritos simpáticos que foram deixados para trás.

Terra de paz, morada feliz, onde as vicissitudes da vida material são desconhecidas, onde a tranquilidade da alma não é perturbada pela ambição nem pela sede de riquezas, onde são felizes os que a habitam! Eles atingem o objetivo perseguido há tantos séculos; eles veem, eles sabem, eles compreendem; eles se alegram em pensar no futuro que os espera, e trabalham com mais ardor para chegarem mais prontamente.

UM ESPÍRITO PROTETOR

Esta comunicação nada oferece que já não tenha sido dito sobre os mundos adiantados, mas não é menos interessante ver a concordância que se estabelece no ensino dos Espíritos nos diversos pontos do globo. Com tais elementos, como não haveria unidade de doutrina?

Até agora, estando estabelecidos os pontos fundamentais da doutrina, os Espíritos têm poucas coisas novas a dizer. Eles não podem muito mais que repetir em outros termos, desenvolver e comentar os mesmos assuntos, o que estabelece uma certa uniformidade em seu ensino. Antes de abordar novas questões, eles deixam às que estão resolvidas o tempo de se identificarem com o pensamento. Mas, à medida que o momento é propício para avançar um passo, vemo-los abordarem novos assuntos que, mais cedo, teriam sido prematuros.

CONVERSAS DE ALÉM-TÚMULO

UM ESPÍRITO QUE SE JULGA MÉDIUM

A Sra. Gaspard, amiga da Sra. Delanne, era uma fervorosa espírita; seu pesar era não ser médium; ela teria desejado sobretudo ser médium vidente. Há muito tempo ela sofria muito de um aneurisma. A 2 de julho último, à noite, a ruptura desse aneurisma a levou a morte súbita. A Sra. Delanne ainda não tinha sido avisada do evento quando, de dia, ouviu pancadas em diversas parte do quarto; a princípio não prestou grande atenção, mas a persistência dos golpes a fizeram pensar que algum Espírito queria comunicar-se. Como ela é muito boa médium, tomou do lápis e escreveu o seguinte:

"Oh! Boa Sra. Delanne, como me fizestes esperar! Acorri para vos contar sobre minha nova faculdade: sou médium vidente. Vi meu caro Emílio, minhas crianças, todos, minha mãe, a mãe do Sr. Gaspard. Oh! Como ele vai sentir-se feliz quando souber! Obrigado, meu Deus por tão grande favor!

P. – Sois vós mesma, Sra. Gaspard, que me falais agora?

R. – Como! Não me vedes? Estou há muito junto de vós. Estava impaciente porque não me respondíeis. Vamos! Vós vireis, não? Agora é a vossa vez. E depois, isto vos fará bem. Iremos passear, agora que estou bem. Oh! Como a gente se sente feliz ao rever aqueles a quem amamos! Contudo, foi o que me curou. Como o bom Deus é bom, e como cumpre suas promessas, quando se é fiel aos seus mandamentos! – Hein! Meu Emílio! E dizer que meu pobre pai ainda vai me dizer que estou louca! Isto não tem importância, mesmo assim lho direi. – Vamos, partiremos? É preciso levar vossa mãe, isto lhe fará bem. Pobre mulher! Ela tem um ar tão bom!

P. – Vejamos, boa Sra. Gaspard, nós vamos partir, eu vos sigo. Vamos mesmo à vossa casa em Châtillon? Dizei-me o que vedes, ou melhor, o que acontece aí neste momento.

R. – Coisas singulares!

A estas palavras o Espírito se vai e a Sra. Delanne nada mais obtém.

Para a compreensão desta última parte da comunicação, diremos que, há algum tempo, um passeio ao campo, em Châtillon, havia sido planejado pelas duas senhoras. Surpreendida por uma morte súbita, a Sra. Gaspard não se dá conta de sua situação e ainda se julga viva. Como ela vê os Espíritos daqueles que lhe são caros, julga haver-se tornado médium vidente. É uma particularidade notável da transição da vida corpórea à espiritual. Além disso, a Sra. Gaspard, achando-se livre do sofrimento, crê-se curada e vem renovar seu convite à Sra. Delanne. Contudo, nela as ideias são confusas, pois vem avisar dando pancadas perto dela, sem compreender que não seria reconhecida deste modo se estivesse viva.

A Sra. Delanne compreende logo a singularidade da situação, mas, não querendo confundi-la, a convida a observar o que se passa em Châtillon. Sem dúvida o Espírito para ali se transporta e é chamado à realidade por uma circunstância imprevista, porquanto ela escreve: "Coisas singulares!" e interrompe sua comunicação.

Aliás, a ilusão não teve longa duração. A partir do dia seguinte, a Sra. Gaspard estava completamente desprendida e ditou uma excelente comunicação, dirigida a seu marido e a seus amigos, felicitando-se por haver conhecido o Espiritismo, que lhe tinha proporcionado uma morte isenta das angústias da separação.

ESTUDOS MORAIS

UMA FAMÍLIA DE MONSTROS

Escrevem de Brunswick para o *Pays*:

"Uma camponesa dos arredores de Lutter acaba de dar à luz uma criança com todas as aparências de um macaco, pois o corpo é quase inteiramente coberto de pelos negros e em tufos, e nem o rosto está isento dessa estranha vegetação.

"Casada há doze anos e, posto que admiravelmente conformada, essa infeliz senhora ainda não deu à luz um só filho que não fosse acometido por enfermidades mais ou menos horríveis.

"Sua filha mais velha, de dez anos, é completamente corcunda, e seu rosto parece copiado, traço por traço, do rosto de Polichinelo. Seu segundo filho é um garoto de sete anos;

ele tem as pernas aleijadas. A terceira, que vai completar cinco anos, é surda-muda e idiota. Enfim a quarta, de dois anos e meio, é completamente cega.

"Qual pode ser a causa desse estranho fenômeno? Eis um ponto que a Ciência deve esclarecer.

"O pai é um homem perfeitamente constituído e tem todas as aparências da mais robusta saúde e nada pode explicar a espécie de fatalidade que pesa sobre sua raça.

(*Moniteur*, 29 de julho de 1864).

"Eis um ponto que a Ciência deve esclarecer", diz o jornal. Há muitos outros fatos ante os quais a Ciência fica impotente, sem contar os de Morzine e de Poitiers. A razão disto é muito simples. É que ela se obstina em não procurar as causas senão na matéria, e não leva em conta senão as leis que ela conhece.

A respeito de certos fenômenos, ela está na posição em que se encontraria se não tivesse saído da física de Aristóteles; se tivesse desconhecido a lei da gravitação ou a da eletricidade; onde se achou a religião, enquanto desconheceu a lei do movimento dos astros; onde estão ainda hoje os que desconhecem a lei geológica da formação do globo.

Duas forças partilham o mundo: o espírito e a matéria. O espírito tem suas leis, como a matéria tem as dela. Ora, reagindo essas duas forças incessantemente uma sobre a outra, disso resulta que certos fenômenos materiais têm como causa a ação do espírito e que umas não podem ser perfeitamente compreendidas se as outras não forem levadas em conta. Fora das leis tangíveis, portanto, há uma outra que desempenha no mundo um papel capital, é a das relações entre os mundos visível e invisível. Quando a Ciência reconhecer a existência dessa lei, aí encontrará a solução de uma infinidade de problemas contra os quais se choca inutilmente.

As monstruosidades, como todas as enfermidades congênitas, sem dúvida têm uma causa fisiológica, que é da alçada da Ciência material. Mas, supondo que esta venha a surpreender o segredo desses desvios da Natureza, restará sempre o problema da causa primeira e a conciliação do fato com a justiça divina. Se a Ciência disser que isto não é de sua alçada, o mesmo não poderá dizer a religião. Quando a Ciência demonstra a existência de um fato, incumbe à religião o dever de aí procurar a prova da soberana sabedoria. Jamais sondou ela, do ponto de vista da divina equidade, o mistério dessas existências anormais? Dessas fatalidades que parecem perseguir certas famílias, sem causas atuais conhecidas? Não, porque ela sente sua própria impotência e se apavora com essas questões terríveis para seus dogmas absolutos. Até hoje haviam aceito o fato sem ir mais longe, mas hoje pensam, refletem, querem saber; interrogam a Ciência, que procura nas fibras e fica muda; interrogam a religião, que responde: Mistério impenetrável!

Pois bem! O Espiritismo vem rasgar esse mistério e dele fazer sair a deslumbrante justiça de Deus. Ele prova que essas almas deserdadas desde o nascimento neste mundo já viveram e que elas expiam, em corpos disformes, suas faltas passadas. Demonstra a observação, e a razão o diz, porque não se poderia admitir que sejam castigadas ao sair das mãos do Criador, quando ainda nada fizeram.

Tudo bem, dirão, para o ser que nasce assim. Mas, os pais? Mas essa mãe que dá à luz apenas seres desgraçados; que é privada da alegria de ter um só filho que lhe faça honra e que ela possa mostrar com orgulho? A isso responde o Espiritismo: Justiça de Deus, expiação, provação para sua ternura materna, porque é uma provação, e bem grande, só ver em torno de si pequenos monstros em vez de crianças graciosas. E ele acrescenta: Não há uma única infração das leis de Deus que mais cedo ou mais tarde não tenha suas funestas consequências, na Terra ou no mundo dos Espíritos, nesta vida ou na seguinte. Pela mesma razão, não há uma só vicissitude da vida que não seja consequência e punição de uma falta passada, e assim será para cada um, enquanto não se tiver arrependido, enquanto não houver expiado e reparado o mal que ele fez. Ele volta à Terra para expiar e reparar. Cabe a ele melhorar-se bastante aqui embaixo para não mais voltar *como condenado*. Muitas vezes Deus se serve daquele que é punido para punir outros. É assim que os Espíritos dessas crianças, devendo, como punição, encarnar-se em corpos disformes, são, independentemente de sua vontade, instrumentos de expiação para a mãe que os deu à luz. Essa justiça distributiva, proporcional à duração do mal, vale bem a das penas eternas, irremissíveis, que encerram para sempre a via do arrependimento e da reparação.

O fato acima foi lido na Sociedade Espírita de Paris, como assunto de estudo filosófico, e um Espírito deu a seguinte explicação:

(SOCIEDADE DE PARIS, 29 DE JULHO DE 1864)

Se pudésseis ver os dispositivos ocultos que movem vosso mundo, compreenderíeis como tudo se encadeia, desde as menores coisas às maiores; compreenderíeis, sobretudo, a ligação íntima existente entre o mundo físico e o mundo moral, essa grande lei da Natureza; veríeis a multidão de inteligências que presidem a todos os fatos e os utilizam para que sirvam à realização dos desígnios do Criador. Suponde-vos um instante ante uma colmeia cujas abelhas fossem invisíveis. O trabalho que veríeis realizar-se diariamente vos causaria admiração, e talvez exclamásseis: Singular efeito do acaso! Pois bem! Realmente estais em presença de um atelier imenso, conduzido por inumeráveis legiões de operários para vós invisíveis, dos quais uns são trabalhadores manuais, que obedecem e executam, ao passo que outros comandam e dirigem, cada um na sua esfera de atividade proporcional a seu desenvolvimento e a seu adiantamento e, assim, de degrau em degrau, até a vontade suprema, que tudo impulsiona.

Assim se explica a ação da Divindade nos mais ínfimos detalhes. Como os soberanos temporais, Deus tem os ministros, e esses têm seus agentes subalternos, engrenagens secundárias do grande governo do Universo. Se, num país bem administrado, a última cabana sente os efeitos da sabedoria e da solicitude do chefe de Estado, quanto não deve a infinita sabedora do Altíssimo estender-se aos menores detalhes da criação!

Não creiais, pois, que essa mulher de que acabais de falar seja vítima do acaso ou de uma cega fatalidade. Não. O que lhe acontece tem sua razão de ser, ficai bem convencidos. Ela é castigada no seu orgulho; ela desprezou os fracos e os enfermos; ela foi dura para com os seres infelizes, dos quais desviava os olhos com repugnância, em vez de envolvê-los com um olhar de comiseração; ela envaideceu-se da beleza física de seus filhos, à custa de mães menos favorecidas; ela mostrava-os com orgulho, porque a seus olhos a beleza do corpo valia mais que a da alma; assim, ela neles desenvolveu vícios que lhes retardaram o avanço, em vez de desenvolver as qualidades de coração. Deus permitiu que em sua existência atual ela só tivesse filhos disformes, para que a ternura materna a ajudasse a vencer sua repugnância pelos infelizes. Para ela, portanto, é uma punição e um meio de adiantamento. Entretanto, nessa punição, brilham, ao mesmo tempo, a justiça e a bondade de Deus, que castiga com uma mão e com a outra incessantemente dá ao culpado os meios de se resgatar.

UM ESPÍRITO PROTETOR

VARIEDADES

UM SUICÍDIO FALSAMENTE ATRIBUÍDO AO ESPIRITISMO

O *Moniteur* de 6 de agosto contém o seguinte artigo, que o Siècle reproduziu no dia imediato:

"Ontem, quinta-feira, às duas da tarde, um jovem de apenas dezenove anos, filho de um médico, suicidou-se em sua casa, na *chaussée des Martyrs*, com um tiro de pistola na boca.

"A bala arrebentou-lhe a cabeça e, não obstante, a morte não foi instantânea. Ele conservou a razão por uns instantes, e respondendo às perguntas que lhe faziam, disse que, salvo o pesar que ia causar ao pai, não tinha nenhum remorso pelo que havia feito. Depois foi tomado de delírio e, a despeito dos cuidados de que foi rodeado, morreu ao anoitecer, após uma agonia de cinco horas.

"Diz-se que há algum tempo esse infeliz moço nutria ideias de suicídio e presume-se, *com* ou *sem razão*, que o *estudo do Espiritismo* a que se entregava com ardor, não tenha sido estranho à sua fatal resolução."

Sem dúvida esta notícia fará o giro da imprensa, como antes a dos quatro supostos loucos de Lyon, repetida a cada vez com o acréscimo de um zero, tal a avidez com que os nossos adversários procuram as ocasiões de atacar o Espiritismo. A verdade não tarda a ser conhecida, mas, que importa! Espera-se que de uma boa caluniazinha sempre reste alguma coisa. Sim, dela algo resta: uma mancha sobre os caluniadores. Quanto à doutrina, não se nota que tenha sofrido por isto, pois ela prossegue sua marcha ascendente.

Felicitamos o diretor do *Avenir,* Sr. d'Ambel, por seu cuidado em obter informação sobre a verdadeira causa do acontecimento. Eis o que diz ele a respeito, no número de 11 de agosto de 1864:

"Confessamos que a leitura dessa notícia nos mergulhou na mais profunda estupefação. É impossível não protestar contra a leviandade com que o órgão oficial acolheu semelhante acusação. O *Espiritismo* é completamente estranho ao ato desse moço infeliz. Nós, que somos vizinhos do local do sinistro, sabemos perfeitamente que tal não foi a causa desse espantoso suicídio. É com a maior reserva que devemos indicar a causa verdadeira da catástrofe. Mas, enfim, a verdade é a verdade, e nossa doutrina não pode permanecer sob o golpe de uma tal imputação.

"Há muito esse jovem, que apresentam como entregue com ardor ao estudo de nossa doutrina, tinha fracassado em várias tentativas nos exames de bacharelato. O estudo lhe era tão desagradável quanto a profissão paterna. Em breve ele iria submeter-se a novo exame, e foi em consequência de uma viva discussão com seu pai que, temendo ser reprovado mais uma vez, tomou a fatal decisão e a executou.

"Acrescentemos que se realmente tivesse conhecido o *Espiritismo*, nossa doutrina tê-lo-ia detido na rampa fatal, mostrando-lhe todo o horror que nos inspira o suicídio e todas as consequências terríveis que tal crime arrasta consigo. (Vide o *Livro dos Espíritos*, itens 943 a 957."

NOTÍCIAS BIBLIOGRÁFICAS

A PLURALIDADE DOS MUNDOS HABITADOS PELO SR. CAMILLE FLAMMARION

Nossos leitores se lembram de uma brochura, sob o mesmo título, publicada pelo Sr. Flammarion, da qual demos notícia, com o merecido elogio, na *Revista Espírita* de janeiro de 1863. O sucesso do opúsculo levou o autor a desenvolver a mesma tese em obra mais completa, na qual a questão é tratada em todos os desenvolvimentos que comporta, do ponto de vista da Astronomia, da Física e da Filosofia natural.

Nessa obra é feita abstração do Espiritismo, do qual não se fala, e, por isto mesmo, tanto ele se dirige aos incrédulos quanto aos crentes. Mas, como a teoria da pluralidade dos mundos habitados se liga intimamente à Doutrina Espírita, é muito importante vê-la consagrada pela Ciência e pela Filosofia. Sob tal aspecto, a notável obra de ciência tem seu lugar garantido na biblioteca dos espíritas.

É sob o mesmo ponto de vista, a saber, fora da revelação dos Espíritos, que será tratada a importante questão da *pluralidade das existências*, numa obra ora no prelo, editada pelos senhores Didier & Cia. O nome do autor, conhecido no mundo científico, é uma garantia de que o seu livro estará à altura do assunto.

A VOZ DE ALÉM-TÚMULO

JORNAL DO ESPIRITISMO, PUBLICADO EM BORDÉUS, SOB A DIREÇÃO DO SR. AUG. BEZ

Eis a quarta publicação periódica espírita que aparece em Bordéus, e que temos a satisfação de incluir nas reflexões que fizemos em nosso último número sobre as publicações do mesmo gênero. De longa data conhecemos o Sr. Bez como um dos firmes sustentáculos da causa. Sua bandeira é a mesma que a nossa e temos fé em sua prudência e moderação. É, pois, um órgão a mais, que vem juntar sua voz às que defendem os verdadeiros princípios da doutrina. Que seja bem-vindo!

Informam-nos que em breve Marselha também terá seu jornal espírita.

A multiplicação desses jornais especiais sugeriu-nos importantes reflexões em seu interesse, que a falta de espaço nos obriga a adiar para um próximo número.

ALLAN KARDEC

REVISTA ESPÍRITA

JORNAL DE ESTUDOS PSICOLÓGICOS

ANO VII	OUTUBRO DE 1864	VOL. 10

O SEXTO SENTIDO E A VISÃO ESPIRITUAL

ENSAIOS TEÓRICOS SOBRE OS ESPELHOS MÁGICOS

O nome de *espelhos mágicos* é dado a objetos de reflexos geralmente brilhantes, tais como o gelo, placas metálicas, garrafas, vidros etc., nos quais certas pessoas veem imagens que lhes retratam acontecimentos afastados, passados, presentes e às vezes futuros, e as põem em condições de responder às perguntas que lhes são dirigidas. O fenômeno não é extremamente raro. Os espíritos fortes os taxam de crença supersticiosa, efeito da imaginação, charlatanice, como tudo o que não podem explicar pelas leis naturais conhecidas. O mesmo se dá, segundo eles, com todos os efeitos sonambúlicos e mediúnicos. No entanto, se o fato existe, sua opinião não poderia prevalecer contra a realidade, e estamos fortemente propensos a admitir a existência de uma nova lei, ainda não observada.

Até agora não nos estendemos sobre este assunto, malgrado os numerosos fatos que nos foram relatados, porque temos por princípio não afirmar senão aquilo que compreendemos, tendo por princípio dizer, tanto quanto possível, o como e o porquê das coisas, isto é, juntar ao relato uma explicação racional. Mencionamos o fato com o testemunho de pessoas sérias e respeitáveis, mas, admitindo a possibilidade do fenômeno, e mesmo a sua realidade, ainda não tínhamos visto com bastante clareza a que lei ele podia ligar-se para estarmos em condições de lhe dar uma solução. Por isso nos abstivemos. Os relatos que tínhamos à vista, aliás, poderiam estar carregados de exagero; eram necessários, sobretudo, certos detalhes de observação, os únicos que podem ajudar a fixar as ideias.

Agora que vimos, observamos e estudamos, podemos falar com conhecimento de causa.

De início relatemos sumariamente os fatos que testemunhamos. Não pretendemos convencer os incrédulos; queremos apenas tentar esclarecer um ponto ainda obscuro da Ciência Espírita.

Durante a excursão espírita que fizemos este ano, tendo ido passar alguns dias em casa do Sr. W..., membro da Sociedade Espírita de Paris, no cantão de Berne, na Suíça, este último nos falou de um camponês das cercanias, torneiro de profissão, que goza da faculdade de descobrir fontes e de ver num copo as respostas às perguntas que lhe dirigem. Para a descoberta das fontes, ele às vezes se transporta aos lugares e se serve da bagueta utilizada em semelhantes casos; outras vezes, sem se deslocar, serve-se de seu copo e dá as indicações necessárias. Eis um notável exemplo de sua lucidez.

Na propriedade do Sr. de W... havia um conduto de águas muito longo, mas, por força de certas causas locais, acharam preferível que a tomada d'água fosse mais próxima. A fim de, se possível, poupar escavações inúteis, o Sr. de W... recorreu ao descobridor de fontes. Este, sem deixar o seu quarto, lhe disse, olhando em seu copo: "No percurso dos tubos existe outra fonte; está a tantos pés de profundidade, abaixo do décimo quarto tubo, a partir de tal ponto." A coisa foi encontrada tal qual ele havia indicado. A ocasião era muito favorável para deixar de aproveitá-la, no interesse de nossa instrução. Então fomos à casa desse homem, com o Sr. e a Sra. de W... e duas outras pessoas. Não deixam de ser úteis algumas informações sobre essa pessoa.

É um homem de sessenta e quatro anos, bem alto, esguio, de boa saúde, posto que debilitado e andando com dificuldade. É protestante, muito religioso e lê habitualmente a Bíblia e livros de preces. Sua enfermidade, como consequência de uma doença, data da idade de trinta anos. Nessa época é que a faculdade se lhe revelou. Ele diz que foi Deus que lhe quis dar uma compensação. Seu rosto é expressivo e alegre, o olho vivo, inteligente e penetrante. Ele só fala o dialeto alemão da região e não entende uma palavra de francês. É casado e pai de família; vive do produto de alguns lotes de terra e de seu trabalho pessoal, de sorte que, sem estar numa posição fácil, não passa necessidades.

Quando desconhecidos vão à sua casa para consulta, seu primeiro movimento é de desconfiança. Ele sonda de certo modo as suas intenções e, por pouco desfavorável que seja essa impressão, responde que só se ocupa de fontes e recusa qualquer experiência com seu copo. Sobretudo recusa-se a responder às perguntas que poderiam visar a cupidez, como a busca de tesouros, as especulações aventurosas, ou a realização de algum desígnio mau, numa palavra, a todas as que poderiam ferir a lealdade e a delicadeza. Ele diz que se se ocupasse dessas coisas, Deus lhe retiraria a faculdade. Quando alguém lhe é apresentado por pessoa conhecida, e se essa pessoa lhe é simpática, sua fisionomia torna-se aberta e benevolente. Se o motivo pelo qual o interrogam for sério e útil, ele se interessa e se compraz nas pesquisas. Se as perguntas forem fúteis e de pura curiosidade, se se dirigem a ele como a um ledor da sorte, não responde.

Graças à presença e à recomendação do Sr. de W..., tivemos bastante sorte de estar em boas condições em sua presença e só tivemos que nos felicitar por sua cordial acolhida e sua boa vontade.

Esse homem é da mais completa ignorância no que concerne ao Espiritismo; ele não tem a menor ideia dos médiuns, nem das evocações ou da intervenção dos Espíritos, nem da ação fluídica. Para ele, sua faculdade está nos nervos, numa força que ele não compreende, nem jamais procurou compreender porque, quando quisemos fazer com que ele dissesse de que maneira via em seu copo, pareceu-nos que era a primeira vez que sua atenção era chamada para tal ponto. Ora, era para nós uma coisa essencial; só após algumas perguntas sucessivas é que chegamos a compreender, ou melhor, a desembrulhar o seu pensamento.

Seu copo é um copo comum para beber, mas vazio. É, porém, sempre o mesmo, e que só serve para tal fim. Ele não podia usar outro copo para isso. Na previsão de um acidente, foi-lhe indicado onde podia encontrar outro para substituí-lo. Tendo-o obtido, guarda-o de reserva. Quando o interroga, segura-o no côncavo das mãos e olha dentro dele; se o copo estiver sobre a mesa, ele nada vê. Quando fixa o olhar no fundo, parece que os olhos se velam por um instante, logo tomando seu brilho habitual; então, olhando alternativamente para o copo e para os interlocutores, fala como de costume, dizendo o que vê e respondendo às perguntas de maneira simples, natural e sem ênfase. Em suas experiências ele não faz qualquer invocação, não emprega nenhum sinal cabalístico, não pronuncia fórmulas nem palavras sacramentais. Quando lhe fazem uma pergunta, diz ele, concentra a atenção e a vontade no assunto proposto, olhando no fundo do copo, onde se formam imediatamente as imagens das pessoas e das coisas relativas ao objeto de que se trata. Quanto às pessoas, descreve-as física e moralmente, como o faria um sonâmbulo lúcido, de maneira a não deixar nenhuma dúvida quanto à sua identidade. Também descreve, com maior ou menor precisão, lugares que não conhece. Isto destrói a ideia de que o que vê é um jogo da sua imaginação. Quando ele disse ao Sr. de W... que a fonte estava a tantos pés abaixo do décimo quarto tubo, certamente não podia obter a informação de seu próprio cérebro. Para se tornar mais inteligível, ele se serve, se necessário, de um pedaço de giz, com o qual traça na mesa pontos, círculos, linhas de vários tamanhos, indicando as pessoas e os lugares de que fala, sua posição relativa etc., de maneira a não ter que mostrá-las quando para ali retorna, dizendo: É este que faz tal coisa ou é em tal ponto que tal coisa se passa.

Um dia uma senhora o interrogava sobre a sorte de uma mocinha roubada por boêmios há mais de quinze anos, sem que jamais tivessem tido notícias suas. Partindo, à maneira dos sonâmbulos, do local onde a coisa se havia dado, ele seguia os traços da menina que dizia ver no copo, e que tinha, segundo ele, seguido pelas bordas de uma grande água, isto é, o mar. Afirmou que ela vivia, descreveu sua situação, sem, contudo, poder precisar o lugar de sua residência porque, disse ele, ainda não havia chegado o momento de ser devolvida à sua mãe; que antes deveriam realizar-se certas coisas que especificou e que então uma circunstância fortuita faria com que a mãe reconhecesse sua filha. A fim de melhor precisar a direção a seguir para encontrá-la, ele pediu que de outra vez lhe trouxessem uma carta geográfica. Esse mapa lhe foi mostrado em nossa presença, no dia de nossa visita; mas, como ele não tem qualquer noção de geografia, foi preciso explicar-lhe o que representava o mar, os rios, as cidades, as estradas e as montanhas. Então, pondo o dedo sobre o ponto de partida, ele indicou o caminho que levava ao lugar em questão. Posto se tivesse passado algum tempo depois da primeira consulta, ele se recordou perfeitamente de tudo quanto havia dito e foi o primeiro a falar da menina, antes que o interrogassem.

Como o assunto ainda não foi solucionado, nada podemos prejulgar quanto aos resultados de suas previsões. Diremos apenas que, em relação às circunstâncias passadas e conhecidas, ele tinha visto com muita exatidão. Citamos o caso apenas como amostra de sua maneira de ver.

Quanto ao que pessoalmente nos concerne, pudemos igualmente constatar a sua lucidez. Sem pergunta prévia, e mesmo sem que pensássemos no caso, ele nos falou espontaneamente de uma afecção de que sofremos há algum tempo, cujo termo assinalou. E, coisa notável, esse termo é o mesmo assinalado pela sonâmbula Sra. Roger, que tínhamos consultado sobre o assunto, seis meses antes.

Ele não nos conhecia nem de vista nem de nome, e posto que, na sua ignorância, lhe fosse difícil compreender a natureza dos nossos trabalhos, por meio de circunlóquios, imagens e expressão à sua maneira, ele indicou, sem equívocos, o objetivo, as tendências e os resultados inevitáveis. Este último ponto, sobretudo, parecia interessá-lo vivamente, pois repetia incessantemente que a coisa deveria realizar-se, que a isto estávamos destinado desde o nascimento e que nada se lhe poderia opor. Por sua própria iniciativa, falou da pessoa chamada a continuar a obra após a nossa morte, dos obstáculos que certos indivíduos procuravam lançar em nosso caminho, das rivalidades ciumentas e das ambições pessoais; designou de maneira inequívoca aqueles que utilmente nos poderiam secundar e aqueles dos quais devíamos desconfiar, voltando sempre sobre uns e outros com uma espécie de encarniçamento; por fim entrou em detalhes circunstanciados de perfeita justeza, tanto mais notáveis quanto a maioria deles não eram provocados por qualquer pergunta, e que em todos os pontos coincidiam com as revelações feitas muitas vezes por nossos guias espirituais, para o nosso governo.

Este gênero de pesquisas nada tinha a ver com os hábitos e os conhecimentos desse homem, como ele próprio dizia. Várias vezes ele repetiu: "Digo aqui muitas coisas que não diria a outros, porque eles não me compreenderiam, mas ele (designando-nos) me compreende perfeitamente." Com efeito, havia coisas propositadamente ditas em meias palavras, só inteligíveis para nós. Vimos no fato uma marca especial da benevolência dos bons Espíritos, que nos quiseram confirmar, por este meio novo e inesperado, as instruções que nos haviam dado em outras circunstâncias, ao mesmo tempo que para nós era assunto de observação e de estudo.

Assim, constatamos que esse homem é dotado de uma faculdade especial e que ele realmente vê. Vê sempre certo? Aí não está a questão. Basta que tenha visto muitas vezes para constatar a existência do fenômeno. A ninguém na Terra é dada a infalibilidade, pela simples razão que aqui ninguém goza da perfeição absoluta. Como vê ele? Eis o ponto essencial que se não pode deduzir senão pela observação.

Em consequência de sua falta de instrução e dos preconceitos do meio em que sempre viveu, ele está imbuído de certas ideias supersticiosas, que mistura com os seus relatos. Assim, por exemplo, ele acredita de boa-fé na influência dos planetas sobre os destinos dos indivíduos, e na dos dias felizes e nefastos. Conforme o que ele tinha visto de nós, deveríamos ter nascido sob não sabemos que signo; deveríamos abster-nos de empreender coisas importantes em certo dia da lua. Não tentamos dissuadi-lo, o que certamente não teríamos conseguido e só teria servido para perturbá-lo. Mas, pelo fato de ter ele algumas ideias falsas, não há motivo para negar a faculdade que possui. Pelo fato de haver grãos ruins num monte de trigo, não significa que não haja trigo bom; e porque um homem nem sempre vê com justeza, não se segue que nada veja.

Quando mais ou menos se deu conta da finalidade e dos resultados de nossos trabalhos, perguntou muito seriamente e com uma espécie de ansiedade ao ouvido do Sr. de W... se por acaso teríamos encontrado o sexto livro de Moisés. Ora, segundo uma tradição popular em certas localidades, Moisés teria escrito um sexto livro, contendo novas revelações e a explicação de tudo o que há de obscuro nos cinco primeiros. Conforme a mesma tradição, o livro deverá ser descoberto um dia. Se alguma coisa deve dar a chave de todas as alegorias das *Escrituras* é seguramente o Espiritismo, que assim realizaria a ideia ligada ao pretenso sexto livro de Moisés. É muito singular que esse homem haja concebido tal ideia.

Um exame atento dos fatos acima demonstra uma completa analogia entre esta faculdade e o fenômeno designado sob o nome de *segunda vista, dupla vista ou sonambulismo desperto*, e que é descrito no *Livro dos Espíritos*, Cap. VIII: *Emancipação da alma*, e no *Livro dos Médiuns*, Cap. XIV. Ela tem, pois, o seu princípio na propriedade radiante do fluído perispiritual, que permite à alma, em certos casos, perceber as coisas à distância, isto é, na *emancipação da alma*, que é uma lei da Natureza. Não são os olhos que veem, é a alma que, por seus raios, atingindo um ponto dado, exerce sua ação fora e sem o concurso dos órgãos do corpo. Essa faculdade, muito mais comum do que se pensa, apresenta-se com graus de intensidade e aspectos muito diversos, conforme os indivíduos: nuns ela se manifesta pela percepção permanente ou acidental, mais ou menos clara, das coisas afastadas; noutros, pela simples intuição dessas mesmas coisas; noutros, enfim, pela transmissão do pensamento. É notável que muitos a possuam sem suspeitá-lo, e sobretudo sem se darem conta, pois ela é inerente ao seu ser, e lhes parece tão natural como ver pelos olhos; muitas vezes, mesmo, confundem essas duas percepções. Se se lhes pergunta como veem, a maior parte do tempo não sabem explicar melhor do que explicariam o mecanismo da visão ordinária.

O número de pessoas que espontaneamente gozam dessa faculdade é muito considerável, do que resulta que ela independe de um aparelho qualquer. O copo de que esse homem se serve é um acessório que só lhe é útil por hábito, pois constatamos que em várias circunstâncias ele descrevia as coisas sem o olhar. Pelo que nos concerne, notadamente falando de indivíduos, ele os indicava com o seu giz, por sinais característicos de suas qualidades e de sua posição. Era sobretudo acerca desses sinais que ele falava olhando para a sua mesa, sobre a qual ele parecia ver tão bem quanto no copo, que mal olhava. No entanto, para ele, o copo é necessário e eis como isto pode ser explicado.

A imagem que ele observa se forma nos raios do fluido perispiritual que lhe transmitem a sensação. Concentrando sua atenção no fundo de seu copo, para aí dirige ele os raios fluídicos, e muito naturalmente a imagem aí se concentra, como se concentraria sobre um objeto qualquer: um copo d'água, uma garrafa, uma folha de papel, um mapa ou um ponto vago no espaço. É um meio de fixar o pensamento e de circunscrevê-lo, e estamos convencidos de que quem quer que exerça tal faculdade com auxílio de um objeto material, com um pouco de exercício e com a firme vontade de prescindir dele, veria igualmente bem.

Admitindo-se, contudo, o que ainda não está provado, que o objeto age sobre certas organizações, à maneira de excitantes, de modo a provocar o desprendimento fluídico, e, em consequência, o isolamento do Espírito, há um fato capital adquirido pela experiência: é que não existe nenhuma substância especial que tenha, a tal respeito, uma propriedade exclusiva. O homem em questão só vê num copo vazio, sustido na concha da mão, e não pode ver no primeiro copo que vier, nem em seu copo colocado de outro modo. Se a propriedade fosse inerente à substância e à forma do objeto, por que dois objetos da mesma natureza e da mesma forma não a possuiriam para o mesmo indivíduo? Por que o que tem efeito sobre um não o teria sobre outro? Por que, enfim, tantas pessoas possuem essa faculdade sem auxílio de qualquer aparelho? Como dissemos, é que a faculdade é inerente ao indivíduo e não ao copo. A imagem se forma em si mesmo, ou melhor, nos raios fluídicos que dele emanam. O copo não oferece, por assim dizer, senão o reflexo dessa imagem: é um efeito, e não uma causa. Tal a razão por que nem todos veem no que se convencionou chamar *espelhos mágicos*. Para isto não basta a visão *corporal*, mas é necessário ser dotado da faculdade chamada *dupla vista*, que mais exatamente seria chamada *visão espiritual*. E isto é tão verdadeiro que certas pessoas veem perfeitamente com os olhos fechados.

A *visão espiritual* é, na realidade, o *sexto sentido* ou *sentido espiritual*, de que tanto se falou e que, como os outros sentidos, pode ser mais ou menos obtuso ou sutil. Ele tem como agente o fluído perispiritual, como a visão física tem por agente o fluído luminoso. Assim como a irradiação do fluído luminoso leva a imagem dos objetos à retina, a irradiação do fluido perispiritual traz à alma certas imagens e certas impressões. Esse fluido, como todos os outros, tem seus efeitos próprios, suas propriedades *sui generis*.

Sendo o homem composto de Espírito, perispírito e corpo, durante a vida as percepções e sensações se produzem simultaneamente pelos sentidos orgânicos e pelo *sentido espiritual*; depois da morte, os sentidos orgânicos são destruídos, mas, restando o perispírito, o Espírito continua a perceber pelo *sentido espiritual*, cuja sutileza aumenta em razão do desprendimento da matéria. O homem em quem tal sentido é desenvolvido goza, assim, por antecipação, de uma parte das sensações do Espírito livre. Posto que amortecido pela predominância da matéria, o sentido espiritual não deixa de produzir sobre todas as criaturas uma porção de efeitos reputados maravilhosos, por falta de conhecimento do princípio.

Estando em a Natureza, pois depende da constituição do Espírito, essa faculdade existiu, portanto, em todos os tempos; mas, como todos os efeitos cuja causa é desconhecida, a ignorância o atribuía a causas sobrenaturais. Os que a possuíam em grau eminente e podiam dizer, saber e fazer coisas acima do alcance vulgar, eram acusados de pactuar com o diabo, qualificados de feiticeiros e queimados vivos, ou foram beatificados, como tendo o dom dos milagres, quando, na realidade, tudo se reduzia à aplicação de uma lei natural.

Voltemos aos *espelhos mágicos*. A palavra *magia*, que outrora significava *ciência dos sábios*, pelo abuso que dela fizeram a superstição e o charlatanismo, perdeu seu significado primitivo. Está hoje desacreditada com razão, e cremos difícil reabilitá-la, por estar, desde então, ligada à ideia das operações cabalísticas, dos grimórios, dos talismãs e de uma porção de práticas supersticiosas condenadas pela razão sadia. Declinando de toda solidariedade com essas pretensas ciências, o Espiritismo deve evitar apropriar-se de termos que pudessem falsear a opinião no que lhe concerne. No caso de que se trata, a qualificação de *mágico* é tão imprópria quanto seria a de *feiticeiros* atribuída aos médiuns. A designação desses objetos pelo nome de *espelhos espirituais* nos parece mais exata, porque ela lembra o princípio em virtude do qual se produzem os efeitos. À nomenclatura espírita, portanto, pode-se acrescentar as expressões: *visão espiritual*, *sentido espiritual* e *espelhos espirituais*.

Tendo em vista que a natureza, a forma e a substância desses objetos são indiferentes, compreende-se que indivíduos dotados da *visão espiritual* vejam na borra de café, na clara de ovo, no côncavo das mãos e nas cartas, o que outros veem num copo d'água, e que por vezes digam coisas certas. Para eles, esses objetos e suas combinações não têm qualquer significação; é apenas um meio de fixar a atenção, um pretexto para falar, um suporte, por assim dizer, pois é importante observar que, nesse caso, o indivíduo apenas os olha, no entanto, se não os tivesse diante de si, ele acreditaria faltar-lhe alguma coisa; ficaria desorientado, como o ficaria o nosso homem, se não tivesse o seu copo na mão; teria dificuldade para falar, como certos oradores, que nada sabem dizer se não estiverem em seu lugar habitual, ou se não tiverem na mão um caderno que eles não leem.

Mas se há pessoas sobre as quais esses objetos produzem o efeito dos *espelhos espirituais*, há também uma quantidade muito grande de criaturas que, não tendo outra faculdade senão a de ver pelos olhos e de possuir a linguagem convencional afeta a esses signos, abusam dos outros e de si mesmas; depois a igualmente numerosa dos charlatões, que exploram a credulidade. Somente a superstição pôde consagrar o uso de tais processos, como meio de adivinhação, e de uma porção de outros que não têm mais valor, atribuindo uma virtude às palavras, uma significação aos sinais materiais, às combinações fortuitas, que não têm qualquer ligação necessária com o objeto da pergunta ou do pensamento.

Dizendo que com a ajuda de tais processos certas pessoas por vezes podem dizer verdades, não é, entretanto, para reabilitá-las na opinião, mas para mostrar que as ideias supersticiosas às vezes têm sua origem num princípio verdadeiro, desnaturado pelo abuso e pela ignorância. Dando a conhecer a lei que rege as relações entre o mundo visível e o mundo invisível, o Espiritismo destrói, por isso mesmo, as ideias falsas que se tinham feito a respeito disso, como a lei da eletricidade destruiu, não o raio, mas as superstições engendradas pela ignorância das verdadeiras causas do raio.

Em resumo, a visão espiritual é um dos atributos do Espírito e constitui uma das percepções do sentido espiritual. É, pois, uma lei da Natureza.

Sendo o homem um Espírito encarnado, possui os atributos de Espírito e, consequentemente, as percepções do sentido espiritual.

No estado de vigília, tais percepções geralmente são vagas, difusas e, por vezes, mesmo, insensíveis e inapreciáveis, porque amortecidas pela atividade preponderante dos sentidos materiais. Não obstante, pode-se dizer que toda percepção extracorpórea é devida à ação do sentido espiritual que, nesse caso, supera a resistência da matéria.

No estado de sonambulismo natural ou magnético, de hipnotismo, de catalepsia, de letargia, de êxtase, e até mesmo no sono ordinário, estando os sentidos corporais momentaneamente entorpecidos, o sentido espiritual se desenvolve com mais liberdade.

Toda causa exterior tendente a entorpecer os sentidos corpóreos provoca, por isto mesmo, a expansão e a atividade do sentido espiritual.

As percepções pelo sentido espiritual não estão isentas de erro, pela razão que o Espírito encarnado pode ser mais ou menos adiantado e, consequentemente, mais ou menos apto a julgar as coisas corretamente e a compreendê-las, e porque ele ainda está sob a influência da matéria.

Uma comparação dará melhor a compreender o que se passa nesta circunstância. Na Terra, aquele que tem a melhor visão pode ser enganado pelas aparências. Por muito tempo o homem acreditou no movimento do Sol. Foram-lhe necessárias a experiência e as luzes da Ciência para lhe mostrar que era vítima de uma ilusão. Assim acontece aos Espíritos pouco adiantados, encarnados ou desencarnados; eles ignoram muitas coisas do mundo invisível, como certos homens inteligentes, aliás, ignoram muitas coisas da Terra; a visão espiritual só lhes mostra o que sabem, e não basta para lhes dar os conhecimentos que lhes faltam; daí as aberrações e as excentricidades tão frequentemente notadas nos *videntes* e nos extáticos, sem contar que a sua ignorância os põe, mais que outros, à mercê dos Espíritos enganadores que exploram a sua credulidade e, mais ainda, o seu orgulho. Eis por que seria imprudente aceitar suas revelações sem controle. Não se deve perder de vista que estamos na Terra, num mundo de expiação, onde abundam Espíritos inferiores e onde Espíritos realmente superiores são exceções. Nos mundos adiantados é o contrário que se verifica.

As pessoas dotadas de visão espiritual podem ser consideradas médiuns? Sim e não, conforme as circunstâncias. A mediunidade consiste na intervenção dos Espíritos. O que se faz por si mesmo não é um ato mediúnico. Aquele que possui a visão espiritual vê por seu próprio Espírito e nada implica a necessidade do concurso de um Espírito estranho. Ele não é médium porque vê, mas por suas relações com outros Espíritos. Conforme sua natureza boa ou má, os Espíritos que o assistem podem facilitar ou entravar sua lucidez, fazer-lhe ver coisas justas ou falsas, o que também depende do objetivo a que se propõem e da utilidade que possam apresentar certas revelações. Aqui, como em todos os outros gêneros de mediunidade, as questões fúteis e de curiosidade, as intenções não sérias, os pontos de vista cúpidos e interesseiros, atraem os Espíritos levianos, que se divertem à custa das pessoas muito crédulas e se alegram por mistificá-las. Os Espíritos sérios só intervêm nas coisas sérias, e *o vidente mais bem-dotado pode nada ver se lhe não for permitido responder ao que perguntam, ou ser perturbado por visões ilusórias, a fim de punir os curiosos indiscretos*. Posto possua ele sua própria faculdade, e por mais transcendente que ela seja, ele nem sempre tem a liberdade de usá-la à vontade. Muitas vezes os Espíritos dirigem o seu emprego, e se ele dela abusa, será o primeiro punido pela ingerência dos maus Espíritos.

Resta um ponto importante a esclarecer: o da previsão de acontecimentos futuros. Compreende-se a visão das coisas presentes, a visão retrospectiva do passado, mas como pode a visão espiritual dar a certos indivíduos o conhecimento do que ainda não existe? Para não nos repetirmos, remetemos ao nosso artigo de maio de 1864, sobre a *teoria da presciência*, no qual a questão é tratada de maneira completa. Apenas acrescentamos algumas palavras.

Em princípio, o futuro é oculto ao homem pelos motivos que tantas vezes já foram expostos. Só excepcionalmente ele lhe é revelado, além do mais, ele é mais *pressentido* do que *predito*. Para conhecê-lo, Deus não deu ao homem nenhum meio certo. É, pois, em vão que este emprega, para tanto, toda a imensidão de processos inventados pela superstição, e que o charlatanismo explora em seu proveito. Se entre os ledores da sorte, profissionais ou não, alguns por vezes se encontram dotados da visão espiritual, é de notar que eles veem muito mais vezes no passado e no presente do que no futuro. Por isto seria imprudente confiar-se de maneira absoluta nas predições e com base nelas regular sua conduta.

TRANSMISSÃO DO PENSAMENTO

MEU FANTÁSTICO

Sob este último título, lê-se na *Presse Littéraire* de 15 de março de 1854, o artigo seguinte, assinado por *Émile Deschamps*:

"Se o homem só acreditasse no que compreende, não acreditaria em Deus, nem em si mesmo, nem nos astros que rolam sobre sua cabeça, nem na erva que cresce sob seus pés.

"Milagres, profecias, visões, fantasmas, prognósticos, pressentimentos, coincidências sobrenaturais etc., que pensar de tudo isto? Os espíritos fortes se saem com duas palavras: *mentira ou acaso*. Nada de mais cômodo. As almas supersticiosas se saem bem, ou não se saem. Prefiro mais estas almas que aqueles espíritos. Com efeito, é preciso ter imaginação para que ela seja doente, ao passo que basta ser eleitor e assinante de dois ou três jornais industriais para saber muito sobre isso e crer tão pouco quanto Voltaire. E depois, prefiro a loucura à tolice, a superstição à incredulidade; mas o que prefiro acima de tudo é a verdade, a luz, a razão; busco-as com uma fé viva e um coração sincero; examino todas as coisas e tomo o partido de não tomar partido por coisa alguma.

"Vejamos. Que! O mundo material e visível está cheio de impenetráveis mistérios, de fenômenos inexplicáveis, e não se quereria que o mundo intelectual, que a *vida da alma*, que já é um milagre, também tivesse os seus milagres e os seus mistérios! Por que tal bom pensamento, tal fervorosa prece, tal outro desejo não teriam o poder de produzir ou atrair certos acontecimentos, bênçãos ou catástrofes? Por que não existiriam causas morais, como existem causas físicas, das quais não nos damos conta? E por que os *germes de todas as coisas* não seriam depostos e fecundados *na terra do coração e da alma*, para desabrochar mais tarde, sob a forma palpável de fatos? Ora, quando Deus, em raras circunstâncias, e para alguns de seus filhos, se dignou levantar a ponta do véu eterno e espalhar sobre sua fronte um raio fugidio da chama da presciência, guardemo-nos de gritar que é absurdo e assim blasfemar contra a luz e a própria verdade.

"Eis uma reflexão que tenho feito muitas vezes: Foi dado às aves e a certos animais prever e anunciar a tempestade, as inundações, os terremotos. Diariamente os barômetros nos dizem o tempo que fará amanhã; e o homem não poderia, por um sonho, uma visão, um sinal qualquer da Providência, ser advertido algumas vezes de algum acontecimento futuro que interessa à sua alma, à sua vida, à sua eternidade? Não tem também o Espírito a sua atmosfera, cujas variações possa pressentir? Enfim, seja qual for a miséria do maravilhoso neste século muito positivo, haveria ainda encanto e utilidade em retirá-lo, se todos aqueles que lhe refletem fracos clarões levassem a um foco comum todos esses raios divergentes; se cada um, depois de haver conscientemente interrogado suas recordações, redigisse de boa-fé e depositasse nos arquivos uma ata circunstanciada do que experimentou, do que lhe adveio de sobrenatural e de miraculoso. Talvez um dia se encontrasse alguém que, analisando os sintomas e os acontecimentos, chegasse a recompor, em parte, *uma ciência perdida.* Em todo caso, ele comporia um livro que valeria muitos outros.

"Quanto a mim, sou aparentemente o que se chama um *sujeito*, porque tive de tudo isto em minha vida, aliás tão obscura; e sou o primeiro a depositar aqui o meu tributo, persuadido de que essa visão interior tem sempre uma espécie de interesse. Por menor que seja o maravilhoso que vos dou, leitores, isso passou-se em minha vida real. Desde quando aprendi a ler, tudo o que acontece de sobrenatural eu registro no papel. São memórias de um gênero singular.

"Em fevereiro de 1846, eu viajava pela França. Chegando a uma rica e grande cidade, fui passear na frente dos seus abundantes e belos magazines. Começou a chover; abriguei-me numa elegante galeria; de repente fiquei imóvel; meus olhos não se podiam desviar da figura de uma jovem, sozinha atrás de uma vitrina de joias. A moça era muito bela, mas não era a sua beleza que me atraía. Não sei que interesse misterioso, que laço inexplicável dominava e prendia todo o meu ser. Era uma simpatia súbita e profunda, desligada de qualquer mistura sensual, mas de uma força irresistível, como o *desconhecido* em todas as coisas. Fui empurrado como uma máquina para a loja, por um poder sobrenatural. Comprei alguns pequenos objetos e paguei, dizendo:

"– Obrigado, senhorita *Sara*. A jovem olhou-me com um ar um pouco surpreendido.

"– Admirai-vos, continuei, que um estranho saiba o vosso nome, um dos vossos nomes; mas se quiserdes *pensar atentamente em todos os vossos nomes*, eu os direi sem hesitar. Pensareis?

"– Sim, senhor, respondeu ela, meio risonha, meio trêmula.

"– Pois bem! continuei, *olhando-a fixamente no rosto*, chamais-vos *Sara*, *Adèle, Benjamine N...*

"– Está certo, replicou ela, e depois de alguns segundos de estupor, começou a rir francamente, e *eu vi* que ela pensava que eu tivesse tido informações na vizinhança, o que me divertiu.

"Mas eu, que sabia bem que disso não sabia uma palavra, fiquei chocado com essa adivinhação instantânea.

"No outro dia, e nos seguintes, corri à bela loja. Minha adivinhação se renovava a cada momento. Eu lhe pedia que pensasse em algo, sem mo dizer, e quase que imediatamente lia em sua fronte esse pensamento não verbalizado. Eu lhe pedia que escrevesse com um lápis, algumas palavras que me ocultava e, depois de olhá-la um minuto, eu escrevia as mesmas palavras, na mesma ordem. Eu lia no seu pensamento como num livro aberto, e ela não lia no meu, eis a minha superioridade, mas ela me impunha suas ideias e emoções. Se ela pensasse seriamente num objeto; se ela repetisse intimamente as palavras de um escrito, de súbito eu adivinhava tudo. O mistério estava entre o seu cérebro e o meu, e não entre minhas faculdades de intuição e as coisas materiais. Seja como for, havia-se estabelecido entre nós uma relação tanto mais íntima quanto mais pura.

"Uma noite escutei no ouvido uma voz forte que me gritava: Sara está doente, muito doente! Corri à sua casa; um médico a velava e esperava uma crise. Na véspera, à noite, Sara tinha voltado com febre ardente; o delírio tinha continuado durante toda a noite. O médico chamou-me à parte e me disse que temia muito. Dessa peça eu via em cheio o rosto de Sara, e com minha intuição superando a própria inquietude, eu lhe disse baixinho: Doutor, quer saber de que imagens está povoado o seu sono febril? Neste momento ela se julga na grande Ópera de Paris, onde jamais esteve, e uma dançarina corta, entre outras ervas, uma planta de cicuta e lha atira dizendo: É para ti. O médico julgou-me em delírio. Alguns minutos depois a doente despertou pesadamente, e suas primeiras palavras foram: 'Oh! Como a Ópera é bonita! Mas, por que essa cicuta que me atira aquela bela ninfa?' O médico ficou estupefato. Foi administrada a Sara uma poção em que entrava a cicuta e ela ficou curada nalguns dias."

Os exemplos de transmissão do pensamento são muito frequentes, não talvez de maneira tão característica quanto no fato acima, mas sob formas diversas. Quantos fenômenos assim se passam diariamente aos nossos olhos, que são como os fios condutores da vida espiritual, e aos quais, contudo, a Ciência não se digna conceder a menor atenção! Certamente os que os repelem não são todos materialistas; muitos admitem uma vida espiritual, mas sem relação direta com a vida orgânica. No dia em que essas relações forem reconhecidas como lei fisiológica, ver-se-á realizar-se um imenso progresso, porque só então a Ciência terá a chave de uma porção de efeitos aparentemente misteriosos, que prefere negar, por não poder explicá-los à sua maneira e com os seus meios limitados às leis da matéria bruta.

Ligação íntima entre a vida espiritual e a vida orgânica durante a vida terrena; destruição da vida orgânica e persistência da vida espiritual após a morte; ação do fluido perispiritual sobre o organismo; reação incessante do mundo invisível sobre o mundo visível e reciprocamente, tal é a lei que o Espiritismo vem demonstrar, e que abre à Ciência e ao homem moral horizontes completamente novos.

Por que lei da fisiologia puramente material poder-se-iam explicar os fenômenos do gênero do acima referido? Para que o Sr. Deschamps pudesse ler tão claramente no pensamento da moça, era preciso um intermediário entre ambos, um elo qualquer. Medite-se bem o artigo precedente e reconhecer-se-á que esse elo não passa da radiação fluídica, que dá a visão espiritual, visão que não é barrada pelos corpos materiais.

Sabe-se que os Espíritos não necessitam da linguagem articulada. Eles se entendem sem o recurso da palavra, pela só transmissão do pensamento, que é a linguagem universal. Assim acontece por vezes entre os homens, porque os homens são Espíritos encarnados e, por essa razão, gozam, em maior ou menor grau, dos atributos e faculdades do Espírito.

Mas, então, por que a moça não lia o pensamento do Sr. Deschamps? Porque num a visão espiritual era desenvolvida, no outro, não. Segue-se que ele poderia tudo ver, ler nos espelhos espirituais, por exemplo, ou ver à distância, à maneira dos sonâmbulos? Não, porque sua faculdade podia ser desenvolvida apenas num sentido especial e parcialmente. Poderia ele ler com a mesma facilidade o pensamento de todo mundo? Ele não o diz, mas é provável que não, porque podem existir relações fluídicas que facilitem essa transmissão de indivíduo a indivíduo e não existir do próprio indivíduo para uma outra pessoa. Ainda não conhecemos senão imperfeitamente as propriedades desse fluido universal, agente tão poderoso e que desempenha tão importante papel nos fenômenos da Natureza. Conhecemos o princípio, e já é muito para nos darmos conta de muitas coisas; os detalhes virão a seu tempo.

Comunicado o fato acima à Sociedade de Paris, um Espírito deu a respeito a instrução seguinte:

(SOCIEDADE ESPÍRITA DE PARIS, 8 DE JULHO DE 1864 MÉDIUM: SR. A. DIDIER)

Os ignorantes – e os há muitos – ficam cheios de dúvidas e de inquietude quando ouvem falar de fenômenos espíritas. Segundo eles, a face do mundo está derrubada, a intimidade do coração, dos sentimentos, a virgindade do pensamento são lançadas através do mundo e entregues à mercê do primeiro que vier. Com efeito, o mundo estaria singularmente mudado, e a vida privada não mais ficaria oculta por trás da personalidade de cada um, se todos os homens pudessem ler no espírito uns dos outros.

Um ignorante nos diz com muita ingenuidade: Mas a justiça, as perseguições da polícia, as operações comerciais, governamentais, poderiam ser consideravelmente revistas, corrigidas, esclarecidas etc., com o auxílio desses processos. Os erros estão muito difundidos. A ignorância tem a particularidade de esquecer completamente o objetivo das coisas para lançar o espírito inculto numa série de incoerências.

Jesus tinha razão de dizer: "Meu reino não é deste mundo", o que também significava que neste mundo as coisas não se passam como no seu reino. O Espiritismo, que em tudo e por tudo é o espiritualismo do Cristianismo, pode igualmente dizer às ambiciosas e terroristas ignorâncias, que o seu grande objetivo não é de dar montanhas de ouro a um; de deixar a consciência de um ser fraco à vontade de um ser forte e de reunir a força e a fraqueza num duelo eternamente inevitável e iminente. Não. Se o Espiritismo proporciona satisfações, são as da calma, da esperança e da fé. Se às vezes ele adverte por pressentimentos, ou pela visão adormecida ou desperta, é que os Espíritos sabem perfeitamente que um fato caritativo e particular não transtornará a superfície do globo. Ademais, se observarmos a marcha dos fenômenos, o mal aí tem uma parte mínima. A ciência funesta parece relegada aos alfarrábios dos velhos alquimistas, e se Cagliostro voltasse, certamente não viria armado com a varinha mágica ou o frasco encantado, mas com sua força elétrica, comunicativa, espiritualista e sonambúlica, força que todo ser superior possui em si mesmo, e que toca ao mesmo tempo o cérebro e o coração.

A adivinhação era o maior dom de Jesus, como eu dizia ultimamente. (O Espírito alude a outra comunicação). Destinados a nos tornarmos superiores, como Espíritos, peçamos a Deus uma parte das luzes que ele concedeu a certos seres privilegiados, que a mim próprio concedeu, e que eu poderia ter espalhado mais santamente.

MESMER

OBSERVAÇÃO: Não há uma só das faculdades concedidas ao homem da qual ele não possa abusar, em virtude de seu livro arbítrio. Não é a faculdade que é má em si mesma, mas o uso que dela se faz. Se os homens fossem bons, nenhuma delas seria temível, porque ninguém as usaria para o mal. No estado de inferioridade em que ainda se acham os homens na Terra, a penetração do pensamento, se fosse geral, sem dúvida seria uma das mais perigosas, porque se tem muito a ocultar, e muitos podem abusar. Mas, sejam quais forem os inconvenientes, se ela existe, é um fato que deve ser aceito, de bom grado ou de mau grado, pois não se pode suprimir um efeito natural. Mas Deus, que é soberanamente bom, mede a extensão dessa faculdade pela nossa fraqueza. Ele no-la mostra de vez em quando, para melhor nos fazer compreender nossa essência espiritual, e nos advertir a trabalhar a nossa depuração para não termos que temê-la.

O ESPIRITISMO NA BÉLGICA

Cedendo às insistentes solicitações de nossos irmãos espíritas de Bruxelas e de Antuérpia, fomos fazer-lhes uma curta visita este ano, e temos o prazer de dizer que trouxemos a mais favorável impressão do desenvolvimento da doutrina naquele país. Ali encontramos maior número do que esperávamos de adeptos sinceros, devotados e esclarecidos. A simpática acolhida que nos foi feita naquelas duas cidades deixou-nos uma lembrança que não se apagará jamais, e contamos os momentos ali passados entre os mais satisfatórios para nós. Considerando que não podemos enviar nossos agradecimentos a cada um em particular, pedimos a bondade de recebê-los aqui coletivamente.

Voltando a Paris, encontramos uma mensagem dos membros da Sociedade Espírita de Bruxelas, cujos termos nos sensibilizaram profundamente. Conservamo-la preciosamente, como um testemunho de sua simpatia, mas eles compreenderão facilmente os motivos que nos impedem de publicá-la na Revista. Há, entretanto, uma passagem dessa mensagem que nos impomos o dever de levar ao conhecimento de nossos leitores, porque o fato que ela revela nos diz, mais que longas frases, sobre a maneira pela qual certas pessoas compreendem o Espiritismo. Ei-la:

"Em comemoração à vossa viagem à Bélgica, nosso grupo decidiu fundar um leito de criança na creche de Saint Josse Tennoode."

Nada podia ser mais lisonjeiro para nós do que semelhante testemunho. É dar-nos a maior prova de estima considerar-nos mais honrado com a fundação de uma obra de beneficência em memória de nossa visita, do que com as mais brilhantes recepções, que podem lisonjear o amor-próprio de quem lhe é objeto, mas que não beneficiam a ninguém e não deixam qualquer traço útil.

Antuérpia se distingue por um maior número de adeptos e de grupos. Mas aí, como em Bruxelas, e aliás em toda parte, os que fazem parte das reuniões de certo modo oficiais e regularmente constituídas, estão em minoria. As relações sociais e as opiniões emitidas nas conversas provam que a simpatia pela doutrina se estende além dos grupos propriamente ditos. Se nem todos os habitantes são espíritas, a ideia ali não encontra oposição sistemática. Dela se fala como coisa muito natural, e não riem. Em geral, pertencendo os adeptos ao alto comércio, nossa chegada foi a novidade da bolsa e desencadeou a conversação, sem mais importância do que se se tratasse da chegada de um cargueiro.

Vários grupos são compostos de número limitado de sócios e se designam por um título especial e característico; assim, um se intitula *A Fraternidade*, outro *Amor e Caridade* etc. Acrescentemos que esses títulos não são para eles insígnias banais, mas divisas que se esforçam por justificar.

O grupo *Amor e Caridade*, por exemplo, tem por objetivo especial a caridade material, sem prejuízo das instruções dos Espíritos, que, de certo modo, constituem a parte acessória. Sua organização é muito simples e dá excelentes resultados. Um dos membros tem o título de *esmoler*, nome que corresponde perfeitamente à função de distribuir socorros a domicílio, e muitas vezes os Espíritos indicaram nomes e endereços de pessoas necessitadas. O nome esmoler voltou, assim, à sua significação primitiva, da qual se havia singularmente desviado.

Esse grupo possui um médium tiptólogo excepcional, e julgamo-nos no dever de fazê-lo objeto de um artigo especial.

Queremos apenas consignar aqui os ótimos elementos que nos permitem bons augúrios do Espiritismo nesse país, onde há pouco tempo ele lançou raízes, o que não quer dizer que certos grupos não tenham tido, ali como alhures, perplexidades e enganos inevitáveis quando se trata do estabelecimento de uma ideia nova. É impossível que no começo de uma doutrina, sobretudo tão importante quanto o Espiritismo, todos os que se declaram seus partidários lhe compreendam o alcance, a seriedade e as consequências. Há, pois, que esperar desvios da rota em pessoas que só lhe veem a superfície, ambições pessoais, aqueles para quem é antes um meio que uma convicção do coração, sem falar das pessoas que afivelam todas as máscaras para se insinuarem, visando servir os interesses dos adversários, porque, assim como o hábito não faz o monge, o nome de espírita não faz o verdadeiro espírita. Mais cedo ou mais tarde, esses espíritas frustrados, cujo orgulho permaneceu vivo, causam nos grupos atritos penosos e suscitam entraves, dos quais sempre se triunfa com perseverança e firmeza. São provações para a fé dos espíritas sinceros.

A homogeneidade, a comunhão dos pensamentos e dos sentimentos são, para os grupos espíritas, como para quaisquer outras reuniões, a condição *sine qua non* de estabilidade e de vitalidade. É para tal objetivo que devem tender todos os esforços, e compreende-se que é tanto mais fácil atingi-lo quanto menos numerosas as reuniões. Nas grandes reuniões é quase impossível evitar a ingerência dos elementos heterogêneos que mais cedo ou mais tarde aí semeiam a cizânia; nas pequenas reuniões, onde todos se conhecem e se apreciam, se está como em família, o recolhimento é maior e a intrusão dos mal-intencionados mais difícil. A diversidade de elementos de que se compõem as grandes reuniões as torna, por isso mesmo, mais vulneráveis à ação surda dos adversários.

Melhor será, numa cidade, haver cem grupos de dez a vinte adeptos, dos quais nenhum pretende a supremacia sobre os outros, do que uma sociedade única, que reúna todos. Esse fracionamento em nada prejudicará a unidade dos princípios, levando-se em consideração que a bandeira é única e todos marcham para um mesmo objetivo. Isto parece ter sido perfeitamente compreendido por nossos irmãos de Antuérpia e de Bruxelas.

Em resumo, nossa viagem à Bélgica foi fértil em ensinamentos, no interesse do Espiritismo, pelos documentos que recolhemos, e que oportunamente serão postos em proveito de todos.

Não esqueçamos uma das mais honrosas menções ao grupo espírita de Douai, que visitamos de passagem, e um particular testemunho de gratidão pelo acolhimento que ali nos dispensaram. É um grupo familiar, onde a Doutrina Espírita evangélica é praticada em toda a sua pureza. Ali reinam a mais perfeita harmonia, a benevolência recíproca, a caridade em pensamento, palavras e ações; ali se respira uma atmosfera de fraternidade patriarcal, isenta de eflúvios daninhos, onde os bons Espíritos devem comprazer-se tanto quanto os homens. Também as comunicações ali ressentem a influência do meio simpático. Ele deve à sua homogeneidade e aos escrupulosos cuidados nas admissões, o fato de jamais haver sido perturbado por dissensões e dificuldades que outros tiveram que sofrer. É que todos os que dele fazem parte são espíritas de coração e nenhum procura fazer prevalecer sua personalidade. Os médiuns aí são relativamente muito numerosos; todos se consideram simples instrumentos da Providência; não têm orgulho nem pretensões pessoais e se submetem humildemente e sem se sentirem magoados, ao julgamento das comunicações que recebem, prontos a destruí-las se forem consideradas más.

Um encantador poema foi recebido em nossa intenção, após a nossa partida. Agradecemos ao Espírito que o ditou e ao seu intérprete. Conservamo-lo como preciosa lembrança, mas é desses documentos que não podemos publicar, e que só aceitamos a título de encorajamento.

Temos a satisfação de dizer que esse grupo não é o único nessas condições favoráveis e de ter podido constatar que as reuniões realmente sérias, onde cada um procura melhorar-se, de onde a curiosidade foi banida, as únicas que merecem a qualificação de *espíritas*, multiplicam-se diariamente. Elas oferecem, em escala menor, uma pálida imagem do que poderá ser a Sociedade quando o Espiritismo, bem compreendido e universalizado, formar a base das relações mútuas. Então os homens nada mais terão a temer uns dos outros. A caridade fará entre eles reinar a paz e a justiça. Tal será o resultado da transformação que se opera e cujos efeitos a geração futura começará a sentir.

TIPTOLOGIA RÁPIDA E INVERSA

Dissemos que um dos grupos espíritas de Antuérpia possui um médium tiptólogo dotado de uma faculdade especial. Eis em que ela consiste.

A indicação das letras é feita por batidas do pé da mesinha, mas com uma rapidez que quase atinge a da escrita, de tal forma que os que escrevem por vezes têm dificuldade de acompanhar. Os golpes se sucedem como os do telégrafo elétrico em ação. Vimos fazer um ditado de vinte linhas em menos de quinze minutos. Mas, sobretudo, o que é particular é que o Espírito dita quase sempre ao avesso, começando pela última letra. Pelo mesmo processo o médium recebe respostas a perguntas mentais, e em línguas estrangeiras. Esse médium também psicografa e, nesse caso, escreve igualmente pelo avesso, com a mesma facilidade. A primeira vez que se produziu o fenômeno, os assistentes, não encontrando sentido nas letras obtidas, pensaram numa mistificação, e só após uma observação atenta é que descobriram o sistema usado pelo Espírito. Sem dúvida não passa de uma fantasia deste último, mas como todas as suas manifestações são muito sérias, é de concluir que, no caso, haja uma intenção séria.

Independentemente da rapidez com que os golpes se sucedem, a maneira de proceder ainda abrevia muito a operação. Eles se servem de uma mesinha de três pés; o alfabeto é dividido em três séries, a 1ª do *a* ao *h*; a 2ª do *i* ao *p*; a 3ª do *q* ao *z*. Cada pé da mesinha corresponde a uma série de letras e bate o número de golpes necessários para designar a letra desejada, começando pela primeira da série, de sorte que para indicar o *t*, por exemplo, em vez de 20 batidas, o pé encarregado da 3ª série apenas bate 4. Três pessoas se postam à mesinha, uma para cada pé, enunciando a letra indicada em sua série, que para ela é um pequeno alfabeto, sem que tenha de se preocupar com as outras. Várias pessoas escrevem as letras à medida que são proferidas, a fim de poder controlar, em caso de erro. O hábito de ler pelo avesso muitas vezes lhes permite adivinhar o fim de uma palavra ou de uma frase começada, como se faz no processo ordinário. O Espírito confirma, se for o caso, e passa adiante.

Esta divisão das letras, aliada à cooperação de três pessoas que não se podem entender, à rapidez do movimento e à indicação das letras em sentido inverso, tornam a fraude materialmente impossível, bem como a reprodução do pensamento individual. A palavra *reproduction*, por exemplo, será, então, escrita desta maneira: *noitcudorper*, e terá sido deletrada por três pessoas diferentes, em alguns segundos, a saber: *n o i* pela 2ª; *t* pela 3ª; *c* pela 1ª; *u* pela 3ª; *d* pela 1ª; *o* pela 2ª; *r* pela 3ª; *p* pela 2ª; *e* pela 1ª; *r* pela 3ª.

De todos os aparelhos imaginados para constatar a independência do pensamento do médium, nenhum se compara com esse processo. É verdade que para isto é necessária a influência de um médium especial, porque as duas pessoas que o assistem não influenciam na rapidez do movimento.

Este processo, em definitivo, não tem utilidade real senão para a convicção de certas pessoas, e como constatação de um fenômeno mediúnico notável, porque nada pode substituir a facilidade das comunicações escritas.

UM CRIMINOSO ARREPENDIDO[1]

Durante a visita que fizemos aos espíritas de Bruxelas, produziu-se em nossa presença o fato seguinte, numa reunião íntima de sete ou oito pessoas, a 13 de setembro.

Uma senhora médium foi solicitada a escrever, mas nenhuma evocação especial fora feita. Ela começou a escrever com uma agitação extraordinária, em caracteres graúdos, e depois de haver violentamente rabiscado o papel, escreveu estas palavras:

"Arrependo-me, arrependo-me. Latour."

Surpreendidos por essa comunicação inesperada, que ninguém tinha provocado, pois ninguém pensava nesse infeliz, de quem até mesmo a morte a maioria ignorava, foram dirigidas ao Espírito algumas palavras de comiseração e de encorajamento. Depois lhe fizeram esta pergunta:

– Que motivo vos levou a vir manifestar-se entre nós, e não alhures, pois não vos chamamos?

O médium, que é também médium falante, respondeu de viva voz:

– Vi que éreis almas compassivas e que teríeis piedade de mim, ao passo que outros me evocam mais por curiosidade que por verdadeira caridade, ou de mim se afastam com horror.

Então começou uma cena indescritível, que não durou menos de meia hora. O médium, juntando à palavra os gestos e a expressão da fisionomia, deixava evidente que o Espírito

---

[1] Vide *O Céu e o Inferno*, 2ª parte, capítulo VI. (Nota do revisor Boschiroli)

identificou-se com sua pessoa; por vezes seus tons de desespero são tão dilacerantes, ele pinta suas angústias e seus sofrimentos com um tom tão pungente, suas súplicas são tão veementes, que todos os assistentes ficam profundamente comovidos.

Alguns estavam até apavorados com a superexcitação do médium, mas pensamos que um Espírito que se arrepende e que implora piedade não ofereceria qualquer perigo. Se ele tomou os órgãos da médium, foi para melhor pintar a sua situação e provocar maior interesse por sua sorte, mas não como os Espíritos obsessores e possessores, visando dele apoderar-se para dominá-lo. Sem dúvida isto lhe foi permitido em seu próprio interesse, e talvez também para instrução das pessoas presentes.

Ele exclama:

– Oh! sim, piedade! Eu necessito de piedade, porque não sabeis o que sofro!... Não, não sabeis; não podeis compreender... É horrível!... A guilhotina! O que é a guilhotina em comparação com o que sofro agora? Não é nada; é um instante. Este fogo que me devora é pior, é uma morte contínua, é um sofrimento que não dá trégua nem repouso... que não tem fim!...

"E minhas vítimas que estão aqui ao meu redor... que me mostram as suas feridas... que me perseguem com o seu olhar!... Elas estão aqui, diante de mim... Eu as vejo a todas... sim, todas,... eu vejo todas; não posso evitar!... E este mar de sangue!... e este ouro manchado de sangue!... tudo está aqui! sempre na minha frente... Sentis o cheiro do sangue?... do sangue, sempre do sangue!... Olhem só, estas pobres vítimas; elas me imploram... e eu, sem piedade, firo... eu firo... eu firo sem parar!... O sangue me embriaga!

"Eu acreditava que depois da minha morte tudo estaria acabado, por isso enfrentei o suplício; desafiei Deus, reneguei-o!... E eis que quando me acreditava aniquilado para sempre, um terrível despertar acontece; oh! sim, terrível!... Estou cercado de cadáveres, de figuras ameaçadoras... Eu caminho sobre o sangue... Eu acreditava que estava morto, mas estou vivo!... Eu vivo para rever tudo isto! Para ver incessantemente!... É horroroso!... É horrível! Mais horrível que todos os suplícios da Terra!

"Oh! Se todos os homens pudessem saber o que há além da vida! Eles saberiam quanto custa fazer o mal; não haveria mais assassinos, nem criminosos, nem malfeitores!... Eu queria que todos os assassinos pudessem ver o que vejo e o que sofro... Oh! não, não haveria mais... É horrível demais sofrer o que sofro!

"Eu sei muito bem que mereci, ó meu Deus, porque não tive piedade de minhas vítimas. Eu repeli suas mãos em súplica quando me pediam que as poupasse. Sim, eu fui cruel; matei-as covardemente para tomar o seu ouro!... Eu fui ímpio; eu vos reneguei; eu blasfemei contra o vosso santo nome... *Eu quis me atordoar, porque eu queria me persuadir de que vós não existíeis...* Oh! Meu Deus! Eu sou um grande criminoso! Agora eu compreendo. Mas não tereis piedade de mim?... Vós sois Deus, isto é, a misericórdia, a bondade! Vós sois todo-poderoso!

"Piedade, Senhor! Oh! Piedade! Piedade! Eu vos peço, não sejais inflexível; livrai-me desta visão odiosa, destas imagens horríveis... deste sangue... de minhas vítimas, *de seus olhares que me atravessam o coração como golpes de punhal*.

"Vós que estais aqui, que me escutais, sois boas almas, almas caridosas; sim, eu o vejo, tereis piedade de mim, não? Orareis por mim... Oh! Eu vos suplico! Não me repilais. Pedireis a Deus que tire este horrível espetáculo da frente dos meus olhos. Ele vos escutará, porque sois bons... Eu vos peço, não me repilais como eu repeli os outros... Orai por mim!"

Tocados por seus lamentos, os assistentes lhe dirigiram palavras de encorajamento e de consolo.

– Deus, – disseram-lhe eles, – não é inflexível. O que ele pede ao culpado é um arrependimento sincero e o desejo de reparar o mal que fez. Considerando-se que o vosso coração não está endurecido e que lhe pedis o perdão de vossos crimes, ele sobre vós estenderá a sua misericórdia, se perseverardes nas boas resoluções para reparar o mal que fizestes. Sem dúvida não podeis devolver às vossas vítimas a vida que lhes tirastes, mas se lhe pedirdes com fervor, Deus permitirá que com elas vos encontreis em nova existência, na qual lhes podereis mostrar tanto devotamento quanta foi a vossa crueldade. E quando ele julgar suficiente a reparação, achareis graça diante dele. A duração de vosso castigo está, assim, em vossas mãos; de vós depende abreviá-lo. Nós vos prometemos ajudar-vos com nossas preces e chamar sobre vós a assistência dos bons Espíritos. Em vossa intenção vamos dizer a prece contida na *Imitação do Evangelho* pelos Espíritos sofredores e arrependidos. Não diremos aquela destinada aos maus Espíritos, porque, como vos arrependeis, implorais a misericórdia de

Deus e renunciais à prática do mal, aos nossos olhos não sois mais que um Espírito infeliz, mas não malévolo.

Feita a prece, depois de uns instantes de calma, o Espírito continuou:

– Obrigado, meu Deus!... Oh, obrigado! Tivestes piedade de mim. Essas horríveis figuras se afastam... Não me abandoneis... Enviai-me bons Espíritos para me amparar... Obrigado!

Depois desta cena, durante algum tempo, o médium ficou prostrado e abatido; seus membros estavam fatigados. Ele tem a lembrança, a princípio confusa, do que acaba de passar-se; depois, pouco a pouco, lembra-se de algumas palavras que pronunciou e que dizia, malgrado seu. Sentia que não era ele que falava.

No dia seguinte, em nova reunião, o Espírito se manifesta novamente, e recomeça, apenas por alguns minutos, a cena da véspera, com a mesma pantomima, porém, menos violenta. Depois ele escreve, por intermédio da mesma médium, com uma agitação febril, as palavras seguintes:

"Obrigado por vossas preces. Uma sensível melhora já se opera em mim. Orei a Deus com tanto fervor, que ele permitiu que por um momento meus sofrimentos sejam aliviados. Mas eu verei ainda as minhas vítimas... Ei-las... Ei-las... Vedes este sangue?..."

Repetida a prece da véspera, o Espírito continua, dirigindo-se à médium:

"Perdão por me apoderar de vós. Obrigado pelo alívio que trazeis aos meus sofrimentos. Peço perdão a vós, pelo mal que vos ocasionei, mas eu necessito manifestar-me. Somente vós podeis...

"Obrigado! Obrigado! Um pouco de alívio se produz, mas não estou no fim das provas. Em breve minhas vítimas voltarão. Eis a punição. Eu a mereci, meu Deus! mas, sede indulgente.

"Vós todos, orai por mim. Tende piedade de mim.

"LATOUR"

OBSERVAÇÃO: Posto não tenhamos prova material da identidade do Espírito que se manifestou, também não temos motivos para dúvidas. Em todo caso, evidentemente é um Espírito muito culpado, mas arrependido, horrivelmente infeliz e torturado pelo remorso. Sob este ponto de vista, a comunicação é muito instrutiva, porque não se pode ignorar a profundeza e o alto alcance de algumas palavras que ela encerra; além disso, ela oferece um dos aspectos do mundo dos Espíritos castigados, acima do qual, entretanto, se entrevê a misericórdia de Deus. A alegoria mitológica das Eumênides não é, assim, tão ridícula quanto se pensa, e os demônios, carrascos oficiais do mundo invisível, que os substituem na crença moderna, são menos racionais, com seus cornos e seus tridentes, do que essas vítimas, elas próprias servindo para o castigo do culpado.

Admitindo a identidade desse Espírito, talvez se admirem da mudança tão pronta em seu estado moral. É que, como fizemos notar em outra ocasião, muitas vezes há mais recursos num Espírito brutalmente mau do que em outro que é dominado pelo orgulho, ou que esconde os seus vícios sob o manto da hipocrisia. Esse rápido retorno a melhores sentimentos indica uma natureza mais selvagem do que perversa, à qual só faltou uma boa direção. Comparando sua linguagem com a de outro criminoso citado na Revista de julho de 1864 sob o título de *Castigo pela luz*, é fácil verificar qual dos dois é moralmente mais adiantado, malgrado a diferença de instrução e de posição social: um obedecia a um instinto natural de ferocidade, a uma espécie de superexcitação, enquanto o outro trazia na perpetração dos crimes a calma e o sangue frio de uma lenta e perseverante combinação e, após sua morte, ainda enfrentava o castigo com orgulho; ele sofre mas não quer submeter-se. O outro é domado imediatamente. Assim, pode-se prever qual dos dois sofrerá por mais tempo.

ESTUDOS MORAIS

O RETORNO DA FORTUNA

Lê-se no *Siècle*, de 5 de junho de 1864:

"Um berlinense, Sr. X..., possuía uma grande fortuna. Seu pai, ao contrário, em consequência de revezes, tinha caído numa pobreza absoluta e tinha sido forçado a recorrer à generosidade de seu filho. Este repeliu duramente a solicitação do velho que, para não morrer de fome, teve que recorrer à justiça. O Sr. X... foi condenado a fornecer ao pai uma pensão alimentícia. Mas o Sr. X... tinha tomado suas precauções. Pressentindo que se se recusasse a pagá-la, seria feita uma investigação em seus rendimentos, tomou a decisão de ceder sua fortuna a um tio paterno.

"Assim, o infeliz pai viu fugir-lhe a última esperança. Protestou que a cessão era fictícia e que seu filho tinha recorrido a ela para se furtar à execução da sentença. Mas ele teria que prová-lo; o velho, entretanto, não tinha condições para intentar um processo custoso, pois lhe faltavam as coisas mais necessárias à subsistência.

"Um acontecimento imprevisto veio tudo mudar. O tio morreu subitamente, sem testamento. Como ele não tinha família, a fortuna coube, de direito, ao parente mais próximo, isto é, ao seu irmão.

"Compreende-se o resto. Hoje, os papéis estão invertidos. O pai está rico e seu filho, pobre. O que, sobretudo, deve aumentar o desespero deste último é que ele não pode invocar o fato de uma cessão fictícia, pois a lei interdita formalmente esse gênero de transações."

Dir-se-ia que se sempre fosse assim com o mal, melhor seria compreendida a justiça do castigo; sabendo o culpado por que é punido, saberia do que se deve corrigir.

Os exemplos de castigos imediatos são menos raros do que se pensa. Se se remontasse à fonte de todas as vicissitudes da vida, ver-se-ia aí, quase sempre, a consciência natural de alguma falta cometida. A cada instante recebe o homem terríveis lições, das quais, infelizmente, tira pouco proveito. Enceguecido pela paixão, ele não vê a mão de Deus que o fere. Longe de reconhecer-se culpado por seus próprios infortúnios, ele os atribui à fatalidade, à sua má sorte; irrita-se muito mais frequentemente do que se arrepende, e não nos surpreenderíamos se o filho do qual se fala acima, em vez de ter reconhecido seus erros para com o pai; em vez de voltar a ter melhores sentimentos para com ele, não tivesse concebido contra ele mais animosidade. Ora, o que é que Deus pede ao culpado? O arrependimento e a reparação *voluntária*.

Para motivá-lo a isso, ele multiplica em seu redor os avisos sob todas as formas, durante sua vida: desgraças, decepções, perigos iminentes, numa palavra, tudo o que é próprio a fazê-lo refletir. Se, a despeito disto, seu orgulho resiste, não é justo seja punido mais tarde? Grave erro é pensar que o mal fique algumas vezes completamente impune na vida atual. Se soubéssemos tudo quanto acontece ao mau, aparentemente o mais próspero, ficaríamos convencidos da verdade de que não há uma única falta nesta vida, uma só inclinação má, digamos mais, um só mau pensamento que não tenha sua contrapartida. Deduz-se daí que, consequentemente, se o homem aproveitasse os avisos que recebe; se ele se arrependesse e reparasse suas faltas ainda nesta vida, teria satisfeito à justiça de Deus e não teria mais que expiar e reparar, quer no mundo dos Espíritos, quer em nova existência. Se há, portanto, aqueles que nesta vida sofrem as consequências de sua existência anterior, é que eles têm a pagar uma dívida que não saldaram. Se o filho em questão morrer na impenitência, sofrerá, a princípio, no mundo dos Espíritos, o castigo do remorso; sofrerá moralmente o que fez sofrer materialmente; será um Espírito infeliz, porque terá violado a lei que lhe dizia: Honra teu pai e tua mãe. Mas Deus, que é soberanamente bom e, ao mesmo tempo, soberanamente justo, permitir-lhe-á reencarnar-se para reparar; talvez lhe dê o mesmo pai, e, em sua bondade, lhe poupe a humilhante lembrança do passado. Entretanto, o culpado trará consigo a intuição das resoluções que tiver tomado e a vontade de fazer o bem, em vez do mal. Será a voz da consciência que lhe ditará a conduta. Depois, quando voltar ao mundo dos Espíritos, Deus lhe dirá: Vem a mim, meu filho, tuas faltas estão apagadas. Mas, se ele falhar nessa nova prova, terá que recomeçar, até que se tenha despojado inteiramente do homem velho.

Cessemos, portanto, de ver nas misérias que sofremos por faltas de uma existência anterior um mistério inexplicável, e digamos que de nós depende evitá-las, merecendo o perdão desde esta vida. Saldadas nossas dívidas, Deus não nos fará pagá-las segunda vez. Mas, se ficarmos surdos a seus avisos, então ele exigirá até o último ceitil, ainda que após séculos ou milhares de anos. Para isto ele não exige vãos simulacros, mas a reforma radical do coração. A morada dos eleitos só é aberta aos Espíritos purificados. Qualquer mancha interdita o seu acesso. Todos podem pretendê-lo, mas a cada um cabe fazer o que é necessário para lá chegar, mais cedo ou mais tarde, conforme seus esforços e sua vontade. No entanto, Deus a ninguém diz: Não te purificarás!

UMA VINGANÇA

Escrevem de Marselha:

"Um dos mais honrados negociantes de nossa cidade, cercado pela estima geral, o Sr. X..., acaba de dar um tiro de pistola no vigário de Saint-Barnabé. Segunda-feira última, o Sr. X... ficou sabendo, por uma carta anônima, que sua esposa mantinha relações íntimas com aquele padre. Deram-lhe os mais circunstanciados detalhes, que não deixavam dúvidas quanto à extensão de sua infelicidade. Ele chegou em casa e fez um inquérito junto aos empregados: arrumadeira, criados, jardineiro, cocheiro etc., e todos confessaram o que sabiam. Essa intriga já tinha quinze meses de duração. O Sr. X... era objeto de zombaria em todo o bairro, e só ele não suspeitava. Foi após esse inquérito que atirou no padre." (*Siècle* de 7 de junho de 1864).

Quem é o mais culpado neste triste caso? A mulher, o marido ou o padre? A mulher, que, iludida por piedosos sofismas, provavelmente julgava-se desculpada pela qualidade do cúmplice, e tranquilizou-se pela esperança de uma absolvição fácil? O marido, que cedendo a um movimento de indignação não pôde dominar a sua cólera? Ou o padre, que, de sangue frio, com premeditação, violou os seus votos, abusou de seu caráter, enganou a confiança para lançar a desordem, o desespero e a desunião numa família honrada? A consciência pública pronunciou o seu veredicto. Mas, fora do fato material, há considerações da mais alta gravidade.

Uma filosofia de consciência elástica poderá, talvez, achar uma desculpa no arrastamento das paixões e se limitará a censurar os votos imprudentes. Admitamos, se quiserem, não uma desculpa, mas uma circunstância atenuante aos olhos dos homens carnais, e não ficará menos um abuso de confiança e do ascendente que o culpado tirava de sua qualidade; o fascínio que ele exercia sobre sua vítima, ao abrigo de seu hábito sagrado. Aí está a falta, aí está o crime que, se não fosse punido pela justiça dos homens, sê-lo-ia certamente pela de Deus.

Ora, quinze meses eram mais do que suficientes para lhe dar tempo para reflexão e para a volta do sentimento de seus deveres. Que fazia ele no entretempo? Ensinava à juventude as verdades da religião; pregava as virtudes do Cristo, a castidade de Maria, a eternidade das penas contra os pecadores; absolvia ou retinha as faltas alheias, conforme seu próprio julgamento. E ele, o refratário aos mandamentos de Deus que condenam o que ele fazia, era o dispensador infalível da inflexível severidade ou da misericórdia de Deus! É um caso isolado? Ah! A história de todos os tempos infelizmente aí está a provar o contrário. Aqui fazemos abstração do indivíduo, para não ver senão um princípio que dá lugar à incredulidade e mina surdamente o elemento religioso. O poder absoluto do sacerdote, dizem, é independente de sua conduta pessoal. Que seja! Não discutiremos este ponto, posto pareça estranho que um homem que, por suas infâmias, merece o inferno, possa abrir ou fechar as portas do paraíso a quem lhe parecer, quando, muitas vezes, os excessos lhe tiram a inteira lucidez das ideias. Se o medo das penas eternas não detém na via do mal e na violação dos mandamentos de Deus aqueles que os preconizam, é que eles próprios neles não acreditam. A primeira condição para inspirar confiança seria pregar pelo exemplo.

VARIEDADES

SOCIEDADE ALEMÃ DOS CAÇADORES DE TESOUROS

Em vários jornais franceses e estrangeiros lê-se o artigo seguinte:

"Os espíritas acabam de recrutar novos adeptos na Alemanha. Um certo médico de Zittau, chamado Berthelen, autor de um opúsculo sobre as *mesas girantes*, organizou uma sociedade que se intitula: *Associação dos caçadores de tesouros*, e que tem por objetivo cavar o solo das localidades onde se pressupõe haver tesouros enterrados. As operações da empresa são conduzidas por uma sonâmbula das mais lúcidas, a Sra. Louise Ebermann, e começaram por escavações cotidianas executadas em hora determinada, em meio a uma plantação de fumo, onde se acharia oculta a soma de 400.000 thalers (1.500.000 francos). A sociedade tem apenas sete ou oito membros que participam dos trabalhos, e até agora suas operações se limitam a dizer preces em comum e a remover, com certo cerimonial, a terra retirada do solo onde esperam descobrir os bem-vindos tesouros."

É realmente curioso ver o entusiasmo de certos jornais em reproduzir tudo o que, em sua opinião, possa lançar o descrédito sobre o Espiritismo. O menor acontecimento, infeliz ou ridículo, ao qual, com ou sem razão, se acha associada a palavra *espírita*, é imediatamente repetido por toda parte, com variantes mais ou menos engenhosas, sem preocupação com a verdade. Os disparates, mesmo os mais inverossímeis, são aceitos com uma seriedade verdadeiramente cômica. Com a aparição dos espectros nos teatros, todos repetem satisfeitos que o Espiritismo naufragou, e que os seus mais importantes cordões foram enfim descobertos. Um charlatão, um saltimbanco, um ledor da buena-dicha julga dever apropriar-se do nome de espírita, e logo os adversários o assinalam como um dos representantes da doutrina. Que resultou de tudo isto? Repercussão do nome, e daí o desejo de conhecer a coisa; o ridículo para os trocistas, que falam esturdiamente do que não sabem; o ódio caído sobre os caluniadores e, em consequência, aumento do número dos adeptos sérios, os únicos que são contados entre os espíritas.

O artigo acima pertence à categoria de que acabamos de falar. A si próprio o autor se dá um desmentido, dizendo que as pesquisas são feitas com o auxílio de uma sonâmbula das mais lúcidas. Não é, pois, com o auxílio dos Espíritos. Em que se baseia ele para dizer que é uma associação de espíritas? Do fato do fundador ter escrito um opúsculo sobre as mesas girantes. Disso se conclui que ele é espírita? De modo algum, porque à época das mesas girantes ainda se estava no *abc* da ciência. Aliás, se ele conhecesse o Espiritismo, saberia que os Espíritos não podem favorecer nenhuma pesquisa de tal natureza.

Desde que o sonambulismo passou a ser conhecido, ele tem sido empregado na busca de tesouros, e até agora ninguém conseguiu senão gastar dinheiro em escavações inúteis, como sucedeu outrora com aqueles que procuravam a pedra filosofal. Predizemos a mesma sorte à nova empresa!

Quando se soube que os Espíritos podiam comunicar-se, um primeiro pensamento, aliás muito natural, também foi que eles pudessem servir utilmente às especulações de toda a natureza, mas não tardou a se reconhecer que, nesse ponto, só se obtinham mistificações. Para isto havia uma causa, e foram os próprios Espíritos que a indicaram. Assim, não há hoje um só espírita esclarecido que perca tempo em perseguir tais quimeras, pois todos sabem que Deus não dá aos homens semelhantes meios de enriquecer, e que por esta razão não permite aos Espíritos revelações desse gênero.

É, pois, abusivamente que o autor do artigo colocou a associação alemã dos caçadores de ouro sob o patrocínio do Espiritismo. Não é entre os que não veem nos Espíritos senão servos da ambição, da cupidez e dos interesses materiais que a doutrina recruta os seus adeptos, mas entre os que a consideram como uma causa do melhoramento moral.

Para mais ampla instrução a respeito, remetemos ao *Livro dos Médiuns,* Cap. XXVI, *Perguntas que podem ser dirigidas aos Espíritos; nº 291, Perguntas sobre os interesses morais e materiais; nº 294, Perguntas sobre as invenções e descobertas e nº 295, Perguntas sobre tesouros ocultos.*

UM QUADRO ESPÍRITA NA EXPOSIÇÃO DE ANTUÉRPIA

Durante nossa estada em Antuérpia, fomos visitar a exposição de pintura, onde admiramos obras verdadeiramente notáveis de pintores nacionais; ali vimos, com extremo prazer, figurar com muita honra dois quadros de nosso colega da Sociedade de Paris, Sr. Wintz, Rua de Clichy, 63: *A volta das vacas e um luar*. Mas o que particularmente nos chamou a atenção foi um estudo indicado no folheto sob o título de *Cena de interior de camponeses espíritas*. Num interior de fazenda, três indivíduos em costume flamengo, estão sentados em volta de um enorme cepo, sobre o qual põem as mãos, na atitude dos que fazem mover as mesas. Pela fisionomia atenta e concentrada, reconhece-se que levam a coisa a sério. Outras pessoas, homens, mulheres e crianças, estão diversamente grupadas, umas olhando com ansiedade o primeiro movimento da enorme massa, outras sorrindo com um ar de ceticismo. Essa pintura, que não deixa de ter mérito em sua execução, é original e verdadeira. Se excetuarmos o quadro *mediúnico* que figurava como tal na exposição das artes de Constantinopla (Vide *Revista* de julho de 1863), é a primeira vez que o Espiritismo figura tão claramente confessado nas obras de arte. É um começo.

ALLAN KARDEC

REVISTA ESPÍRITA

JORNAL DE ESTUDOS PSICOLÓGICOS

ANO VII	NOVEMBRO DE 1864	VOL. 11

O ESPIRITISMO É UMA CIÊNCIA POSITIVA

ALOCUÇÃO DO SR. ALLAN KARDEC AOS ESPÍRITAS DE BRUXELAS E ANTUÉRPIA, EM 1864.

Publicamos esta alocução a pedido de muitas pessoas que nos testemunharam o desejo de conservá-la, e porque ela tende a fazer encarar o Espiritismo sob um aspecto de certo modo novo. A *Revista Espírita* de Antuérpia a reproduziu integralmente.

Senhores e caros irmãos espíritas,

Apraz-me dar-vos este título porque, posto eu não tenha a vantagem de conhecer todas as pessoas presentes a esta reunião, quero crer que aqui estamos em família e todos em comunhão de pensamentos e de sentimentos. Admitindo, mesmo, que nem todos os assistentes fossem simpáticos à nossas ideias, não os confundira menos no sentimento fraterno que deve animar os verdadeiros espíritas para com todos os homens, sem distinção de opinião.

Contudo, é aos nossos irmãos em crença que me dirijo mais especialmente, para lhes exprimir a satisfação que experimento de me achar entre eles, e de lhes oferecer, em nome da Sociedade de Paris, a saudação de fraternidade espírita.

Eu já havia tido a prova de que o Espiritismo conta nesta cidade com numerosos adeptos sérios, devotados e esclarecidos, perfeitamente imbuídos do objetivo moral e filosófico da doutrina; sabia que aqui encontraria corações simpáticos, e isto foi o motivo determinante para que eu correspondesse ao insistente e grato convite que me foi feito por vários dentre vós, para uma curta visita este ano. A acolhida tão amável e cordial que recebi permitirá que leve de minha estada aqui a mais agradável lembrança.

Certamente eu teria o direito de orgulhar-me com o acolhimento que recebo nos diversos centros que visito, se não soubesse que esses testemunhos se dirigem muito menos ao homem do que à doutrina, da qual sou apenas o humilde representante, e devem ser considerados como uma profissão de fé, uma adesão aos nossos princípios. É assim que os encaro, no que pessoalmente me concerne.

Aliás, se as viagens que de tempos em tempos faço aos centros espíritas só devessem ter como resultado uma satisfação pessoal, eu as consideraria inúteis e me absteria de fazê-las. Mas, além de contribuírem para apertar os laços de fraternidade entre os adeptos, elas também têm a vantagem de me fornecer assuntos de observação e de estudo que jamais são perdidos para a doutrina. Independentemente dos fatos que podem servir ao progresso da ciência, aí recolho os materiais da história futura do Espiritismo; os documentos autênticos sobre o movimento da ideia espírita; os elementos mais ou menos favoráveis ou contrários que ela encontra, conforme as localidades; a força ou a fraqueza e as manobras de seus adversários; os meios de combater estes últimos; o zelo e o devotamento de seus verdadeiros defensores.

Entre estes últimos deve-se colocar na primeira linha todos os que militam pela causa com coragem, perseverança, abnegação e desinteresse, sem segunda intenção pessoal, que buscam o triunfo da doutrina pela doutrina e não pela satisfação de seu amor-próprio, aqueles que, enfim, por seu exemplo, provam que a moral espírita não é palavra vã, e se esforçam por justificar essa notável afirmação de um incrédulo: *Com uma tal doutrina, não se pode ser espírita sem ser homem de bem.*

Não há centro espírita onde eu não tenha encontrado um número mais ou menos grande desses pioneiros da obra, desses desbravadores do terreno, desses lutadores infatigáveis que, sustentados por uma fé sincera e esclarecida, pela consciência de cumprir um dever, não desanimem ante nenhuma dificuldade, encarando seu devotamento como uma dívida de reconhecimento pelos benefícios morais que eles receberam do Espiritismo. É justo que os nomes daqueles de que se honra a doutrina fiquem perdidos para os nossos descendentes e que não possam eles um dia ser inscritos no panteão espírita?

Infelizmente, ao lado deles por vezes se acham os meninos travessos da causa, os impacientes que, não calculando o alcance de suas palavras e de seus atos, podem comprometê-la; aqueles que, por um zelo irrefletido, por ideias intempestivas e prematuras, sem querer fornecem armas aos nossos adversários. Depois vêm aqueles que, considerando o Espiritismo apenas superficialmente, *sem serem tocados no coração*, por seu próprio exemplo dão uma falsa ideia de seus resultados e de suas tendências morais.

Eis aí, sem contradita, o maior escolho que encontram os sinceros propagadores da doutrina, pois muitas vezes eles veem a obra que penosamente esboçaram desfeita por aqueles que deveriam secundá-los. É um fato comprovado que o Espiritismo é mais entravado pelos que o compreendem mal do que pelos que absolutamente não o compreendem, e mesmo por seus inimigos declarados. E é de notar que aqueles que o compreendem mal geralmente têm a pretensão de compreendê-lo melhor que os outros, e não é raro ver noviços pretenderem, ao cabo de alguns meses, dar lições àqueles que adquiriram experiência em estudos sérios. Tal pretensão, que revela o orgulho, é uma prova evidente da ignorância dos verdadeiros princípios da doutrina.

Que os espíritas sinceros, entretanto, não desanimem, pois esse é um resultado do momento de transição que vivemos. As ideias novas não podem estabelecer-se de repente e sem estorvos. Como lhes é preciso varrer as ideias antigas, forçosamente encontram adversários que as combatem e as repelem, e depois, as criaturas que as tomam pelo avesso, que as exageram ou querem acomodá-las a seus gostos ou a suas opiniões pessoais. Mas chega o momento em que, conhecidos e compreendidos os verdadeiros princípios pela maioria, as ideias contraditórias caem por si mesmas. Já vedes o que aconteceu com todos os sistemas isolados, surgidos na origem do Espiritismo. Todos caíram ante a observação mais rigorosa dos fatos, ou só encontram ainda uns poucos desses partidários tenazes que em tudo se aferram às suas primeiras ideias, sem dar um passo à frente. A unidade se estabeleceu na crença espírita com muito mais rapidez do que era dado esperar. É que os Espíritos vieram confirmar em todos os pontos os princípios verdadeiros, de sorte que hoje há entre os adeptos do mundo inteiro uma opinião predominante que, se ainda não conta com a unanimidade absoluta, conta, incontestavelmente, com a da imensa maioria, do que se segue que aquele que quer marchar ao arrepio dessa opinião, encontrando pouco ou nenhum eco, se condena ao isolamento. Aí está a experiência para demonstrá-lo.

Para remediar o inconveniente que acabo de assinalar, isto é, para prevenir as consequências da ignorância e das falsas interpretações, é preciso cuidar da divulgação das ideias justas, de formar adeptos esclarecidos cujo número crescente neutralizará a influência das ideias erradas.

Minhas visitas aos centros espíritas, naturalmente, têm por objetivo principal ajudar os irmãos em crença em suas tarefas. Aproveito, assim, para lhes dar as instruções de que possam necessitar, como desenvolvimento teórico ou aplicação prática da doutrina, tanto quanto me é possível fazê-lo. A finalidade dessas visitas é séria e exclusivamente no interesse da doutrina, assim, não busco ovações, que não são do meu gosto nem do meu caráter. Minha maior satisfação é a de me encontrar com amigos sinceros, devotados, com os quais a gente pode entreter-se sem constrangimento e se esclarecer mutuamente, por uma discussão amistosa, à qual cada um leva o contributo de suas próprias observações.

Nessas excursões, não vou pregar aos incrédulos e jamais convoco o público para catequizá-lo. Numa palavra, não vou fazer propaganda. Só apareço em reuniões de adeptos, nas quais meus conselhos são desejados e podem ser úteis. Eu os dou de boa vontade aos que julgam deles necessitar e abstenho-me com os que se julgam bastante esclarecidos para dispensá-los. Só me dirijo aos homens de boa vontade.

Se nessas reuniões, excepcionalmente, se insinuarem pessoas atraídas apenas pela curiosidade, elas ficariam desapontadas, pois aí nada encontrariam que pudesse satisfazê-las, e se estivessem animadas de um sentimento hostil ou difamatório, o caráter eminentemente sério, sincero e moral da assembleia e dos assuntos aí tratados tiraria qualquer pretexto plausível para a sua malevolência. Tais são os pensamentos que exprimo nas diversas reuniões a que sou chamado a assistir, a fim de que não se equivoquem quanto às minhas intenções.

Eu disse inicialmente que eu não era senão o representante da doutrina. Algumas explicações sobre o seu verdadeiro caráter naturalmente chamarão a vossa atenção para um ponto essencial que até agora não foi suficientemente considerado. Certamente, vendo a rapidez do progresso desta doutrina, haveria mais glória em dizer-me seu criador; meu amor-próprio aí encontraria sua compensação, mas não devo considerar a minha parte maior do que ela é. Longe de lamentar, eu me felicito por isso, porque, então, a doutrina não passaria de uma concepção individual, que poderia ser mais ou menos justa, mais ou menos engenhosa, mas que, por isso mesmo, perderia sua autoridade. Ela poderia ter partidários, talvez fazer escola, como muitas outras, mas certamente não teria adquirido, em poucos anos, o caráter de universalidade que a distingue.

Eis um fato capital, senhores, que deve ser proclamado bem alto. Não, o Espiritismo não é uma concepção individual, um produto da imaginação; não é uma teoria, um sistema inventado para a necessidade de uma causa. Ele tem sua fonte nos fatos da própria Natureza, em fatos positivos, que se produzem aos nossos olhos a cada instante, mas cuja origem não se suspeitava. É, pois, resultado da observação, numa palavra, uma ciência, a ciência das relações entre os mundos visível e invisível, ciência ainda imperfeita, mas que diariamente se completa por novos estudos e que, tende certeza, tomará posição ao lado das ciências *positivas*. Digo *positivas* porque toda ciência que repousa sobre fatos é uma ciência positiva, e não puramente especulativa.

O Espiritismo nada inventou, porque não se inventa o que está na Natureza. Newton não inventou a lei da gravitação, pois essa lei universal existia antes dele; cada um a aplicava e lhe sentia os efeitos, entretanto, ela não era conhecida.

Por sua vez, o Espiritismo vem mostrar uma nova lei, uma nova força da Natureza: a que reside na ação do Espírito sobre a matéria, lei tão universal quanto a da gravitação e a da eletricidade, contudo ainda desconhecida e negada por certas pessoas, como o foram todas as outras leis no momento de sua descoberta. É que os homens geralmente sentem dificuldade em renunciar às suas ideias preconcebidas e, por amor-próprio, custa-lhes concordar que estavam enganados, ou que outros tenham podido encontrar o que eles próprios não encontraram.

Mas como, definitivamente, esta lei repousa sobre fatos, e contra os fatos não há negação que possa prevalecer, eles terão que render-se à evidência, como os mais recalcitrantes tiveram que fazê-lo quanto ao movimento da Terra, à formação do globo e aos efeitos do vapor. Por mais que taxem os fenômenos de ridículos, não podem impedir a existência daquilo que existe.

Assim, o Espiritismo procurou a explicação dos fenômenos de uma certa ordem, e que em todas as épocas se produziram de maneira espontânea. Mas o que, sobretudo, o favoreceu nessas pesquisas, é que lhe foi dado o poder de produzi-los e de provocá-los, até certo ponto. Ele encontrou nos médiuns, instrumentos adequados a tal efeito, como o físico encontrou na pilha e na máquina elétrica os meios de reproduzir os efeitos do raio. Entenda-se que isto é uma comparação e que não pretendo estabelecer uma analogia.

Há aqui, entretanto, uma consideração de alta importância. É que, em suas pesquisas, ele não procedeu por via de hipóteses, como o acusam. Ele não supôs a existência do mundo espiritual para explicar os fenômenos que tinha sob as vistas. Ele procedeu pela via da análise e da observação. *Dos fatos remontou à causa e o elemento espiritual a ele se apresentou como força ativa; ele só o proclamou depois de havê-lo constatado.*

Como força e como lei da Natureza, a ação do elemento espiritual abre, assim, novos horizontes à Ciência, dando-lhe a chave de uma porção de problemas incompreendidos.

Mas, se a descoberta de leis puramente materiais produziu no mundo revoluções materiais, a do elemento espiritual nele prepara uma revolução moral, porque ela muda totalmente o curso das ideias e das crenças mais arraigadas; ela mostra a vida sob um outro aspecto; ela mata a superstição e o fanatismo; ela engrandece o pensamento, e o homem, em vez de se arrastar na matéria, de circunscrever sua vida entre o nascimento e a morte, eleva-se ao infinito; ele sabe de onde vem e para onde vai; ele vê um objetivo para o seu trabalho, para os seus esforços, uma razão de ser para o bem; ele sabe que nada do que aqui adquire em saber e moralidade fica perdido, e que o seu progresso continua indefinidamente no Além-Túmulo; ele sabe que há sempre um futuro para si, sejam quais forem a insuficiência e a brevidade da presente existência, ao passo que a ideia materialista, circunscrevendo a vida à existência atual, dá-lhe como perspectiva o nada, que nem mesmo tem por compensação a duração, que ninguém pode aumentar à sua vontade, desde que podemos cair amanhã, dentro de uma hora, e então o fruto de nossos labores, de nossas vigílias, dos conhecimentos adquiridos estarão para nós perdidos para sempre, muitas vezes sem termos tido tempo de desfrutá-los.

O Espiritismo, eu o repito, demonstrando, não por hipótese, mas por fatos, a existência do mundo invisível e o futuro que nos aguarda, muda completamente o curso das ideias; dá ao homem a força moral, a coragem e a resignação, porque ele não mais trabalha apenas pelo presente, mas pelo futuro; ele sabe que se não gozar hoje, gozará amanhã. Demonstrando a ação do elemento espiritual sobre o mundo material, ele alarga o domínio da Ciência e abre, por isto mesmo, uma nova via ao progresso material. Então terá o homem uma base sólida para o estabelecimento da ordem moral na Terra. Ele compreenderá melhor a solidariedade que existe entre os seres deste mundo, porquanto essa solidariedade se perpetua indefinidamente; a fraternidade deixa de ser palavra vã; ela mata o egoísmo, em vez de ser morta por ele e, muito naturalmente, imbuído destas ideias, o homem a elas conformará as suas leis e suas instituições sociais.

O Espiritismo conduz inevitavelmente a essa reforma. Assim, pela força das coisas, realizar-se-á a revolução moral que deve transformar a Humanidade e mudar a face do mundo, e isto simplesmente pelo conhecimento de uma nova lei da Natureza que dá um outro curso às ideias, uma significação a esta vida, um objetivo às aspirações do futuro, e faz encarar as coisas de outro ponto de vista.

Se os detratores do Espiritismo – eu falo dos que militam pelo progresso social, dos escritores que pregam a emancipação dos povos, a liberdade, a fraternidade e a reforma dos abusos – conhecessem as verdadeiras tendências do Espiritismo, seu alcance e seus inevitáveis resultados, em vez de atacá-lo, como o fazem, e de lançar incessantemente obstáculos no seu caminho, nele veriam a mais poderosa alavanca para chegar à destruição dos abusas que combatem; em vez de lhe serem hostis, eles o aclamariam como um socorro providencial. Infelizmente, a maioria acredita mais em si do que na Providência. Mas a alavanca age sem eles e apesar deles, e a força irresistível do Espiritismo será tanto mais bem constatada quanto mais ele tiver a combater. Um dia, deles dirão – e isto não será para sua glória – o que eles próprios dizem dos que combateram o movimento da Terra e dos que negaram a força do vapor. Todas as negações, todas as perseguições não impediram que estas leis naturais seguissem o seu curso, como todos os sarcasmos da incredulidade não impedirão a ação do elemento espiritual, que é, também, uma lei da Natureza.

Considerado desta maneira, o Espiritismo perde o caráter de misticismo que lhe censuram seus detratores, pelo menos aqueles que não o conhecem. Não é mais a ciência do maravilhoso e do sobrenatural ressuscitada, é o domínio da Natureza, enriquecido por uma lei nova e fecunda, uma prova a mais do poder e da sabedoria do Criador. São, enfim, os limites recuados do conhecimento humano.

Tal é, em resumo, senhores, o ponto de vista sob o qual se deve encarar o Espiritismo. Nesta circunstância, qual foi o meu papel? Não é nem o de inventor nem o de criador. Eu vi, observei, estudei os fatos com cuidado e perseverança; eu os coordenei e lhes deduzi as consequências: eis toda a parte que me cabe. Aquilo que fiz, outro poderia ter feito em meu lugar. Em tudo isto fui apenas um instrumento da Providência, e dou graças a Deus e aos bons Espíritos por terem querido servir-se de mim. É uma tarefa que aceitei com alegria, e da qual me esforço por me tornar digno, pedindo a Deus me dê as forças necessárias para realizá-la segundo a sua santa vontade. Essa tarefa, entretanto, é pesada, mais pesada do que podem supor, e se tem para mim algum mérito, é que tenho a consciência de não haver recuado ante nenhum obstáculo e nenhum sacrifício; será a obra de minha vida, até meu último dia, pois ante um objetivo tão importante, todos os interesses materiais e pessoais se apagam, como pontos diante do infinito.

Termino esta curta exposição, senhores, dirigindo sinceras felicitações aos nossos irmãos da Bélgica, presentes ou ausentes, cujo zelo, devotamento e perseverança contribuíram para a implantação do Espiritismo naquele país. As sementes que foram plantadas nos grandes centros populacionais como Bruxelas, Antuérpia e outros, tenho certeza, não terão sido lançadas em solo estéril.

UMA LEMBRANÇA DE VIDAS PASSADAS

Num artigo biográfico sobre *Méry*, publicado pelo *Journal Littéraire* de 25 de setembro de 1864, encontra-se a seguinte passagem:

"Há teorias singulares que para ele são convicções.

"Assim, ele crê firmemente que viveu várias vezes; lembra-se das menores circunstâncias de suas existências precedentes e as detalha com uma nota de certeza que impõe como uma autoridade.

"Assim, ele foi um dos amigos de Virgílio e de Horácio, conheceu Augustus Germanicus e fez a guerra nas Gálias e na Germânia. Era general e comandava as linhas romanas quando estas atravessaram o Reno. Reconhecia nas montanhas lugares onde havia acampado, e nos vales os campos de batalha onde combateu. Ele se lembra de conversas em casa de Mecenas, que são o eterno objeto de seus pesares. Chamava-se Minius.

"Um dia, na sua vida atual, ele estava em Roma e visitava a biblioteca do Vaticano. Ali foi recebido por gente moça, noviços em longas vestes escuras, que se puseram a lhe falar no latim mais puro. *Méry* era bom latinista, no que se refere à teoria e às coisas escritas, mas ainda não havia experimentado conversar familiarmente na língua de Juvenal. Ouvindo esses romanos de hoje, admirando esse magnífico idioma, tão harmonizado com aqueles monumentos, com os costumes da época em que era usado, pareceu-lhe que um véu caía de seus olhos; pareceu-lhe que ele próprio havia conversado, em outros tempos, com amigos que se serviam dessa linguagem divina. Frases feitas e impecáveis saiam-lhe da boca; ele encontrou imediatamente a elegância e a correção; enfim, falou latim como fala francês; teve em latim o espírito que tem em francês. Nada disso podia fazer-se sem um aprendizado, e se ele não tivesse sido um súdito de Augusto, se não tivesse atravessado aquele século de todos os esplendores, não teria improvisado uma ciência, impossível de adquirir em poucas horas.

"Sua outra passagem na Terra aconteceu na Índia, por isso ele a conhece tão bem. Eis por que, quando ele publicou *Guerre du Nizam*, nenhum de seus leitores duvidou que ele tivesse morado muito tempo na Ásia. Suas descrições são vivas, seus quadros são originais, ele toca com o dedo os mínimos detalhes e é impossível não tenha visto o que conta, pois lá está o cunho da verdade.

"Ele afirma ter entrado naquele país com uma expedição muçulmana em 1035. Viveu lá durante cinquenta anos, viveu ali belos dias e ali se fixou para não mais sair. Lá ele ainda era poeta, mas menos letrado do que em Roma e em Paris. Inicialmente guerreiro e depois sonhador, guardou na alma as imagens empolgantes das margens do Rio Sagrado e dos ritos hindus. Ele tinha várias moradas, na cidade e no campo; orou nos templos dos elefantes; conheceu a civilização avançada de Java; viu de pé as esplêndidas ruínas que assinala e que ainda são tão pouco conhecidas.

É preciso ouvi-lo contar esses poemas, pois são verdadeiros poemas essas lembranças à maneira de Swedenborg. Ele é muito sério, não tenhais dúvida. Isto não é uma mistificação arranjada à custa dos ouvintes, é uma realidade de que ele consegue vos convencer.

"E suas doutrinas sobre a história, que ele possui admiravelmente! E suas pilhérias tão finas, que lançam uma luz nova sobre tudo quanto elas tocam! E seus relatos, que são romances, que quase nos fazem chorar, depois de não termos podido conter o riso! Tudo isto faz de Méry um dos mais maravilhosos homens dos tempos em que viveu, e mesmo daqueles em que sua alma errante esperava a vez para entrar num corpo e novamente fazer que dela falassem as gerações sucessivas.

"PIERRE DANGEAU"

O autor do artigo não acompanha este fato de nenhuma reflexão. Depois de ter exaltado o alto mérito de Méry e sua grande inteligência, teria sido inconsequente taxá-la de loucura. Se, pois, Méry é um homem de bom senso, de alto valor intelectual; se a crença de já ter vivido é nele uma convicção; se essa convicção nele não é produto de um sistema à sua maneira, mas o resultado de uma lembrança retrospectiva e de um fato material, não há aí alguma coisa que possa despertar a atenção de todo homem sério? Vejamos a que incalculáveis consequências nos conduz este simples fato.

Se Méry já viveu, não deve isto ser exceção, porque as leis da Natureza são as mesmas para todos, e assim, todos os homens também devem ter vivido; se se viveu, não é certamente o corpo que renasce, é, entretanto, o princípio inteligente, a alma, o Espírito, portanto, temos uma alma. Considerando-se que Méry conservou a lembrança de várias existências, porquanto os lugares lhe trazem à lembrança o que já viu outrora, com a morte do corpo a alma não se perde no todo universal. Ela conserva, pois, a sua individualidade, a consciência do seu *eu*.

Lembrando-se Méry do que ele foi há aproximadamente dois mil anos, em que se tornou sua alma no intervalo? Abismou-se no oceano do infinito ou perdida nas profundezas do espaço? Não, porque assim ela não reencontraria sua individualidade de outrora. Então deve ter ficado na esfera da atividade terrestre, vivendo a vida espiritual, em nosso meio ou no espaço que nos rodeia, até tomar um novo corpo. Considerando-se que Méry não está sozinho no mundo, deve haver em torno de nós uma população inteligente invisível.

Renascendo para a vida corpórea, após um intervalo mais ou menos longo, a alma renasce no estado primitivo, no estado de alma nova, ou aproveita as ideias adquiridas em suas existências anteriores? A lembrança retrospectiva resolve a questão por um fato: se Méry tivesse perdido as ideias adquiridas, não teria readquirido a língua que falava outrora; a visão dos lagares nada lhe teria trazido à lembrança.

Mas se já vivemos, por que não viveríamos novamente? Por que esta existência seria a última? Se renascemos com o desenvolvimento intelectual realizado, a intuição que trazemos das ideias adquiridas é um fundo que ajuda na aquisição de novas ideias, que tornam o estudo mais fácil. Se um homem for medianamente matemático numa existência, menos trabalho lhe será preciso em nova existência para ser um matemático completo. É uma consequência lógica. Se se tornou bom pela metade, se se corrigiu de alguns defeitos, necessitará de menos esforço para tornar-se melhor, e assim por diante.

Nada do que adquirimos em inteligência, em saber e em moralidade fica perdido. Quer morramos jovens ou velhos; quer tenhamos ou não tempo de desfrutar da existência presente, colheremos os seus frutos em existências subsequentes. As almas que animam os franceses civilizados de hoje podem, portanto, ser as mesmas que animavam os bárbaros francos, ostrogodos, visigodos, os gauleses selvagens, os conquistadores romanos, os fanáticos da idade média, mas que, a cada existência, deram um passo à frente, apoiando-se nos passos anteriores, e que avançarão ainda mais.

Eis, pois, resolvido o grande problema do progresso da Humanidade, esse problema contra o qual se chocaram tantos filósofos. Ele está resolvido pelo simples fato da pluralidade das existências. Mas quantos outros problemas vão encontrar a sua solução na solução deste! Que horizontes novos isto não abre! É toda uma revolução nas crenças e nas ideias.

Assim raciocinará o pensador sério, o homem refletido. Um fato é um ponto de partida, do qual ele tira consequências. Ora, quais são os pensamentos que o caso de Méry desperta no autor do artigo? Ele próprio os resume nestas palavras: "Há teorias singulares, que para ele são convicções."

Mas se esse autor nisto vê apenas uma coisa bizarra, pouco digna de sua atenção, o mesmo não se daria com todo mundo. Uma pessoa encontra em seu caminho um diamante bruto, que não se digna apanhar, porque desconhece o seu valor, ao passo que outra saberá apreciá-lo e dele tirar proveito.

As ideias espíritas hoje se produzem sob todas as formas; estão na ordem do dia, e a imprensa, sem querer confessá-las, as registra e as semeia em profusão, acreditando que apenas enriquece suas colunas de facécias. Não é admirável que todos os adversários da ideia, sem exceção, trabalhem sem tréguas na sua propagação? Eles gostariam de calar o que a força das coisas os arrasta a falar. Assim o quer a Providência – para os que creem na Providência.

Dirão que argumentamos com base num fato isolado, que não constitui lei, porque, se a pluralidade das existências é uma condição inerente à Humanidade, por que nem todos os homens se recordam, como Méry? A isto respondemos: Dai-vos ao trabalho de estudar o Espiritismo e o sabereis. Não repetiremos, pois, o que cem vezes foi demonstrado relativamente à inutilidade da lembrança para aproveitar a experiência adquirida em vidas precedentes e o perigo dessa lembrança para as relações sociais.

Há, porém, outra causa para o esquecimento, de certo modo fisiológica, devida, ao mesmo tempo à materialidade do nosso envoltório e à identificação do nosso Espírito pouco adiantado com a matéria. À medida que o Espírito se depura, os laços materiais são menos tenazes e o véu que obscurece o passado é menos opaco. A faculdade da lembrança retrospectiva é consequência, portanto, do desenvolvimento do Espírito. O fato é raro em nossa Terra, porque a Humanidade ainda é muito material, mas seria um erro supor que Méry seja um exemplo único. Deus permite, de vez em quando, que ele se apresente, a fim de conduzir os homens ao conhecimento da grande lei da pluralidade das existências, a única que explica a origem das qualidades boas ou más, mostra-lhe a justiça das misérias que suporta aqui e lhe traça a rota do futuro.

A inutilidade da lembrança para tirar proveito do passado é o que têm mais dificuldade de compreender os que não estudaram o Espiritismo. Para os espíritas é uma questão elementar. Sem repetir o que a respeito foi dito, a seguinte comparação poderá facilitar a compreensão.

O estudante percorre a série de classes, desde a oitava até a filosofia. O que aprendeu na oitava lhe serve para aprender o que ensinam na sétima. Suponhamos agora que no fim da oitava ele tenha perdido a lembrança do tempo passado nessa classe; nem por isso seu espírito será menos desenvolvido e equipado com os conhecimentos adquiridos; apenas não se lembrará nem onde nem como os adquiriu, mas, à vista do progresso realizado, estará apto a aproveitar as lições da sétima. Suponhamos, ainda, que na oitava tenha sido preguiçoso, colérico, indócil, mas que, tendo sido castigado e moralizado, seu caráter se tenha transformado, tornando-se laborioso, manso e obediente; ele levará essas qualidades para a nova classe, que lhe parecerá ser a primeira. De que lhe serviria saber que foi fustigado pela preguiça, se agora ele não é mais preguiçoso? O essencial é que ele chegue à sétima classe melhor e mais capaz do que era na oitava. Assim será de classe em classe.

Pois bem! O que não acontece ao escolar, nem ao homem nos diversos períodos de sua vida atual, existe para ele como lembrança de uma existência anterior: eis toda a diferença, mas o resultado é exatamente o mesmo, posto que em maior escala.

(Vide outro exemplo de lembrança do passado relatado na Revista de julho de 1860).

UM CRIMINOSO ARREPENDIDO[1]

(Continuação)

(PASSY, 4 DE OUTUBRO DE 1864 – MÉDIUM: SR. RUL.)

NOTA: O médium tinha tido a intenção de evocar Latour desde o momento do suplício. Tendo perguntado a seu guia espiritual se poderia fazê-lo, foi-lhe respondido que esperasse o momento que lhe seria indicado. A autorização foi dada somente no dia 3 de outubro, depois que ele leu o artigo da *Revista* que tratava do caso.

---

[1] Vide *O Céu e o Inferno*, 2ª parte, capítulo VI. (Nota do revisor Boschiroli)

P. – Ouvistes as minhas preces?

R. – Sim, apesar de minha perturbação, eu as ouvi e vo-las agradeço. Fui evocado pouco após a minha morte e não me pude comunicar logo, mas muitos Espíritos levianos tomaram meu nome e meu lugar. Aproveitei em Bruxelas a presença do Presidente da Sociedade de Paris e, com a permissão dos Espíritos superiores, comuniquei-me.

Irei comunicar-me na Sociedade e farei revelações que serão um começo de reparação das minhas faltas, que poderão servir de ensinamento a todos os criminosos que me lerem e refletirem no relato de meus sofrimentos.

Os discursos sobre as penas do inferno produzem pouco efeito sobre o espírito dos culpados, que não acreditam em todas essas imagens, que são apavorantes para as crianças e para os homens fracos. Ora, um grande malfeitor não é um Espírito pusilânime, e o medo da polícia age mais sobre ele que o relato dos tormentos do inferno. Eis por que todos os que me lerem serão tocados por minhas palavras, por meus sofrimentos, que não são suposições. Não há um só sacerdote que possa dizer: "Eu vi o que vos digo; eu assisti às torturas dos danados." Mas quando eu vier dizer: "Eis o que se passou após a morte de meu corpo; eis o que foi o meu desencanto ao reconhecer que não estava morto, como tinha esperado, e o que eu havia considerado como o fim dos meus sofrimentos era o começo de torturas impossíveis de descrever", então mais de um parará à borda do precipício onde ia cair. Cada infeliz que eu parar assim na via do crime servirá para resgatar uma das minhas faltas. É assim que o bem sai do mal, e que a bondade de Deus se manifesta por toda parte, na Terra como no espaço.

Foi-me permitido libertar-me da visão de minhas vítimas, que se tornaram meus carrascos, a fim de me comunicar convosco. Mas em vos deixando, eu as verei novamente, e este simples pensamento me faz sofrer mais do que vos posso dizer. Sou feliz quando me evocam, porque então deixo o meu inferno por alguns instantes. Orai sempre por mim; pedi ao Senhor que me liberte da visão de minhas vítimas.

Sim, oremos juntos. A prece faz tanto bem!... Estou mais aliviado; já não sinto tanto o peso do fardo que me esmaga. Vejo um clarão de esperança brilhar aos meus olhos, e cheio de arrependimento exclamo: Bendita seja a mão de Deus. Que seja feita a sua vontade!

J. LATOUR

O guia espiritual do médium dita o seguinte:

"Não tomes os primeiros gritos do Espírito que se arrepende como sinal infalível de suas resoluções. Ele pode estar de boa-fé em suas promessas, porque a primeira impressão que ele sente ao se ver mergulhado no mundo dos Espíritos é de tal modo fulminante que, ao primeiro testemunho de caridade que recebe de um Espírito encarnado, entrega-se às efusões do reconhecimento e do arrependimento. Mas, por vezes, a reação é igual à ação, e muitas vezes esse Espírito culpado, que a um médium ditou tão boas palavras, pode voltar à sua natureza perversa, a seus pendores criminosos. Como uma criança que tenta caminhar, ele precisa ser ajudado para não cair."

No dia seguinte foi novamente evocado o Espírito de Latour.

O médium. – Em vez de pedir a Deus que vos liberte da visão de vossas vítimas, eu vos concito a orar comigo para lhe pedir a força para suportar essa tortura expiatória.

Latour. – Eu preferiria ser libertado da visão de minhas vítimas. Se soubésseis o que sofro! O homem mais insensível ficaria comovido se pudesse ver, impressos em meu rosto, como se fosse com fogo, os sofrimentos de minha alma. Farei o que me aconselhais. Compreendo que é um meio um pouco mais rápido de expiar minhas faltas. É como uma operação dolorosa, que deve dar a saúde ao meu corpo muito doente.

Ah! Se os culpados da Terra pudessem ver-me, como ficariam apavorados com as consequências de seus crimes que, ocultos aos olhos dos homens, são vistos pelos Espíritos! Como a ignorância é fatal a tanta pobre gente!

Que responsabilidade assumem os que recusam a instrução às classes pobres da Sociedade! Eles pensam que com a polícia e os guardas podem prevenir os crimes. Como estão errados! Se dobrassem ou quadruplicassem o número de agentes da autoridade, os mesmos crimes seriam cometidos, porque é preciso que os maus Espíritos encarnados cometam crimes.

Eu me recomendo à vossa caridade.

OBSERVAÇÃO: Sem dúvida é por um resto de preconceitos terrenos que Latour diz: "É preciso que os maus Espíritos encarnados cometam crimes." Seria a fatalidade nas ações dos homens, doutrina que a todos excusaria. Aliás, é muito natural que ao sair de semelhante existência, o Espírito não compreenda ainda a liberdade moral, sem a qual o homem estaria no nível dos animais. A gente pode admirar-se de que ele não diga coisas piores.

A comunicação seguinte, do mesmo Espírito, foi obtida espontaneamente em Bruxelas, pela Sra.C..., a mesma médium que havia servido de instrumento à cena relatada no número de outubro.

"Nada mais temais de mim. Estou mais tranquilo, contudo ainda sofro. Deus teve piedade de mim, porque viu o meu arrependimento. Agora *sofro esse arrependimento que me mostra a enormidade de minhas faltas*.

"Se eu tivesse sido bem guiado na vida, não teria feito todo o mal que fiz, mas os meus instintos não foram reprimidos, e a eles obedeci, pois não conhecia freios. Se todos os homens pensassem bastante em Deus, ou, pelo menos, se todos os homens nele acreditassem, semelhantes atrocidades não mais seriam cometidas.

"Mas a justiça dos homens é mal compreendida. Por uma falta, às vezes leve, um homem é metido numa prisão que é sempre um lugar de perdição e de perversão. Dali ele sai completamente perdido pelos maus conselhos e pelos maus exemplos colhidos. Contudo, se sua natureza é suficientemente boa e bastante forte para resistir ao mau exemplo, ao sair da prisão todas as portas lhe são fechadas, todas as mãos dele se distanciam, todos os corações honestos o repelem. O que lhe resta? O desprezo e a miséria. O desprezo, o desespero, se ele sentir em si boas resoluções para voltar ao bem; a miséria o impele a tudo. Então ele também despreza o seu semelhante, odeia-o, e perde toda a consciência do bem e do mal, porque se vê repelido, ele, que entretanto havia tomado a resolução de tornar-se honesto. Para conseguir o necessário, ele rouba, ele mata, às vezes. Depois o guilhotinam!

"Meu Deus, no momento em que minhas alucinações me vão retomar, sinto vossa mão estender-se sobre mim; sinto vossa bondade que me envolve e me protege. Obrigado, meu Deus! Em minha próxima existência empregarei minha inteligência e todos os meus esforços para socorrer os infelizes que sucumbiram e para preservá-los da queda.

"Obrigado, a vós que não vos repugnais em comunicar-se comigo. Não temais, pois vedes que não sou mau. Quando pensardes em mim, não mentalizeis a imagem que de mim vistes, mas tende em mente uma pobre alma desolada, agradecida por vossa indulgência.

"Adeus. Evocai-me novamente, e rogai a Deus por mim."

LATOUR

OBSERVAÇÃO: O Espírito alude ao medo que sua presença inspirava ao médium.

Além disso, ele diz: "Eu sofro esse arrependimento que me mostra o enormidade de minhas faltas." Há nisto um pensamento profundo. O Espírito não compreende, realmente, a gravidade de seus erros senão quando se arrepende. O arrependimento traz o pesar, o remorso, sentimento doloroso que é a transição do mal para o bem, da doença moral para a saúde moral. É para escapar disto que os Espíritos perversos resistem à voz da consciência, como esses doentes que repelem o remédio que deve curá-los. Eles procuram iludir-se e atordoar-se, persistindo no mal. Latour chegou à fase em que o endurecimento acaba cedendo, e o remorso entrou em seu coração. Em seguida veio o arrependimento. Ele compreende a extensão do mal que fez, vê a sua abjeção e a sofre. Eis por que ele diz: "Eu sofro esse arrependimento." Em sua existência precedente, ele deve ter sido pior que nesta, porque se se tivesse arrependido como faz agora, sua vida teria sido melhor. As resoluções que ele toma agora influirão sobre sua futura existência terrena. A que ele acaba de deixar, por mais criminosa que tenha sido, marcou-lhe uma etapa do progresso. É mais do que provável que antes de iniciá-la ele fosse, na erraticidade, um desses maus Espíritos rebeldes, obstinados no mal, como se veem tantos.

Muitas pessoas perguntaram que proveito poderia ser tirado das existências passadas, levando-se em consideração que a gente nem se lembra do que foi, nem do que fez.

Esta questão está completamente resolvida pelo fato que, se o mal que praticamos é apagado; se nenhum traço resta em nosso coração, sua lembrança seria inútil, pois com eles não mais temos que nos preocupar. Quanto àquilo de que não nos corrigimos completamente, conhecemos por nossas tendências atuais; é para estas que devemos voltar toda a nossa atenção. Basta saber o que somos, sem que seja necessário saber o que fomos.

Quando se considera a dificuldade, durante a vida, da reabilitação do culpado mais arrependido, da reprovação de que ele é objeto, deve-se agradecer a Deus por haver lançado um véu sobre o passado. Se Latour tivesse sido condenado em tempo hábil, e mesmo que tivesse sido resgatado, seus antecedentes teriam feito com que ele fosse repelido pela Sociedade. Malgrado o seu arrependimento, quem o teria admitido na intimidade? Os sentimentos que hoje manifesta como Espírito nos dão a esperança que, na próxima existência terrena, será um homem honesto, estimado e considerado. Mas suponde que se saiba quem foi Latour! A reprovação ainda o perseguirá. O véu lançado sobre o passado lhe abre a porta da reabilitação. Ele poderá assentar-se sem receio e sem acanhamento entre as mais decentes pessoas. Quantas pessoas não gostariam de apagar da memória dos homens, a todo custo, certos anos de sua existência!

Onde se encontra uma doutrina que melhor se harmonize com a justiça e a bondade de Deus? Aliás, esta doutrina não é uma teoria, mas resultado da observação. Não foram os espíritas que a imaginaram; eles viram e observaram as diversas situações em que se apresentam os Espíritos; eles procuraram a sua explicação, e dessa explicação saiu a doutrina. Se eles a aceitaram é porque ela resulta dos fatos, e porque ela lhes pareceu mais racional que todas as emitidas até hoje sobre o futuro da alma.

Latour foi evocado muitas vezes, o que era muito natural, mas, como acontece em casos semelhantes, houve muitas comunicações apócrifas, e os Espíritos levianos não perderam essa ocasião. A própria situação de Latour impedia que ele pudesse manifestar-se quase simultaneamente em tantos pontos ao mesmo tempo, porquanto a ubiquidade só é possível a Espíritos superiores.

As comunicações que relatamos são mais autênticas? Julgamos que sim e o desejamos, sobretudo para o bem desse Espírito. Na falta de provas materiais que atestem a identidade de modo absoluto, como muitas vezes são obtidas, pelo menos temos as provas morais, que tanto resultam das circunstâncias em que ocorrem as manifestações quanto da concordância. Sobre as comunicações que conhecemos, vindas de fontes diversas, pelo menos três quartas partes são coerentes quanto ao fundo; entre as outras, algumas não resistem a um exame, tão evidente é o erro de situação, e em flagrante contradição com o que nos ensina a experiência sobre o estado dos Espíritos no mundo espiritual.

Seja como for, não se pode recusar àquelas que citamos um alto ensino moral. O Espírito pode ter sido, deve mesmo ter sido ajudado em suas reflexões, e sobretudo na escolha das expressões, por Espíritos mais adiantados. Mas, em casos semelhantes, estes últimos só assistem na forma, e não no fundo, e jamais põem o Espírito inferior em contradição consigo mesmo. Em Latour puderam poetizar a forma do arrependimento, mas não o teriam levado a exprimir o arrependimento contra a sua vontade, porque o Espírito tem o seu livre-arbítrio. Eles viam nele o germe dos bons sentimentos, por isso ajudaram-no a exprimi-los, e dessa forma contribuíram para desenvolvê-los, ao mesmo tempo que para ele atraíram a comiseração.

Há algo de mais empolgante, de mais moral, de natureza a impressionar mais vivamente que o quadro desse grande criminoso arrependido, manifestando seu desespero e seu remorso, que, em meio às torturas, perseguido pelo olhar incessante de suas vítimas, eleva o pensamento a Deus para implorar misericórdia? Não está aí um salutar exemplo para os culpados? Tudo é sensato em suas palavras; tudo é natural em sua situação, ao passo que o que lhe é atribuído por certas comunicações é ridículo. Compreende-se a natureza de suas angústias; elas são racionais, terríveis, posto que simples e sem aparato fantasmagórico. Por que não se teria arrependido? Por que não haveria nele uma corda sensível vibrando? Está precisamente aí o lado moral de suas comunicações; é a compreensão que ele tem da situação; são seus pesares, suas resoluções, seus projetos de reparação que são eminentemente instrutivos. O que teriam visto de extraordinário se ele se tivesse arrependido sinceramente antes de morrer; se ele houvesse dito antes o que disse depois?

Uma volta ao bem antes de sua morte, aos olhos da maioria de seus pares, teria passado por uma fraqueza. Sua voz de Além-Túmulo é a revelação do futuro que os aguarda. Ele está absolutamente certo quando diz que o seu exemplo é mais adequado a reconduzir os culpados do que as chamas do inferno, e mesmo o cadafalso. Por que, então, não lhes é dado nas prisões? Isto levaria mais de um a refletir, conforme temos vários exemplos. Mas como crer na eficácia das palavras de um morto, quando se acredita que quando se morre tudo está acabado? Dia virá, entretanto, em que se reconhecerá esta verdade: Os mortos podem vir instruir os vivos.

CONVERSAS FAMILIARES DE ALÉM-TÚMULO

PIERRE LEGAY, O GRANDE PIERROT

(PARIS, 16 DE AGOSTO DE 1864 – MÉDIUM: SRA. DELANNE)

Pierre Legay era um rico cultivador um pouco interesseiro, falecido há dois anos e parente da Sra. Delanne. Era conhecido na região com o apelido de Grande Pierrot.

A comunicação seguinte nos mostra um dos aspectos mais interessantes do mundo invisível, o dos Espíritos que se julgam ainda vivos. Foi obtida pela Sra. Delanne, que a transmitiu à Sociedade de Paris. O Espírito se exprime exatamente como o fazia em vida; a própria trivialidade da linguagem é uma prova de identidade. Tivemos que suprimir algumas expressões que lhe eram familiares, dada a sua crueza.

"Há algum tempo, – diz a Sra. Delanne, – ouvíamos batidas em volta de nós. Presumindo que fosse um Espírito, pedimos-lhe que se desse a conhecer. Logo ele escreveu: Pierre Legay, dito Grande Pierrot.

1. – Eis-vos, então, em Paris, Grande Pierrot, vós que tínheis tanta vontade de aqui vir?

– Estou aqui, meu caro amigo; vim só porque *ela* veio sem mim. Entretanto, eu lhe havia dito que me prevenisse, mas, enfim, cá estou eu... Eu estava aborrecido por não me darem atenção.

OBSERVAÇÃO: O Espírito alude à mãe da Sra. Delanne, que há algum tempo tinha vindo morar em Paris, na casa da filha. Ele a designa por um epíteto que lhe era habitual e que substituímos por *ela*.

2. – Sois vós que bateis à noite?

– Onde queríeis que eu fosse? Não me posso deitar em frente à porta.

3. – Então vos deitais em nossa casa?

– Mas, por certo. Ontem fui passear convosco, ver a iluminação. Vi tudo. Ah! Mas aquilo é bonito! Muito bom! Pode-se dizer que fizeram coisas bonitas. Asseguro-vos que estou muito contente; não lamento o meu dinheiro.

4. – Por que caminho viestes a Paris? Então pudestes abandonar as vossas terras?

– Diabos! Eu não posso cavar e estar aqui. Estou muito contente por ter vindo. Vós me perguntais como vim, mas vim pela estrada de ferro.

5. – Com quem viestes?

– Bem... Palavra de honra que eu não os conhecia.

6. – Quem vos deu o meu endereço? Dizei-me também de onde vinha a simpatia que tínheis por mim.

– Quando fui à casa *dela* (a mãe da Sra. Delanne) e não a encontrei, perguntei ao guarda onde estava ela. Ele me disse que ela estava aqui, então eu vim. E depois, vede, meu amigo, gosto de vós porque sois um bom rapaz. Vós me agradastes, sois franco e eu gosto de todas essas crianças. Vede, quando a gente gosta dos parentes a gente gosta das crianças.

7. – Dizei-me o nome da pessoa que guarda a casa de minha sogra, pois ela tem as chaves em seu bolso.

– Quem eu encontrei lá? Mas eu encontrei o pai Colbert, que me disse que ela lhe havia dito que prestasse atenção.

8. – Vedes aqui o meu sogro, papai Didelot?

– Como quereis que o veja se ele não está aqui? Sabeis muito bem que ele morreu.

(2ª CONVERSA, A 18 DE AGOSTO DE 1864)

Tendo ido passar o dia em Châtillon, o Sr. e a Sra. Delanne ali evocaram Pierre Legay.

9. – Mas, então viestes a Châtillon?

– Ora, eu vos sigo por toda parte.

10. – Como viestes para cá?

– Sois engraçados! Eu vim na carruagem.

11. – Eu não vos vi pagar a passagem.

– Subi com Mariana e depois vossa mulher. Pensei que a tínheis pago. Eu estava na parte de cima; nada me pediram. Não a pagastes? Por que o condutor não reclamou?

12. – Quanto pagastes na estrada de ferro de Ligny a Paris?

– Na estrada de ferro não é a mesma coisa. Fui de Tréveray a Ligny a pé e depois tomei o ônibus, que obviamente paguei ao condutor.

13. – Foi mesmo ao condutor que pagastes?

– A quem queríeis que eu tivesse pago? Mas, meu primo, então credes que eu não tenha dinheiro? Há muito tempo eu havia separado meu dinheiro para vir. Não é por não ter eu pago a passagem aqui que devam pensar que não tenho dinheiro. Sem isto eu não teria vindo.

14. – Mas não me respondestes quanto gastastes no percurso em estrada de ferro de Nançois-le-Petit até Paris.

– Mas b... eu paguei como os outros. Dei 20 francos e me devolveram 3,60 francos. Vede quanto dá.

OBSERVAÇÃO: A soma de 16,40 francos é realmente a marcada no *indicador*, o que ignoravam o Sr. e a Sra. Delanne.

15. – Quanto tempo levastes na estrada de ferro de Nançois a Paris?

– Tanto quanto os outros. Eles não fizeram a locomotiva funcionar mais depressa para mim do que para os outros. Aliás, eu não podia achar o tempo longo; jamais tinha viajado em estrada de ferro e julgava Paris muito mais longe. Não mais me admiro que essa cadela (a sogra do Sr. D...) venha tantas vezes para cá. Palavra de honra que é bom, e estou contente de poder conversar convosco. Apenas muitas vezes não me respondeis. Eu compreendo. Vossos negócios vos preocupam muito. Ontem não ousei entrar convosco pela manhã (na casa comercial onde trabalha o Sr. D...) e fui visitar o cemitério de Montmartre, creio; não é assim que o chamais? Precisais dizer-me os nomes para que possa contá-los novamente quando voltar. (O Sr. e a Sra. Delanne, com efeito, tinham ido pela manhã ao cemitério de Montmartre).

16. – Como nada vos prende aqui, pensais em voltar logo?

– Quando eu tiver visto tudo, já que para isso estou aqui. Depois, palavra, eles bem que podem se virar um pouco, os outros (seus filhos); eles farão como quiserem. *Quando eu não estiver mais aqui*, eles terão que passar sem mim. Que dizeis, primo?

17. – O que achais do vinho de Paris, e da comida?

– Mas não se compara com aquele que vos fiz beber (O Espírito alude a uma circunstância em que fez o Sr. D... beber vinho engarrafado há vinte e cinco anos); contudo não é mau. A comida, para mim, é igual. Muitas vezes pego um pouco de pão e o como ao vosso lado. Não gosto de sujar um prato. Não é difícil quando se está habituado. Por que fazer cerimônias?

18. – Então, onde dormis? Não notei vosso leito.

– Chegando, Mariana foi a um quarto escuro; pensei que fosse para mim e lá me deitei. Falei várias vezes a todos.

19. – Em vossa idade, não temeis ser esmagado nas ruas de Paris?

– Bem! meu primo, é o que mais me aborrece, esses diabos de carros; também não saio das calçadas.

20. – Há quanto tempo estais em Paris?

– Bem! por exemplo, sabeis que cheguei quinta-feira última. Parece que são oito dias.

21. – Como não vi vossa bagagem, se precisardes de roupa branca não façais cerimônia.

– Eu peguei duas camisas, e é o bastante; quando estiverem sujas eu me virarei; não gostaria de vos perturbar.

22. – Quereis dizer-nos o que vos disse o pai Colbert antes de vossa partida para Paris?

– Ele está na casa de Mariana. Ele está lá há muito tempo. Vendendo-a, ele quis permanecer lá. Ele diz que não se incomoda, porque ele a cuida.

23. – Dissestes ontem que não víeis meu sogro Didelot, porque ele morreu. Como, então, vedes tão bem o pai Colbert, que também está morto pelo menos há trinta anos?

– Bom! Na verdade, perguntais o que eu não sei. Eu não tinha pensado nisto. O que é certo é que ele lá está bem tranquilo. Não vos posso dizer mais nada.

OBSERVAÇÃO: O pai Colbert é o antigo proprietário da casa da mãe da Sra. Delanne. Parece que desde sua morte ficou na casa, da qual se constituiu guarda, e que também ele ainda se julga vivo. Assim, esses dois Espíritos, Colbert e Pierre Legay, se veem e conversam como se ainda fossem deste mundo, não se dando conta, nem um nem o outro, de sua situação.

(3ª CONVERSA, A 19 DE AGOSTO DE 1864)

24. (Ao guia espiritual do médium). – Tende a bondade de dar algumas instruções relativas ao Espírito Legay, e dizer-nos se é tempo de lhe fazer compreender sua verdadeira posição.

– Sim, meus filhos. Ele ficou perturbado com as perguntas de ontem; ele não sabe o que ele é; tudo para ele é confuso quando quer saber, porque ainda não reclama a proteção de seu anjo da guarda.

25. – (A Legay) Estais aqui?

– Sim, meu primo, mas eu me sinto muito esquisito; não sei o que isto quer dizer. Não te vás sem mim, Mariana.

26. – Refletistes no que ontem vos pedimos que dissésseis a respeito do pai Colbert, que vistes vivo, quando ele está morto?

– Mas não vos posso dizer como é isto. Apenas ouvi dizer há tempos que havia aparições. Palavra, creio que ele é uma das tais. Digam o que quiserem, eu o vi. Mas estou fatigado, garanto. Preciso ficar um pouco tranquilo.

27. – Credes em Deus e fazeis vossas preces diárias?

– Mas, palavra que sim; se isto não faz bem, não pode fazer mal.

28. – Credes na imortalidade da alma?

– Oh! Isto é diferente. Não posso me pronunciar. Eu duvido.

29. – Se eu vos desse uma prova da imortalidade da alma, acreditaríeis?

– Oh! Mas os parisienses conhecem tudo. Não peço mais do que isso. Como fareis?

30. – (Ao guia do médium). Podemos fazer a evocação do pai Colbert, para lhe provar que ele está morto?

– Não precisa ir tão depressa. Trazei-o muito suavemente. Ademais, esse outro Espírito vos fatigaria muito esta noite.

31. – (A Legay). Onde estais colocado, que não vos vejo?

– Não me vedes? Ah! Esta é forte demais! Então ficastes cego?

32. – Explicai-nos a maneira pela qual nos falais, porquanto fazeis minha mulher escrever.

– Eu? Palavra que não!

(Várias novas perguntas foram dirigidas ao Espírito e ficaram sem resposta. Evocado seu anjo da guarda, um dos guias do médium respondeu o que segue):

"Meus amigos, sou eu que venho responder, porque o anjo da guarda deste pobre Espírito não está com ele, pois só virá quando ele mesmo o chamar e rogar ao Senhor que lhe conceda a luz. Ele ainda estava sob o domínio da matéria e não tinha querido escutar a voz de seu anjo da guarda, que se havia afastado, porque ele se obstinava em ficar estacionário.

"Na verdade, não era ele que te fazia escrever. Ele falava como de hábito, persuadido de que compreendíeis, mas era seu Espírito familiar que conduzia a tua mão. Do ponto de vista dele, enquanto ele falava com teu marido, tu escrevias, e isso tudo lhe parecia natural. Mas as vossas últimas perguntas e vosso pensamento o levaram a Tréveray; ele ficou perturbado; orai por ele e chamai-o mais tarde. Ele voltará depressa. Orai por ele. Nós oraremos convosco."

Já vimos mais de um exemplo de Espíritos que se acreditam ainda vivos. Pierre Legay nos mostra essa fase da vida dos Espíritos da mais característica maneira. Parece que os que se acham neste caso são muito mais numerosos do que se pensa; em vez de constituírem exceção, de oferecerem uma variedade no castigo, isto seria quase uma regra, um estado normal para os Espíritos de uma certa categoria. Assim, teríamos em redor de nós, não só os Espíritos que têm consciência da vida espiritual, mas uma porção de outros que vivem, por assim dizer, uma vida semimaterial, julgando-se ainda deste mundo, e continuando a vagar, ou julgando ainda dedicar-se a suas ocupações terrenas. Contudo, seria erro assimilá-los em tudo aos encarnados, porque se nota em suas atitudes e em suas ideias algo de vago e de incerto que não é próprio da vida corporal. É um estado intermediário, que nos dá a explicação de certos efeitos nas manifestações espontâneas e de certas crenças antigas e modernas.

Um fenômeno que pode parecer mais original e não deixa de fazer sorrirem os incrédulos é o dos objetos materiais que o Espírito julga possuir. Compreende-se que Pierre Legay se imagine subindo no trem, porque a estrada de ferro é uma coisa real, que existe, entretanto, é menos compreensível que ele acredite ter dinheiro e ter pago a sua passagem.

Esse fenômeno encontra sua solução nas propriedades do fluido perispiritual e na teoria das criações fluídicas, princípio importante, que dá a chave de muitos mistérios do mundo invisível.

Pela vontade ou só pelo pensamento, o Espírito opera no fluido perispiritual, que não passa de uma concentração do fluido cósmico ou elemento universal, uma transformação parcial que produz o objeto que ele deseja. Tal objeto é para nós uma aparência, mas para o Espírito é uma realidade. É assim que um Espírito falecido recentemente, um dia apresentou-se em uma reunião espírita, a um médium vidente, com um cachimbo na boca, fumando. À observação que lhe fizeram de que aquilo não era conveniente, ele respondeu: "Que quereis! Tenho de tal forma o hábito de fumar que não posso privar-me do cachimbo." O que era mais singular é que o cachimbo produzia fumaça, para o vidente, bem entendido, e não para os assistentes.

Tudo deve estar em harmonia no mundo espiritual, como no mundo material. Aos homens corporais são necessários objetos materiais. Aos Espíritos, cujo corpo é fluídico, são necessários objetos fluídicos. Os objetos materiais não lhes serviriam mais do que os objetos fluídicos serviriam aos homens corporais. Querendo fumar, o Espírito fumante criava um cachimbo que para ele tinha a realidade de um cachimbo da Terra. Legay, querendo dinheiro para pagar a passagem, por pensamento criou a soma necessária. Para ele há realmente dinheiro, mas os homens não se poderiam contentar com a moeda dos Espíritos. Assim se explicam as vestimentas com que se cobrem à vontade, as insígnias que usam, as várias aparências que podem tomar etc.

As propriedades curativas dadas ao fluido pela vontade também se explicam por essa transformação. O fluido modificado age sobre o perispírito que lhe é similar, e esse perispírito, intermediário entre o princípio material e o princípio espiritual, reage sobre a economia, na qual representa um papel importante, posto que ainda é desconhecido pela Ciência.

Há, pois, o mundo corporal visível com os objetos materiais, e o mundo fluídico, invisível para nós, com os objetos fluídicos. É de notar que os Espíritos de uma ordem inferior e pouco esclarecidos operam essas criações sem se dar conta da maneira pela qual neles se produz tal efeito. Eles não podem compreendê-lo, assim como um ignorante da Terra não pode compreender o mecanismo da visão, nem um camponês dizer como cresce o trigo.

As formações fluídicas se ligam a um princípio geral, que será ulteriormente objeto de um desenvolvimento completo, quando tiver sido suficientemente elaborado.

O estado dos Espíritos na situação de Pierre Legay levanta diversas questões. A que categoria pertencem precisamente os Espíritos que se julgam ainda vivos? A que se deve essa particularidade? Ela se deve a uma falta de desenvolvimento intelectual e moral? Nós vemos Espíritos muito inferiores que se dão conta perfeitamente de seu estado e a maior parte dos que temos visto nesta situação não são dos mais atrasados. É uma punição? Sem dúvida o é para alguns, como para Simon Louvet, do Havre, o suicida da torre de Francisco I, que durante cinco anos estava na apreensão de sua queda (*Revista Espírita* de março de 1863); mas muitos outros não são infelizes e não sofrem, testemunha Pierre Legay (Vide como resposta a dissertação que segue).

DISSERTAÇÕES ESPÍRITAS

SOBRE OS ESPÍRITOS QUE AINDA SE JULGAM VIVOS

(SOCIEDADE DE PARIS, 21 DE JULHO DE 1864)
(MÉDIUM: SR. VÉZY)

Já vos falamos diversas vezes das várias provas e expiações, mas diariamente não descobris novas? Elas são infinitas, como os vícios da Humanidade. Como vos estabelecer a sua nomenclatura? Entretanto, vindes reclamar por um fato e eu vou tentar instruir-vos.

Nem tudo é provação na existência. A vida do Espírito continua, como já vos foi dito, desde o nascimento até o infinito. Para uns a morte é um simples acidente que em nada influi sobre o destino do que morre. Uma telha caída, um ataque de apoplexia, uma morte violenta, muitas vezes nada mais fazem além de separar o Espírito do seu envoltório material; mas o envoltório perispiritual conserva, pelo menos em parte, as propriedades do corpo que acaba de cair. Se eu pudesse, num dia de batalha, vos abrir os olhos que possuís, mas dos quais não podeis fazer uso, veríeis muitas lutas continuando, muitos soldados se atirando ainda ao assalto, defendendo e atacando trincheiras; ouvi-los-íeis mesmo soltando seus hurras e gritos de guerra, em meio ao silêncio e sob o véu lúgubre que segue um dia de matança. Terminado o combate, eles voltam aos lares para abraçar seus velhos pais e suas velhas mães que os esperam. Para alguns, tal estado às vezes dura muito tempo; é uma continuidade da vida terrena, um estado misto entre a vida corporal e a vida espiritual. Por que, se foram simples e prudentes, sentiriam o frio do túmulo? Por que passariam bruscamente da vida à morte, da claridade do dia à noite? Deus não é injusto e deixa aos pobres de espírito esse prazer, esperando que eles vejam o seu estado pelo desenvolvimento de suas próprias faculdades e que passem calmamente da vida material à vida real do Espírito.

Consolai-vos, pois, vós que tendes pais, mães, irmãos ou filhos extintos sem luta. Talvez lhes seja permitido acreditar ainda que seus lábios se aproximem de vossas frontes. Enxugai vossas lágrimas: o pranto é doloroso para eles, e eles se admiram ao ver-vos derramá-lo; eles envolvem com os braços o vosso pescoço e vos pedem sorrisos. Sorride, pois, para esses invisíveis, e orai para que eles troquem o papel de companheiros pelo de guias; para que desdobrem suas asas espirituais, que lhes permitirão planar no infinito e vos trazer as suas suaves emanações.

Notai bem que não vos digo que todos os mortos de súbito caem nesse estado. Não, mas não há um só cuja matéria não tenha que lutar com o Espírito que se reencontra. Houve o duelo, a carne rasgou-se, o Espírito se obscureceu no momento da separação, e na erraticidade ele reconheceu a verdadeira vida.

Agora vou dizer-vos algumas palavras sobre aqueles para os quais este estado é uma provação. Oh! Como ela é penosa! Eles se julgam vivos e bem vivos, possuindo um corpo capaz de sentir e saborear os prazeres da Terra, e quando suas mãos querem tocá-los, as mãos se dissolvem; quando querem aproximar os lábios de uma taça ou de uma fruta, os lábios se aniquilam; eles veem, eles querem tocar, mas não podem sentir nem tocar. O paganismo oferece uma bela imagem deste suplício apresentando Tântalo sentindo fome e sede e jamais podendo tocar com os lábios na fonte de água que murmurava aos seus ouvidos, ou no fruto que parecia amadurecer para ele. Há maldições e anátemas nos gritos desses infelizes! O que fizeram eles para suportar tais sofrimentos? Perguntai a Deus. É a lei, que foi escrita por ele. Aquele que mata com a espada, morrerá pela espada; aquele que profanou o próximo, por sua vez será profanado. A grande lei de Talião estava escrita no livro de Moisés e ainda está escrita no grande livro da expiação.

Orai, pois, incessantemente por esses na hora final. Seus olhos fechar-se-ão, e eles dormirão no espaço, como dormiram na Terra, e, ao despertar, encontrarão não mais um juiz severo, mas um pai compassivo, lhes assinando novas obras e novos destinos.

SANTO AGOSTINHO

VARIEDADES

UM SUICÍDIO FALSAMENTE ATRIBUÍDO AO ESPIRITISMO

Vários jornais, segundo o *Sémaphore*, de Marselha, de 29 de setembro, apressaram-se em reproduzir o seguinte fato:

"Anteontem à noite, uma casa de Rua Paradis foi teatro de doloroso acontecimento. Um industrial que tem naquela rua uma casa de lâmpadas, matou-se, empregando para realizar a sua realização fatal uma forte dose de um dos mais enérgicos venenos.

"Eis em que circunstâncias realizou-se o suicídio:

"Há algum tempo, esse industrial dava sinais de certo desarranjo do cérebro, talvez particularmente produzido pelo abuso de licores fortes, mas sobretudo pela prática do Espiritismo, esse flagelo moderno que já fez tão numerosas vítimas nas grandes cidades e que agora ameaça exercer a sua devastação até nos campos. A despeito de sua boa clientela, que lhe assegurava um trabalho frutífero, X... não estava muito bem de negócios e às vezes se achava em dificuldades para efetuar seus pagamentos. Em consequência, seu humor era geralmente sombrio e seu caráter desagradável."

O artigo constata que o indivíduo abusava de licores fortes e que seus negócios estavam em má situação, circunstâncias que muitas vezes ocasionaram acidentes cerebrais e levaram ao suicídio. Contudo, o autor do artigo só admite estas causas como possíveis ou acessórias, na circunstância de que se trata, ao passo que atribui o fato *sobretudo à prática do Espiritismo*.

A carta seguinte, que nos é escrita de Marselha, resolve a questão e ressalta a boa-fé do redator:

"Caro mestre,

"A *Gazette du Midi* e o *Sémaphore* de Marselha de 29 de setembro publicaram um artigo sobre o envenenamento voluntário de um industrial, atribuído à prática do Espiritismo. Tendo conhecido pessoalmente esse infeliz, que era da mesma loja maçônica que eu, sei de maneira positiva que ele *jamais se ocupou de Espiritismo e que não tinha lido nenhuma publicação sobre essa matéria*. Autorizo-vos a usar o meu nome, pois estou pronto a provar a verdade do que afirmo; se necessário, todos os meus irmãos e os melhores amigos do finado consideram um dever atestá-lo. Que aprouvesse a Deus tivesse ele conhecido e compreendido o Espiritismo, e teria encontrado a força de resistir às funestas inclinações que o conduziram àquele ato insensato.

"Recebei etc."

CHAVAUX,

Doutor em medicina, Rua du Petit-Saint-Jean, 24

SUICÍDIO IMPEDIDO PELO ESPIRITISMO

Escrevem-nos de Lyon, a 3 de outubro de 1864:

"Conheceis a reputação do capitão B... É um homem de uma fé ardente, de uma convicção comprovada. Dele já falastes em vossa *Revista*. Há algum tempo ele se achava nas margens do Saône, em companhia de um advogado, espírita como ele.

Prolongando o passeio, aqueles senhores entraram num restaurante para almoçar e logo viram um outro passeante entrar no mesmo estabelecimento. O recém-chegado falava alto, comandava bruscamente e parecia querer atrair apenas para si o pessoal do restaurante. Vendo esse despreocupado, o capitão disse em voz alta algumas palavras um pouco severas ao recém-vindo. De repente foi tomado de estranha tristeza. O Sr. B... é médium auditivo; ele ouve distintamente a voz de seu filho, do qual recebe frequentes comunicações, murmurando ao seu ouvido: 'O homem que vês tão brusco vai suicidar-se. Ele vem aqui fazer sua última refeição.'

"O capitão levanta-se precipitadamente, aproxima-se do perturbador e lhe pede perdão por ter externado tão alto o seu pensamento. Depois, arrastando-o para fora do estabelecimento, lhe disse: 'Senhor, ides suicidar-vos.' Grande admiração da parte do indivíduo, velhote de setenta e seis anos, que lhe respondeu: 'Quem vos pôde revelar semelhante coisa?' 'Deus' respondeu o Sr. B... Depois começou a lhe falar suavemente e com bondade sobre a imortalidade da alma e, reconduzindo-o a Lyon, conversou com ele sobre Espiritismo e tudo quanto em casos tais Deus pode inspirar para encorajar e consolar.

"O velho lhe contou sua história. Antigo ortopedista, tinha sido arruinado por um sócio infiel. Caindo doente, ficou muito tempo no hospital, mas, uma vez curado, sua saúde lançou-o no desemprego, sem nenhum recurso. Foi recolhido por uma operária pobre, criatura sublime que durante meses inteiros o alimentou sem ser obrigada senão pela piedade. Mas o receio de ser um incômodo o tinha impelido ao suicídio.

"O capitão foi ver a digna mulher, encorajou-a, ajudou-a. Mas quando se tem que viver, o dinheiro vai depressa, e ontem o pobre mobiliário da operária teria sido vendido se alguns espíritas não tivessem resgatado os poucos móveis de seu único quarto, porque depois de um ano alimentando o velho, ela havia penhorado cobertores, cobertas etc. Isto foi resgatado, graças aos bons corações tocados por esse generoso devotamento. Mas isto não é tudo. É preciso continuar até que o velho tenha conseguido um refúgio nas irmãzinhas dos pobres. A respeito, Cárita me fez escrever uma comunicação que vos remeto, com a expressão de todo o nosso reconhecimento, a vós, caro senhor, que nos tornastes espíritas. Quanto a mim, não esqueço que fui convidada a voltar convosco, quando voltardes."

Eis a comunicação:

APELO AOS BONS CORAÇÕES

"O Espiritismo, esta estrela do Oriente, não somente vem abrir-vos as portas da Ciência. Ele faz mais que isto: é um amigo que vos aproxima uns aos outros, para vos ensinar o amor ao próximo e sobretudo a caridade, não essa esmola degradante que busca no bolso a menor moeda para lançar na mão do pobre, mas a doce mansuetude do Cristo, que conhecia o caminho onde se encontra o infortúnio oculto.

"Meus bons amigos, encontrei em meu caminho uma dessas misérias de que a história não fala, mas de que o coração se lembra quando foi testemunha das tão rudes provas. É uma pobre mulher; ela é mãe; ela tem um filho há muitos meses sem ocupação; além disso, ela sustenta uma infeliz, operária como ela. E, além disso, um velho vem diariamente encontrá-la à hora da comida, quando há o suficiente para comer. Mas no dia em que falta o necessário, as duas pobres mulheres, criaturas admiráveis por sua caridade, dão o seu repasto aos dois homens, o velho e o rapaz, pretextando que, estando com fome, comeram antes. Vi isto renovar-se muitas vezes. Vi o velho, num momento de desespero, vender a última roupa e querer, por insigne ato de loucura, dizer um último adeus à vida, antes de partir para o mundo invisível, onde Deus vos julga a todos.

"Vi a fome imprimir suas marcas nesses deserdados do bem-estar social, mas as mulheres oraram com fervor, e Deus as escutou. Ele já pôs irmãos, espíritas, sobre os seus passos, e quando a caridade chama, os corações devotados respondem. Já estão secas as lágrimas do desespero. Nada mais resta além da angústia do amanhã, o fantasma ameaçador do inverno com seu cortejo de granizo, de gelo e de neve. Eu vos estendo a mão em favor desse infortúnio. Os pobres, nossos amigos, são os enviados de Deus. Eles vêm dizer-vos: Nós sofremos; Deus o quer; é o nosso castigo e ao mesmo tempo um exemplo para a nossa melhora. Vendo-nos tão infelizes, vosso coração se enternece, vossos sentimentos se alargam, aprendeis a amar e a lamentar o infeliz. Socorrei-nos, a fim de que não murmuremos, e também para que Deus vos sorria do alto de seu belo paraíso.

"Eis o que diz o pobre em seus farrapos; eis o que repete o anjo da guarda que vos vela, e o que vos repito, simples mensageira da caridade, intermediária entre o Céu e vós.

"Sorride ao infortúnio, ó vós que sois ricamente dotados de todas as qualidades do coração. Ajudai-me em minha tarefa. Não deixeis fechar-se esse santuário de vossa alma onde mergulhou o olhar de Deus, e um dia, quando entrardes na vossa mãe-pátria, quando, com o olhar incerto e o passo inseguro, buscardes o vosso caminho através da imensidade, eu vos abrirei de par em par a porta do templo onde tudo é amor e caridade e vos direi: Entrai, meus amados. Eu vos conheço!"

CÁRITA

A quem fariam crer seja esta a linguagem do diabo? Foi a voz do diabo que se fez ouvir ao ouvido do capitão, sob o nome de seu filho, para adverti-lo que o velho ia suicidar-se e, ao mesmo tempo, para lhe inculcar o arrependimento por ter dito palavras que poderiam magoá-lo? Segundo a doutrina que um partido busca fazer prevalecer, conforme a qual só o diabo se comunica, esse capitão deveria ter repelido como satânica a voz que lhe falava; disso teria resultado que o velho ter-se-ia suicidado; que o mobiliário das pobres operárias teria sido vendido e que elas talvez tivessem morrido de fome.

Entre os donativos que para elas recebemos, há um que devemos mencionar, sem nomear o autor. Ele estava acompanhado da carta seguinte:

"Senhor Allan Kardec,

"Eu soube por intermédio de um meu parente que obteve de vós o relato da bela ação verdadeiramente cristã levada a efeito por uma pobre operária de Lyon em benefício de um velho infeliz. Esse parente mostrou-me um apelo muito eloquente em favor do velho, por um Espírito que se dá o suave nome de Cárita. À sua pergunta se nele eu reconhecia a linguagem do demônio, respondi que os nossos melhores santos não falam melhor. É minha opinião. Por isso tomei a liberdade de lhe pedir uma cópia. Senhor, sou um pobre padre, mas vos envio o óbolo da viúva, em nome de Jesus Cristo, para essa brava e digna mulher. Inclusa achareis a módica soma de cinco francos, lamentando não poder dar mais. Peço o favor de não mencionar meu nome.

"Dignai-vos aceitar, etc."

PADRE X...

PERIODICIDADE DA REVISTA ESPÍRITA

SUAS RELAÇÕES COM OS OUTROS JORNAIS ESPECIAIS

Sempre nos tem sido expresso o desejo de ver a *Revista* aparecer quinzenalmente ou semanalmente, mesmo à custa do aumento da assinatura. Somos muito sensível a esse testemunho de simpatia, porém, é para nós impossível mudar o nosso modo de publicidade, pelo menos até nova ordem. O primeiro motivo está na multiplicidade dos trabalhos que são a consequência de nossa posição, cuja extensão é difícil de imaginar. Nós manifestamos a mais pura verdade quando dizemos que não há para nós um só dia de repouso absoluto, e que, apesar de toda a nossa atividade, é-nos materialmente impossível dar conta de tudo. Duplicando ou quadruplicando a nossa publicação mensal, compreendemos que a maioria dos assinantes teria tempo de a ler, mas, para nós, isto resultaria em prejuízo aos trabalhos mais importantes que nos resta fazer.

O segundo motivo está na própria natureza de nossa *Revista*, que é menos um jornal do que o complemento e o desenvolvimento de nossas obras doutrinárias. A forma periódica nos permite nela introduzir mais variedade do que num livro, e registrar as atualidades. Nela vêm agrupar-se, conforme as circunstâncias e a oportunidade, os fatos mais interessantes, as refutações, as instruções dos Espíritos; nela se desenham as diferentes fases do progresso da ciência espírita; nela, enfim, são experimentadas, sob forma dubitativa, as teorias novas que não podem ser aceitas senão depois de recebida a sanção do controle universal.

Numa palavra, a *Revista* é uma obra pessoal, cuja responsabilidade assumimos inteiramente e para a qual não devemos nem queremos ser entravado por nenhuma vontade estranha. Ela é concebida segundo um plano determinado para concorrer ao objetivo que devemos atingir. Transformada numa folha hebdomadária, ela perderia seu caráter essencial. A própria natureza de nossos trabalhos opõe-se a que entremos no detalhe das preocupações e das vicissitudes do jornalismo. Eis por que a *Revista Espírita* deve continuar sendo o que ela é. Nós a continuaremos enquanto se mostrar necessária sua existência sob essa forma. Aliás, mudando o seu modo de publicação, pareceria que queremos concorrer com os novos jornais publicados sobre a matéria, o que não poderia entrar em nossas ideias.

Esses jornais, por sua periodicidade mais frequente, preenchem a lacuna assinalada. Pela diversidade dos assuntos que eles podem tratar, e que entram no seu plano editorial; pelo número dos espíritas esclarecidos e de talento que neles podem manifestar-se; enfim, pela difusão da ideia sob diferentes formas, eles podem prestar grandes serviços à causa. São outros tantos campeões que militam pela doutrina, cujos órgãos temos prazer em ver que se multiplicam. Apoiaremos sempre os que marcharem francamente numa via útil; que não se fizerem instrumentos nem de grupelhos nem de ambições pessoais; aqueles, enfim, que forem guiados pelos grandes princípios da moral espírita. Ficaremos feliz por encorajá-los e ajudá-los com nossos conselhos, se eles os julgarem necessários. Mas aí termina a nossa cooperação. Declaramos não ter solidariedade material com nenhum, sem exceção. Nenhum, pois, é publicado por nós, nem sob nosso patrocínio efetivo. Deixamos a cada um a responsabilidade de suas publicações. Quando os pedidos de assinatura desses jornais são dirigidos à direção da *Revista*, nós fazemos que cheguem a seus verdadeiros destinatários, a título de boa confraternidade, sem nisso ver qualquer interesse, nem mesmo a comissão normal atribuída aos intermediários, que não aceitaríamos, ainda que nos fosse oferecida.

Acreditamos que deveríamos explicar a situação real das coisas, para esclarecimento daqueles que pensam que certos jornais espíritas têm ligações de interesse econômico com a nossa *Revista*. Sem dúvida, todos têm um interesse comum, porque tendem para o mesmo objetivo que nós. Sob esse ponto de vista, todos se devem benevolência recíproca, pois do contrário dariam um desmentido a sua qualificação de jornais espíritas, mas cada um atua dentro da esfera de sua atividade e de seus meios, e sob sua própria responsabilidade. A doutrina só tem a ganhar em dignidade e em crédito com a independência deles. Ao mesmo tempo, o acordo de vistas e de princípios que existe entre eles e a *Revista* nada teria de extraordinário da parte daqueles que emanassem da mesma fonte. Se algum dia outra publicação periódica fosse feita por nossa iniciativa e com o nosso concurso efetivo, nós o diríamos abertamente.

ALLAN KARDEC

REVISTA ESPÍRITA

JORNAL DE ESTUDOS PSICOLÓGICOS

ANO VII	DEZEMBRO DE 1864	VOL. 12

Aviso. Este número contém um suplemento. Ele tem 52 páginas em vez de 32, inclusive o índice geral.

DA COMUNHÃO DE PENSAMENTOS

A PROPÓSITO DA COMEMORAÇÃO DOS MORTOS

A Sociedade Espírita de Paris reuniu-se especialmente, pela primeira vez, a 2 de novembro de 1864, visando oferecer uma piedosa lembrança a seus falecidos colegas e irmãos espíritas. Naquela ocasião o Sr. Allan Kardec desenvolveu o princípio da *comunhão de pensamentos*, no discurso seguinte:

Caros irmãos e irmãs espíritas,

Estamos reunidos, neste dia consagrado pela tradição à comemoração dos mortos, para dar àqueles dos nossos irmãos que deixaram a Terra, um testemunho particular de simpatia, para dar continuidade às relações de afeição e de fraternidade que existiam entre eles e nós enquanto eles estavam vivos, e para chamar para eles a bondade do Todo-Poderoso. Mas, por que nos reunirmos? Por que nos desviarmos de nossas ocupações? Não pode cada um fazer em particular aquilo que nos propomos fazer em comum? Não o faz cada um de nós pelos seus? Não se pode fazê-lo todos os dias e a cada hora do dia? Então, que utilidade pode haver em reunir-se num dia determinado? É sobre este ponto, senhores, que me proponho apresentar-vos algumas considerações.

A disposição com que a ideia desta reunião foi acolhida é a primeira resposta a essas diversas questões. Ela é o indício da necessidade que experimentamos ao nos acharmos juntos numa comunhão de pensamentos.

Comunhão de pensamentos! Compreendemos bem todo o alcance desta expressão? É permitido duvidar disto, pelo menos por parte da maioria. O Espiritismo, que nos ensina tantas coisas pelas leis que revela, vem ainda explicar a causa, os efeitos e a força dessa situação de espírito.

Comunhão de pensamento quer dizer pensamento comum, unidade de intenção, de vontade, de desejo, de aspiração. Ninguém pode desconhecer que o pensamento é uma força. É, porém, uma força puramente moral e abstrata? Não, pois do contrário não se explicariam certos efeitos do pensamento e, ainda menos, da comunhão de pensamentos. Para compreendê-lo é preciso conhecer as propriedades e a ação dos elementos que constituem nossa essência espiritual, e é o Espiritismo que no-las ensina.

O pensamento é o atributo característico do ser espiritual. É ele que distingue o espírito da matéria. Sem o pensamento, o espírito não seria espírito. A vontade não é um atributo especial do espírito; é o pensamento chegado a um certo grau de energia; é o pensamento transformado em força motriz. É pela vontade que o espírito imprime aos membros e ao corpo movimentos num determinado sentido. Mas, se ele tem a força de agir sobre os órgãos materiais, quanto maior não deve ser essa força sobre os elementos fluídicos que nos rodeiam! O pensamento age sobre os fluidos ambientes, como o som age sobre o ar; esses fluidos nos trazem o pensamento, como o ar nos traz o som. Pode-se dizer, portanto, com toda certeza, que há nesses fluidos ondas e raios de pensamentos que se cruzam sem se confundirem, como há no ar ondas e raios sonoros.

Uma assembleia é um foco de onde se irradiam pensamentos diversos; é como uma orquestra, um coro de pensamentos onde cada um produz a sua nota. Disso resulta grande quantidade de correntes e de eflúvios fluídicos dos quais cada um recebe a impressão pelo sentido espiritual, como num coro de música, cada um recebe a impressão dos sons pelo sentido da audição.

Entretanto, assim como há raios sonoros harmônicos ou discordantes, há também pensamentos harmônicos e discordantes. Se o conjunto for harmônico, a impressão será agradável; se ele for discordante, a impressão será penosa. Ora, para tanto, não é necessário que o pensamento seja formulado em palavras, porquanto a radiação fluídica não deixa de existir, quer seja ou não expressa. Se todos forem benevolentes, todos os assistentes experimentarão um verdadeiro bem-estar e sentir-se-ão à vontade. No entanto, se ali se misturarem alguns maus pensamentos, eles produzirão o efeito de uma corrente de ar gelado num meio tépido.

Essa é a causa do sentimento de satisfação que se experimenta numa reunião simpática; aí reina algo como que uma atmosfera salubre, onde se respira à vontade; daí se sai reconfortado, porque aí nos impregnamos de eflúvios salutares. Assim também se explicam a ansiedade e o mal-estar indefinível que sentimos num meio antipático, onde pensamentos malévolos provocam, por assim dizer, correntes fluídicas malsãs.

A comunhão de pensamentos produz, pois, uma espécie de efeito físico que age sobre o moral. É isto que somente o Espiritismo poderia tornar compreensível. O homem o sente instintivamente, porquanto procura as reuniões onde sabe que vai encontrar essa comunhão. Nessas reuniões homogêneas e simpáticas, ele absorve novas forças morais. Poder-se-ia dizer que ele aí recupera as perdas fluídicas que ocorrem diariamente pela radiação do pensamento, assim como recupera pelos alimentos as perdas do corpo material.

Estas considerações, senhores e caros irmãos, parecem afastar-nos do objetivo principal de nossa reunião, contudo, elas para aqui nos conduzem diretamente. As reuniões que têm por objetivo a comemoração dos mortos repousam na comunhão de pensamentos. Para compreender a sua utilidade, era necessário bem definir a natureza e os efeitos dessa comunhão.

Para a explicação das coisas espirituais, por vezes me sirvo de comparações muito materiais, e talvez até mesmo um tanto forçadas, que nem sempre devem ser tomadas ao pé da letra. No entanto, é procedendo por analogia, do conhecido para o desconhecido, que chegamos a nos dar conta, pelo menos aproximadamente, do que escapa aos nossos sentidos. É a tais comparações que a Doutrina Espírita deve, em grande parte, ter sido facilmente compreendida, mesmo pelas mais vulgares inteligências, ao passo que se eu tivesse ficado nas abstrações da filosofia metafísica, ela seria partilhada, ainda hoje, apenas por algumas inteligências de escol. Ora, desde o princípio, importava que ela fosse aceita pelas massas, porque a opinião das massas exerce uma pressão que acaba fazendo lei e triunfando das oposições mais tenazes. Eis por que me esforcei em simplificá-la e torná-la clara, a fim de colocá-la ao alcance de todos, com o risco de fazê-la contestada por algumas pessoas quanto ao título de filosofia, porque ela não é suficientemente abstrata e porque ela saiu do nevoeiro da metafísica clássica.

Aos efeitos que acabo de descrever, no que concerne à comunhão de pensamentos, junta-se um outro, que é sua consequência natural, e que importa não perder de vista. É a força que adquire o pensamento ou a vontade, pelo conjunto dos pensamentos ou vontades reunidas. Sendo a vontade uma força ativa, essa força é multiplicada pelo número de vontades idênticas, como a força muscular é multiplicada pelo número de braços.

Estabelecido este ponto, concebe-se que nas relações que se estabelecem entre os homens e os Espíritos há, numa reunião onde reina perfeita comunhão de pensamentos, uma força atrativa ou repulsiva que nem sempre possui um indivíduo isolado. Se até o presente as reuniões muito numerosas são menos favoráveis, é pela dificuldade de obter uma perfeita homogeneidade de pensamentos, o que se deve à imperfeição da natureza humana na Terra. Quanto mais numerosas são as reuniões, mais aí se mesclam elementos heterogêneos, que paralisam a ação dos bons elementos, e que são como grãos de areia numa engrenagem. Não é assim nos mundos mais avançados, e esse estado de coisas mudará na Terra, à medida que os homens aqui se tornarem melhores.

Para os espíritas, a comunhão de pensamentos tem um resultado ainda mais especial. Temos visto o efeito desta comunhão de homem a homem. O Espiritismo nos prova que ele não é menor dos homens aos Espíritos, e vice-versa. Com efeito, se o pensamento coletivo adquire força pela quantidade, um conjunto de pensamentos idênticos, tendo o bem por objetivo, terá mais força para neutralizar a ação dos maus Espíritos. Assim, vejamos que a tática destes últimos é levar à divisão e ao isolamento. Sozinho, um homem pode sucumbir, ao passo que se sua vontade for corroborada por outras vontades, ele poderá resistir, conforme o axioma: *A união faz a força*, axioma verdadeiro, tanto em termos morais quanto físicos.

Por outro lado, se a ação dos Espíritos malévolos pode ser paralisada por um pensamento comum, é evidente que a dos bons Espíritos será secundada, e sua influência salutar não encontrará obstáculos; seus eflúvios fluídicos, não sendo impedidos por correntes contrárias, espalhar-se-ão sobre todos os assistentes, precisamente porque todos os terão atraído pelo pensamento, não cada um em proveito pessoal, mas em proveito de todos, conforme a lei da caridade. Esses eflúvios descerão sobre eles em línguas de fogo, para nos servirmos de uma admirável imagem do Evangelho.

Assim, pela comunhão de pensamentos, os homens se assistem entre si, e ao mesmo tempo assistem os Espíritos e são por eles assistidos. As relações do mundo visível com o mundo invisível deixam de ser individuais e passam a ser coletivas, e por isto mesmo mais poderosas, para proveito das massas, bem como dos indivíduos. Numa palavra, ela estabelece a solidariedade, que é a base da fraternidade. Ninguém trabalha apenas para si, mas para todos, e trabalhando por todos, cada um aí encontra seu quinhão. É isto que não compreende o egoísmo.

Todas as reuniões religiosas, seja qual for o culto a que pertençam, são fundadas na comunhão de pensamentos; é aí, com efeito, que elas podem e devem exercer toda a sua força, porque o objetivo deve ser a libertação do pensamento das constrições da matéria. Infelizmente, a maioria se afastou deste princípio à medida que fez da religião uma questão de forma. Disto resultou que cada um fazendo seu dever consistir na realização da forma, se julga quites com Deus e com os homens, porquanto praticou uma fórmula. Disso resulta, ainda, que cada um vai aos lugares de reuniões religiosas com um pensamento pessoal, por conta própria, e, na maioria das vezes, sem nenhum sentimento de confraternidade em relação aos outros assistentes. Ele está isolado no meio da multidão e só pensa no Céu para si próprio.

Certamente não era assim que o entendia Jesus, quando disse: Quando muitos de vós estiverdes reunidos em meu nome, eu estarei em vosso meio. "Reunidos em meu nome" quer dizer: com um pensamento comum, mas não se pode estar reunido em nome de Jesus sem assimilar os seus princípios, a sua doutrina. Ora, qual é o princípio fundamental da doutrina de Jesus? A caridade em pensamentos, em palavras e em ações. Os egoístas e os orgulhosos mentem quando se dizem reunidos em nome de Jesus, porque Jesus não os conhece como seus discípulos.

Tocadas por esses abusos e desvios, algumas pessoas negam a utilidade das assembleias religiosas e, consequentemente, dos edifícios a elas consagrados. Em seu radicalismo, pensam que seria melhor construir hospícios do que templos, tendo em vista que o templo de Deus está em toda parte, e que Deus pode ser adorado em toda parte; que cada um pode orar em sua casa e a qualquer hora, ao passo que os pobres, os doentes e os enfermos necessitam de um lugar de refúgio.

Mas porque se cometem abusos, porque se afastam do reto caminho, segue-se que não existe o caminho reto e que tudo de que se abusa é mau? Certamente não. Falar assim é desconhecer a fonte e os benefícios da comunhão de pensamentos que deve ser a essência das assembleias religiosas; é ignorar as causas que a provocam. Que os materialistas professem semelhantes ideias, compreende-se, porque em todas as coisas eles fazem abstração da vida espiritual, mas da parte de espiritualistas, e mais ainda dos espíritas, seria um contrassenso.

O isolamento religioso, como o isolamento social, conduz ao egoísmo. Que alguns homens sejam bastante fortes por si mesmos, fartamente dotados pelo coração, para que sua fé e caridade não necessitem ser aquecidas num foco comum, é possível, mas não é assim com as massas, às quais falta um estimulante, sem o qual poderiam deixar-se tomar pela indiferença. Além disso, qual o homem que poderá dizer-se bastante esclarecido para nada ter que aprender no tocante aos seus interesses futuros e bastante perfeito para prescindir de conselhos para a vida presente? É ele sempre capaz de instruir-se por si mesmo? Não. À maioria faltam ensinamentos diretos em matéria de Religião e de Moral, como em matéria de Ciência.

Sem contradita, tais ensinos podem ser dados em toda parte, sob a abóbada do céu como sob o teto de um templo. Mas, por que os homens não haveriam de ter lugares especiais para as coisas celestes, como os têm para as terrenas? Por que não teriam assembleias religiosas, como têm assembleias políticas, científicas e industriais? Isto não impede as fundações em beneficio dos infelizes, mas nós dizemos, além disto, que quando os homens compreenderem melhor seus interesses do Céu, haverá aqui menos gente nos hospícios.

Falando de maneira geral e sem alusão a nenhum culto, se as assembleias religiosas muitas vezes se afastaram de seu objetivo primitivo principal, que é a comunhão fraterna do pensamento; se os ensinamentos que aí são dados nem sempre seguiram o movimento progressivo da Humanidade, é que os homens não realizam todos os progressos ao mesmo tempo.

O que eles não fazem num período, fazem em outro. À medida que se esclarecem, eles veem as lacunas existentes em suas instituições, e as preenchem; eles compreendem que o que era bom numa época, em relação ao grau da civilização, torna-se insuficiente numa etapa mais adiantada, e restabelecem o nível. Sabemos que o Espiritismo é a grande alavanca do progresso em todas as coisas. Ele marca uma era de renovação. Saibamos, pois, esperar, e não peçamos a uma época mais do que ela pode dar. Como acontece com as plantas, é preciso que as ideias amadureçam para serem colhidos os frutos. Saibamos, além disso, fazer as necessárias concessões às épocas de transição, porque nada na Natureza se opera de maneira brusca e instantânea.

Pelo motivo que hoje nos reúne, senhores e caros irmãos, julguei oportuno aproveitar a circunstância para desenvolver o princípio da comunhão de pensamentos, do ponto de vista do Espiritismo. Sendo o nosso objetivo unirmo-nos em intenção para oferecer, em comum, um testemunho particular de simpatia aos nossos irmãos falecidos, poderia ser útil chamar nossa atenção para as vantagens da reunião. Graças ao Espiritismo, compreendemos a força e os efeitos do pensamento coletivo e podemos melhor explicar o sentimento de bem-estar que se experimenta num meio homogêneo e simpático, mas igualmente sabemos que o mesmo se dá com os Espíritos, porque eles sabem receber os eflúvios de todos os pensamentos benevolentes que para eles se elevam como uma nuvem de perfume. Os que são felizes experimentam uma alegria maior neste concerto harmonioso; os que sofrem sentem com isso um maior alívio. Cada um de nós, em particular, ora de preferência por aqueles que lhe interessam ou que ele mais estima. Façamos que aqui todos tenham sua parte nas preces que dirigimos a Deus.

SESSÃO COMEMORATIVA NA SOCIEDADE DE PARIS

Inicialmente, uma prece especial para a circunstância, que substituiu a invocação geral que serve de introdução às sessões ordinárias. Ela foi assim concebida:

Glória a Deus, soberano senhor de todas as coisas!

Senhor, nós vos pedimos espalheis vossa santa bênção sobre esta assembleia.

Nós vos glorificamos e vos agradecemos porque vos aprouve iluminar nosso caminho pela divina luz do Espiritismo.

Graças a essa luz, a dúvida e a incredulidade desapareceram do nosso espírito e também desaparecerão deste mundo; a vida futura é uma realidade, e nós caminhamos sem incertezas para o futuro que nos está reservado.

Nós sabemos de onde viemos, para onde vamos e por que estamos na Terra.

Conhecemos a causa de nossas misérias e compreendemos que tudo é sabedoria e justiça em vossas obras.

Sabemos que a morte do corpo não interrompe a vida do Espírito, mas que ela lhe abre a verdadeira vida; que ela não rompe nenhuma afeição sincera; que aqueles que nos são caros não estão perdidos para nós e que os encontraremos no mundo dos Espíritos. Nós sabemos que enquanto esperamos, eles estão junto de nós; eles nos veem e nos ouvem e podem continuar suas relações conosco.

Ajudai-nos, Senhor, a espalhar entre os nossos irmãos da Terra que ainda estão na ignorância, os benefícios desta santa crença, porque ela acalma todas as dores, consola os aflitos e lhes dá coragem, resignação e esperança nas maiores amarguras da vida.

Dignai-vos estender vossa misericórdia sobre os nossos irmãos mortos e sobre todos os Espíritos que se recomendam às nossas preces, seja qual for a crença que tenham tido na Terra.

Fazei que o nosso pensamento benevolente leve alívio, consolação e esperança aos que sofrem.

A seguir o Presidente dirige a seguinte alocução aos Espíritos:

Caros Espíritos de nossos antigos colegas *Jobard, Sanson, Costeau, Hobach e Poudra*,

Convidando-vos a esta reunião comemorativa, nosso objetivo não é apenas vos dar uma prova de nossa lembrança que, bem sabeis, é sempre cara à nossa memória; vimos, sobretudo, felicitar-vos pela posição que ocupais no mundo dos Espíritos e vos agradecer as excelentes instruções que de vez em quando nos vindes dar, desde a vossa partida.

A Sociedade se rejubila por vos saber felizes. Ela se sente honrada por vos haver contado entre os seus membros e de vos contar agora entre os seus conselheiros do mundo invisível.

Temos apreciado a sabedoria de vossas comunicações e nos sentiremos felizes todas as vezes que tiverdes a bondade de vir participar de nossos trabalhos.

A este testemunho de gratidão associamos todos os bons Espíritos que habitualmente ou eventualmente vêm trazer-nos o tributo de suas luzes: *João Evangelista, Erasto, Lamennais, Georges, François-Nicolas-Madeleine, Santo Agostinho, Sonnet, Baluze, Vianney, cura d'Ars, Jean Raynaud, Delphine de Girardin, Mesmer*, bem como aqueles que apenas tomam a qualificação de *Espírito*.

Devemos um tributo particular de reconhecimento ao nosso guia e presidente espiritual, que na Terra foi São Luís. Nós lhe agradecemos por ter tomado a nossa sociedade sob seu patrocínio e pelas provas evidentes de proteção que nos tem dado. Nós lhe rogamos, igualmente, que nos assista nesta circunstância.

Nosso pensamento se estende a todos os adeptos e apóstolos da nossa doutrina que deixaram a Terra, e especialmente aos que nos são pessoalmente conhecidos, a saber: N. N...

A todos aqueles a quem Deus permite venham ouvir-nos, dizemos:

Caros irmãos em crença que nos precedestes no mundo dos Espíritos, nós nos unimos em pensamento para vos dar um testemunho de simpatia e chamar sobre vós as bênçãos do Todo-Poderoso.

Nós lhe agradecemos a graça que ele vos concedeu de serdes esclarecidos pela luz da verdade antes de deixardes a Terra, porque essa luz vos guiou na vossa entrada na vida espiritual. A fé e a confiança em Deus que ela vos deu, vos preservou da perturbação e das angústias que seguem a separação daqueles a quem a dúvida e a incredulidade afligem.

Ela vos deu a coragem e a resignação nas provas da vida terrena; ela vos mostrou o objetivo e a necessidade do bem e as consequências inevitáveis do mal, e agora colheis os seus frutos.

Deixastes a Terra sem pesar, sabendo que íeis encontrar bens infinitamente mais preciosos do que aqueles que aqui deixáveis. Vós a deixastes com a firme certeza de reencontrar aqueles que foram objeto de vossa afeição, e de poder voltar, em Espírito, para sustentar e consolar os que deixáveis na Terra. Enfim, estais no mundo dos Espíritos, como num país que vos era conhecido por antecipação.

Estamos muito felizes por termos visto nossas crenças confirmadas por todos aqueles dentre vós que vieram comunicar-se. Nenhum veio dizer que tinha sido iludido em suas esperanças, e que nos iludíamos sobre o futuro, mas, ao contrário, todos disseram que o mundo invisível tinha esplendores indescritíveis, e que suas esperanças tinham sido ultrapassadas.

Cabe agora a vós, que gozais da felicidade de ter tido fé, e que recebeis a recompensa de vossa submissão à lei de Deus, vir em auxílio àqueles dentre vossos irmãos da Terra que ainda se encontram nas trevas. Sede os missionários do Espírito de Verdade, para o progresso da Humanidade e para o cumprimento dos desígnios do Altíssimo.

Nosso pensamento não é dirigido apenas aos nossos irmãos em Espiritismo, pois todos os homens são irmãos, seja qual for a sua crença.

Se fôssemos exclusivistas, não seríamos espíritas nem cristãos. É por isto que envolvemos em nossas preces, em nossas exortações e em nossas felicitações, conforme o estado em que se achem, todos os Espíritos aos quais nossa assistência pode ser útil, tenham ou não partilhado, em vida, de nossas crenças.

O conhecimento do Espiritismo não é indispensável à felicidade futura, porque não tem o privilégio de fazer eleitos. É um meio de chegar mais facilmente e mais seguramente ao objetivo, pela fé racionada que ele dá e pela caridade que ele inspira. Ele ilumina o caminho, e o homem, não mais seguindo às cegas, marcha com mais segurança. Por ele, melhor se compreende o bem e o mal. Ele dá mais força para praticar um e evitar o outro. Para ser agradável a Deus, basta observar suas leis, isto é, praticar a caridade, que resume todas elas. Ora, a caridade pode ser praticada por todos. Despojar-se de todos os vícios e de todas as inclinações contrárias à caridade é, pois, condição essencial da salvação.

Após esta alocução, foram ditas preces especiais para cada categoria de Espíritos, com a designação nominal daqueles a quem eram dedicadas. Elas foram tiradas, em parte, da *Imitação do Evangelho*. A série de preces terminou pela *Oração dominical desenvolvida*. (Vide a *Revista* de agosto de 1864.)

Em seguida, os médiuns se puseram à disposição dos Espíritos que quiseram manifestar-se. Não foi feita nenhuma evocação particular.

Damos abaixo as principais comunicações recebidas:

I

Meus filhos, uma estreita comunhão liga os vivos aos mortos. A morte continua a obra esboçada e não rompe os laços do coração. Esta certeza enriquece o tesouro de amor derramado na Criação.

Os progressos humanos obtidos a preço de sacrifícios dolorosos e de hecatombes sangrentas aproximam o homem do Verbo Divino e lhe fazem soletrar a palavra sagrada que, caída dos lábios de Jesus, reanimou a Humanidade desfalecente. O amor é a lei do Espiritismo; ele dilata o coração e faz amar ativamente aqueles que desaparecem na vaga penumbra do túmulo.

O Espiritismo não é um som vão, caído dos lábios mortais e levados por um sopro. Ele é a fé poderosa e severa proclamada por Moisés no Monte Sinai, a fé afirmada pelos mártires, ébrios de esperança, a lei discutida pelos filósofos inquietos e que, enfim, os Espíritos vêm proclamar.

Espíritas! O grande nome de Jesus deve flutuar como uma bandeira acima de vossos ensinos. Antes que fôsseis, o Salvador levava a revelação em seu seio, e sua palavra, medida prudentemente, indicava cada uma das etapas que hoje percorreis. Os mistérios cairão ao profético sopro que vos abre as inteligências, como outrora as muralhas de Jericó.

Uni-vos pela intenção, como fazeis nesta reunião abençoada. A tépida eletricidade desprendida do coração vence a distância que nos separa e dissipa os vapores da dúvida, da personalidade, da indiferença, que muitas vezes obscurece a faculdade espiritual.

Amai e orai por vossas obras.

JOÃO EVANGELISTA

(Médium: Sra. Costel)

II

Meus bons amigos, vossas preces e vosso recolhimento atraíram para junto de vós numerosos Espíritos aos quais fizestes muito bem. Uma reunião como a vossa tem uma força de atração de tal modo eficaz que as vibrações de vosso pensamento comoveram todos os pontos do espaço. Uma multidão de irmãos vossos, pouco adiantados ou em sofrimento, seguiu os Espíritos superiores. Antes de vos ouvir, eles estavam sem fé; agora esperam e creem. Suas vozes, unidas à minha, de agora em diante saberão abençoar-vos. Eles vos sabem fortes ante as provações. Como vós, eles quererão merecer a vida eterna, a vida de Deus.

Não esquecestes ninguém, caro presidente. Por mim, pessoalmente, estou orgulhoso pelo bom acolhimento que meu nome recebe entre os antigos condiscípulos. Sempre ouvi dizer que um curioso, escutando à porta, jamais ouviu o seu elogio; entretanto somos testemunhas invisíveis; nosso número é infinito; o que ouvimos, ao contrário da moda terrena, é o perdão, a prece, a benevolência; é a prática da caridade, a mais nobre das divisas.

Possa o vosso exemplo espalhar-se como um eco amado, a fim de que todos os Espíritos em sofrimento possam, em qualquer parte, ouvir palavras que poderão guiá-los para as verdades eternas!

Diz-se que Paris é uma cidade de barulho e esquecimento. Os místicos afirmam que é uma Babilônia moderna. Bem alto eu protesto, porque Paris é a cidade dos pensamentos laboriosos, das ideias fecundas e dos nobres sentimentos. É a cidade que irradia sobre o Universo; será sempre ela que ensinará os grandes princípios, as grandes abnegações e as sólidas virtudes.

Observai bem esta grande cidade neste dia em que cada um tem uma lágrima para seus caros ausentes. Ela pôs de lado sua vida múltipla para ir recolher-se nas necrópoles, e esse rio humano, silencioso, circunspecto, vai orar sobre os restos dos que lhe foram caros, e ante esse piedoso cortejo, o próprio incrédulo é tomado de respeito.

Diz-se que Paris não é espírita. Procurai uma cidade no Universo, onde o mais modesto túmulo seja mais venerado, mais florido. É que a cidade dos grandes nascimentos sente melhor as perdas dolorosas; ela chora verdadeiras lágrimas e não se importa com a aparência. Paris é, sem dúvida, uma cidade de prazeres para certas pessoas, mas é, também, a cidade do trabalho e do pensamento para o maior número. Ela não é fundamentalmente materialista. É ela que dá a luz espírita ao Universo e essa luz voltará para ela, aumentada e depurada. Todos os povos virão buscar entre vós as verdades do Espiritismo, muito preferíveis aos fúteis e vãos prazeres ou às exibições que nada deixam ao espírito.

Há no ar uma ideia racional aprovada por todas as pessoas progressistas. É a ideia de que todos deveriam saber ler. Nossa doutrina, por mais bela que seja, encontra um obstáculo na ignorância. Assim, o nosso dever, de todos nós espíritas, é diminuir o número de nossos irmãos ignorantes, a fim de que o *Livro dos Espíritos* não continue sendo letra morta para tantos párias. Trabalhar a fim de espalhar a instrução nas massas é abrir caminhos para o Espiritismo, ao mesmo tempo que é destruir o elemento do fanatismo; é diminuir outro tanto os arrastamentos da ignorância; é criar homens que viverão e morrerão bem.

Realizado esse grande ato de caridade, não terei mais a dor de ver voltarem, neste dia dos mortos, tantos Espíritos atrasados que pedem a reencarnação para saber, e para realizar a missão prometida às suas novas faculdades. E esses Espíritos, tornados inteligentes, poderão, por sua vez, ir a outros mundos ensinar e dar o pão da vida, o saber que torna digno de Deus.

Ao redor de vós, legiões de ignorantes vos imploram. São os vossos mortos. Não esqueçais o que eles pedem. Vossas preces lhes serão úteis, mas vossas ações são requisitadas para prestar-lhes um serviço mais essencial.

Adeus, irmãos.

Vosso devotado condiscípulo,

SANSON
(Médium: Sr. Leymarie)

Dia de felicidade para os Espíritos do Senhor, que se grupam para dirigir a Deus preces pelos Espíritos, porque esta santa comunhão de pensamentos se reproduz, também, nas regiões superiores! Oh! sim, felizes os pobres deserdados que compreenderem o objetivo de nossas preces dirigidas para lhes apressar o progresso! Graças ao Espiritismo, muitos já entraram na via do arrependimento e puderam melhorar-se. É esta graça descida do Céu sobre a Terra que lhes abriu o coração aos pesares e lhes deu a esperança de vir um dia para junto de nós. Obrigado a vós todos, espíritas cristãos, por haverdes pedido a Deus e obtido que pudéssemos vir para dizer-vos: Coragem! Os Espíritos que vêm agradecer-vos por este bom pensamento o aproveitaram e hoje se sentem muito felizes.

Direi particularmente a meu bom amigo Canu: Ficai feliz em pensar que o vosso amigo Hobach é ele mesmo, e que aqui está cercado de Espíritos amigos e protetores que vêm, atraídos pela simpatia, elevar suas almas ao Criador, porque tudo vem dele e a ele deve voltar. Procuremos, pois, sempre, as reuniões sinceras, a fim de tirar proveito dos ensinamentos que aí são dados, e que os invisíveis e os encarnados possam progredir para o infinito, isto é, para o ser supremo que nos criou para o bem e para a marcha progressiva de suas obras. Sim, mil vezes obrigado, pois leio em todos os corações os sentimentos daqueles que nos amaram particularmente; mas, também, que aqueles que choram enxuguem suas lágrimas, porque eles virão encontrar-nos num mundo melhor, onde a lei de justiça reina soberana, porque ali ela emana de Deus.

HOBACH

(Médium: Sra. Patet)

IV

Amigos e irmãos em Espiritismo, estais hoje reunidos para dirigir ao Senhor votos e preces por Espíritos que vos são caros e que aqui cumpriram a sua missão. Muitos dentre eles, meus caros amigos, realizaram essa tarefa dignamente e receberam a recompensa de seu trabalho nessa vida de expiação e de miséria. Oh! meus caros espíritas! Esses velam por vós; eles vos protegem e hoje participam dos vossos votos e das súplicas que dirigis ao nosso Pai comum. Na maioria estão entre vós, felizes por verem o recolhimento em que estais neste momento solene.

Mas é sobretudo para os Espíritos que não compreenderam sua missão neste mundo de passagem que devem elevar-se os vossos pensamentos e as vossas preces. Oh! Esses necessitam que corações amigos, que almas compassivas lhes deem uma lembrança, uma prece, mas uma prece sincera, uma prece que suba ao trono do Eterno! Ah! Quantos desses Espíritos são abandonados, esquecidos, mesmo por aqueles que deveriam neles mais pensar, por parentes por vezes muito próximos! É que esses, meus amigos, não são espíritas; é que eles não conhecem o efeito que sobre o Espírito pode produzir a ação das preces. Não, eles não conhecem a caridade; eles não acreditam numa outra existência depois desta; eles creem que a morte nada deixa depois dela.

Quantos, nestes dias de luto, com o coração frio e seco, vão aos túmulos dos que conheceram! Eles lá vão, mas por hábito, por conveniência; sua alma não sente nenhuma esperança; eles nem mesmo imaginam que essas almas para as quais eles vêm render uma homenagem lá estão, perto deles, e deles esperando uma prece vinda do coração.

Oh! Meus amigos, fazei vós, por vossas preces, o que não fazem os vossos irmãos.

Eles não veem na morte senão os despojos, o corpo, e esquecem que a alma vive para sempre. Orai, porque vossas preces serão ouvidas pelo Altíssimo.

Um Espírito que pede também uma participação em vossas preces,

LALOUZE

(Médium: Sra. Lampérière)

V

Caros amigos, quantas ações de graças não vos devemos em troca de vossas boas e generosas preces!

Oh! sim. Somos reconhecidos por tanto devotamento, tanta caridade. Em tempo algum, preces tão calorosas, tão fervorosas, foram escutadas e levadas sobre as asas brancas dos Espíritos puros ao trono divino. Em tempo algum os homens compreenderam melhor a utilidade da prece em comum, cuja força moral pesa sobre os Espíritos imperfeitos que vêm, cada vez que vos reunis, haurir em vosso ambiente generoso e fraternal, porque aqui não há distinção; os pequenos, os deserdados da Terra são recebidos por vós como os grandes, como os príncipes; orais pelo pobre, como pelo rico. Oh! fraternidade divina, cresce, cresce continuamente, até que atinjas o sublime Regenerador, que te envia para conduzir os homens no caminho reto do qual se haviam afastado há tantos séculos!

Batei e abrir-se-vos-á, dizia Jesus; pedi e dar-se-vos-á. Sim, batei sobre as vossas paixões, e o raio da caridade divina inundará vossa alma. Pedi a fé e ela virá para vós. Pedi a paciência e ela vos será concedida. Numa palavra, pedi todas as virtudes necessárias para vos despojardes do homem velho que deve desaparecer para sempre e dar lugar ao homem de bem.

Sou um Espírito para vós desconhecido, e tomei esta mão graças à caridade de São José.

(Médium: Sr. Lampérière)

VI

Minha mui querida esposa, eu vi teus suspiros e tuas lágrimas. Sempre chorar! Também vi tuas preces. Deixa-me que as agradeça. Vamos, cara amiga, consola-te. Vês, tu perturbas a minha felicidade. Consola-te, pois, porque és mais feliz que muitas outras: tu tens irmãos que te amam, que ficam felizes por ver-te entre eles. Vê, minha filha, quanto és abençoada entre todas.

Só vos tenho que louvar, meus irmãos, pela boa acolhida que em toda parte é feita à minha esposa. Agradeço-vos por tudo o que fazeis por ela... e ainda porque me fazeis a bondade de chamar-me hoje!... Fui dos primeiros a sustentar e propagar com toda a minha força esta santa doutrina. Ah! Se eu tivesse sabido o que sei e vejo agora! Crede, crede, é tudo o que vos posso dizer. Fazei tudo para ensiná-la e para atrair a vós os corações. Nada é mais belo, nada é tão verdadeiro quanto o que ensinam os vossos livros.

COSTEAU
(Médium: Srta. Béguet)

VII

Obrigada a todos, bem-amados irmãos, por vossa boa lembrança e vossas boas preces. Obrigada a vós, caro presidente, pela feliz iniciativa tomada, fazendo orar por todos, numa mesma comunhão de ideias e pensamentos. Sim, estamos todos aqui; ouvimos, felizes, vossas preces sinceras dirigidas ao Pai de Misericórdia em favor de cada um de nós. Sim, estamos felizes porque a prece feita com sinceridade sobe a Deus e dele recebemos a força necessária para combater as más influências que os Espíritos levianos tentam fazer sentirem aqueles que trabalham na obra santa. Essas preces foram para nós como um apelo solene, e nós nos achamos todos reunidos ao vosso lado. De longe, como de perto, acorremos a esse feliz apelo. É desejável que vosso exemplo seja seguido por todos os centros sérios, porque essas preces, feitas com tanto mais sinceridade e desinteresse, sobem a Deus como santos eflúvios e jorram sobre cada um de nós. Obrigada, portanto, ainda uma vez, meus bons amigos, e posto que meu nome não tenha sido pronunciado, vedes que aqui estou. Isto vos deve provar que somos felizes e numerosos.

A mãe de um membro honorário de vossa Sociedade,

AIMÉE BRÉDARD, de Bordéus
(Médium: Sra. Delanne)

VIII

Meus bons amigos, eu teria preferido, após as preces que acabais de ouvir, e às quais vos associastes de todo coração, eu teria preferido, ia dizendo, ver cada um se retirar no piedoso silêncio que a prece vos deixa no coração. Elevastes vossas almas para Deus, por todos aqueles que partiram da Terra; lançastes suaves lembranças ao passado e, neste momento, não vos sentis mais fortes? Não sentistes, há pouco, enquanto vossas almas subiam ao Céu, num impulso comum, o quente hálito de outras almas misturando suas preces às vossas? Não vos impregnastes delas? Por que não vos recolherdes nesse perfume silencioso do Além-Túmulo, em vez de pedir-nos vozes? Viver com esses doces pensamentos decorrentes dos eflúvios sagrados da prece não é felicidade bastante?

No entanto, eu compreendo que não vos basta essa linguagem muda. Os zéfiros tépidos não são suficientes para o coração amoroso que pede aos ecos uma voz que responda à sua voz. Eu vos perdoo esse desejo, que é bem justo. Por que não poderia cada um de vós haurir um segundo do benefício que lhe concede sua nova fé; de comunicar-se com os que lhe são caros, por intermédio dos médiuns?

Mas, como vossa assembleia é numerosa em relação à pequena quantidade de mãos que podem escrever! Quais de vossos amigos poderão dizer-se quem são os felizes dentre vós que escutarão suas vozes? Vejo um número de Espíritos muito mais considerável do que o número de encarnados aqui presentes. Eles se comprimem em volta de cada um dos nossos intermediários: Georges, Sanson, Costeau, Jobard, Dauban, Paul, Émile, e cem outros cujos nomes não vos posso dizer, aqui estão e gostariam de falar convosco. Eu detenho seus impulsos e a todos digo que eu serei o intérprete entre eles e vós. Eles o querem muito, e vós, caros amigos, desejais também? Eu tratarei de ser seus pais para uns e suas mães para outros; para estes um filho, uma filha, um esposo, uma esposa, e para todos um amigo, um irmão que vos ama e que gostaria que vossos corações, reunidos num só coração, formassem um só pensamento, uma só alma respondendo a esta comunicação de espírito concentrada em meu pensamento e em minha alma.

Ah! Vossos caros mortos não esperaram este dia para virem a cada um de vós. Em todos os momentos não os sentis acercando-se de vós e vos dando, por essa voz que chamais consciência, os segredos castos e divinos do dever? Não os sentis aproximarem-se muito em vossas horas de tristeza e de desfalecimento? Eles vos dizem: Coragem! E sobretudo a vós, espíritas, eles vos mostram o céu e as inumeráveis estrelas que rolam sobre o seu azul, em sinal de aliança entre o Senhor e vós.

Não, meus caros amigos, eles não vos deixam pelo pensamento. A ti, mãe, tua filha vem dizer: Eu parti primeiro, como se destaca do tronco vigoroso o galho quebrado pela tempestade, mas vivo ainda de tua seiva e de teu amor na imensidade, e neste rosário de pérolas que a minha alma carrega, não há algumas esmeraldas que me vieram de ti?

Pai, ouço teu filho dizer: Parti para voltar a ajudar-te, em tuas preces, a melhor amar a Deus. Parti porque tua fronte não se inclinava diante do grande dispensador de todas as coisas; ele quis que te lembrasses dele, fazendo-te ouvir as modulações de Além-Túmulo pela voz de teu filho.

Irmão, ouço teu irmão falar-te das vossas brincadeiras de outrora, de vossas lutas, de vossas alegrias, de vossos sofrimentos. Eu parti para o além antes de ti, diz ele, mas não estou morto. Eu te preparei o caminho: nele se encontra mais glória do que na Terra. Lança fora teu manto de púrpura e veste o burel para fazer a viagem, pois o Senhor ama a pobreza mais do que a riqueza.

Eu escuto suaves suspiros responderem aos vossos suspiros; os do amante responderem à amante; os do esposo à esposa. Bela harmonia!

Rejubilai-vos, pois! Quantas lágrimas felizes! Quantos tocantes impulsos! Esposas, senti vossas mãos pressionadas pelas mãos invisíveis de vossos esposos. A esta hora, eles vêm renovar a promessa de vos amarem para sempre; eles vêm dizer-vos o que eu mesmo vos disse: que a morte não rompe os laços do coração e que as uniões continuam no Além-Túmulo.

Como eu gostaria de nomear todos esses mortos queridos, mas não posso. Escutai vós mesmos as suas vozes. Cada um de vós as reconhecerá no concerto sagrado que sobe ao Céu. Elas cantam juntas um canto de ação de graças ao Senhor.

SANTO AGOSTINHO
(Médium: Sr. E. Vézy)

IX

Não podendo o meu médium prestar o seu concurso a todos os Espíritos, venho em substituição a um Espírito que talvez tivesse desejado comunicar-se. Mas, aqui mesmo não estando deslocada a instrução, nesta reunião especialmente dedicada aos ausentes, quero dar-vos alguns conselhos sobre a maneira de proceder para obter respostas realmente emanadas dos Espíritos chamados.

Há aqui muitos médiuns e muitos Espíritos desejosos de se comunicar, entretanto, poucos poderão fazê-lo, porque não terão tido tempo de estabelecer a comunicação fluídica com eles. A identidade das comunicações é coisa difícil de estabelecer, e raramente podeis estar perfeitamente seguros dessa identidade. Contudo, se quisésseis ajudar um pouco os Espíritos, preparando-vos previamente para as evocações, mais frequentemente haveria real identidade. Os fluidos devem ser sempre similares, pois sem essa similitude não há comunicação possível. Mas vós, médiuns, possuís muitos fluidos diversificados, e dentre eles alguns poderiam ser utilizados pelos Espíritos, se lhes fosse dado tempo para influenciá-los.

Geralmente chama-se este ou aquele à queima-roupa, sem tê-lo chamado pelo pensamento, sem lhe haver oferecido o seu aparelho fluídico, sem lhe haver deixado tempo de prepará-lo para soar em uníssono com seus próprios pensamentos. Assim agindo, credes agir corretamente? Não, porque eles são obrigados a utilizar a intermediação dos vossos Espíritos familiares, e naturalmente não podeis reconhecê-los de maneira tão positiva, e sois reduzidos a constatar apenas pensamentos frequentemente muito diferentes dos que eles tinham em vida, sem terdes qualquer particularidade que vos revele sua identidade. Crede-me, quando quiserdes evocar, pensai algum tempo antes naqueles que desejais chamar, e assim lhes oferecereis meios muito melhores de pessoalmente se comunicarem.

Falo em nome de todos aqueles que são familiares e amigos do meu médium, e venho agradecer ao Presidente as palavras plenas de energia que pronunciou para todos. Certamente é prazeroso unir-se a tantos desejos e vontades benevolentes, e nós todos, Espíritos dispostos ao bem e Espíritos instrutores, consideramos um dever cumprir missões que nos são confiadas por ele e por todos os corações espíritas. (Vide adiante a OBSERVAÇÃO acerca do artigo *Comunicação espírita – A propósito da Imitação do Evangelho*).

UM ESPÍRITO

(Médium: Srta. A.C.)

JOBARD E OS MÉDIUNS MERCENÁRIOS

NOTÁVEL EXEMPLO DE CONCORDÂNCIA

Uma sonâmbula médium, que pretende ser adormecida pelo Espírito do Sr. Jobard, dizia ter recebido dele uma comunicação dirigida a outro médium, ao qual aconselhava cobrar as consultas dos ricos e dá-las gratuitamente aos pobres e aos operários. O Espírito lhe traçava o emprego do seu dia, sem poupar elogios a suas eminentes faculdades e a sua alta missão. Tendo uma pessoa levantado dúvidas sobre a autenticidade dessa comunicação, e sabendo que o Espírito do Sr. Jobard se manifesta frequentemente na Sociedade, pediu-nos que a submetêssemos a um exame crítico.

Para mais segurança, dirigimos imediatamente estas simples palavras a seis médiuns: "Tende a bondade de perguntar ao Espírito do Sr. Jobard se ele ditou à Sra. X..., em sonambulismo magnético, uma comunicação para outro médium, que ele aconselha a explorar a sua faculdade. Eu teria necessidade dessa resposta para amanhã." Tivemos o cuidado de não preveni-los desta espécie de concurso, de sorte que cada um se julgou o único chamado a resolver a questão.

Contamos com a elevação do Espírito do Sr. Jobard para se prestar à circunstância, e não se ofender ou se impacientar com essa pergunta, que lhe devia ser dirigida quase simultaneamente em seis pontos diferentes.

No dia seguinte recebemos as respostas abaixo, às quais fazemos acompanhar algumas reflexões.

(20 DE OUTUBRO DE 1864 – MÉDIUM: SR. LEYMARIE)

Mas quê, meus caros amigos, então o meu nome serve de plastrão a toda espécie de gente! Há muito tempo estou habituado a esses plagiários sem-vergonha, que me fazem, de vez em quando, mudar de cor como camaleão; tomam-me por um papalvo[1]. Entretanto, minha vida passada, meus trabalhos e as numerosas provas de identidade dadas à Sociedade Espírita de Paris não permitem enganos quanto aos meus sentimentos. Eu era, como simples encarnado, tal qual sou no estado de Espírito livre, e minha missão junto a todos vós, amigos, é de devotamento, e sobretudo de desinteresse.

O Espiritismo é uma ciência positiva. Os fatos sobre os quais ele repousa ainda não estão completos, mas tende paciência, vós que sabeis esperar, e esta ciência, que nada inventou, porque ela é uma força da Natureza, provará aos menos clarividentes que seu objetivo inteiramente moral é a regeneração

[1] Aqui o Espírito de Jobard faz um trocadilho. *Jobard*, em francês, é um substantivo e adjetivo que significa *papalvo, estúpido, paspalhão, bobo*. N. do T.

da Humanidade, e que fora de todas as ciências especulativas, seu ensino é o contrário do materialismo, que procede por hipótese. Proceder com análise; estabelecer fatos para remontar às causas; proclamar o elemento espiritual, depois da constatação, tal é a sua maneira clara e sem subterfúgios. É a linha reta, aquela que deve ser o guia de todo espírita convicto.

Eu separo, portanto, o joio do bom trigo e rejeito todos os interesses mesquinhos, os devotamentos pela metade, os compromissos malsãos, que são a chaga de nossa fé.

Desde que vos dizeis espíritas, tenho o direito de vos perguntar o que sois, o que quereis ser. Pois bem! Se tendes fé, sois, antes de tudo, caridosos. Aos vossos olhos, todos os encarnados sofrem uma provação; como espectadores, assistis a muitos desfalecimentos, e nesse rude combate da vida, no qual os vossos irmãos buscam a luz, vosso dever, de privilegiados que vistes e sabeis, é dar generosamente o que, também generosamente, Deus vos concedeu.

Médiuns, vós não deveis orgulhar-vos, *porque a mão que dispensa pode afastar-se de vós*. Quando, por vosso intermédio, um Espírito vem consolar, encorajar, ensinar, deveis ficar felizes e agradecer a Deus, que vos permite ser a boa fonte, onde aqueles que têm sede vêm saciar-se. Essa água, no entanto, não vos pertence. Ela é a provisão de todo mundo. Não podeis vendê-la nem cedê-la, porque seu domínio não é deste mundo. Quereríeis que vos expulsassem como vendedores do templo?

Ricos ou pobres, acorrei e pedi. Cada um de vós tem seu sofrimento secreto; os andrajos de um tornar-se-ão a púrpura de outro em outra vida, e é por isto que a mediunidade não é a usura. Todos os encarnados são iguais perante ela.

Olhai em torno de vós. São ricos, são pobres os que fazem profissão do dom providencial? Eles vendem a ciência dos Espíritos, e o óbolo que recolhem é a gangrena do seu espiritualismo. Eles fizeram bem em dizer espiritualismo, porque os espíritas reprovam, bem sabeis, toda venda moral. A venalidade não é o seu caso. Repelimos do nosso seio todas essas escórias vergonhosas, que fazem rir os assistentes introduzidos em sua loja.

Quanto a mim, caro mestre, responderei àqueles ou àquelas que querem comerciar com o meu nome que, por mais paspalhão que eu pudesse ser, jamais o seria bastante para apor minha assinatura em títulos falsificados sacados contra o vosso devotado

JOBARD

(MÉDIUM: SRA. COSTEL)

Venho reclamar e protestar contra o abuso que fazem de meu nome. Os pobres de espírito – e há muitos desses entre os Espíritos – têm o feio hábito de apoderar-se de nomes que lhe servem de passaporte junto a médiuns orgulhosos e crédulos.

Certamente eu teria dificuldade em defender a nobreza de meu pobre nome, sinônimo de ingênuo. Contudo, espero tê-lo colocado bem alto no julgamento dos que me conheceram para temer ter-me tornado solidário com as trivialidades debitadas à minha assinatura. É, pois, apenas por temor à verdade que eu afirmo não ter adormecido nenhuma sonâmbula, nem exaltado nenhum médium. Comunico-me muito raramente, pois tenho muita coisa que aprender para servir de guia e instrutor dos outros.

Em princípio, reprovo a exploração da mediunidade, pela simples razão que o médium, não gozando de sua faculdade senão de maneira *intermitente e incerta, jamais pode algo prejulgar ou fundar sobre ela.* Assim, as pessoas pobres erram ao abandonar sua profissão para exercerem a mediunidade no sentido lucrativo do vocábulo. Sei que muitas entre elas dissimulam sob o título de *missão* o abandono do lar, desertado por orgulhosas satisfações, e pela importância efêmera que lhes concede a curiosidade mundana. Espero que esses médiuns se enganem de boa-fé, mas, enfim, enganam-se. A mediunidade é um dom sagrado e íntimo, que não pode ter consultório aberto. *Os médiuns muito pobres para se consagrarem ao exercício de sua faculdade devem subordiná-la ao trabalho que lhes permite viver.* Com isto, o Espiritismo nada perderá, ao contrário, e a dignidade deles muito ganhará.

Não quero desencorajar ninguém, nem condenar aqueles que agem de boa-vontade, mas é fundamental que nossa cara doutrina seja mantida ao abrigo de toda acusação malsã. A mulher de César não deve ser objeto de suspeita, tampouco os espíritas.

Eis o que se diz, e desejo que não fique o menor equívoco quanto às palavras do vosso amigo

JOBARD

(MÉDIUM: SR. RUL.)

Como poderiam crer que aquele que em todas as suas comunicações recomendou a caridade e o desinteresse, hoje viesse contradizer-se?

É uma provação para a sonâmbula, e eu a aconselho a não se deixar seduzir pelos maus Espíritos que querem, por essa pequena especulação de Além-Túmulo, lançar o desfavor sobre os médiuns em geral, e em particular sobre este, de que se trata. Penso que não preciso fazer de novo minha profissão de fé. Não é àquele que, encarnado e tantas vezes roubado, sempre teve como regra de conduta a direitura e a lealdade, que se podem atribuir semelhantes comunicações! Ele ficaria feliz se, à maneira do que se faz com certas mercadorias da Terra, se pudessem afixar sobre as comunicações de Além-Túmulo o selo que atestaria a identidade do autor.

Ainda não estais suficientemente adiantados para isso, mas, na falta do selo, servi-vos de vossa razão. Ela não vos pode enganar, e eu desafio a todos os Espíritos, por mais numerosos que sejam, a me fazerem passar, aos olhos dos meus antigos colegas, por mais bobo do que sou. Adeus.

JOBARD

(MÉDIUM: SR. VÉZY)

Por que ainda tanta tolice entre os que creem de boa-fé? E dizer que se se lhes puser ante os olhos os verdadeiros princípios da coisa, eles mudam de repente e tornam-se mais incrédulos que São Tomé!

Ide dizer àquela gentil senhora que eu jamais me comuniquei com ela. Ela vos dirá que é possível, e em vossa presença fingirá concordar. Mas, no seu foro íntimo, dirá que sois insensatos. Proibir um louco de fazer loucuras, dizem que é ser ainda mais louco do que ele. Entretanto, seria preciso achar um remédio para curar tantos pobres Espíritos que se desgarram sozinhos, persuadidos que estão de ser guiados por maravilhas.

Na verdade, meu caro presidente, julgais-me capaz de escrever as frivolidades que vos leram? Então seria realmente o caso de me aplicar o nome que eu tinha, por ter ousado escrever semelhantes bobagens. O Espiritismo não se ensina a tanto por lição. *Que aquele que não pode levar nossas palavras a seus irmãos senão em detrimento de seu próprio salário, fique em casa e peça à sua ferramenta ou à sua agulha que continue lhe dando o pão de cada dia.* Mas assimilar-se a um apresentador de espetáculos é patinar sob o domínio do explorador e do charlatão. Que aquele que é pobre e sente coragem para tornar-se apóstolo de nossa doutrina cubra-se com o manto da sua fé e sua coragem, pois a Providência virá na devida hora lhe dar o pão que lhe falta. Mas não estenda a mão a todos os esforços, porque seríamos os primeiros a lhe gritar: Retira-te daqui, mendigo, e deixa o lugar aos que podem fazer o trabalho. *Sempre encontramos muitos homens de boa vontade para desempenhar a tarefa que lhes pedimos*.

Mulheres ou homens que deixais o tear ou os utensílios para vos fazerdes pregador ou médium e pedis um salário, só o orgulho vos guia. Quereis um pouco de glória em torno de vosso nome? O metal só tem reflexos vis e que o tempo enferruja, ao passo que a verdadeira glória tem mais brilho na abnegação. Prefiro Malfilatre, Gilbert e Moreau cantando sua agonia num leito de hospital ao poeta mendigo que vende o próprio coração para conservar algumas franjas douradas em torno de seu leito de morte. Os desinteressados serão mais bem recompensados; uma duradoura felicidade os aguarda e seus nomes serão tanto mais poderosos quanto mais lágrimas tiverem derramado e quanto mais suas frontes tiverem sido cobertas de suor e poeira.

Eis tudo quanto vos posso dizer a tal respeito, caro presidente, e aproveito a ocasião que se me apresenta para vos apertar a mão e vos reiterar todos os meus votos e os meus sinceros cumprimentos. Mantende-vos sempre valente e disposto na tarefa que vos impusestes. Fazei calar os invejosos e os palradores que vos cercam por essa firmeza e essa simplicidade que vos assentam tão bem. Hoje é preciso ser positivo. Não vos deixeis arrastar à conquista da Lua quando a Terra está aos vossos pés e aí tendes com que completar o vosso trabalho. Todos os materiais sobejam em torno de vós. Provai vossa teoria pelos fatos, e que os vossos exemplos não se apoiem em teoremas algébricos, que nem todos poderiam compreender, mas sobre axiomas matemáticos. Uma criança sabe que dois e dois são quatro. *Deixai correr na frente os que têm pernas muito compridas; eles quebrarão o pescoço e é inútil que os acompanheis na queda.* Apressemo-nos suavemente, pois o mundo ainda é novo e os homens têm o tempo diante deles para se instruírem.

O sol se põe à tarde porque a obscuridade é necessária para fazer compreender o seu brilho. Por vezes a verdade se cobre de trevas para não cegar os que a olham muito de frente.

P. – Jamais vos comunicastes com aquela senhora? Entretanto, ela diz que vós a magnetizastes!

R. – Pobre mulher! Ela atribui a seres inteligentes o que só a tolice pode ditar, ou então algumas palavras muito boas e muito simples a grandes oráculos. É uma doença que não se pode contrariar: ela está sediada nos nervos e se cura pela prudência e por duchas frias.

JOBARD

(MÉDIUM: SRA. DELANNE)

Saudações fraternas a todos, meus bons amigos, que trabalhais com ardor para enxertar a Humanidade. Deveis redobrar a atenção porque neste momento uma incrível revolução se opera entre os desencarnados. Também tendes entre eles adversários que se empenham em vos suscitar entraves, mas Deus vela por sua obra. Ele colocou à vossa frente um chefe vigilante, que tem sangue-frio, perspicácia e uma vontade enérgica para vos fazer triunfar dos obstáculos que os vossos inimigos visíveis e invisíveis erguem a cada instante sob vossos passos. Assim, ele não se enganou lendo esta comunicação. Ele compreendeu muito bem que Jobard não podia falar assim, nem aprovar semelhante linguagem. Não, meus amigos, o Espiritismo não deve ser explorado por Espíritos sinceros e de boa-fé. *Pregais contra os abusos desta natureza, que desacreditam a religião. Não podeis praticar aquilo que condenais,* porque afastais aqueles que o vosso desinteresse poderia trazer a vós.

Jamais refletistes seriamente nas funestas consequências das reuniões pagas? Compreendei bem que se Allan Kardec autorizasse semelhantes ideias por seu silêncio ou por sua aprovação tácita, em menos de dois anos o Espiritismo seria vítima de uma multidão de exploradores, e esta coisa santa e sagrada seria desacreditada pelo charlatanismo. Eis a minha opinião. Assim, repilo hoje, como sempre, toda ideia de especulação, sob qualquer pretexto, que possa entravar a doutrina em vez de ajudá-la.

Dedicai-vos, no momento e antes de tudo, em reformar os homens por vosso ensino e vosso exemplo. Que vosso desinteresse e vossa moderação falem tão alto que nenhum dos vossos adversários vos possa fazer censuras. Estando cada um de vós colocado em posição diferente, cada um deve trabalhar conforme as suas forças. Deus não pede o impossível. Tende confiança nele, e deixai que cada coisa venha a seu tempo. Se ele tivesse querido que o Espiritismo marchasse ainda mais rapidamente, ele teria enviado mais cedo os grandes Espíritos que estão encarnados e que surgirão quase ao mesmo tempo em todos os pontos do globo, no seu devido tempo. Enquanto esperais, preparai os caminhos com prudência e sabedoria.

Coragem, caro presidente! A cada dia as rédeas se tornam mais difíceis, mas aqui estamos para vos sustentar, e Deus vela sobre vós.

JOBARD

(MÉDIUM: SR. D'AMBEL)

Ora! Isto vos admira! Mas há tantos bobos no mundo dos Espíritos, como entre vós, sem vos ofender, que um bobo pôde dar a outro a comunicação sonambúlica em questão.

Quanto ao médium, é preciso inquietar-se além da medida? Dai tempo ao tempo, que é um grande reformador. Os que estabelecem preço para a sua mediunidade fazem como essas pessoas que dizem aos consulentes, abrindo um baralho aos seus olhos: "Eis um homem da cidade, ou um homem do campo; há uma carta a caminho, eis o ás de ouros." Quem sabe se, nalguns, não é uma volta ao passado, um resto de hábitos antigos? Então, tanto pior para os que caem na mesma armadilha! Eles não obterão seu lucro e lamentarão um dia terem tomado o caminho errado.

Tudo o que vos posso dizer é que não estando absolutamente nesse negócio, como bem o sabeis, lavo as mãos e lamento a pobre Humanidade porque ainda recorre a semelhantes expedientes.

Adeus.

JOBARD

OBSERVAÇÕES

A necessidade do desinteresse nos médiuns, atualmente, passou a ser de tal modo um princípio, que teria sido supérfluo publicar o fato acima, se ele não oferecesse, além da questão principal, um notável exemplo de coincidência e uma prova manifesta de identidade, pela similitude dos pensamentos e pelo cunho de originalidade que carregam, em geral, todas as comunicações do nosso antigo colega Jobard, a tal ponto que quando ele se manifesta espontaneamente na Sociedade, é raro que, desde as primeiras linhas, não se adivinhe o autor. Assim, não se ergueu nenhuma dúvida quanto à autenticidade das que acabamos de dar, ao passo que, na que nos haviam pedido que examinássemos, a trapaça salta aos olhos de quem conheça a linguagem e o caráter do Sr. Jobard, bem como os princípios que ele havia professado constantemente, como homem e como Espírito. Teria sido irracional admitir que subitamente ele tivesse mudado, em benefício dos interesses materiais de um indivíduo. A charlatanice era canhestra.

Quanto à questão do desinteresse, seria inútil repetir tudo quanto foi dito sobre esse ponto, e que se encontra admiravelmente resumido nas respostas do Sr. Jobard. Apenas acrescentaremos uma consideração, que não é sem importância.

Certos médiuns exploradores julgam salvar as aparências cobrando somente dos ricos, ou só aceitando uma contribuição voluntária. Em primeiro lugar, isto não é menos um ofício, a exploração de uma coisa santa, e um lucro tirado do que se recebe gratuitamente. Quando Jesus e os seus apóstolos ensinavam e curavam, não marcavam preço às suas palavras nem aos seus cuidados, posto não tivessem renda para viver. Por outro lado, essa maneira de operar não é garantia de sinceridade e não afasta a suspeita de charlatanismo. Sabe-se como considerar a filantropia no caso de consultas gratuitas oferecidas por certos médicos, bem como no caso de certos negociantes que vendem alguns artigos por preço muito baixo ou que os dão de graça. Em certas ocasiões a gratuidade é um meio de atrair a clientela produtiva.

Há, porém, outra consideração, ainda mais forte. Como reconhecer quem pode e quem não pode pagar? A aparência, por vezes, é enganadora, e muitas vezes uma roupa limpa oculta necessidade maior do que o macacão de um operário. Então é preciso declinar sua pobreza, seus títulos à caridade, ou exibir um atestado de indigência? Aliás, quem diz que o médium, mesmo admitindo de sua parte a mais completa sinceridade, terá para com aquele que não paga, ou que paga menos, a mesma solicitude que tem para com aquele que paga largamente, e que não dará a cada um conforme o dinheiro? Que, se um rico e um pobre a ele se dirigirem ao mesmo tempo, ele não receberá primeiro o rico, que apenas queria satisfazer uma curiosidade vã, ao passo que o atendimento do pobre que talvez esperasse uma suprema consolação será adiado? Involuntariamente, sua consciência estará sujeita à tentação da preferência. Ele será levado a olhar melhor para o que paga, mesmo que este lhe atire com desdém uma moeda de ouro como a um mercenário, ao passo que olhará no mínimo com indiferença as parcas moedas que lhe apresentará timidamente o pobre envergonhado. São tais sentimentos compatíveis com o Espiritismo? Não é manter entre o rico e o pobre essa demarcação humilhante que já fez tanto mal, e que o Espiritismo deve fazer desaparecer, provando a igualdade do rico e do pobre perante Deus, que não mede os raios de seu Sol pela fortuna, e que não pode a ela subordinar mais as consolações do coração que ele dá aos homens pelos bons Espíritos, seus mensageiros?

Sinceramente, se houvesse uma escolha a fazer, preferiríamos ainda o médium que cobrasse sempre, porque ao menos não há hipocrisia; sabe-se imediatamente como considerá-lo.

Além do mais, a multiplicidade sempre crescente dos médiuns em todas as camadas sociais e no seio da maioria das famílias, tira à mediunidade remunerada toda utilidade e toda razão de ser. Essa multiplicidade dará fim à exploração, quando mais não fosse pelo sentimento de repulsa que a ela se liga.

Assinalam-nos o encerramento das atividades, numa cidade provinciana, de um grupo antigo e numeroso, organizado com propósitos interesseiros. O chefe desse grupo, assim como sua família, tinha abandonado seu ofício sob o especioso pretexto de devotamento à causa, à qual queria consagrar todo o seu tempo. Ela a havia substituído pelos recursos que esperava tirar do Espiritismo. Infelizmente, a exploração da mediunidade está de tal modo desacreditada no interior que, na maior parte das cidades, quem a transformasse em profissão, ainda que tivesse as mais transcendentes faculdades, nenhuma confiança inspiraria. Ele aí seria muito mal visto e todos os grupos sérios lhe fechariam as portas. A especulação não correspondeu à expectativa, e o chefe desse grupo ter-se-ia lamentado junto aos seus frequentadores, ao que se diz, por seu estado precário, e teria pedido ajuda, ao que ter-lhe-iam respondido que se estava em dificuldades a culpa era sua; que ele tinha errado em fechar a sua oficina para viver do Espiritismo e cobrar pelas instruções que os Espíritos lhe davam de graça. A isto ele respondeu culpando os Espíritos. Em nove médiuns presentes aos quais a questão foi apresentada, oito receberam comunicações censurando sua maneira de agir; só um o aprovou: era a sua esposa. Submetendo-se de boa vontade ao conselho dos Espíritos, o chefe do grupo anunciou que a partir daquele momento seu grupo estaria fechado. Sem dúvida teria sido mais sábio escutar mais cedo os conselhos que há muito tempo lhe eram dados por amigos sinceros do Espiritismo.

Um outro grupo, em condições mais ou menos idênticas, se viu aos poucos abandonado por seus frequentadores e finalmente forçado a se dissolver.

Assim, eis dois grupos que sucumbem sob a pressão da opinião. Escrevem-nos que o texto da *Imitação do Evangelho* em seus itens 392 e seguintes sem dúvida não é estranho a esse resultado. Aliás, é impossível que um espírita sincero, compreendendo a essência e os verdadeiros interesses da doutrina, se torne defensor e suporte de um abuso que inevitavelmente tenderia a desacreditá-la. Nós os convidamos a desconfiarem das armadilhas que os inimigos do Espiritismo lhes tentassem armar sob tal propósito. Sabe-se que em falta de boas razões para combatê-lo, uma de suas táticas é buscar arruiná-lo por si mesmo. Assim, vê-se com que ardor espiam as ocasiões de pilhá-lo em falta ou em contradição consigo mesmo. É por isto que os Espíritos nos dizem, sem cessar, que vigiemos e nos mantenhamos em guarda.

Quanto a nós, não ignoramos que nossa persistência em combater o abuso de que falamos não transformou em nossos amigos aqueles que viram no Espiritismo um objeto de exploração, nem aqueles que os sustentam. Mas, que nos importa a oposição de alguns indivíduos?! Defendemos um princípio verdadeiro, e nenhuma consideração pessoal nos fará recuar ante o cumprimento de um dever. Nossos esforços tenderão sempre a preservar o Espiritismo da invasão da venalidade. O momento presente é o mais difícil, mas à medida que a doutrina for mais bem compreendida, essa invasão será menos temível. A opinião das massas opor-lhe-á uma barreira intransponível. O princípio do desinteresse, que satisfaz ao mesmo tempo o coração e a razão, terá sempre as mais numerosas simpatias e o levará à vitória, pela força as coisas, sobre o princípio da especulação.

LUÍS HENRIQUE, O TRAPEIRO

ESTUDO MORAL

Lê-se no *Siècle* de 12 de outubro de 1864:

"Num horrível casebre da passagem Saint-Pierre, em Clichy, vivia um homem chamado Luís Henrique, de sessenta e quatro anos, mas parecendo ter noventa. Ele tinha descido ao último degrau da vida social. Diziam que outrora tinha sido belo e folgazão; que tinha transtornado muitas cabeças femininas e que tinha levado uma existência agitada.

"Com efeito, às vezes lhe escapavam maneiras de falar que evocavam a Sociedade refinada, e em sua casa viam-se duas deliciosas miniaturas representando encantadoras mulheres. As molduras desses medalhões há muito tinham sido vendidas e a pintura tinha-se tornado muito gasta para que dela se pudesse tirar proveito.

"Luís Henrique exercia o ofício de trapeiro, mas estava tão fraco, tão quebrado, tão trêmulo, que não recolhia quase nada. Sem tirar os trapos, deitava-se sobre imundícies que lhe serviam de leito. Outros trapeiros, quase tão pobres quanto ele, se cotizavam para lhe dar alguns alimentos, tais como casca de pão e restos de cozinha provenientes de suas cestas. Estava coberto de chagas e roído por vermes. Já por várias vezes, diz a *Opinion Nationale*, os soldados da brigada de Clichy tinham feito uma coleta entre si para lhe pagar banhos sulfurosos. Ele não sabia que fim tinha levado sua família e havia esquecido o próprio nome. Só lhe havia ficado a lembrança dos prenomes Luís Henrique.

"Desde alguns dias, o leproso, como o chamavam, não mais fora visto. Um odor infecto exalava de seu alojamento, atraindo a atenção dos locatários. Avisaram o comissário de polícia, que veio ao lugar, acompanhado pelo Dr. Massart, e fez um serralheiro abri-lo. Entre as imundícies encontraram os restos do trapeiro, roído pelos ratos e decomposto, que tinha se extinguido em meio às suas enfermidades e seus males."

É um triste revés da fortuna e uma prova de que a justiça de Deus nem sempre espera a vida futura para abater-se sobre o culpado. Dizemos o culpado por hipótese, porque uma tal degradação não pode ser resultado senão do vício no seu mais alto grau. O homem mais rico e mais altamente colocado pode cair na última faixa da escala social, mas se a honra nele não foi abafada na mais profunda miséria, ele conserva sua dignidade.

Presumindo que a vida desse homem poderia oferecer um ensinamento, a Sociedade de Paris julgou que deveria evocá-lo, na esperança de, ao mesmo tempo, lhe ser útil.

(SOCIEDADE DE PARIS, 28 DE JULHO DE 1864
MÉDIUM: SR. VÉZY)

Pergunta. – Os detalhes que lemos de vossa vida e de vossa morte nos interessaram, primeiro por vós, porque todos os que sofrem têm direito às nossas simpatias, e depois para nossa instrução. Do ponto de vista moral, seria útil saber como e por que, de uma existência que parece ter sido brilhante, caístes em tal abjeção, e qual a vossa situação atual. Rogamos a um bom Espírito que vos assista na comunicação que nos dareis.

Resposta. – Não paguei bastante minha dívida de sofrimentos na Terra para que me sejam concedidas algumas horas de lucidez no Além-Túmulo? É porque meu corpo está infecto e roído pelos vermes, em disputa com a podridão que o destrói, que meu Espírito está perturbado? Deixai que me reconheça um pouco.

A vós, que conheceis as leis divinas da imigração das almas, não preciso explicar o porquê desse estado abjeto a que desci.

Contudo, desde que tal me é *ordenado*, vou contar-vos minha história... Aliás, uma anedota no meio de vossas sábias discussões e sábios argumentos vos divertirá. Tendes aqui um certo público a que isto distrairá mais que a vossa moral e a vossa filosofia. Começo, pois.

OBSERVAÇÃO: Nesse dia a Sociedade tinha uma sessão geral, na qual são admitidos uns tantos ouvintes estranhos. É a isto que o Espírito faz alusão.

Por que eu não vos revelaria o nome que tinha e que, em meus últimos anos, sobretudo, eu mesmo parecia ter esquecido? Não adivinhastes que o charco que me devorava era a causa única de meu silêncio a respeito? Eu fingia esquecer. Eu me lembro... mas não. Não quero lançar lama sobre os fraques e os vestidos de seda e veludo dos que foram meus parentes e meus amigos, com os quais vivi na mocidade e que ainda vivem. Também não quero que algumas velhas damas, que mudaram de endereço, passando do toucador para o oratório, vejam no medalhão que elas ainda conservam pendurado no friso de suas alcovas, sob as vestes de galante gentil homem, o infeliz abandonado. Para umas, morri na América, durante as guerras que se seguiram ao despertar de seus povos; para outras fui dos últimos a morrer nas escaramuças sangrentas da Vendeia, gritando: Viva o Rei!

Não toquemos nesses louros, sobre os quais repouso em seus corações!... Há muito que morri para todas!... Também morri para ela!... Ah! Não falemos mais nisto!... Sim, para ti estou bem morto! Morto para a eternidade! Contudo, na Terra, que horas de êxtase e de ebriez não passamos! Quantas vezes teu olhar encontrou meu olhar, meus sorrisos teu sorriso! Não vives ainda senão para me mostrar tuas rugas e teus cabelos brancos. Mas quando, por sua vez, a morte te tocar, não te verei mais!... Não, não! Maldição! Ouço vozes que me gritam: Maldito!... Não, não a verei mais. A ela, um dia a luz e o brilho, a mim a noite e as trevas! Arranquei as asas do anjo na Terra, mas suas lágrimas lhe devolverão sua pureza, e o perdão de Deus destacará para ela asas brancas de serafim.

Ah! Por que a mocidade assim joga com o seu coração? Por que quer colher todas as flores à sua passagem, para depois calcá-las aos pés? Entretanto, quando seu coração fala a linguagem da alma a outra alma, não mente. Por que é necessário que o sopro das paixões impuras se estiole e atire seu corpo na abjeção?... Deixai que eu também derrame algumas lágrimas. Elas são suaves para os que sofrem!

Como gostaria de poder reviver minha vida de outrora, para utilizar melhor as horas de juventude! Oh! Como gostaria de possuir meu coração dos vinte anos! Eu o daria inteirinho a um coração irmão do meu; daria minha alma inteirinha a uma alma irmã da minha, e nas mesmas aspirações pediria a Deus que nos fizesse desfrutar todas as alegrias do Céu!... Mas está feito. Por que minhas lágrimas e meus pesares? Homem degradado, o que sonhas? Tudo está perdido para aquele que não soube aproveitar o tempo que lhe foi dado! Tudo está perdido para o miserável que não soube aproveitar as qualidades que possuía!

Ó vós que me ouvis, sim, aquele que vos fala era dotado de belas faculdades. Para que lhe serviram? Para enganar com astúcia e conhecimento de causa! Para cometer crimes! Depois, eu abafava os remorsos na orgia para não ouvir os gritos da minha consciência. Eu era um gentil-homem; manejava a palavra e a espada com audácia, e se as mulheres me chamassem de refinado, enquanto acariciavam-me a fronte e os cabelos em seu toucador, os homens me chamavam o invencível e o bravo!... Orgulho! Por que essas lembranças de outros tempos?... Desgraça!... Danação!... Vejo sangue em volta de mim! Por que esta espada, com a qual feri, não se voltou contra o meu peito?... Entre esses mortos, vedes este cadáver?... É meu filho!... Ironia!... Eis a consequência dos costumes de uma Sociedade na qual riem de tudo!... Era eu o culpado e sabia que era meu filho? Sabia eu que a amante abandonada há vinte anos lançaria em meu caminho um fruto adulterino, que eu não reconhecia e que viria disputar uma presa ao novo D. Juan?... E queríeis que não tivesse esquecido o meu nome depois de tais erros? Ah! Para mim, a taça de vergonha e infâmia! Eu devia morrer como morri, na lama. Sinto o frio do túmulo! Sinto os vermes que me roem! Sinto as imundícies que me cobrem! Sinto as úlceras que cobriam meu corpo! Mas nada disto me faz sofrer tanto quanto a vista dessa ferida horrível feita por minha espada... Meu filho, graça! Se teu pai não te deu o nome, apagou o seu mundo; se te deu a morte, também ele morreu na lama. Ah! Abre-me os teus braços! Ensina a teu pai o caminho de Deus pelo perdão.

Que história lúgubre! Eu que acreditava, tomando esta mão para escrever, que iria reencontrar meus sorrisos de outrora!

Sedutor! Então é o meio em que me encontro que me penetra e me transforma?... Por que me evocastes? Por que retirar-me da noite para me mostrar um pouco de luz e em seguida lançar-me novamente nas trevas? Por minha vez, eu vos interrogo. Respondei-me.

P. – Nós vos chamamos para vos sermos úteis e porque nos compadecemos de vosso sofrimento. Que podemos fazer por vós?

R. – Eh! Que sei eu? Cabe-vos instruir-me. Não me atireis de volta na obscuridade... Vós levantastes os mortos. Eu os vejo na noite. Tenho medo!

P. – Oraremos por vós.

R. – Ah! Orai. Dizem que a prece faz muito bem aos que sofrem.

P. – Quereis assinar o vosso nome?

R. – Não, não! Orai por mim.

Alguns dias depois, um outro médium, o Sr. Rul, de Passy, fez em particular a evocação do mesmo Espírito e obteve as três comunicações seguintes. Julgamos supérfluo reproduzir os conselhos dados pelo médium ao Espírito. São os de um espírita sincero, animado de verdadeira caridade para com os seus irmãos sofredores.

II. – Sim, orai por mim, porque as preces de vossos irmãos já me fizeram bem. Se soubésseis o que é o sofrimento de um desencarnado! Se pudésseis ler em meu rosto espiritual os traços das paixões que o trabalharam, seríeis tomado de piedade e vossa mão fraterna, apertando a minha, sentiria a febre que me agita. Quanto sofro desde que fui evocado por vosso presidente! Eu conheço a justiça divina. Só, errando entre os mortos, eu acreditava ser o único a conhecer os meus sofrimentos, e eis que em plena luz da publicidade sou chamado a fazer a confissão de meus erros! Oh! Quantos erros a paixão me fez cometer! Eu não disse tudo ao vosso irmão, porque o pudor e a vergonha me refreavam; eu preferia ocultar as confissões que eu fazia, e apagar esses caracteres indeléveis que me punham no pelourinho de vossas consciências. Mas oraram por mim e hoje reconheço o bem que me fizeram vossos corações caridosos, e para melhor merecer a vossa compaixão, porque sois espíritas, o que quer dizer indulgentes e compassivos, eu me acuso de não ter recuado ante nenhuma falta para satisfazer minhas paixões. Não cometi nenhum dos crimes punidos pela lei dos homens, mas os vícios que vossa sociedade tolera e desculpa, sobretudo quando se tem nome e fortuna, são justiçáveis por Deus, que jamais os deixa impunes. Eu os expiei cruelmente na Terra; caí no último degrau da miséria, do aviltamento e do desprezo, eu que outrora brilhava e fazia invejosos e ciumentos, e o castigo me perseguiu no Além-Túmulo. Não matei como um vil assassino; não roubei, porque o meu orgulho de gentil-homem ter-se-ia revoltado ao só pensamento de ser confundido com os criminosos. Contudo, matei, mas salvaguardando a honra segundo o mundo. Levei a ruína, a vergonha e o desespero às famílias, e chamavam-me o feliz, o homem de sorte! Quantas vítimas gritam por vingança em volta de mim! Oh! Por quanto tempo suportarei o fardo desses crimes! Orai por mim, porque sofro a ponto de sentir minha alma se partir!

Obrigado, obrigado, caro irmão. Quero dar-te o nome que me dás; agradeço tuas lágrimas, pois me aliviaram; agradeço a tua prece, pois atraiu para junto de mim Espíritos cheios de glória, que me dizem: Espera, tu que foste tão culpado; espera a misericórdia de Deus, que perdoa a todos os seus filhos que se arrependem. Persevera nas boas resoluções e serás mais forte para suportar teus sofrimentos.

Obrigado a ti que me tiras da bruma que me envolvia. Possa eu te provar um dia que o reconhecimento de teu irmão é para a eternidade!

III. – O remorso me persegue; sofro muito, mas compreendo a necessidade de sofrer; compreendo que a impureza só se pode tornar pura depois de transformada ao contato do fogo.

Os bons Espíritos me dizem que espere, e eu espero; que ore, e orei, mas necessito de um amigo que me dê a mão para me sustentar e me impedir de sucumbir sob o fardo que é muito pesado. Sê para mim esse irmão caridoso, esse amigo devotado. Escutarei teus conselhos; orarei contigo; prostrar-me-ei contigo aos pés do Eterno.

Quantas vezes vi minha espada tinta de sangue de um dos meus irmãos! Fui implacável em minhas vinganças, e quando o aguilhão da carne, a vaidade, o desejo de executá-la sobre os meus rivais me exaltavam, eu precisava da vitória a qualquer preço. Triste vitória, manchada pelas mais baixas paixões! Eu era cruel quando meu orgulho estava excitado. Sim, fui um grande culpado, mas quero tornar-me um filho do Senhor, por isto vim dizer-te: Sê meu irmão para me ajudar a purificar-me. Irmão! Oremos juntos.

IV. – Obrigado, obrigado, irmão. Estou sob a impressão das palavras que acabas de pronunciar. Estou mais forte; vejo o objetivo e, sem tentar medir a distância que dele me separa, digo de mim para mim: Eu conseguirei, porque eu quero e tenho confiança nos bons Espíritos que me dizem para esperar. Na Terra, não duvidei do sucesso, quando fazia o mal. Como poderia duvidar hoje, quando quero fazer o bem?

Obrigado, irmão, por tua caridade, por tuas boas preces, por teus ensinamentos, porque sinto ganhar força e sinto crescer o meu arrependimento. Se o arrependimento duplica o sofrimento, sei que esse sofrimento durará apenas algum tempo, e que a felicidade me espera após a depuração. Então, eu quero sofrer, sofrer muito, para merecer mais rapidamente ter essa felicidade que experimentam os Espíritos radiantes que vejo perto de ti.

Até breve, irmão, pois vejo que tens outro Espírito sofredor para consolar e fortalecer em seu arrependimento. Pensa em mim, e durante a tua prece da noite, estarei junto de ti.

CONSIDERAÇÕES GERAIS

É evidente que esse Espírito está no bom caminho; há nele uma luta de bom augúrio, pois só pede para ser esclarecido.

Contudo, suas ideias se ressentem de certos preconceitos. Como muitos que creem neles encontrar uma desculpa, ele se prende à Sociedade. Mas, que é o que torna a Sociedade má, senão a gente viciosa? Sem dúvida a Sociedade muito deixa a desejar, no tocante às suas instituições, mas desde que nela se encontram pessoas decentes e que cumprem os seus deveres, todos poderiam fazer o mesmo, pois ela não obriga ninguém a fazer o mal. Era a Sociedade que obrigava Luís Henrique a abandonar aquela mulher e seu filho? Se não reconheceu este, por que o perdeu de vista, sem se inquietar com sua existência? Foram os preconceitos sociais que o impediram de dar seu nome àquela mulher? Não, porque ele tinha por motivação apenas as suas paixões. Era a instrução que lhe faltava? Não, pois pertencia à classe alta. Não é a Sociedade a culpada em relação a ele; ela nada lhe recusou, pois era um de seus favoritos em tudo. Ele, pois, é que foi culpado para com a Sociedade, porque agiu livremente, voluntariamente e com conhecimento de causa. Quem lançou seu filho no caminho dos desbordamentos? O acaso? Não. Foi a Providência, a fim de que o remorso, que mais tarde deveria ser a sua consequência, servisse ao seu adiantamento.

A verdadeira chaga da Sociedade, a causa primeira de todas as desordens, é a incredulidade. A negação do princípio espiritual, a crença no nada após a morte, as ideias materialistas, numa palavra, altamente preconizadas por homens influentes, se infiltram na juventude que as suga, por assim dizer, com o leite. O homem que só acredita no presente quer gozar a todo o preço e é consequente consigo mesmo, pois nada espera no Além-Túmulo. Ele não espera nada e, consequentemente, nada teme. Se Luís Henrique tivesse tido fé em sua alma e no futuro, teria compreendido que a vida corporal é fugidia e precária e não a teria estabelecido como objetivo único; sabendo que nada do que aqui se adquire é perdido, ter-se-ia preocupado com sua sorte futura, ao passo que agiu como aquele que come o seu capital e joga a última cartada.

Quantas desordens, quantas misérias, quantos crimes têm sua fonte nessa maneira de encarar a vida! Quais os primeiros culpados? Os que a erigem em dogma, em crença, troçando e tratando como loucos os que acreditam que nem tudo está na matéria e no mundo visível. Luís Henrique não foi bastante forte para resistir a essa corrente de ideias; sucumbiu, vítima de suas paixões, que encontravam uma justificação no materialismo, ao passo que uma fé sólida e raciocinada lhe teria posto um freio mais poderoso que todas as leis repressivas, que não podem atingir todos os erros. O Espiritismo dá essa fé, por isso opera tão numerosas transformações morais.

As três últimas comunicações confirmam a primeira, obtida por outro médium; evidentemente, o fundo do pensamento é o mesmo. Aí se nota o progresso operado nesse Espírito, e nelas se pode colher vários ensinamentos.

Na primeira, fazendo a confissão de suas faltas, ainda não há arrependimento sério nem resolução tomada; ele quase se lamenta por ter sido evocado.

Na segunda, diz: "Como sofro desde que fui evocado por vosso presidente!" Estas palavras justificariam o dito de certas pessoas, que pretendem que a evocação perturba o repouso dos mortos? Por certo que não, porque, em primeiro lugar, eles só vêm quando lhes convém; em segundo lugar, porque, em sua maioria, testemunham satisfação por serem chamados, quando o são por um sentimento simpático e benevolente. Certos culpados só vêm com repugnância e, nesse caso, a isto não são constrangidos pelo evocador, mas por Espíritos superiores, com vistas a seu adiantamento. Sua repugnância é a do criminoso conduzido ao tribunal. A evocação dos Espíritos culposos tem como objetivo e resultado a sua melhora. A contrariedade momentânea que lhes causa lhes é vantajosa, porque excitando-os ao arrependimento, abrevia os sofrimentos que suportam no mundo dos Espíritos. Seria, então, mais caridoso deixá-los na abjeção em que se acham, do que dali tirá-los? O sofrimento que disso resulta é como o que o médico causa ao doente para curá-lo. Tirai da lama um homem embrutecido e ele lamentar-se-á. Dá-se o mesmo com os Espíritos.

Nas comunicações desse Espírito encontra-se um pensamento análogo ao que exprimia Latour sobre o sofrimento causado pelo arrependimento. Explicamos a causa de tal sentimento na Revista de novembro de 1864; é o mesmo que leva este a dizer: "Sofro a partir de quando fui evocado", e "O remorso me persegue; sofro muito." É, pois, o remorso que o faz sofrer, mas é esse remorso que deve salvá-lo, e foi a evocação que o provocou. Mas ele acrescenta estas palavras notáveis: "Compreendo a necessidade de sofrer; compreendo que a impureza só se torna pura depois de transformada ao contato do fogo." E depois: "Se o arrependimento duplica o sofrimento, sei que esse sofrimento apenas durará algum tempo, e que a felicidade me aguarda após a depuração."

Esta certeza o faz dizer: "Quero sofrer, sofrer muito, para merecer mais depressa ser feliz." Depois disto, é de admirar que um Espírito escolha terríveis provações em nova existência? Não é o caso de um doente que se resigna a uma operação dolorosa para ficar bom, ou de um homem que se expõe a todos os perigos, que suporta todas as misérias, todas as fadigas e todas as privações, visando a fortuna ou a glória? Assim, nada há de irracional no princípio da livre escolha das provas da vida. Para aproveitá-las, a condição é não recuar. Ora, não suportá-las com coragem e resignação é recuar.

Qual será a sorte de Luís Henrique em nova existência? Como expiou cruelmente suas faltas em sua última existência; como no estado de Espírito seu arrependimento é sincero e suas boas resoluções sérias, é provável que seja posto em condições de reparar os erros, fazendo o bem. Mas como ele pagou sua dívida de sofrimentos corporais, não terá mais que passar pelas mesmas vicissitudes.

É o que lhe almejamos, em vista do que, oramos por ele.

NECROLOGIA

MORTE DO SR. BRUNEAU

A Sociedade de Paris acaba de perder um de seus membros na pessoa do Sr. Bruneau, falecido a 13 de novembro de 1864, aos setenta anos, morte anunciada nestes termos pela *Opinion nationale*:

"A morte dá redobrados golpes nos membros sobreviventes da missão sansimonista no Egito. Depois de Enfantin, de Lambert Bey, temos hoje a deplorar a perda do Sr. Bruneau, antigo coronel de artilharia, que fundou no Egito a escola de cavalaria, enquanto Lambert Bey, seu genro, organizou uma escola politécnica. O Sr. Bruneau morreu como homem livre, cheio de esperanças no progresso físico, intelectual e moral, cheio de fé nas doutrinas religiosas e sociais de juventude."

O Sr. Bruneau, antigo aluno da Escola Politécnica, há vários anos era membro da Sociedade Espírita de Paris. Ignoramos a fé que tinha nas doutrinas religiosas e sociais de sua juventude, mas sabemos que tinha uma confiança absoluta no futuro do Espiritismo, do qual era adepto fervoroso e esclarecido. Ele tinha adquirido uma fé inabalável na vida futura e nas reformas humanitárias, que serão a sua consequência. Acrescentaremos que seus colegas tinham podido apreciar suas excelentes qualidades, sua extrema modéstia, sua brandura, sua benevolência e sua caridade. Ele comunicou-se na Sociedade poucos dias após a sua morte e deu prova da elevação de seu Espírito, pela justeza e profundidade de suas apreciações. Para ele, o mundo invisível não teve nenhuma surpresa, pois o compreendia de antemão. Assim, ele veio confirmar-nos tudo o que a doutrina nos ensina a respeito. Encontrou com alegria os parentes, amigos e colegas que o haviam precedido e aguardavam sua chegada entre eles.

A Sociedade Espírita de Paris esteve representada nas exéquias do Sr. Bruneau por uma delegação de vinte membros. Teríamos considerado um dever exprimir na ocasião os sentimentos da Sociedade, mas sabendo que a família não era simpática às nossas ideias, tivemos que nos abster de qualquer manifestação.

O Espiritismo não se impõe. Ele quer ser aceito livremente, por isso respeita todas as crenças e, por espírito de tolerância e de caridade, evita o que possa chocar as opiniões contrárias às suas.

Aliás, o justo tributo de elogios e pesares que lhe não pôde ser pago ostensivamente, ante um público indiferente ou hostil, o foi com muito mais recolhimento no seio da Sociedade. Na sessão seguinte às exéquias, foi pronunciada uma alocução, e todos os seus colegas se uniram de coração às preces que foram ditas em sua intenção.

Na sessão da Sociedade consagrada à memória do Sr. Bruneau, o Sr. Allan Kardec pronunciou a alocução seguinte:

Senhores e caros irmãos espíritas,

Um de nossos colegas acaba de deixar a Terra, para entrar no mundo dos Espíritos. Consagrando-lhe especialmente esta sessão, cumprimos para com ele um dever de confraternidade, ao qual cada um de nós, não tenho dúvida, associar-se-á de coração e por santa comunhão de pensamentos.

O Sr. Bruneau fazia parte da Sociedade desde 1º de abril de 1862. Como membro do comitê, ele era, como sabeis, muito assíduo às nossas sessões. Todos pudemos apreciar a suavidade de seu caráter, sua extrema benevolência, sua simplicidade e sua caridade. Não há um infortúnio assinalado na Sociedade, em favor do qual não tenha ele trazido sua oferenda. Sua morte nos revelou nele outra qualidade eminente: a modéstia. Ele jamais tinha exibido seus títulos, que o recomendavam como homem de saber. Uma circunstância fortuita me tinha informado que era antigo aluno da Escola Politécnica, mas ignorávamos todos que tivesse sido coronel de artilharia e que tivesse desempenhado missão superior no Egito, onde fundou uma escola de cavalaria, ao mesmo tempo em que seu genro, Lambert Bey, ali fundava uma escola politécnica. Nós o conhecíamos como um espírita sincero, devotado e esclarecido, mas se ele se calava sobre os seus títulos, não escondia suas opiniões.

Estas circunstâncias, senhores, nos tornam sua memória ainda mais cara, e não duvidamos que tenha encontrado no mundo dos Espíritos uma posição digna de seu mérito.

O Sr. Bruneau tinha sido um dos membros ativos da escola sansimonista, o que os jornais que anunciaram a sua morte tiveram o cuidado de destacar, mas evitaram dizer que morreu na crença espírita.

Não cabe aqui discutir os princípios da escola sansimonista. Contudo, o início do artigo da *Opinion nationale* nos leva involuntariamente a fazer uma comparação. Diz-se ali: "A morte dá redobrados golpes nos membros sobreviventes da missão sansimonista no Egito. Depois de Enfantin, de Lambert Bey, temos hoje a deplorar a perda do Sr. Bruneau etc." O sansimonismo, durante alguns anos, teve um intenso brilho, quer pela originalidade de algumas de suas doutrinas, quer pelos homens eminentes ligados a ele. Sabe-se, porém, quanto esse brilho foi passageiro. Por que, então, um brilho tão efêmero, se estava de posse da verdade filosófica?

Por vezes a verdade custa a propagar-se, mas, do momento em que começa a despontar, cresce sem cessar e não perece, porque a verdade é eterna e é eterna porque emana de Deus. Só o erro é perecível, porque vem dos homens. O progresso é a lei da Humanidade. Ora, a Humanidade só progredirá à medida que descobrir a verdade. Uma vez feita a descoberta, está adquirida e é inquebrantável. Que teoria poderia hoje prevalecer contra a lei do movimento dos astros, da formação da Terra e tantas outras? A Filosofia só é mutável porque produto de sistemas criados pelos homens; só terá estabilidade quando tiver adquirido a precisão da verdade matemática. Se, pois, um sistema, uma teoria, uma doutrina qualquer, filosófica, religiosa ou social, marcha para o declínio, é prova certa de que não está com a verdade absoluta. Em todas as religiões, sem excetuar o Cristianismo, apenas o elemento divino é imperecível; o elemento humano cai se não está em harmonia com a lei do progresso. Mas como o progresso é incessante, daí resulta que, nas religiões, o elemento humano deve modificar-se, sob pena de perecer. Apenas o elemento divino é invariável. Vede-o na lei mosaica: as tábuas do Sinai ainda estão de pé, tornando-se, cada vez mais, o código da Humanidade, ao passo que o resto já se perdeu no tempo.

A verdade absoluta, não podendo estabelecer-se senão sobre as ruínas do erro, forçosamente encontra antagonistas entre aqueles que, vivendo do erro, têm interesse em combater a verdade, e lhe fazem, por isso mesmo, uma guerra encarniçada. Mas ela conquista logo as simpatias das massas desinteressadas. Foi assim com a doutrina sansimonista? Não. Como prática, ela viveu; só sobreviveu como teoria simpática e crença individual no pensamento de alguns de seus antigos adeptos. Mas, como o constata a *Opinion nationale*, levando diariamente alguns de seus representantes, não está longe o tempo em que todos terão desaparecido, e então ela só viverá na história, de onde se deve concluir que não possuía toda a verdade e não correspondia a todas as aspirações.

Quererá isto dizer que todas as seitas e escolas que caem estejam no falso absoluto? Não. Ao contrário. A maior parte delas entreviram uma ponta da verdade, mas a soma das verdades que possuíam não sendo bastante grande para sustentar a luta contra o progresso, elas não se acharam à altura das necessidades da Humanidade. Aliás, geralmente as seitas são muito exclusivas e, por isto mesmo, estacionárias. Disto resulta que as que puderam marcar uma etapa do progresso em certa época, acabam sendo distanciadas e se extinguem pela força das coisas. Entretanto, sejam quais forem os erros sob os quais sucumbiram, sua passagem não foi inútil, porque elas agitaram as ideias, tiraram o homem do entorpecimento, levantaram questões novas que mais bem elaboradas e desprendidas do espírito de sistema e de exagero, mais tarde recebem a sua solução. Entre as ideias que semeiam, só as boas frutificam e renascem sob outra forma. O tempo, a experiência e a razão fazem justiça às outras.

O erro de quase todas as doutrinas sociais, apresentadas como a panaceia dos males da Humanidade, é o de apoiar-se exclusivamente nos interesses materiais. Disto resulta que a solidariedade que buscam estabelecer entre os homens é frágil como a vida corporal; os laços de confraternidade, sem raízes no coração e na fé no futuro, partem-se ao menor choque do egoísmo.

O Espiritismo se apresenta em condições completamente outras. Está ele com a verdade? Nós o cremos, mas estamos mais bem embasados que os outros? Os motivos que nos levam a nele crer são muito simples. Eles surgem, ao mesmo tempo, da causa e dos efeitos. Como causa, ele tem a seu favor o fato de não ser uma concepção humana, produto de um sistema pessoal, o que é capital. Não há um só de seus princípios – e quando digo um só não faço exceção – que não seja baseado na observação dos fatos. *Se um só dos princípios do Espiritismo fosse resultado de uma opinião individual, seria esse seu lado vulnerável.* Mas, como ela nada afirma que não seja sancionado pela experiência dos fatos, e que os fatos são leis da Natureza, ele deve ser imutável como essas leis, porque por toda parte e em todos os tempos encontrará sua sanção e sua confirmação e, mais cedo ou mais tarde é preciso que, ante os fatos, todas as crenças se inclinem.

Com efeito, ele responde a todas as aspirações da alma; satisfaz, ao mesmo tempo, ao espírito, à razão e ao coração; enche o vazio deixado pela dúvida; dá uma base e uma razão de ser à solidariedade, pela ligação que estabelece entre o presente e o futuro; enfim, ele assenta em base sólida o princípio de igualdade, de liberdade e de fraternidade. Ele é, assim, o pivô sobre o qual apoiar-se-ão todas as reformas sociais sérias. Ele próprio, apoiando-se nos fatos e nas leis da Natureza, sem mistura de teorias humanas, não se arrisca a afastar-se do elemento divino. Assim, ele oferece o espetáculo único na história de uma doutrina que em poucos anos implantou-se em todos os pontos do globo e cresce incessantemente; que liga todas as crenças religiosas, ao passo que as outras são exclusivistas e ficam fechadas num círculo circunscrito de adeptos.

Tais são, em poucas palavras, as razões sobre as quais se apoia a nossa fé na verdade e na estabilidade do Espiritismo. Esperamos que nosso antigo colega e sempre irmão Bruneau tenha a bondade de nos dizer como encara a questão, hoje que pode considerá-la de um ponto de vista mais elevado.

NOTA: A comunicação do Sr. Bruneau correspondeu plenamente à nossa expectativa. Ela se liga, como as que foram recebidas nesta sessão, a um conjunto de questões que serão tratadas ulteriormente. Por isso adiamos a sua publicação.

VARIEDADES

COMUNICAÇÃO PELO AVESSO

(ANTUÉRPIA, 1º DE NOVEMBRO DE 1864)

(Fim) .larutan iel ad medro an ol-ácoloc arap larutanerbos e ocitsátnaf retárac odot omsitiripsE oa siarit euq rop sie ;oâçie-frep a :ovitejbo omsem o somiugesrep ,sotrom són e setneviv sóv euq etnemlanif ,ziuj onarebos oa satnoc somed áj euq ed oãssim amu raunitnoc ed sueD rop sodagerracne e ,oproc odamahc ertserret orculóvni ossov on sodanoisirpa ,é otsi, sodanracne sotirípsE ,sóV .sotirípsE sodot somos euq selpmis otium oãsulcnoc à es-agehc ,amla ad edadilatromi ad odatat-snoc otaf olep ,aro ;anirtuod atse racrec ed matsog euq ed oirbmos sezev rop e osohlivaram oigítserp o riurtsed a oinícoi-car selpmis olep es-agehc ,ortuo o mes mu ratiejer uo ritimda airedop es oãn euq, soipícnirp siod sessed odnitraP. amla ad edadilatromi a e sueD mu ed aicnêtsixe a :sedadrev sednarg saud anisne sov omsitiripsE O – (Começo)

(Fim) .edadirac ed ota mu ed adahnapmoca ecerp aob amu (mortos) arief-atxes arap e ,otium sieugitaf sov oãn :oãçadne-mocer amitlú amu ,ritrap ed setnA (Começo)

.suedA

Damos acima um curioso exemplo de escrita tiptológica inversa, de que falamos no número de outubro último. Notar-se-á que não são apenas as palavras que são ditadas ao contrário, mas os parágrafos inteiros, de sorte que se tem de começar pela última letra de cada parágrafo. Deixamos aos nossos leitores o cuidado de fazer a tradução.

NOTÍCIAS BIBLIOGRÁFICAS

COMO E POR QUE ME TORNEI ESPÍRITA

POR J. B. BORREAU, DE NIORT[2]

O autor conta como foi levado a crer na existência dos Espíritos, em suas manifestações e em sua intervenção nas coisas deste mundo, e isto muito antes que se tratasse do Espiritismo. Ele foi conduzido por uma série de acontecimentos, quando de modo algum pensava nisso. Nas experiências que fazia com objetivo muito diverso, o mundo dos Espíritos se lhe apresentou, é verdade que pelo seu pior lado, mas, enfim, apresentou-se como parte ativa. O Sr. Borreau o encontrou sem querer, absolutamente como os que buscavam a pedra filosofal encontraram no fundo de suas retortas novos corpos que não procuravam, e que enriqueceram a Ciência, se não se enriqueceram eles próprios.

O relato detalhado e circunstanciado do Sr. Borreau é ao mesmo tempo interessante, porque verdadeiro, e muito instrutivo pelos ensinamentos que ressaltam para quem quer que, não parando na superfície das coisas, busque as deduções e as consequências que podem ser tiradas dos fatos.

O Sr. Borreau é um grande magnetizador. Por si mesmo tinha constatado a força do agente magnético e a admirável lucidez de certos sonâmbulos, que veem à distância com tanta precisão quanto com os olhos, e cuja visão não é detida pela obscuridade nem pelos corpos opacos. Para ele, esses fenômenos tinham sido a prova palpável da existência, no homem, de um princípio inteligente independente da matéria. Seu desejo ardente era propagar essa ciência nova, mas, desesperançado de vencer a incredulidade, teve a ideia de ferir as imaginações por um fato brilhante, ante o qual deveriam cair todas as denegações e as mais obstinadas dúvidas.

Considerando-se que a visão dos sonâmbulos tudo penetra, diz ele, pode penetrar as camadas terrestres. A descoberta ostensiva de algum tesouro enterrado seria um fato patente que não deixaria de fazer muito ruído e imporia silêncio aos trocistas, porque não se troça diante dos tesouros.

É a história de suas tentativas que o Sr. Borreau conta na sua brochura, tentativas penosas, perigosas, que muitas vezes lhe

---

[2] Brochura in-8º Preço 2 francos. – Niort, em todas as livrarias; Paris, Didier & *Cia, Quai des Augustins*, 35; Ledoyen, Palais-Royal.

fizeram crer na vitória e que, após vinte anos, só levaram a decepções e mistificações. Um dos mais comovedores episódios é o da cena terrível que ocorreu quando, fazendo escavações num campo da Vendée, numa noite escura, ao pé de pedras druidas e em meio a sombrias giestas, no momento em que julgava tocar o objetivo, a sonâmbula, no paroxismo do êxtase e da excitação, caiu inanimada, como ferida por um raio, não mais dando sinal de vida, em rigidez cadavérica. Julgaram-na morta e tiveram que transportá-la, com muitas dificuldades, através de ravinas e rochas numa noite escura. Só depois de algumas léguas é que ela começou a voltar a si, sem consciência do que se havia passado. Esse choque não desencorajou o perseverante pesquisador, malgrado uma porção de outros incidentes não menos dramáticos que constantemente vieram atrapalhar, como que para adverti-lo da inutilidade e do perigo dessas tentativas.

Foi no curso de suas experiências que a existência dos Espíritos lhe foi revelada de maneira patente, quer pela sonâmbula, que os via e se entretinha com eles, quer por mais de cinquenta casos de *escrita direta,* cuja origem não podia ser duvidosa. Esses Espíritos tanto se apresentavam sob aspectos pavorosos e provocavam na sonâmbula crises terríveis que toda a força magnética do Sr. Borreau não conseguia acalmar, quanto sob a aparência de Espíritos benevolentes, que vinham encorajá-lo a continuar suas pesquisas, sempre prometendo sucesso, mas cujo termo sempre afastavam. Persistir em tais condições, devemos dizê-lo, era um jogo muito perigoso e incorrer em grave responsabilidade. Acrescentemos que os Espíritos prescreviam grande quantidade de novenas, das quais o Sr. Borreau acabou por se cansar, achando que ficava muito caro, o que o levou a esta reflexão: As preces ditas por ele próprio podiam ter toda a eficácia e nada custariam.

Hoje, que o Espiritismo veio esclarecer todas essas questões, cada um dos parágrafos da brochura poderia dar lugar a um comentário instrutivo, mas dois números inteiros da *Revista* dificilmente bastariam. Talvez um dia empreendamos esse trabalho. Enquanto isto, qualquer pessoa versada no conhecimento dos princípios do Espiritismo poderá tirar suas próprias conclusões. Para tanto, remetemos ao Cap. XXVI do *Livro dos Médiuns* e, notadamente aos §§ 294 e 295, bem como às reflexões que acompanham o artigo sobre a sociedade alemã dos pesquisadores de tesouros, publicado na *Revista* de outubro de 1864.

Diz o Sr. Borreau que seu fim único era vencer a incredulidade no magnetismo. Entretanto, posto não tenha tido êxito, o magnetismo e o sonambulismo não deixaram de fazer o seu caminho. Malgrado a oposição sistemática de alguns cientistas, os fenômenos dessa ordem hoje passaram ao estado de fatos e aceitos pela massa e por grande número de médicos. As curas magnéticas são admitidas, mesmo no mundo oficial; alguns contestam, ainda por espírito de oposição, mas já não riem; tanto é certo que o que é verdade, mais cedo ou mais tarde deve triunfar.

O êxito das tentativas do Sr. Borreau não era, pois, necessário. Ele não atingiu o seu objetivo porque um fato isolado não pode fazer lei, e aos incrédulos não teriam faltado razões para atribuí-lo a qualquer outra causa que não a verdadeira. Dizemos mais: o êxito teria sido deplorável para o magnetismo.

Um princípio novo só é digno de crédito pela multiplicidade dos fatos. Ora, a possibilidade de uma pessoa descobrir um tesouro implicaria nessa possibilidade para todo mundo. Para melhor convencer-se, cada um teria desejado experimentar. Nada mais natural, pois teriam podido enriquecer prontamente e com muita facilidade! Os preguiçosos aí teriam achado fortuna e os ladrões também, pois, por que a lucidez teria parado ante o direito de propriedade? A cupidez, já no estado de flagelo, não precisava desse novo estimulante. A Providência não o quis. Mas como o magnetismo é uma lei da Natureza, ele triunfou pela força das coisas. Sua propagação é devida sobretudo à sua força curativa; por aí ela tem um fim humanitário e não egoísta, como o é necessariamente o interesse do lucro. Os inúmeros fatos de cura que se repetem em todos os pontos do globo, fizeram mais por seu crédito do que o teria feito a descoberta do maior tesouro, ou mesmo as mais curiosas experiências, porque todo mundo pode aproveitar os seus benefícios, ao passo que não há tesouros para todos, e a própria curiosidade se cansa. Jesus fez mais prosélitos curando doentes do que pelo milagre das bodas de Canaã. Assim é com o Espiritismo. Aqueles que ele traz a si pela consolação estão para os que recruta pela curiosidade na proporção de 100 por 1.

Essas tentativas, mesmo que infrutíferas do ponto de vista material, deixaram de ter proveito para o Sr. Borreau? Eis o que ele mesmo diz a respeito:

"Todas essas reflexões de tal modo haviam ensombreado o meu espírito, habitualmente tão alegre, que me tornei, no resto da viagem, triste, sonhador e injusto a ponto de lamentar ter dado, em meu pensamento, acolhida a essa ideia fixa que me tinha lançado em todas as tribulações desses caminhos desconhecidos. O que ganhei em tudo isto? perguntava-me amargurado. O conhecimento, é verdade, de um mundo que eu desconhecia, e a possibilidade de me pôr em contato com os seres que o compõem. Mas, depois de tudo, esse mundo, assim como o nosso, deve ter seus bons e seus maus Espíritos. Quem me dá a certeza de que, malgrado o interesse que parece nos trazer e todas as suas belas e benevolentes palavras, aquele que parece ter-se imposto a nós não tenha senão boas intenções, e o poder, como ele diz, de conduzir-nos ao brilhante êxito que sonhei, e que talvez só me tenha inspirado para me seduzir e me induzir em erro?"

Então, nada significa a constatação do mundo invisível, da coisa que interessa no mais alto grau ao futuro da Humanidade inteira, pois toda a Humanidade aí chega? Não é um resultado imenso a descoberta dessa chave de todos os problemas contra os quais até hoje se choca a Filosofia? Não é um favor imenso ter sido um dos primeiros chamados a esse conhecimento? Não é um grande serviço prestado à causa do Magnetismo, involuntariamente é verdade, ter fornecido às suas custas uma nova prova, entre outras mil, da impossibilidade de êxito em semelhantes casos, e de desviar os que fossem tentados a fazer semelhantes ensaios de alimentar esperanças quiméricas? Foi a esse resultado que chegaram as laboriosas pesquisas do Sr. Borreau. Se ele não encontrou tesouros para esta vida, encontrou outro mil vezes mais precioso para a outra, porque aquele que ele tivesse encontrado na Terra, ao partir ele teria sido forçado a deixá-lo aqui, ao passo que levará consigo um tesouro imperecível. Está ele satisfeito com isto? Nós o ignoramos.

Seja como for, não podemos deixar de estabelecer um paralelo entre este fato e o velho da fábula que disse aos seus três filhos que um tesouro estava oculto no campo que lhes deixava de herança. Então, dois deles se puseram a cavar o seu quinhão, mas não encontraram nenhum de tesouro. O terceiro, mais sábio, lavrou o seu com cuidado, tão bem que ao cabo de um ano ele lhe deu muito lucro. Daí a máxima: "Trabalhai, fazei esforços; o essencial é o que menos falta." O

Espírito fez como o velho, e, em nossa opinião, o Sr. Borreau encontrou o verdadeiro tesouro.

Nossa crítica em nada atinge a pessoa do Sr. Borreau, que de longa data conhecemos, e temos como digno de estima em todos os sentidos. Apenas quisemos mostrar a moralidade que ressalta de suas experiências, em proveito da ciência e de cada um em particular. Sob esse ponto de vista, sua brochura é eminentemente instrutiva, ao mesmo tempo que interessante, pelos notáveis fenômenos que constata. Eis por que a recomendamos aos nossos leitores.

O MUNDO MUSICAL

JORNAL POPULAR E INTERNACIONAL DE BELAS-ARTES E LITERATURA

Tal é o título de um novo jornal que se publica em Bruxelas, no formato dos grandes jornais, sob a direção dos Srs. Balibran e Roselli, nomes que são, ao mesmo tempo, um programa e uma recomendação para a especialidade dessa folha. Não é como órgão das Artes que queremos apreciá-lo. Nesse aspecto, recorremos a pessoas mais competentes do que nós, e que o julgam à altura de seu título. Com efeito, ele não poderia ser confundido com essas folhas levianas que, sob a bandeira da Literatura, dão aos seus leitores mais facécias do que fundo, e por vezes, mais brancos do que texto. O *Monde Musical* é um jornal sério, onde todas as questões de seu programa são tratadas de maneira substancial e por mãos hábeis. Esta consideração não deixa de ter importância para nós.

Esse jornal é um primeiro passo da imprensa independente na via do Espiritismo. Sem se dizer órgão e propagador da doutrina, ele fez este raciocínio judicioso:

"Verdadeiro ou falso, o Espiritismo ocupou um lugar entre os fatos da atualidade que preocupam a opinião. As tempestades que desencadeia num certo mundo provam que não é isento de importância; sua propagação, malgrado os ataques do clero, prova que não é um fogo de palha; pelo número de seus aderentes, já se torna uma potência com a qual será preciso contar, mais cedo ou mais tarde. Se for um erro, cairá por si; se for uma verdade, é inevitavelmente uma revolução nas ideias, e nada se lhe poderia opor. Numa e noutra destas duas alternativas, devemos, a título de informação, pôr os nossos leitores ao corrente do estado da questão. Entre falar disto ou de outra coisa, seria melhor, em nossa opinião, tratar deste assunto do que difundir a crônica escandalosa dos bastidores ou dos salões.

"Para pôr nossos leitores em condições de julgar com conhecimento de causa, extraímos a maior parte de nossas citações dos escritos que fazem fé entre os adeptos dessa doutrina; mas, como não devemos nem queremos forçar a opinião de ninguém, nem pró nem contra, admitiremos a controvérsia, quando não se afastar dos limites de uma discussão conveniente e honesta. Mantendo-nos no terreno da imparcialidade, cada um fica livre em suas convicções. As opiniões favoráveis ou contrárias que pudessem ser formuladas em certos artigos devem ser consideradas como pessoais aos seus respectivos autores e em nada comprometem a responsabilidade do jornal."

Tal é o resumo do programa que nos foi apresentado e que só podemos aplaudir. Seria desejável que este exemplo tivesse imitadores na imprensa; o que nela censuramos não é a discussão dos nossos princípios, mas a crítica cega e sistematicamente malévola que deles fazem sem conhecê-los e que os desnatura de maneira pouco leal. Os jornais que entrarem francamente nesse caminho, longe de com isto perderem, só poderão ganhar materialmente, porque os espíritas hoje formam uma massa de leitores cada vez mais preponderante, e cuja simpatia irá naturalmente para o seu lado.

Sob este aspecto, o *Monde Musical* merece encorajamento.

NOTA: O *Monde Musical* aparece aos domingos, desde o dia 1º de outubro de 1864. Preço da assinatura: 4 francos por ano para a Bélgica; 10 francos para a França. Pode-se assinar a partir do dia 1º de cada mês; em Bruxelas, no escritório na Rua de l'Êcuyer, nº 18; em Paris, na agência do jornal, Rua de Buffaut, 9.

Formou-se uma sociedade para a exploração desse jornal, com o capital de 60.000 francos, dividido em 2.400 ações de 25 francos cada uma.

AUTO-DE-FÉ DE BARCELONA

Fotografia de um desenho do local, representando a cerimônia do auto-de-fé dos livros espíritas em Barcelona, com resumo da ata escrita de próprio punho pelo Sr. Allan Kardec.

Preço: I,25 francos, isento de porte de correio para a França e a Argélia; porte e embalagem I,50 franco.

No escritório da *Revista Espírita.*

COMUNICAÇÃO ESPÍRITA

A PROPÓSITO DA IMITAÇÃO DO EVANGELHO

(BORDÉUS, MAIO DE 1864. GRUPO DE S. JOÃO)
(MÉDIUM: SR. RUL.)

Um novo livro acaba de aparecer. É uma luz mais brilhante que vem clarear a vossa marcha. Há dezoito séculos vim, por ordem de meu Pai, trazer a palavra de Deus aos homens de vontade. Essa palavra foi esquecida pela maioria, e a incredulidade, o materialismo vieram abafar o bom grão que eu tinha depositado em vossa Terra. Hoje, por ordem do *Eterno*, os bons Espíritos, seus mensageiros, vêm a todos os pontos da Terra fazer ouvir a trombeta retumbante. Escutai suas vozes; elas são destinadas a mostrar-vos o caminho que conduz aos pés do Pai Celeste. Sede dóceis aos seus ensinamentos; os tempos preditos são chegados; todas as profecias serão cumpridas.

Pelos frutos se reconhece a árvore. Vede quais são os frutos do Espiritismo: casais onde a discórdia tinha substituído a harmonia voltaram à paz e à felicidade; homens que sucumbiam ao peso de suas aflições, despertados pelos acordes melodiosos das vozes de Além-Túmulo, compreenderam que seguiam por um caminho errado e, envergonhados de suas fraquezas, arrependeram-se e pediram ao Senhor a força para suportar suas provações.

Provas e expiações, eis a condição do homem na Terra. Expiação do passado, provas para fortalecê-lo contra a tentação; para desenvolver o Espírito pela atividade da luta; para habituá-lo a dominar a matéria e prepará-lo para os prazeres puros que o esperam no mundo dos Espíritos.

Há várias moradas na casa de meu Pai, disse-lhes eu há dezoito séculos. Estas palavras, o Espiritismo veio fazê-las compreendidas. E vós, meus bem-amados, trabalhadores que suportais o calor do dia, que credes ter que vos lamentar da injustiça da sorte, bendizei vossos sofrimentos; agradecei a Deus, que vos dá meios de resgatar as dívidas do passado; orai, não com os lábios, mas com o coração melhorado, para vir ocupar melhor lugar na casa de meu Pai, porque os grandes serão humilhados, mas, como sabeis, os pequenos e os humildes serão exaltados.

O Espírito de Verdade

OBSERVAÇÃO: Sabe-se que assumimos menos responsabilidade pelos nomes quando pertencem a seres mais elevados. Não garantimos mais essas assinaturas do que muitas outras, limitando-nos a entregar tal comunicação à apreciação de cada espírita esclarecido. Contudo, diremos que não é possível desconhecer nela a elevação do pensamento, a nobreza e a simplicidade das expressões, a sobriedade da linguagem, a ausência de superfluidade. Se ela for comparada com as que foram inseridas na *Imitação do Evangelho* (prefácio e Cap. III: *O Cristo Consolador*), e que levam a mesma assinatura, posto obtidas por médiuns diferentes e em épocas diversas, nota-se entre elas uma analogia marcante de tom, de estilo e de pensamentos, que acusa uma origem única. De nossa parte, dizemos que pode ser do *Espírito de Verdade*, porque é digna dele, ao passo que temos visto muitas assinadas por este nome venerado ou o de *Jesus*, cuja prolixidade, verbiagem, vulgaridade, por vezes mesmo a trivialidade das ideias, traem a origem apócrifa aos olhos dos menos clarividentes. Só uma *fascinação* completa pode explicar a cegueira dos que se deixam apanhar, se não também o orgulho de julgar-se infalível e intérprete privilegiado dos puros Espíritos, orgulho sempre punido, mais cedo ou mais tarde, pelas decepções, pelas mistificações ridículas e por desgraças reais nesta vida. À vista desses nomes venerados, o primeiro sentimento do médium modesto é o de dúvida, porque ele não se julga digno de tal favor.

SUBSCRIÇÃO EM FAVOR DOS QUEIMADOS DE LIMOGES

Esta subscrição encerrou-se a 1º de dezembro, como anunciamos no último número da Revista. O montante elevou-se a 255 francos.

Faremos notar que em razão das férias da Sociedade, no momento do desastre, a subscrição não pôde ser aberta senão na reabertura e anunciada na Revista do mês de outubro. Nessa época, cada um já se tinha apressado em fazer sua oferenda aos vários centros de subscrição, o que explica a modicidade da cifra obtida que, pela subscrição ruanesa, se havia elevado a 2.833 francos. A quase totalidade dos subscritores guardou o anonimato, pelo que não publicamos lista nominativa. Contudo, mencionaremos a que inscreveu 50 francos, sob o título de *Produto da jornada de um fotógrafo do interior*, com a recomendação de não mencionar nem mesmo o nome da cidade. A subscrição será entregue em nome da *Sociedade Espírita de Paris*.

ALLAN KARDEC

SUMÁRIO

JANEIRO

FEVEREIRO

MARÇO

ABRIL

MAIO

JUNHO

JULHO

AGOSTO

SETEMBRO

OUTUBRO

NOVEMBRO

DEZEMBRO

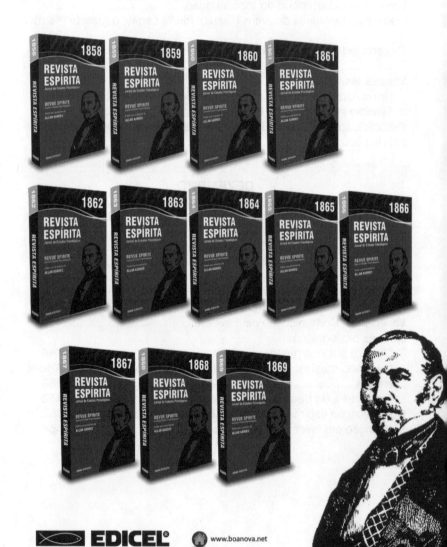

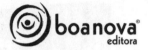